师道师说

中国文化书院八秩导师文集

名誉主编 汤一介

主　　编 王守常

张立文 卷

张立文 著　张健 编

人民东方出版传媒

东方出版社

图书在版编目（CIP）数据

师道师说. 张立文/张立文 著. —北京：东方出版社，2017.2
（中国文化书院八秩导师文集）
ISBN 978 - 7 - 5060 - 9508 - 2

Ⅰ.①师… Ⅱ.①张… Ⅲ.①社会科学—文集 ②自然科学—文集 ③哲学—中国—文集
Ⅳ.①Z427 ②B2 - 53

中国版本图书馆 CIP 数据核字（2017）第 038135 号

师道师说：张立文卷
（SHIDAO SHISHUO：ZHANG LI WEN JUAN）

作　　者：张立文
责任编辑：刘　莹　胡淑芳
出　　版：东方出版社
发　　行：人民东方出版传媒有限公司
地　　址：北京市东城区东四十条 113 号
邮政编码：100007
印　　刷：北京京都六环印刷厂
版　　次：2017 年 3 月第 1 版
印　　次：2017 年 3 月第 1 次印刷
开　　本：700 毫米×960 毫米　1/16
印　　张：32
字　　数：430 千字
书　　号：ISBN 978 - 7 - 5060 - 9508 - 2
定　　价：68.00 元
发行电话：(010) 85924663　85924644　85924641

中国文化书院简介

中国文化书院由著名学者梁漱溟、冯友兰、张岱年、季羡林、朱伯昆、汤一介、庞朴、李泽厚、乐黛云、李中华、魏常海、王守常等共同发起，以及杜维明、傅伟勋、陈鼓应等港台及海外著名学者共同创建，于1984年10月在北京正式成立。

中国文化书院的宗旨：通过对中国传统文化的研究和教学活动，继承和阐扬中国的优秀文化遗产；通过对海外文化的介绍、研究以及国际性学术交流活动，提高对中国传统文化的研究水平，并促进中国文化的现代化，为推动中国文化走向世界、世界文化走向中国作贡献。

为天地立心

为生民立命

为往圣继绝学

为万世开太平

汤一介 敬题

壬辰年冬

著名学者、北京大学资深教授、中国文化书院创院院长汤一介先生为《中国文化书院导师文集》题词：

北宋张载"横渠四句"——"为天地立心，为生民立命，为往圣继绝学，为万世开太平"。

返本開新

乙酉

守常

著名学者、北京大学教授、中国文化书院院长王守常先生为
《中国文化书院导师文集》题词：
"返本开新"。

总序一

中国文化书院创办于 1984 年，是一所在众多老一代著名学者梁漱溟、冯友兰、张岱年、邓广铭、周一良、任继愈等先生的支持下，由一批中青年学者办起来的民间学术文化团体。到今年（2011）已经有二十七年的历史，一个纯民间的学术团体在艰难的情况下，能坚持下来，而且对推动中国学术文化的建设多多少少出了点力，是可以感到欣慰的。

自 1949 年后，民办的书院在中国大陆逐渐消失了，1984 年中国文化书院的建立也可以算是一件新事物。据我所知，如果说中国文化书院不能算 1949 年后第一个颇有影响的纯民间学术文化团体，大概也是最早办起来的少数几个中的一个了。自中国文化书院建立后，全国各地出现了众多的新办书院，并恢复了多所在历史上有影响的书院。因此，说中国文化书院对民办书院起了个带头作用，大概也不为过吧！

我认为，对中国文化书院来说，也许最为宝贵的是，书院集合了一批有志发展和创新中国文化的老中青三代学者。老一代学者如梁漱溟、冯友兰、张岱年、邓广铭、周一良、任继愈等，他们的学术风范，无疑是当时维系书院的精神力量。1984 年底，文化书院在中国社会科学院近代史所开会，当时我们没有院址，也没有什么经费。任继愈先生说："草棚大学可以办，我们连草棚都没有也要办。"因此，1985 年 3 月中国文化书院借青年干部学院场地举办了第一期"中国传统文化讲习班"。这次讲习班是梁漱溟先生自 1953 年后的第一次公开演讲，当时梁先生已经 88 岁了。我们请他坐着讲，而梁先生一定要站着讲，他说这是一种规范。梁先生在演讲中高声地说："我是一个拼命干的人，我一生都是拼命干。"这对在场二百多名听众是极大的鼓舞，也给了中国文化书院在风风雨雨艰难的环境中得以支持下去的一种精神力量。

一个希望在中国发生良好作用的学术团体，应该是一个"思想自由、兼容并包"的开放型群体。中国文化书院在走过的二十多年中虽然存在过这样那样的问题，但它却是一个能容纳不同学术观点，无门户之见，有良好学术风气的团体。例如在中国文化书院中，对中国传统文化，既有持激进批判态度的青年学者，也有被视为致力复兴中国传统文化的大师，还有努力寻求使中国传统文化与西方文化接轨的中坚力量。这些在文化问题上具有不同认识的学者集合在一起，虽然对中国文化发展路向的考虑有所不同，但他们所抱有的一种推动中国文化从传统走向现代、走向世界的愿望则是一致的。在这一时期，中国文化书院也和国内外的许多学术团体和非学术团体建立了良好的合作关系。在中国文化书院导师队伍中不仅有众多的我国第一流学者，而且还聘请了一批美国、加拿大、日本、德国、澳大利亚、新加坡以及中国台湾和中国香港地区的著名学者作为导师。

中国文化书院的"宗旨"是："通过对中国文化的教学和研究，继承和发扬中国文化的优良传统；通过对海外文化的研究、介绍和学术交流，提高对中国文化的研究水平，促进中国文化的现代化。"我们有一个共同的认识：弘扬中国文化在世界走向全球化的时刻要有一个观照全球的眼光，我们一方面要坚持自身文化的主体性，另一方面我们也要有吸收和融化其他民族文化的开放性。根据这样的认识，中国文化书院一直在努力使它成为一个更加有主体精神、更加开放、能容纳多元趋向的有朝气的学术团体。

回顾中国文化书院二十多年的历史，在它将进入"而立"之年时，我们从2010年起开始筹备编辑出版一套已故去的和现仍在世的九十岁以上导师每人一册的"文集"。在这套"文集"中，收入他们有代表性的论文和他们的子女、学生的纪念文章。这套"文集"不仅为了表示对他们的怀念和尊敬，而且它也从一个侧面反映出现代中国文化走过的历程。

在我们编辑的过程中，江力同志出力颇多，东方出版社的同仁给予大力支持，并由东方出版社出版，特此致谢。

汤一介

2011 年 12 月 1 日

注：此序为汤一介先生为《中国文化书院九秩导师文集》所作。

总序二

星转斗移，历史沧桑，时间过得真快，去年编辑出版了《中国文化书院九秩文集》，而今年就着手编辑《八秩文集》。我们在编辑这两部丛书的时候，似乎在重新认识、理解二十世纪的"学人生活史"。

我曾经多次谈过，中国文化书院已逝去的90岁以上的导师，他们用生命写就了二十世纪中国学术史上最恢弘的著作，指引着后辈学者的学术前行。

我想，如没有这辈学者融会中学与西学，从而在二十世纪三十年代于人文、社会学科建构了中国学术范式，我不知道二十一世纪中国学术该如何发展？

十九世纪末或二十世纪初，在欧风浸荡下的国难中，他们以一己之学术良知与社会担当去拯救中国，他们有过幸福，有过迷茫，有过痛苦，有过期盼，相继于二十世纪的八十年代带着"这个世界还会好吗"的追问，离开了这个让他们梦牵不舍的祖国。

读其书，念其人，思其学，心会痛！

而今编辑《八秩文集》时。我熟悉的这代学者在这寒冷的深夜一一呈现眼前！

他们大多生于二十世纪的三十年代，又在二十一世纪前十年左右相继去世。今天，健在学者已是花果飘零。读这代学人的学术生活史，更令我有扼腕之叹！

他们在中学毕业时代满怀喜悦且自责的心态去迎接新中国的建设。尔后在"左倾"思潮的一浪接一浪中，不断否定自我价值，努力改造自己心中的"小资产阶级王国"。在那求新求变的荒诞年代，没有一座安静书房容纳了他们承接前辈父辈的学业，以便更好地投身于新中国的建设大潮中。纠结且痛苦，让他们在中年时代，荒废了他们的学识智慧。

好在充满"思想启蒙"、"文艺复兴"气象的梦幻般的八十年代，又燃起他们的文化自觉。

他们像孩子般似的夜以继日"补课"。他们在思考西方学术的理论与方法，并理性地批评扬弃；他们在各自的学术领域承继前贤学术成果，且又开创了新的研究课题方向。同时他们针对社会丧失文化的主体性及自我价值的根源，作出深刻反思并发出肺腑之言。

作为学生的我，在课堂、在各讲座中经常听到他们最爱张载的四句教："为天地立心，为生民立命，为往圣继绝学，为万世开太平。"我们深切地知道，他们矢志不渝地践行他们的人文关怀。

我不禁要问，如果没有这一辈学者，二十一世纪学术如何延续与发展？我开始思考，在今天全球化思潮的中国人，如何"返本开新"，如何做到文化自觉、自信、自强？

在中国文化书院成立三十周年之际，编辑八秩导师文集，每每想到这辈导师的声容与教诲，我不敢懈怠！

唯有坚持，唯有努力，唯有守正，让中国文化书院面向历史，立足现在，走向未来。

谢谢我敬爱的导师！谢谢你们带着我们，带着温暖的光明的信仰，找到自己，"找到了家"。

让我们可以告慰——"这个世界会好起来的！"

王守常

2014 年 12 月 10 日深夜谨识

目　录

答　问

附　录

前 言
——《张立文文集》自序

"子在川上，曰'逝者如斯夫！不舍昼夜'。"孔子在晚年的时候，一次在河边，看见河水川流迅速，未尝止息，因而慨叹人生在世，年逝不停。人们总想天老爷能假我岁月，但流逝的时光总不回来。人们困惑：为什么只有逝去，而不回来？若能拉回年轮，该有多好！如能真有"轮回"，又该有多好！那么，我会更加珍惜时间，决不虚度年华，消磨学术生命。

一

当 1984 年经国务院学位委员会特批我为教授后，我对访问者说："人生就在于奋进，生命就在于创造，只要认定了目标，就要不断追求。以达真、善、美的境界。"这既是我的心声和理想，也是我对生命学术的矢志追求。学术生命与生命学术的紧张与融突，构成了我这一生学术生涯的风风雨雨。

生也有涯，知也无涯。以有限的体质生命，追求无限的知识学术，艰也！难也！老子说："人法地，地法天，天法道，道法自然。"人的学术生命与生命学术渡越不了时代与环境的"天地"生存世界，也渡越不出性命与机运的"人"的意义世界，以及顺应自然而然的"道"的可能世界。

在社会正常、稳定的环境中，人的学术生命一般是可以"自作主宰"的，但在非常、动乱的情境之下，人的学术生命就非自己所能把握。"祸兮福之所倚，福兮祸之所伏。"有时莫名其妙地飞来横祸，把你打入十八层地狱，不仅学术生命被剥夺，而且肉体生命也不保，经历过"文化大革命"的人，都会有这种体验。

基于此，我把自己的生命大体分为两个阶段："文化大革命"以前为学术的生命，之后为生命的学术。有生命的存在与开拓，才有学术的追求与发展。生命是学术的体能和智能的支撑，学术是生命的意义和价值。但在"文化大革命"结束前的时代和环境，只能有学术生命，而不可能有生命学术，学术与生命相兼并得，是"文化大革命"后所开出的局面。

依照我的理解和体会，学术生命是以生命投入学术，以求生和求学为宗旨，在求生存中求学术。我经历了炼狱般的煎熬，挤压状的批斗，沉重的政治包袱，发臭的老九的身份，在那视学术为"白专道路"，学术被误读为与要灭掉的资产阶级思想联系在一起的社会氛围中，我却把生命投入学术，尤其是投入哲学社会科学的学术，而被人目为"傻子""书呆子"，然我却无反无悔。尽管在学术生命道路上，陷阱遍布，荆棘丛生，但我却选择了此，坚持走下去。

求学术的最好途径、最优选择是考大学，这是我学术生命最初目标。学术生命支撑着我度过"红薯当粮草，火炉当被袄，竹篾当灯草"的"三同"岁月，挺过"坦白从宽，抗拒从严"的批斗时日，度过"横扫一切牛鬼蛇神""知识越多越反动"的"革命"春秋。历经种种磨难，而庆幸生命的实存。

学术生命既已开始，就不能中途而废，而只能不断追求。因而我放弃了结束朝思暮想的"牛郎织女"的生活和一家四分五裂的祈望，我也抛开了一跃龙门，立即可改变臭老九的地位身份，而成为领导阶级的荣耀，只想过艰苦的、平淡的、宁静的、"无出息"的学术生活，以能延续着学术生命。在当时确有点生命诚贵，亲情价高，为了学术皆可抛的意味。正由于这么一点精神，所以在"三同"之余，耕耘之后，运动之间，批斗之暇，还能捧书沉潜，自我切磋，偶思所得，喜不自禁。虽然当时狠批"书中自有黄金屋，书中自有颜如玉"的所谓封建主义名利、腐朽的思想，但我觉得读书不仅给我以知识的海洋，智慧的启迪，人格的塑造，道德的培育，思维的锻炼，观念的构成，而且给我以烦恼的缓解，孤独的消除，痛苦的减少，精神的安抚，因此，读书求学构成我生活的主要内容，学术生命是我身心交往活动的主旨。

二

"文化大革命"后，在我的学思历程中发生了一个显著的变化，学术生命的开展与生命学术的追求交相会通。如果说学术生命是把生命投入学术，生命在学术的交流、游泳中流逝，那么，生命学术的主旨以生命转生学术，转生智慧，生命在学术的交流、游泳的拼搏中获得生命的体验，换言之，即转生命为智慧。然而，主体转生命为智慧，客体并不随之而转。严冬虽已过去，春寒还未退尽。1983年的"清除精神污染"运动，《朱熹思想研究》首当其冲，被批判为与"恩格斯当年批评过的施达克的观点可以说异曲同工"。当时施达克写了一本《路德维希·费尔巴哈》。恩格斯所写的《路德维希·费尔巴哈和德国古典哲学的终结》，论述了全部哲学的最高问题和划分唯物主义与唯心主义的标准，批判了施达克的谬误。于是《朱熹思想研究》就违反了哲学的党性原则，可见"文化大革命"后学术也还是有风雨。

生命是实存主体与生俱来的。荀子认为人有气、有生、有知亦且有义，故最为天下贵。贵的价值就在于人有知、情、义的生命现象以及道德。但智慧不能与生俱来。人来到这个世界上，无论出身于贫富、贵贱，还是哪个国家、民族和家庭，还是出生于天才的哲学家、科学家、政治家、文学家以及愚夫愚妇之父母，婴儿、孩子的知识均得从零开始学习，在白纸上涂鸦，这就是说，天老爷对每个人都一视同仁，人人平等，他把每个人都放在同一起跑线上，而没有任何的优待和偏爱，依靠每个人自己在竞赛场上的拼搏，而获得智慧和成绩。

转生命为智慧，就是在这个赛场上，生命在体验反思学术生命与探索总结学术生命中；在学术生命走近生活、走近社会、走近现实中；在化解人类所共同面临的人与自然、与社会、与人际、与人的心灵、与文明间的冲突中，以及由此五大冲突所造成的生态危机、社会危机、道德危机、精神危机、价值危机中，以全球的视野、人类的意识来观照学术生命，完成转生命为智慧。

智慧之智，见于甲骨文，《说文》："智，识词也。"慧不见于甲骨文，《说文》："慧，儇也。"徐锴《系传》："儇，敏也。""智慧"两字均有聪明、才智的意思。佛教传入中国后，智慧为梵语"般若"的意译。西方以爱智慧义为哲学，它是对希腊文 philosophic 的翻译。简言之，智慧既是指人体认、辨析、判断的才智和与时偕行的创新发明的智能，也是指度越形相、无形相和超名言之域的理智了悟和觉解。

如何由学术生命向生命学术转生？如何能转生命为智慧？如何由体认才智到理智了悟的超拔？如何把超名言之域的不可能性变为现实的可能性？如此，就不能仅停留在显性的现象层面，如身的求生活动、心的求学活动，以及社会的政治、经济、文化的求知活动和审美经验的求情的活动，这都是在探索学术生命是什么之域。生命学术是变"是什么"为"为什么"的求索，即变"所当然"为"所以然"的探求。"一阴一阳之谓道"，是乃"所以阴阳者，道也"。所以然道体的追求，是德性的观念层面，它具有制约、影响显性现象价值导向的意义。但隐性观念是对显性现象的体悟中的了悟，是"为什么"对"是什么"的深层奥秘的觉解，是对打破砂锅问到底的"底"的觉悟。

转生命为智慧，关键在智慧。智慧所关注的是点燃与时偕行的发明、创新、智能的火花，提出化解当代人类所共同面临的冲突和危机的系统理念，构建体现时代精神的中华民族的哲学理论思维体系。如果说我的《周易思想研究》《周易帛书注译》《朱熹思想研究》《宋明理学研究》《心学之路：陆九渊思想研究》《李退溪思想研究》《正学与开新——王船山哲学思想》《戴震哲学研究》《儒学与人生》《中国哲学范畴发展史》（天道篇、人道篇）等，是代古人发言，画古人思想之画，再现古人精神之风采，就需要遵循求真求善的原则，而不能借古人思想之题，任意发挥。只能依据其本人的著作文本、相关的记载之真，描述

师道师说

其思想形象，阐发其心灵气质，诠释其理想精神，整合其精、气、形，而成研究对象的本真。虽后人、今人与古人存有时空的差距，虽后人、今人在与时偕行的不同人文语境中，不可避免地带有时代的"前见""前识"，而不可能完全再现古人的本真和其思想的本意，但对于实存主体的研究者来说，在其理念层面应力求贴近研究对象的精、气、形，尽量缩短由于时空差所造成的隔界。它要求研究者有一种诚实的态度和真诚的诠释。在这里，研究者与被研究对象之间的关系，是一种"我注六经"的关系。这些书深入探讨了中国哲学概念范畴的产生、形成和发展的人文语境、中间环节、演变逻辑，对中国有没有自己独特的哲学理论思维、别具特色的哲学概念及其逻辑体系做出了合理的诠释。

三

如何转生命为智慧？简言之，就是建构独具个性化的、生命智慧的、智能创新的理论思维体系。我的《中国哲学逻辑结构论》《传统学引论》《新人学导论》，就是度越中国传统哲学理论思维形态的探索。《中国哲学逻辑结构论》，是根据中国哲学理论思维的实际性质、特点、内涵，度越西方哲学方法，提出中国哲学研究方法论。中国哲学是凭借概念、范畴、模型等逻辑结构形式，以显现生存世界中事物元素的类别，体现意义世界中的真实追求，呈现逻辑世界（可能世界）中的正当原则。依中国哲学自身的概念系统、范畴体系，提出了不同于西方的中国哲学范畴分类法，即象性、实性、虚性范畴三类。以此为基础，以中国历史演变和相应的经济、政治、科技的发展为依托，以中国哲学家提出的范畴概念演变为对象，考察了中国哲学的本质特征，以便重写中国哲学史。

在20世纪80年代，出现了"文化热"。提出了种种化解传统与现代紧张和冲突的文化整合方法。但文化整合的每一种方法背后都受其价值观的支配，并依其文化价值观来判断、评价、选择传统文化的资源，决定其文化创造的导向，主宰其传统文化综合、转化的流行、性质和模式。要真正体认传统文化，必须转化视域，改变价值观，度越这些先在的意识、观念，突破原有的思维模式、文化框架，才能对传统做出符合其本真的描述。传统作为中华民族精神、价值观念、思维方式、审美情趣、伦理道德的塑造者、培育者，已潜移默化地融入每个人的思想里、血液中，它支配每个人的价值判断、价值选择、行为方式等，因此我试图从文化学中分离出传统学，把传统作为一门独立的学科来建构。这样就需要按照传统与文化、文化学与传统学的自身特点，分别加以规定，把传统学作为独立学科的性质、内涵、特点凸显出来，撰写了《传统学引论》，并从传统的价值系统、传统的心气系统、传统的知识系统和传统的语言符号系统四层面，构建了传统学体系，这四层面相互依存、相互促进，而不可或缺。并提出纵横互补律、整体贯通律、混沌对立律的传统学方法，使其成为独立学科。

人创造了传统和文化，传统和文化亦创造了人。传统和文化的本质，说到底是人化，或人的本质力量的对象化和对象的人化，即外化和内化融突的凝聚结构的延传。从传统学的研究而进入人的探索，是因为传统学的实质就是人学。只有人的自我体认、自我度越，才会有传统的自我体认、自我度越；只有人的自我创造，才会有传统的创新。

人类历史进入经济全球化、科技一体化、网络普及化、地球村落化的信息革命的新时代，人需要重新发现自己，重审人的身份，重构人的价值，也需重新规定自己。因此我撰写了《新人学导论》，新人学之新就在于重新发现了人，在于对人重新做了规定，否定了恩斯特·卡西尔在《人论》中所说的"人是符号的动物"的定义，提出了"人是会自我创造的和合存在"，这个定义体现了现代人的内涵，凸显了现代高科技的创新能力和人类共同面临着人与自然、社会、人际、心灵、文明之间冲突和危机的化解能力。回答了人对于价值理想、精神家园、终极关切的追求，提出了人生五境说。

人作为"会自我创造的和合存在"，和合因人而生生不息，人因和合而灵昭不昧。和合学从全球的视域、人类的意识，以及中国现代化发展、人类全球化进程出发，殚精竭虑人类所共同面临的五大冲突和危机。和合学提出和生、和处、和立、和达、和爱五大原理作为化解之道。于是有《和合学——21世纪文化战略的构想》《中国和合文化导论》《和合与东亚意识》《和合哲学论》之作，这是在上述"三论"基础上的提升，是在重建伦理价值，安顿终极关切的根基上，进入和合生生道体的天人和乐和美境界。这个天人和乐和美的和合世界，是与儒教的大同世界、佛教的西方极乐世界、道教的神仙世界、基督教的天国世界、伊斯兰教的天堂世界，在其终极的追求上是相贯通的。从这个意义上说，生命学术已度越了学术生命的精、气、形的"我注六经"的学术近境，而跃入和合生生道体的建构中华民族自己的理论思维体系的途中。

转生命为智慧，是转学术生命的照猫画虎式的"照着讲"、"声一无听"式的"跟着讲"、秉承衣钵式的"接着讲"，而为生命学术的独具匠心式的"自己讲""讲自己"。"自己讲""讲自己"是古希腊哲学"认识自己"的逻辑延伸。"认识自己"要求直面生命的本来面目，"讲述自己"要求直面"话题本身"或生命学术本身，"讲述自己"是对"话题本身"或生命学术本身的体贴、发明和创新。传说苏格拉底（Socratēs，公元前469—前399）为了证实"神谕"，他到处找有知识的政治家、诗人，甚至工匠谈话，以证实自己是否比他人更智慧、更聪明。从而证明苏格拉底是人中间最聪明的人的"神谕"是驳不倒的。因此他反躬自问，他觉得自己其实毫无所知，"自知自己无知"正是他的聪明所在。柏拉图说："像苏格拉底那样的人，发现自己的智慧真正说来毫无价值，那就是你们中间最智慧的了。"[①]苏格拉底要求人人都"自知自己无知"，而要人"认识自己"。"自己讲""讲自己"，正是由于自知自己无知，不会"自己讲""讲自己"的哲学，才要求知自己哲学的无知，而激起强烈地求知自己中华民族的哲学的动力，获得自己知自己哲学之知，讲自己哲学之所讲。

---

① 柏拉图：《申辩篇》，《西方哲学原著选读》上卷，商务印书馆1981年版，第68页。

如果说苏格拉底教人要"认识自己",就是说要人认识"真正的我",那么,"自己讲""讲自己"就是要认识中华民族真正自己的哲学之我,把自己从西方的各种形形色色的哲学主义的注脚中解放出来,从削脚适履地肢解中华民族自己的哲学以合西洋哲学之谓哲学之鞋中超拔出来,才能有中华民族哲学的真正的我,才能"自己讲""讲自己"哲学之真,也才能建构真正适应中华民族与时偕行所需要的自己的哲学智慧,以及化解人类所共同面临的冲突和危机的智慧之学。这样才能真正实现转生命为智慧,使生命学术变为现实。

　　"人生几何!譬如朝露,去日苦多。慨当以慷,忧思难忘。"① 人生在世,生命如流星,一闪而逝,数以千万计的流星默默无闻地、无显光芒地消失在广袤的宇宙中,又有谁看得见!谁知道!如果说人生是一种担当、责任和使命,那么,就该忧中华民族文化处弱势之忧,忧未真知中华民族自己哲学之忧,忧不能讲中华民族自己的哲学之忧,忧思难忘!人生虽当慨而慷,但慨叹没有这种担当的能力和智慧。既然如此,还是回头以平常心做平常人吧!

(载《中国文化》2010 年春季号,第 31 期)

---

　　① 曹操:《短歌行》,《曹操集》,中华书局 1959 年版,第 5 页。

和合学

当代中国哲学的和合学

和合学①并不需要在理性法庭上为自己的创立辩护，然理性可以在和合大厦中寻找自己的恰当席位。任何理论学说，如果没有创新性的超越，就没有生意化的流行，就会成为工具化的教条或僵死化的陈迹；如果没有创新性的流行，就没有实质性的度越，就会沦为虚伪性的粉饰或云烟般的消散。创新才是一切理论学说的生命线，是其为自己争生存的基点，亦是其不断发展的源头活水。有所创新，才有所和合。

当今，创新在社会政治、经济、文化、制度、军事等各领域成为热门话题，思想、哲学亦不例外。然思想、哲学的创新如临深渊、如履薄冰，戒慎恐惧、艰难曲折。若非如此，董仲舒就毋须"三年不窥园"，程颢也毋须"自家体贴"。

和合学何以能度越？何以能创新？何以能流行？其必要性何在？其可能性何在？回应这些问题，需从人文语境分析入手，这是建构和合学理论思维体系的逻辑起点。

一、人文价值时空态的变化

从人文价值时态古今来看，宋、元、明、清理学哲学思潮中程朱理体学（或曰道体学）、陆王心体学、张（载）王（夫之）气体学和胡宏

---

① 和合学的建构，自 20 世纪 80 年代末以来，曾获国内外诸多教授、朋友、博士、弟子的帮助和支持，并参与讨论与提意见；特别是祁润兴博士参与部分撰写，才得以有《和合学——21 世纪文化战略的构想》和《和合哲学论》的面世，以接受读者的批评，特致至诚感谢。

性体学，虽经"五四"新文化运动暴风骤雨般的批判，但在国家民族危亡的关头，日本军国主义侵略军在中华大地烧杀抢掠、罪恶滔天之时，现代新儒家接着宋明理学讲，而成新理体学、新心体学、新气体学，以凝聚民族精神，挺立民族文化，抵御日本军事、政治、经济、文化的侵略。马一浮悲"吾国家民族被夷狄侵凌到此地步，吾侪身受痛苦，心忧危亡，当思匹夫有责，将何以振此垂绝之绪，成此恢复之业，拯此不拔之苦"①。他在与浙江大学学生一起颠沛流离时，讲授国学，"使诸生于吾国固有之学术得一明了之认识，然后可以发扬天赋之知，能不受环境之陷溺，对自己完成人格，对国家社会乃可以担当大事"②。激发学生爱国主义精神，以担当"国家兴亡，匹夫有责"的大任。

"终日乾乾，与时偕行。"在当今世界多极化、经济全球化、科技一体化、网络快捷化、地球村落化情境下，国际格局仍以和平、发展、合作为时代潮流，国内格局从阶级斗争为纲转变为改革开放，以经济建设为中心，要求有一个和平、安全、稳定、发展、合作的国内、国际环境，以造福人民。这与现代新儒家所处的遭受外国侵略的人文语境，已有天壤之别。哲学所面临的人文语境、社会冲突、应对之策、化解之道、未竟之业，亦与现代新儒家大相径庭。这就要求有必要度越宋明理学与现代新儒学的接着宋明理学讲，以创新转生哲学理论思维新体系、新观点和新方法，以回应当今国内外社会大变革、大转型的诉求，以求化解人文价值时间对于传统"古今之变"的片面化执着。

从人文价值空态中西来讲，百多年来，中华弱势文化遭受西方强势器物文化、制度文化、价值观念文化的侵凌。中华文化哲学在向西方文化哲学学习的过程中，以西方文化分科体系为体系，以西方哲学为哲

---

① 马一浮：《宜山会语·说忠信笃敬》，《马一浮集》第1册，浙江古籍出版社、浙江教育出版社1996年版，第54页。

② 马一浮：《泰和会语·引论》，《马一浮集》第1册，第3页。按：1937年抗日战争爆发，浙江大学从杭州迁至江西泰和，马一浮受浙大校长竺可桢一再礼聘，出主浙大讲席，后又从泰和迁至宜山。其忧国忧民之心，明确见于其在泰和、宜山会语中。

学，以西方真理为真理，以西方学术规范、范式为规范、范式，照抄照搬，照着西方讲，或接着西方讲，以致不敢逾雷池一步。西方某些文本的经典，只能照本宣科，否则便是异端邪说，这种洋本本主义、洋教条主义，贻害非浅。他们在向西方学习中，一切以西方为先进的，以中华为落后的，于是反过来激烈地，甚至疯狂地批判、打倒中华传统文化思想及其代表人物孔子，他们误以为只有如此，才能甩掉沉重的历史包袱，在向西方学习的道路上轻装前进。在这种文化氛围中，中华文化哲学现实生存的可能性、必要性、合理性、独立性、主体性丧失了，中华文化哲学在放之四海皆准的普世性的西方文化哲学的阴影下，只能充当跑龙套和注脚的角色。这对于具有五千年光辉灿烂的文化哲学传统的中华文化哲学来说，实是一种亵渎。

在中华文化哲学丧失自我、扮演跑龙套角色的境遇下，必须冲决欧风美雨的网罗，突破苏云斯雪的桎梏，重新发现中化文化哲学自我。发现中华文化哲学自我，就是发现中华民族的民族精神。民族精神是对民族的生命智慧、生命尊严和生命价值的体贴与把握，以及对民族价值理想、终极关切的执着追求，是一个民族在长期共同生活和社会实践中形成的文化哲学、精神灵魂。作为体现民族精神的民族文化核心的哲学，是这个民族的主心骨和脊梁。它是民族文化之根的根、民族文化之魂的魂；它体现这个民族文化的气质、心理、品格、神韵；统摄这个民族的理论思维、价值观念、伦理道德、审美情趣、宗教信仰，风俗习惯；它有形无形中指导着这个民族的价值趋向、行为取向、审美导向、信仰倾向、道德方向。中华文化哲学以其海纳百川，有容乃大的开放包容胸怀，既圆融国内百家争鸣的理论思维的硕果，亦吸收各国文化哲学理论思维的成就，多元融突和合，成为世界文明古国，其文化哲学曾居世界领先地位。

近现代以来，中华连遭西方帝国列强的侵略，签订各种屈辱的不平等条约，丧地赔款，受尽种种欺凌。然中华民族在受侵略中挺立，在受屈辱中觉醒。随着中华民族政治的独立、经济的发展、文化的繁荣，哲学的自觉性、自信性、自尊性、自立性也随之提升。在此新的时态和空态下，中华的哲学便有了"自己讲""讲自己"的可能性、必要性，便有了度越"照着讲""接着讲"的现实性、可行性。这就为度越宋明理学和现代新儒学营造了种种因缘，为当前中国哲学理论思维形态的创新和转生开出了新生面，为中国哲学理论思维形态创什么新，转什么生，预设了方向和路径。

二、科技和天下观的转移

从人文价值科技发展而言，现代高科技突飞猛进，通讯科技快速换代，电脑、手机迅速智能化，瞬时改变个人的生活方式、交往方式、行为方式、书写方式、研议方式，以及情感、心灵交流方式等，全面影响人类的生活、行为、心理、精神的方方面面，它无限延长和扩展了人脑、五官与四肢的功能，突破了以往现实性、经验性、时态性、空态性、面向性的生活方式。在虚拟世界中，虚拟时空代替物理时空，以虚拟的自然、社会、人际、心灵生态环境代替现实的自然、社会、人际、心灵生态境遇。在虚拟世界里，可以给人类带来更舒适、安逸、丰富、方便、准确的生活活动方式，也可以给人带来迅速实现自由、民主、平等、人权的希望，以及不费气力而实现自我价值的乐趣。

任何高科技都是人的智能创造，受人的控制和掌握。因受人与人的政治、经济、文化、军事等各集团的价值理念、利益考量、势力强弱、领土争夺、伦理道德、宗教信仰等冲突的影响，大凡高科技都具有双刃剑的现象，它既可以给人类带来福祉，也可以给人类造成灾难，如核电作为清洁能源，为人类造福，若管理不善、检修失缺，就可能造成危害人类的核辐射，如 1986 年前苏联切尔诺贝利核电站反应堆雄芯裂变反应失控导致温度和压力上升，引发强烈的常规爆炸，放射性物质飘散。2011 年 3 月 11 日日本发生有史以来最高等级（9 级）地震之一，使福岛核电站 1、2 号机组爆炸，亦造成核辐射飘散。电脑、手机给人提供了统合色、声、言、意快速信息知识和交流，造福现代人类社会，但亦成为传播暴力、色情、诈骗、黑客、窃听等活动的基地。这种人文价值生态时空是与宋明理学家和现代新儒家其所"接着"宋明理学讲的生态时空迥异。

从人文价值天下观来讲，所谓天下观，是指中华民族对生存世界的空间、秩序和意义，世界的人的价值活动的看法和价值认同。在古代，中华人的精神世界里，以为度越具体王朝、邦国，并体现着一个时空秩序的、和谐的价值共同体，就是天下。通行本《老子》中，老子说："圣人抱一为天下式"，"候王得一以为天下贞"，认同天下作为价值共同体的原则。《庄子·天下》中说"古之人其备乎！配神明，醇天地，育万物，和天下，泽及百姓。"提出了一个之所以可能和天下的构想。《中庸》对"和天下"的性质、价值、地位予以阐释。《中庸》说："中也者，天下之大本也；和也者，天下之达道也。"① 中和是天下的大本达道，是天下最高、最根本的原则。这里所谓天下，是指中华"九州"以内的天下，即"普天之下，莫非王土"的天下，亦即《大学》"古之欲明明德于天下"、"天下平"的天下。近现以降，中华学者亦主要从历史地理学、民族学、政治学、人类学等视域以研议天下，将天下置于民族、国家语境中来议论，凸显了"天下"在政治制度层面的内涵和价值。中华古代所谓天下是指中华国土内具有道德性、中和性、秩序性、和谐性的含义。

中华古代"宇宙"的观念，相当世界的观念，《尸子》讲："上下四方曰宇，往古来今曰宙。"东西南北四维上下的空间，过去、现在、未来流动的时间，宇宙是一个空间与时间兼容意义的概念。"世界"是佛教的概念，梵语曰路迦（loka）。《楞严经》（四）说："世为迁流，界为方位。汝今当知，东、西、南、北、东南、西南、东北、西北、上、下为界，过去、未来、现在为世。"世界是一个迁流性、过程性、情依性的时空相兼概念。

当今世界经济全球化深入发展，科技一体化不断提升，人与自然、

---

① 《中庸章句》第 1 章，《朱子全书》第 6 册，上海古籍出版社、安徽教育出版社 2002 年版，第 33 页。

社会、人际、心灵、文明的冲突和危机，突显为全球性问题，它已突破了某一国家、民族与地域，而与每个人的生命财产攸关，亦与人类共同命运息息相关。

三、人类面临的冲突和危机

当下人类，灾难深重，天灾人祸，频繁而至；地震海啸，台风肆虐，气候变暖，战争恐怖，时刻作乱。人类生活在危机的环境、病态的社会、无诚的人际、游荡的灵魂、迷惘的理想之中。概而言之，人类共同面临着五大冲突和危机：

其一，人与自然的冲突及其生态危机。人类是自然生态系统的顶级消费者，天上飞的，地上长的，飞禽走兽，山珍海味，五谷杂粮，野菜草根，都是人类餐桌上的美食。一旦食欲膨胀，大开杀戒，势必危及生物多样性的生存，导致生态环境的失衡和退化。工业革命以来，用科技知识武装起来的现代人，排山倒海，战天斗地，加剧了环境的污染，资源的匮乏，人口的爆炸，疾病的肆虐，臭氧空洞的扩大，温室效应的加剧，土地的荒漠化，饮用水奇缺，物种不断灭绝，生态危机严重威胁着每个人的生命存在。一切由人类自己破坏生态环境所酿成的苦酒，都要由人类自己来喝掉，人类面临着生存与毁灭的冲突和危机。

其二，人与社会的冲突及其社会危机。由于社会资源的有限性及其分配的不均，社会制度的差异性及其发展的多样性，宗教信仰的特殊性及其价值观念的差分性，造成国际社会南北贫富不均，东西发达与不发达失衡，社会强势与弱势群体的不和谐，单极与多极世界的不协调，转而冲突加剧。人们往往把对象看作竞争的对手，设计一个所谓假想敌，在这种非此即彼逻辑思维指导下，彼此成为互杀的刽子手。这是人类的悲剧。这种冷战思维又酿成种族主义、沙文主义和保守主义的抬头和增长。冷战时二元对抗转变为多重世界，民族性、宗教性、区域性战争和动乱，此起彼伏；恐怖活动猖獗，其根源复杂，难以根绝；贩毒吸毒，谋财害命，假冒伪劣，直接危害着人民的生命财产的安全；社会腐败，金权交易，贿赂公行，贪污盗窃，亦直接威胁着国家的兴衰和存亡，以及国际社会的和谐和发展。社会分配不均，贫富差距加大，是社会动乱的根源之一，人类社会的疾病愈来愈深重。

其三，人与人的冲突及其道德危机。由于个人功利要求的不合理性，多种功利目标的竞争性，满足功利要求的资源和手段的有限性，功利成果分享的不公平性，当个人合理功利要求在有限的资源和手段系统内无法满足时，人与人之间便产生利益冲突。当通过激烈竞争而达到功利目标被不相关的人分享时，人与人之间便会出现道德危机。当人的欲望的无限性与社会公共利益的规范性发生冲突时，便加剧了道德病态。有些人以"万般皆下品，唯有金钱高"为终极价值目标，拜金主义，唯利是图，损公利己，重利轻义；人情淡薄，漠不关心，个人至上，有我无他；争夺权力，置人死地，公然抢劫，图财害命。道德失落，行为失范，心德、身德、家德、国德、官德、民德、师德、医德、学德等，因受重利轻义病毒的污染而发生病变，人与人的关系趋于紧张，道德危机越来越严重。

其四，人的心灵的冲突及其精神危机。每当一个人在多元价值目标的追求过程中权衡利弊得失时，因使用了相反甚至矛盾的意义标准而导致冲突，当冲突久久不决，并从根本上动摇了心灵的信仰支撑或本体承诺时，精神便陷于存在的危机，进而出现病态心理。生活中精神不振，情绪低沉，反应迟钝，失眠多梦，以及烦躁、焦虑、紧张等，使人在生理上感到疲劳、乏力、心悸。另外现代人人际疏离，家庭解体，老小失养，孤寡无依，且竞争激烈，生活紧迫，压力重重，人际紧张，人的精神世界深度空虚和孤独，心灵的痛苦、愤怒、冤屈、压抑等等，无穷无尽，无处倾诉，无所寄托，精神危机加剧，造成精神失常，自我了结。"中国每年自杀人数可能高达 35 万人，占全世界约 100 万自杀者的 35%。"① 而自杀者大部分是 15 至 35 岁的青年人，对此应引起全社会高度的重视。

---

① 参见《中国自杀现象不同于西方国家》，《参考消息》2006 年 1 月 4 日。

其五，文明之间的冲突及其价值危机。当前各文明在交往、传播过程中，当一种文明越出自己诞生的局域和作用界面，以原有的方式同化、兼并甚至取代、消灭其他局域和作用界面时，往往发生文明的冲突，而引发价值毁灭的意义危机。同时由于各文明之间宗教信仰的不同，各宗教经典、教义、教规、教仪的差异，以及其价值观念、风俗习惯、伦理道德、生活方式、行为方式的差别，就会发生冲突，甚至各宗教内部各派别之间也有冲突，以至战争。

现代文明冲突因西方工业革命、世界科技革命和资产阶级民主革命而加剧。一场以霸占自然环境、掠夺生态资源、奴役土著居民和抢劫文化财产为进攻性战略目标的文明冲突，在全球范围内展开，一贯倡导家庭集体主义、自然和平主义和道德理想主义的东方文明，扮演了被征服者的痛苦角色。一百多年来文明病态的历史表明，文明病态的病毒是由生物利己主义、极端单边主义和全球霸权主义构成的社会达尔文主义。它是潜伏在人文价值系统内的生存型病毒，受其感染，不仅无数土著居民和妇女儿童，被以"野蛮""弱质""劣等"为借口，惨遭虐待或杀戮，而且连那些自诩为"文明"和"优等"的征服者，彼此之间也爆发"物竞天择，适者生存"的战争。当今，尤以霸权主义制造人道主义灾难，使无辜的儿童、妇女继续遭杀害为最。价值危机愈来愈严峻。

此五大冲突和危机，关系着全人类以至每个人的生命存在和利益，而度越了国家、民族、宗教、地区的分别。为了求索化解此五大冲突和危机的理念、方法，探究人类未来的前途和命运，东西方学者、团体从各个层面提出了各种各样的理论、学说和预设，组织了各种形式的机构，做了许多有益的工作，取得了一定的成果，但效果与价值理想相距甚远。人类所共同面临的冲突和危机并没有化解，相反，某些冲突和危机却有愈演愈烈之势。

如何化解人与自然的冲突和生态危机？治理环境污染，防止土地荒漠化，计划人口生育，解决资源匮乏，预防疾病肆虐，改善生存环境。如何和谐人与社会的冲突和社会危机？解决国际社会南北贫富不均，东西发达不发达的紧张，根绝恐怖活动及各种形式的战争和动乱，治理各

师道师说

张立文 卷

种形式的腐败、贪污、盗窃、金权勾结，保障生命财产的安全，使人人安居乐业。如何和睦人与人的冲突？化解道德危机、行为失范，惩治尔虞我诈、坑蒙拐骗、拦路抢劫、谋财害命等危害人际关系的行为，使人与人之间讲道德、讲诚信、讲礼仪、讲互助、讲友爱。如何协调心灵的冲突，调理精神危机？消除心灵的苦闷、烦恼、焦虑、痛苦、悲哀、愤怒等紧张，营造温馨的精神家园，终极关切，使人的灵魂有所安顿，而终结游魂野鬼的状态。如何化解文明间的冲突和价值危机，使不同文明间互相理解、谅解、互信、和爱？化解日益激化的价值冲突。

　　面对人类所共同面临的这五大冲突和危机，虽然世界各国、各民族的价值观念、伦理道德、思维方式、政治立场、宗教信仰殊异，但所面临的冲突和危机是共同的，这是建构人类共同价值理念的基础，是各国、各民族能够取得最低限度认同的规则、原理和价值观的条件。在此共同的基础和条件下，各国、各民族应该悬置分歧和论争，把注意力集中到能否化解人类所面临的冲突和危机的现实中，这是当今时代的需要和时代精神的呼唤。若以此为价值标准和价值导向来审视一切文化，则无所谓西方文化与东方文化的绝对界限和优劣之分，人们可以转换视角，用一种新的冲突、融合而和合的价值理念来应对人类所面临的冲突和危机。

和合学的内涵和结构

和合学是化解当代人类所共同面临的生存冲突和危机的有效途径和选择，这也是和合学所承诺的现实目标之一，亦是一次度越二元对待统一思维的机缘。和合的本质，即和合所是，从和合中推知。换言之，和合是什么，只有从和合本质中才能获知。和是是者之和。所谓和合的"和"是指和谐、和平、和睦、和乐、祥和。在上古汉语系统中，"和"字有两种左右组合的结构。一是从龠，禾声的"龢"字，最早见于甲骨文，它的本义是指从三孔（或六孔、七孔）定音编管内吹奏出来的标准乐曲，以便调和各种音响；二是从口，禾声的"和"或"咊"字，最早见于金文，它的本义是指音声相和，旋律合韵，交响融融。两者所显示的人文精神，是华夏音乐艺术的和声谐音的体现，其所映射的哲学意蕴，是中国诗歌艺术对宇宙大化流行中在节律上的深切体悟。"合"是指融合、结合、联合、合作、合拢。"合"字在甲骨金文里像容器与盖子合拢之形。汉代许慎的《说文解字》认为，"合"的本义是"合口"，也有"口"的上唇与下唇、上齿与下齿合拢的意思。和合都蕴含着两个或两个以上不同要素、元素融合、结合的意思，从这个意义上说，和与合的含义相通。《礼记·郊特牲》载："阴阳和而万物得。"唐代孔颖达疏说："和，犹合也。得谓各得其所也……则万物得其所也。"① 二者都是说阴阳和合，万物各得其所。

从文字意蕴上和与合有其价值的会通性和一致性，也有其价值所得的差异性和特化性。依据和的原初意蕴，是指对差分性、异质性元素、要素的差分分析，而加以动态性调节、和谐，赋予生生潜能，以酝酿和

---

① 《昭公二十年》，《春秋左传注》，中华书局1981年版，第1419页。

支撑创新的实现。在晏婴与齐桓公的一段对话中阐释了这一点："和如羹焉。水、火、醯、醢、盐、梅，以烹鱼肉，燀之以薪，宰夫和之，齐之以味，济其不及，以泄其过。君子食之，以平其心。"和是通过对差分性元素、要素特性、效用的体认，选择差分、异质多样元素、要素、调料，对鱼肉加以烹饪，再经主体人的调节、济其不及和泄其过的功夫，而成和羹。在这里"宰夫和之"的"齐之以味"的过程，就是多元差分性元素、要素间的融合、结合、合作，而化生新事物、新结构的创造与增殖过程实践的"和羹"。简言之，和是对于五味等的和，和是是者的和，五味等调料只有在被运用中，才是其所是。这就是说，在和中才能体现其"和羹"的美味。在这里，多元和的基本价值是在多元差分性元素、要素动态过程之间协调的规范和原则，是一定协调性、和谐性结构所能通达和合境域的实现。多元合的基本价值既是对原始生殖文化境域下"交合""交媾"等意蕴的度越，亦是对二元对待统一之合的度越。合是多元差分性要素不断创生增殖、不息、发展的一种样式。简言之，和是多元差分性、冲突性、关系性、过程性、和谐性范畴，合是多元结合性、融合性、合作性、结果性范畴。

和合连用，便兼具两者的基本价值，它既是多元形相、无形相（或曰形相、无形相元素、要素）之间及其内在差分、冲突、融合、结合、创新、转生过程的完美的开新，亦是中华人文精神的思议升华和现时代研议圆满的彰显，这是因为和合的过程是人存在和人之所以存在的最基本形式。在这里和合是依和而合，依合而和，和合者是和合的和合存在。

一、和合释义

和合学的和合是对以传统和合四大类型、九种道路为对象的反思中，度越一元和合类型的太极和合道路，二元和合类型的阴阳、内外、先后、上下、有无、天人和合道路，三元和合类型的三极和合道路，多元和合类型的五行和合道路①，依据"人是会自我创造的和合存在"的体贴，对和合做了现代意义上的规定：和合是指自然、社会、人际、心灵、文明中诸多形相、无形相的相互冲突、融合，与在冲突、融合的动态变易过程中诸多形相、无形相和合为新结构方式、新事物、新生命的总和。

和合是各生命要素的创生、发展、整合而融突化成整体的过程，是对和合的和合者的反思，和合如何或怎样是一个真？

和合之真，是和合关系之真，即"融突"之真。和合而有和合者的本性，和合者本性只有在和合中才真正存有，这样和合者本性才具有张力。它是如何或怎样的真？可谓差分和生之真、存相式能之真、冲突融合之真、自觉选择之真、烦恼和乐之真。差分和生是和合的自性生生义，存相式能是和合的本性形式义，冲突融合是和合的变化超越义，自觉选择是和合的过程真切义，烦恼和乐是和合的艺术美感义。在这里，识别和衡量"和合之真"的标准，是和合转生、创生、和生的生生不息之境的跃进；和合刷新、创新、日新的价值创造道路的开拓，即能否涌现出"新结构形式、新事物、新生命"。

依和合五真义，稍加诠释：

第一，差分与和生。《国语》记载："夫和实生物，同则不继。"②既可以从自然生态系统来讲，也可以从文化价值系统来讲，前者是同性相斥，异性相引，这是物理静力学上的经验定律。在整个物理世界，同异皆可和合，只是和合的方式不同。异性亲和，同类聚合。这种亲和与聚合，在物理、化学世界和文化价值世界都存在，自然生态系统的和合，服从物理、化学规则，文化价值系统的和合，服从主体选择的智能创新原理。和合学是为文化立法，为人类立心。和合学视野中的自然，是文化了的自然；天地，是文化了的天地，即人化的自然，人化的天地。

---

① 参见张立文：《和合学概论——21世纪文化战略的构想》，首都师范大学出版社1996年版，第160—167页。

② 《郑语》，《国语集解》卷十六，中华书局2002年版，第470页。

和合就是差分，只有差分才能回应和合是如何与怎样可能的。和合是差分形相、无形相（元素、要素）多元和合而生生。所谓生，是指新生命的和合转生。诸多差分形相、无形相不和合，便不能转生为新生命、新事物，亦不能实现新陈代谢、吐故纳新。所以说和合是新生命、新事物作为和合者而存在的一种根据。

　　在中国的东周，即春秋战国时期（公元前 770—前 221 年）[1]，各个文明古国的哲学家都在探讨世界的本原和万物从哪里来的问题。中国哲学家通过抬头观察天象的变化，低头观看大地的形态，又观察鸟兽的形迹和地上的植物的"观法"，以及近的取自身体，远的取自诸物的"取法"[2]，经验地贯通天地万物的根本性质，体认天地万物的情状。依据这两种方法，中国古代思想家、哲学家客观地发现，从人类最切近的自身的男女交合中而生育出许多儿女来，获得了启迪，由此推及天地的交感而万物化生。新生儿的诞生是男女基因的和合，万物的化生是天地因素的和合。在中国古代哲学家看来，天是乾、是阳、是父，地是坤、是阴、是母；男是阳，女是阴。天地、男女、阴阳是差分的、冲突的两极，有冲突才会有媾合或"合气"。天地、男女和而合，合而和，往复冲突、融合，而化生和合体的新事物、新生儿。以和合为生生义的自性，和合即生生，可指称为和生或合生，即冲突（差分） $\xrightarrow{\text{交媾}}$ 融合（氤氲） $\xrightarrow{\text{生生}}$ 和生（和合体）的样式。任何差分转换为和生或合生，都必须通过"交媾""氤氲"的中介，才能实现和合生生不息。

　　第二，存相与式能。差分可导致冲突，"和生"是一种融合；存相也可导致冲突，式能是一种融合。人世间此在性的存在都是一种相，无论是物相、事相、面相，还是心相、名相、法相，统称为道相。此在性存在的各相分殊，分殊而有异，有差异便有对待、矛盾。不管是有形的相，还是无形的相，都是蕴含有对待、矛盾的相。此在性对待、矛盾便

---

　　① 相当于卡尔·雅斯贝斯（Karl Jaspers）所说的"轴心时代"（Axial Period）。
　　② 参见《系辞下传》，《周易正义》卷八，《十三经注疏》，中华书局 1980 年版，第 86 页。

可能导致冲突；冲突就需要抉择，存在的相亦具选择性，由选择而转换为式能。

式能是指存相的形式、方式及其种种潜能、能量，亦指存相所蕴含的潜在能力或潜能结构。潜能的存相有两种状态：有"勿用"的状态，如"潜龙勿用"[1]，龙有无限的能量和能力，但还没有运用一种适当的形式、方式表现出来，而处于潜藏和隐伏的情境；有"用"的状态，"见龙在田，利见大人"[2]，出潜离隐，以有形的存相出现，见贵人有利。譬如有自然存相的和谐有序的潜能形式，事物存相的情境、条件、结构、系统的潜能结构；人的心身、家庭、社会、国家存相的和睦而有伦的潜能形式；礼乐典章制度、伦理道德，协调而合理的潜能结构。潜能结构或方式在各种差分冲突中不断自觉选择，而导向和谐有序。

"式"是潜在的"能"的形式；"能"是存在形式的潜在能量、能力。"式"作为潜在能量、能力的形式，有多种多样的存相的性质、品性和导向；有真、善、美的形式潜能，有假、恶、丑的形式潜能；有阳、刚、健的形式潜能，有阴、柔、顺的形式潜能；有动、显、伸的形式潜能，有静、隐、屈的形式潜能。这种对称、对应式能不同导向，殊途同归，相对相关。

存相的殊途同归，便是式能展现为自然的、社会的、人际的、心灵的、文明的和合，作为形式的潜能，是无限的、活泼的、日新的，是存相的动力和生力。从这个意义上说，式能是即存在即活动，即形式即潜能的。作为和合形式义的本性，和合即形式，可指称为式能，即可设计为存相（差分）$\xleftarrow{\text{变化}}$ 选择 $\longleftrightarrow$ 式能。存相为式能的存相，式能为存相的式能。任何存相都涵容能的式或式的能。

第三，冲突与融合。冲突是指各种存相的性质、特征、功能、力量、过程的差分，以及由差分而导致互相冲撞、矛盾、伤害、抵牾的状态。冲突的形式、方式、方法各有千秋，有自然的、社会的，内在的、

---

① 《乾·初九爻辞》，《周易正义》卷一，《十三经注疏》，中华书局1980年版，第13页。

② 《乾·九二爻辞》，同上。

外在的，心灵的、身体的，集体的、个体的，家庭的、国家的，宗教的、民族的，文明的、野蛮的，天理的、人欲的，以及公、私，义、利，斗争、和谐等二元、三元以至多元冲突等状态，无处无冲突。冲突是对既有结构方式或方式结构的打破和破坏，也是对秩序形式或形式秩序的冲击和打散，冲突的过程往往陷于无构、无序、无式的状态。

从无构到结构，无序到有序，无式到有式，是一种融合的过程。在这里"融"有明亮、融化、流通、和谐的意思；"合"有融洽、聚会、符合、和合的意义。融合是指可差分的各元素、要素，在其差分或继续存在的过程中，它们各自的生命潜能、力量、特质、价值都有赖于其他方面的聚会、渗透、补充和支援。融合在冲突的过程中实现，是冲突的结果或结构形式。融合是原有结构方式和秩序形式打破、破坏以后的重新凝聚、聚合，标志着新结构方式和秩序形式在化生。一般来说，冲突仍然处于其实现目标的渐化阶段，即使是激烈的冲突，在新的结构方式未转生前，仍是渐化。融合可视为一次顿变过程，新的结构方式在融合中孕育。

冲突不能直接化生新结构、新秩序、新生命，但它有催生的作用。冲突是融合的因，融合是冲突的果；冲突是融合的前提，融合是冲突的理势。当前，在人类生存的各种不同的环境、类型、模型、信仰中，存在着不同的冲突融合的形式，还没有一个虚性观念概括所有各类型、模型的冲突融合，如怎样化解当代人类所共同面临的五大冲突和危机，便是人类文化生命智慧的所在和时代人文精神的精髓，这便是冲突融合的更高层次，即和合。和合兼容了冲突和融合，作为冲突融合的和合体，和合又度越了冲突融合，和合即冲突即融合，即度越即内在，它使冲突融合进入一个新的领域或境界，冲突融合只有在新的和合体中，才能获得新的价值和发展。冲突若不导向融合，可能一事无成，只有负面的价值和意义，所以冲突需要融合来肯定和认可；融合若无冲突，就无所谓融合，融合的正面价值和意义，亦无所肯定和定位。冲突就是生活，融合亦是生活，融突与生活不二，融突的和合体，就是生活体。冲突融合从历时性而观，呈现为冲突—融合—冲突—融合……的进程；从共时性来看，显现为彼此俱冲突—此融彼突—彼融此突—彼此俱融合……的进程；从动态平衡以观，呈现为融突不平衡—融突平衡—融突不平衡—融突平衡……的过程。和合作为度越义的变化，和合即为度越，和合度越冲突和融合。

第四，自觉与选择。和合生生是创造性的人文化成，其逻辑前提是人的自我觉醒。和合是诸多形相、无形相的和合，而形成新事物、新生命、新结构方式。自觉而然是差分，选择有优劣。优劣是价值判断问题。当讲优时，已预设了劣。但不同时代，不同国家、民族、个体，由于其价值观的差分，其价值标准和取向亦分殊，可以对何为优、劣，做出截然相反的价值判断和评价。所以，既不能简单依某种价值观来划分彼此优劣，也拒斥依某一强势价值观和权力意志的需要以定优劣，这是因为价值观受时空的制约和限制，而非放之四海皆准。价值观的时代性、民族性、地区性，是其个性，它随时代的变迁而变迁，地区的变化而变化，某些人不顾时空、民族、国家的差异，在世界强行推行某种自认为优势的价值观，结果适得其反。

和合价值观依据自觉而然和自由选择的原则，可分为两个层次：一是现实层面的公平、正义、合理；二是度越层面的真、善、美。这两个层次互相契合，便是以自由的人格，文化主体对自己的生活做出独立的自觉选择；以幸福为生活目标的伦理取向，文化主体对创造性生活的个性体验的认同，并作为生活中最大的价值目标；以理智的怀疑态度，文化主体在思议中对生活本身的批判审视。此三种文化主体都接受自由、幸福、理智所构成的现实的标准规范，它们与正义、公平、合理的伦理价值原则和真、善、美的理想价值原则圆融会通。

以和合为自觉选择的过程，和合就是不断符合自觉真切的过程。自觉说到底是主体人自觉而然的选择，选择是主体人在选择过程中的价值评价和价值取向。如果说选择是主体与人化了的客体之间的互相作用，以及在相互作用中依共同需要和互动选择所肯定、选取的一种特定关系，那么，自觉选择是主体与人化了的客体之间的一种制约、创造、度越机制。从人文意义上说，自觉是对于差分中不符合自觉而然状态的一

种救弊，由自觉选择而构成新和合体或和合者，其设计是自觉

选择 ←——→ 和合创新。智能选择、和合创新，是人类特化的有目的行为，是文化价值领域的根本现象。如此，文化才得以自由发展。

第五，烦恼与和乐。烦恼是"突"，和乐是"融"，即融突。人生在世，生活就伴随着喜、怒、哀、乐、爱、恶、欲，不可逃避地相依着生与死、贫与富、贵与贱、夭与寿、病与老的冲突和紧张，对人的生命构成一种精神上的压抑性、紧逼性，由此而产生恐惧感、孤独感、疏离感。人要求在精神生活结构形式上有所改善，即知有所定、虑有所安、神有所依、心有所寄，以获得一个使心情宁静安详、心绪和平恬淡、心灵和乐愉悦的温馨的精神家园，这便是一个和合的精神境界。

和合能协调、化解、和谐人的精神生活中的烦恼、焦虑、孤独、痛苦、空虚、恐惧等冲突和紧张，能安顿、融合、慰藉人的灵魂的离散、游荡的冲突和游魂野鬼的状态，以达到陶冶情操、净化心灵、神清精明、心静淡泊的境域。这便是既和又乐，若不和不乐，便会引起心灵的不和不乐，"心中斯须不和不乐，而鄙诈之心入之矣"①。不和乐，就会产生贪欲诈伪的心，就会破坏心灵的和乐愉悦。为使心神和合，儒家主张"致乐以治心"②，乐能感动人心，使其贪欲之心去，而善心生，使人和乐。譬如孔子最得意的学生颜回过着穷困的生活：一竹筐饭，一瓜瓢水，住在小巷里，忍受别人都受不了的忧愁，可是颜回却不改变他自己从求道中获得的快乐。颜回这种乐道的精神是受孔子的影响。有一天叶地方的县长沈诸梁问孔子的学生子路："孔子为人怎么样？"子路不回答。孔子对子路说："你可以这样说：他的为人，用功便忘记了吃饭，快乐便忘记了忧愁，是不晓得老之将至的一个人。"孔子和颜回都是以求道为乐，而无忧愁的人，这便是所谓的"孔颜乐处"。道家倡导人和

———————

① 《乐记》，《礼记正义》卷三十九，《十三经注疏》，中华书局1980年版，第1544页。

② 同上，第1543页。

而天和，人合而天合，进而人乐而天乐，天人和乐的和合心灵境界①，亦是一种无限美感的艺术境界。

和合五义，蕴含着"融突"理论，即关于冲突融合关系的理论。和合既内在又超越融突。从和合蕴含的动态结构形式来看，和合第一义是有自性，有自性才能生生、差分和生，是新生命生生的依据和根本；第二义是有本性，有本性才有形式、存相式能、变化日新的依据和根本；第三义是会变化，有变化才有度越、冲突融合、大化流行的依据和根本；第四义是有过程，有过程才有真切、自觉选择、对称整合的依据和根本；第五义是有艺术，有艺术才有美感、烦恼和乐、中和审美的依据和根本。

这里所谓"融突"理论，是冲突与融合的缩略，依冲突是融合的因，融合是冲突的果，以果摄因，统名为"融突"。作为和合的释义，"融突"既可称其为融合性冲突，也可称其为通过冲突达成融合。

二、融突的诠释

从和合关系界说与时空定位上看，和合之真，是和合关系之真，与融突关系之真相联系，即由相互冲突融合构成二阶关系。就此而言，融突统摄了冲突与融合两种性情相反而功能互补的一阶关系。这是从关系界说上说；从时空定位上说，和合是复杂的文化冲突与融合过程。和合过程与融突的过程相联系，即融（变）突（化）的整体过程。

由于和合关系是与融突关系、和合过程是与融突过程相联系，所以"融突"不仅可以解说和合的真义，而且在"和合五义"内居于逻辑枢纽地位，起着"一以贯之"的统摄功用。和合五义，都蕴含着融突理论，即关于融合冲突的理论。其对应方式是：

　　　　差分——存相——冲突——自觉——烦恼为突

----

① 参见庄子：《天道》，《庄子集释》卷五中，中华书局 1980 年版，第 458 页。

和生——式能——融合——选择——和乐为融

以融突贯穿和合五义，体现了和合学正视冲突思维张力和锐意创新的学术品格。

尽管"融突"可以贯穿、蕴含和合五义，形成关于融合冲突的理论，但是融突论并不等于和合学，融突观也不是本真意义上的和合观。和合是冲突融合的度越，使原来的冲突融合状态进入一个新的领域或境界。这就是说，从"融突"过程进阶、提升到和合境界，冲突与融合的性向和作用都发生了根本性的转换。在非和合境域，冲突意味着对抗、碰撞与战争，往往是一种破坏性的解构力量；融合意味着调和、消解与扩散，常常是一种均衡化的稳定状态。在和合境域，冲突是氤氲激荡。向上涌动或向前搏击，是一种开拓性的建构力量；融合是谐和舒畅、昌盛流通，是一种明朗化的有序进程。显而易见，"融突而和合"的亨通之道，正是从冲突、融合的动态变化过程跃迁到和合境界的必由之路。

作为晋升到和合界逻辑阶梯的"融突"，就不完全是冲突与融合的缩略统称与整体过程，而是具备了自己独立品位的哲学范畴。从话语形式上看，此时的"融突"是一个度越性概念，而非复合型概念。作为独立的哲学范畴，"融突"是由两个义素和合而成的和合概念："融"具有明朗、昌盛、流行、通达、和乐、长久之义；"突"具有忽然、穿越、突发、彰显、崛起等义。"融突"就是豁然贯通、突然流畅、朗然呈现的意思。概言之，度越意义上的"融突"范畴，描述的情状是和合境界突兀涌现、和合世界生意流行、和合精神其乐融融的殊胜景致。

"融突"作为生生不息、创新不已的和合原理，从《国语·郑语》的"和实生物"到《周易·系辞传》的"生生之谓易"，先哲对天地间的和生德性做过不懈的形上追究。《老子》的"万物负阴而抱阳，冲气以为和"，《周易·系辞传》主张"天地绳缊，万物化醇；男女构精，万物化生"，可见，冲融成和、氤氲化合的融突方式，是宇宙造化、天地创生的内在机制，是和合之所以生生不息、日新不已的根据。在生生道体内，在日新本源中，融突与和合是等价的描述。"融突而和合"，

"和合而融突"，纵横互补，浑然对应。讲融突，昭明其冲融和合的创新机制；说和合彰显其融突懿乐的生生意境。融突揭示了和合意境的生机所在，和合点化出融突机制的乐趣所是。[①]

"和合五义"所蕴含的融突理论，是与差分和生的氤氲原则、存相式能的选择原则、冲突融合的变化原则、自觉选择的互动原则、烦恼和乐的中和原则相对相关、和光同尘。

三、和合学释义

和合既不超出生活之外，也不超出属人世界之外的研议，但却是度超的生存世界、意义世界和可能世界。和合就是和合本身，和合本身不是上帝，和合不是全知全能，无所不在。传统哲学的缺失，不在于对和合的追究，而在于追究和合者时，只是简单地把它当作和合而忘记了这些和合者怎样成为和合者，究竟怎样追究和合者的存在。海德格尔曾反对萨特等从人出发，但他又不得不回到人的立脚点上来。和合学作为中国哲学理论思维形态，亦不能不立足于"人是会自我创造的和合存在"

---

① 以上参见祁润兴教授：《浅释和合学的融突范畴》打印稿。古汉语语境里，描述冲突现象、表达冲突思想的语义字符有二：一是"衝"字，行义重音，象征冤家路窄、敌对行为的交锋撞击；一是"冲"字，水义中音，象征液体涌动、向上或向前激荡时的延拓态势和深远韵律。在先秦文献中，两个字符同声同韵但不通用。衝是方向性的，有朝着、对着、当着的矢量指义。作为名词，衝最早指称用于冲锋陷阵的重型战车。如《诗·大雅·皇矣》："与尔临衝，以伐崇墉。"也指称道路上容易撞车的交叉处所。如《玉篇·行部》："衝，交道也。"作为动词，衝指冲撞、抵触、冒犯、突破、穿刺等动作状态。"冲"是意境化的，有涌摇、动荡、深远的境界寓意。一般用作动词，谓述水流激荡、气流涌摇、快速上升或向前的运动态势。汉唐以来，受星相命理学的影响，"衝"与"冲"逐渐混用，成了通假字。但在冲和、冲融的诗意语境中，"冲"与"衝"仍有着原则区别，不可混淆。例如杜甫《寄司马山人十二韵》里的"望云悲辖轲，毕景羡冲融"，韩愈《游青龙寺赠崔大补阙》里的"魂翻眼倒忘处所，赤气冲融无间断"，其中"冲融"二字不能改易为"衝融"，否则，意境与韵味便荡然无存了。（以上见祁润兴：《浅释和合学的融突范畴》打印稿）和合学是在"冲融"意义上运用的。

的人学大地上，因为中国哲学的品性，归根结底是人学。

立足于"人是会自我创造的和合存在"大地上的和合学，和合是中华"轴心期"的哲学思维概念，是对于中国哲学理论思维道统的传承，但和合作为"学"，却是一次哲学理论思维在新时代的智能创新和转生。

和合是世间的现象，和合学就是从世界纷纭复杂的现象，即非逻辑、非系统、非秩序的背后寻找构成此类现象的原因，以及由此达到逻辑、系统、有序背后的关系理念和方法。之所以如此，是因为一切和合现象都与经验世界的结构不可分，作为人类存在的基本样式的和合，其实是人的世界经验的基本样式，所以才不能简单地从认知论或纯粹方法论意义上把和合归结为人的意识的活动，而应从人存在的形上意义上去理解。

从形上意义上去理解和合学，和合学是指研究在自然、社会、人际、人自身心灵及不同文明之间存在的和合现象，以和合的义理为依归，是既涵摄，又度越冲突、融合而和合的学问。

和合是不断跃出的，它是无数自性关系、本性关系、变化关系、过程关系、艺术关系整合的结构方式，"乾道变化，各正性命，保合太和"。人世间万事万物依天道变化，各自获得本性、命运，形成定位，这是分殊、差分、冲突，但又保持住内外的"太和"，这是和合学所要研议的。和合学的意蕴是：

第一，然与所以然。中华哲人从对人的内在生命搏动和外在环境变化相交织的深刻体验中，领悟到人生生命的尊严、价值的意义，爆发出生命生生的活力和对于真、善、美境界的快乐的深沉感受，因此，以生为乐。生之所以然，本身便是和合，"天地合和，生之大经也"[①]。天地阴阳和合，是新生命、新事物诞生的常规和大法。和合学是对于如何生、怎样生的然的所以然的探索。譬如"一阴一阳之谓道"，这是

---

① 《有始览第一》，《吕氏春秋校释》卷十二，学林出版社 1984 年版，第 657 页。

"然"。为什么"一阴一阳之谓道",犹如为什么冲突融合而生,便是所以然,朱熹说:"所以一阴而一阳者,是乃道体之所为也。"① 道就是阴阳的所以然,和合是冲突融合的所以然。

第二,变化与形式。和合作为融突的存相式能,存相便是对待、矛盾,有对待、矛盾就有运动变化;式能作为存相形式的潜能,可以呈现存相的种种形式。存相是形式,式能亦是形式。式能是一动态结构,它变化日新,是潜能的发动不息。存相作为有冲突的存在,亦日新变化。变的初义是"更"②,是改常、易常的意思。和合学是对于存相式能的为什么的探索,是对众多形相、无形相构成新事物、新生命的中介转换机制的探讨,是对于存相变化日新生命力潜能的寻求。和合学也是对存相式能的各种理解与解释的理论反思,包括这种理论前提能否成立、能否合理的反思以及这种理论形态的价值合理性、形上性的思议。和合学试图和合科技理性与人文理性、价值理性与工具理性、公共理性与分殊理性之间的对待、冲突,以"融突论"来化解,使其成为冲突融合而和合的和合体,达到和合境界。

第三,流行与度越。冲突蕴含统摄世界,融合亦蕴含统摄人间。人世间的万事万物都是"融突"的大化流行中的存相和式能。冲突融合是相对相关的活动,恒常无限,它也就是和合自身的运动,也就是和合体之所以"融突"的根据所在。

大化流行是淘沙的过程,亦即筛选、选择的过程。人世间种种形态和相貌都要在大化流行中被冲洗得裸露出来,即被剥光了层层服饰,而显其真元。因此,冲突融合的大化流行,本身便是自觉选择的过程,这里不需要预设价值原则。自觉选择是人类对于文化系统进行微观的价值批判和宏观的和合创新所必需的。

大化流行作为和合人文精神的原则,是冲突融合之使然和呈现,亦是冲突融合进程的描述,使冲突融合的进程清通无碍,并导向和合。大

---

① 《答陆子静》,《朱文公文集》卷三十六,《四部丛刊初编》,商务印书馆。
② 汉代许慎:《说文解字》:"变,更也。"《小尔雅·广诂》:"变,易也。"

化流行的进程，即神化过程。人们只有"穷神知化"，才能体认神妙莫测变化的复杂性、错综性和非逻辑性、非系统性。主体体认神化的莫测性、混沌性，才能认知如何在大化流行中筛选、协调各形相、无形相，从而和合成新事物、新生命。主体可以感受它，却不能参与流行的过程。

和合学是对人世间大化流行动因的探索，即为什么变动不居，周流六虚；为什么为道屡迁，神化莫测；以及它所蕴含的变化、交感、动静的潜能，而有氤氲、摩荡的状态的探讨。和合学不仅仅是冲突融合，冲突融合也不是和合学。现实的冲突融合是人生存的种种情景。然主体是绝不满足于客体情境的，所谓主体，只不过是和合过程中体现出来的人的自我意识；所谓客体，是和合过程中体现出来的各种条件、因素。只有和合体在，才有主客体在。海德格尔否定传统哲学把认识关系归结为主客关系，而陷溺于二元论；否认认识的目的为达到客体。和合学以认识的主旨在改造世界、创新世界，所以要求度越自然的元境，个人的己境，生存的生境，科技工具的解境，物质生活方式的物境，精神心灵的心境，社会群体的群境，而达和合生生的和境。如何、怎样以及为什么度越现实的冲突融合与上面八种境遇，而导向和合，这是和合学需要求索度越冲突融合，又涵摄冲突融合的原因和根据所在。只要既度越又涵摄，才能成为自由和合与和合自由的根据的理由。人的自由以和合自由为前在，人的自由是和合自由的呈现，也是对和合自由的说明，人永远被作为研议对象，也永远追求和合自由。

第四，对称与整合。自觉与选择是对称的价值判断，"觉"与"择"又是相对的人的态度和方法。对称（symmetry）的原意为匀称和完美。后来人们借用这个词来联系两个事物或类似物的情况，而与美学中的匀称、现代科学中对称性有异。中华的"太极图"（阴阳鱼）显现了对称原则。它是事物整体统一性中系统内部各形相、无形相间的一种因应的等价性关系。这种关系提升为概念，如动静、有无、形神等；与对称相反，系统经过一定中介选择、交换后发生了变化，就是非对称。对称与非对称是系统转换发生前后的两种状态，非对称是系统内部的不同形相、无形相与系统、环境之间差异所引起的冲突的表征。冲突意味着要重新整合。

如果说冲突包含对称，那么，融合包含整合。因此，对称整合与冲突融合相联系。对称的差分，意味着相对相成，相对中的选择，选择在自觉而然中相成，对称整合即在自觉选择中达到整体的和谐。

和合学告诉我们怎样思，而且还告诉我们怎样存在，思是存在的一种功能。和合学的思议，是对自然、社会、人际、心灵、文明整体和谐、协调、有序的探索；是对在这一不断破缺和完美过程的所以然的求索；是对什么是自觉与选择的为什么的追求，以及什么是自觉与选择的价值原则的为什么的追求。对称整合作为中国人文精神的原则，在众多元素、要素融突和合的新事物、新生命中起着重要作用。对称整合是和合学的内在的与外在的结构方式，自觉选择是和合学的价值取向和价值公度。对称整合、自觉选择之所以是和合学的结构形式和价值公度，亦是和合学所关心探索的课题，以求和合新生命的生生不息。

第五，中和与审美。差分是"和"，指诸多形相、无形相，因素的相对相关、对待和谐。《中庸》："喜怒哀乐之未发谓之中，发而皆中节谓之和。"和是喜、怒、哀、乐差分情绪的发动，发动而合符节度，保持和谐。"中"是指在"和"的对待和谐中的无过无不及、不偏不倚的状态，才有中和美感的愉悦。人世间一切事物都存在差分中和，包括人的精神生活。中和之美感，与心灵密切契合。中和之美是一种潜能方式，中和与审美价值，需要通过实践和感受才能呈现出来。它能使臣民上下"和敬"，父子兄弟"和亲"，少长族党"和顺"；使宗庙、乡里、家庭和睦、安定。《礼记·乐记》认为，"可以善民心，其感人深，其移风易俗"，增强宗庙、国家、乡里、家庭的凝聚力、亲和力。中和之声能激起主体内心情感的发动，促使协调、和谐人心灵的各种冲突。中和之声的审美价值，就在于净化心灵，使人的心理失衡、情绪失序、精神失常等得以调理、平衡，达到气血平和、和美愉悦。

和合学是和乐、和美、和和。它是对人类精神生活中之所以烦恼、苦闷、孤独、空虚、痛苦的原因以及造成这种原因的自然、社会、人际、心灵、文明环境和政治、经济、文化的关系的探究；是对于如何修养心性、如何治疗心理失衡、情绪失序、精神失常的所以然的探索；是对于什么是审美价值的所以然的寻求。和合学是对于中国传统文化中中和之为美的审美价值的反思，以及对于审美方式、审美结构的研议。从某种意义上说，儒、道、墨三家文化精神的价值取向均是中和，因此，和、中和是中国文化精神的精髓，所以和合学亦是关于和合之所以是中国文化人文精神原因、根据的反思。换言之，是什么原因或能力使中华文化人文精神和生命智慧呈现为和合。

和合五义与和合学五义相对应。和合学意蕴与和合人文精神的原则相契合，并通过纵横互补律、整体贯通律、混沌对应律①，而达和合艺术境界。

四、和合传统方式的缺陷

雅斯贝斯（Karl Jaspers，1883—1969）说："人类一直靠轴心时代所产生的思考和创造的一切而生存，每一次新的飞跃都回顾这一时期，并被它重燃火焰，自那以后，情况就是这样。轴心期潜力的苏醒和对轴心期潜力的回忆，或者说复兴，总是提供了精神的动力。"② 和合学既是"轴心时代"（相当于中华东周的春秋战国时代）百家争鸣的百虑而一致、殊途而同归的人文道统的继承，也是对传统和合结构的创新和转生。这是因为必须通过艰苦的、细致的体贴传统和合结构的合理与非合理成分，梳理传统和合结构那些适应时代需要与非需要的资源，才能夯实建构和合学之厦的基地。

传统和合结构的逻辑缺陷表现为：一是无中介的直接和合。传统和合结构如"天人合一""知行合一"，都是一种无转换中介系统的"合二而一"。这种无中介的直接和合，是原始状态的自然和合。当西方人

---

① 参见张立文：《传统学引论》，中国人民大学出版社 1989 年版，第 56—62 页。

② 雅斯贝斯：《历史的起源与目标》，华夏出版社 1989 年版，第 14 页。

惊叹东方"天人合一"等思想为神奇的"东方神秘主义"时，我们自己亦在赞叹"天人合一"把整个宇宙看作有机体，使人在此有机体的大化流行、生生不息的生命之流中安身立命时，却忽视了这种"极高明"的理想，是以体验、参悟获得的，缺乏细密的逻辑推理过程。

人类文化的发展，中介系统的独立化和技术工具的完美化，是其重要的特征。现代文化系统内的和合，都是有中介的间接和合。就以天人合一的自然与人的关系而言，人之所以为人，是人与天（自然）的分离。"天地之生，人为贵。"人之所以贵，就是人之为人的自觉。荀子说：水火有气而无生，草木有生而无知，禽兽有知而无义，人有气、有生、有知，亦且有义，故最为天下贵。义便是人之为人的道德自觉。这个自觉是人在长期劳动实践过程中，对于劳动工具的创造、技能的提升，智慧地体认到天（自然）与人的和谐、合一。如大禹治水成功是大众劳动和治水认知提高、技术运作的结果，而非无中介的和合。

"知行合一"与"天人合一"一样，是由于中介系统的科技革命，而获得知识信息，开出行的实践活动和对客体的改造。实现"天人合一""知行合一"的和合境界，必须转换传统无中介的状态。

二是无转换的取舍和合。在公与私、义与利、理与欲、王与霸等一系列关系问题上，传统哲学曾以"大公无私""重义轻利"、存理灭欲、"尊王贱霸"来取舍，其范畴逻辑结构是通过无转换的取舍方式来建立和合。其间的和合只有采取转换变化，以便合私为公，公私兼顾；集利为义，以义携利；依理适欲，畅欲达理；以霸济王，王霸并行。通过转换，化冲突为融合，达到对称和合。

公私、义利、理欲、王霸等实质性关系范畴，与善恶、真假、美丑等标的性的价值观有别。前者遵循二象律和用中律，不服从矛盾律和排中律；后者，循是非二值逻辑，可按矛盾律、排中律取舍。传统文化中无转换的取舍和合方式，不符合"易学"的生生之德及和合精神，也不符合佛学的"转识成智"转依和合。

三是差分不足的简单和合。传统和合结构方式中，存在差分不足现象。范畴之间没有明确的领域、学科、类型、层次、维向、序次等分化，就会使范畴的本性、领域、层次、维向、类型混沌化。中华传统哲学思维中，即体即用、即用即体、即本体即工夫似乎辩证，或以为"本无二""已合一""性即理""心即理"等，一系列即式判断，就是差分不足而简单和合的话语。在西方哲学思维中，从亚里士多德的三段论，到奥古斯丁的"三位一体"，再到黑格尔的三段式，一直到现代语言哲学的"实在——语言——思维"三元关系，都是有差分、有中介的间接和合，并从差分中介上创造一个认知的、技术的工具世界，而走向现代化。

四是无冲突的重一和合。认知主体与认知客体的真理性合一，实践主体与实践客体的价值性合一，审美主体与审美客体的善美性合一，都必须有冲突，并通过中介符合系统来完成。诸多异质冲突元素、要素能否和合，取决于它的可和合性，只有同一领域、同一类型、同一层次上的特异元素才能按特定的和合道路而和合。或者必由更多维、更复杂的变换群，经多次反演，才能和合。中华传统和合论，注重"一"；"其分也，成也；其成也，毁也。凡物无成与毁，复通为一"①。老子也说："昔之得一者，天得一以清，地得一以宁，神得一以灵，谷得一以盈，万物得一以生"②，"理、性、命，一也"等。强调形式上无冲突的一。其实，这些"一"存在着无数的差分和分殊，而简单地一，不做精细深刻分梳，或做现象的分殊。这种"一"的和合，是复杂性、多样性的简易化，无法使整体民族文化、哲学思维提升到一新高度、新形态。

五是多奇点的神秘和合。奇点是指混沌无分的特异起点或混沌难分的特异结点。在奇点上，思维手段、逻辑工具和语言能力失效，即奇点的"不可思议""不可言说""无以形容""惟恍惟惚"等。中华古代的"道"，很多情况下是一个神秘莫测的奇点和合体。

当代西方哲学在经历了反形上学洗礼后的思议来看，他们惊奇地发现，中华先哲们所深刻思议的那个"什么也不是"的"是"的思维方

---

① 《齐物论》，《庄子集释》卷七下，第66页。
② 《老子》第39章。

法，正是西方形上学所忽视的。老子"惚兮恍兮""绳绳兮不可名"的道，是视之不见、听之不闻、搏之不得的，它像风箱中空无一物，以待万物，避免了西方传统形而上学把那个"是"当作什么（名）来思议的途径。这是中国哲学思维的特性，也是其优点，但同时也是其缺点。在注重"什么也不是"的"是"的问题的同时，没有很好抓住终极性的"什么""是什么"的问题，即那个使天地万物成其"然"的那个最本质的"所以然"，"是什么"的问题。如此，使中华的"道"具有神秘奇点色彩。尽管这种奇点的神秘和合有很丰富的潜科学或前科学的副产品，有科学上的借鉴作用，哲学生命智慧上的启迪意义，但无疑需要细致分析改造。

和合学的和合的创新与转生，和合学新之所新、生之所生，就需要与中华传统和合四类型、九种和合道路划清界线，也需要与中华传统五种和合方式特异分殊。清理了传统和合地基，才能在此地基上盖起和合学的新大厦。

五、和合学理论公设

和合学因应了那个使天地万物成其"然"的那个最本质的"所以然"是什么的问题，它作为一种哲学理论思维逻辑的新形态，需要有一定规则，依照一定准绳，而具节度性、序列性、系统性，无以名之，强名之为理论公设。

一是形相差分。在和合学系统内，形相是一个相对概念。概念是信息元在思维中的类。它反映（间接地）生存世界中的事物形相的类别，体现意义世界中的真理追求，遵循可能世界中的正当原则。概念在思维演变中的过程，是由人对生存世界的体认和对意义世界的追求双重决定的。形相作为相对的概念，具有对信息元类型化加工的意蕴。

差分是和合学逻辑建构的现实根据。和合是诸形相、无形相在冲突融合过程中的和合生生。因此，和合学建构的理论前提与现实根据，便存在着性质各异、品位有差、充分分化的一系列形相、无形相成分。这种差异和分殊，是一种连续不断的过程，也即是不断生生的过程，故谓其为差分。这是和合学逻辑建构的理论生长点和生存根据。因为差分是宇宙间普遍存在的现象。构成和合体的诸形相、无形相及其自身有性质、品位、功能等方面、层次的差分，且诸和合体之间也存在着一系列差分化特征，和合体必须承诺这一点，不能强行"舆论一律"、价值一律、制度一律，否则有违形相差分的公设。

一般来说，差分的高度与水平，是建构和合能达到怎样的高度与水平的基础，基础的起点愈高愈丰，和合的水平和程度也愈高愈丰。

二是结构整合。差分的形相、无形相结构的化成整合为和合体，结构作为和合体的生存、意义、可能三世界系统内形相、无形相之间的关系，是从三界系统内部描述系统整体性的。一切形相、无形相的过程，都有其自身的结构，结构以其相对的、确定的方式存在于时空之中。

结构并非完全是一个构造，它蕴含着形相、无形相之间的信息往来以及相互作用。它表征和合体内各形相、无形相的组合、结合方式，亦是诸多层次、层面、方面的联结方式。结构往往与功能相联系，如果说结构指向形相、无形相组合方式，功能则指向形相、无形相与周围环境的关系。形相、无形相功能发挥到一定程度，会导致形相、无形相新结构产生，而向更高和合体发展。

结构是和合学逻辑结构的理论中介。和合学的建构，必须有建构和合学的结构方式。否则，各性质、品格、功能差分化的形相、无形相便是零散的、无序的、非逻辑的、非系统的。差分化形相、无形相的和合过程，可看作是结构的生长过程。从这个意义上说，结构是和合学逻辑结构的理论中介环节。

不同和合体之间的差异与分化，也体现了和合体结构的差分。因此，和合学的建构，给予结构以重视。通过结构的生长来内在地展现形相、无形相的和合过程，并以结构的差分、同构等关系来说明和合体之间的和合关系，是和合学逻辑结构中的重要环节。

三是中介转换。转换是和合学逻辑结构的动态机制。和合学逻辑结构的动态转换机制，是和合体内在的变化或自我革新，是和合体自我批判和自我否定功能的体现。如果说结构是诸差分形相、无形相建构和合的逻辑中介，那么，转换就是和合体自我发展的理论关键，和合体从一种和合状态到另一种和合状态的变易过程，逻辑上必须通过结构转换来实现。因此，结构的转换，是和合学逻辑结构的动态机制或运演规则。

和合体的状态变化、发展，可以逻辑地通过两种途径转换生成：其一是形相、无形相的差分转换方式，即原和合体分解为相对独立的形相、无形相。诸形相、无形相及其相互之间，经过冲突、选择、吸收、淘汰，而重新融突为新的和合体。其二是结构的整体转换方式，原和合体通过自我批判、否定，更新形相、无形相，修复或调适结构，整体性转换为新的和合体。

两种转换方式通常相杂或相间进行。一般来说，具体事物多采取第一种转换方式，如个体生物生命的转换、生产工具的转换等；抽象事物多采取第二种转换方式，如文化传统的转换、思维方式的转换。用中国哲学话语来说，就是形而上道体层次的转换是流行的，即以第二种转换方式；形而下器物层次的转换，以第一种转换方式。尽管形而上道体与形而下器物各自都是和合体，但转换方式是差分互补的。

形相、无形相的差分以及结构化成、结构的和合以及和合体的分序、分级，都必须通过生成的转换中介，经中介转换实现变化，达到贯通成为流行。

差分转换方式是：

原和合体 $\xrightarrow{\text{解构}}$ 形相、无形相 $\xleftarrow{\text{差分}}$ 形相、无形相 $\xrightarrow{\text{建构}}$ 新和合体

结构整体转换方式是：

原和合体——→形相更新、结构调适——→新和合体

四是功用选择。和合学结构中的语用功能，是由和合世界所在人的意义赋值决定并选择的。换言之，和合学结构方式的功能发用是人择的。这里所谓赋值，是指和合学概念、范畴结构形式经人的语用，具有了不同的意义，体现了不同的价值。功用选择揭示和合学体系结构的层间、界间的联系是整体的和人择的。其间所使用的范畴的解释功能、批

判功能、实践功能，都是内源性的，体现人的意义追求这一内在性的价值标准（内在尺度）。如宋明理学哲学思潮中的"天理""良知"等范畴的各种功能发用及神妙流行，都体现了理学家这一主体群对现实人伦秩序的忧患情感、热切关注以及对人类精神的终极关切和宗教情怀，而并非"天理""良知"这一文字就那么真如、妙如、昭然、廓然。

选择是和合学的人学特质之一。"人者，天地万物之心也"，"心者，天地万物之主也"。人类所从事的一切活动，以及其一切形态的活动的产物，都是和合学"新人学"精神的体现，具有人道的目的。天地万物为人而生，人为天地立心。人选真择善，参天地之化育，目的在于满足人的价值需要，体现人的意义追求，实现人的自由创造。

五是归致反演。归致是和合学逻辑建构的生生过程。和合学的逻辑结构，是从生存世界无限多样性的差分形相、无形相出发，通过结构的生长达到形相、无形相的和合整体，并以形相、无形相 ⟷ 结构的综合转换方式，实现和合体的变化和流行，理论地再现宇宙大化流行、变化日新的内在逻辑结构和生生机制。譬如意义世界的价值形相、无形相的差分化与差分化的价值形相、无形相（真、善、美、乐……），通过结构，并以结构为中介，而成为价值和合体；价值和合体在变化过程中，不断吸收差分化的价值形相、无形相（真、善、美、乐……），而实行结构的整体转换，建构价值理想和合体。可能世界的可能形相、无形相的差分化与此差分化的可能形相、无形相，以结构为中介，构成和合体，并以结构的整体转换方式，达到生生和合。这是和合学生命与生命力的源泉，也是中国哲学转生的动力源。这就是说，意义世界价值理想和合体、可能世界的生生和合体，都在大化流行。生生不息之中，而度越了绝对论、单一论、不变论、独断论的桎梏。

和合学逻辑结构理论体系的形式归致，可能形相、无形相的和合及其极致境界，成了和合学的"未济"式无限生生不息的过程。这是一种逻辑化、理性化的归致。

和合学体系结构要成为活生生的思想学说，除转换中介的贯通外，逻辑有赖于重复律、重演律、反馈律、传递律等反演原则。"反者，道之动"，"反复其道，七日来复，天行也"。[①] 在思维、精神等智能活动中，和合可以反向推演。反向推演蕴含四项义理：周期性运动的反复节律；生物生命运动的种系重演规律；自组织系统的反馈调息原理；思维逻辑运动的对偶性、逆反性和可数重复性。因此，依此义理的各种反演的运用，不仅能使转换中介双向化，而且充分体现生命生生的周期节律和人类个体生命的重演种族历史的生化规律，促进和合学建构体系与宇宙大化、人类文化的流行机制相互同构，相互流行。

---

① 《复·象》，《周易正义》卷三，《十三经注疏》，第38页。

和合学三界的建构

和合学之所以要对传统和合类型清理和传统和合方式坎陷，以及对和合逻辑结构理论公设，是为开出中国哲学理论思维的新生面，为实现中国哲学理论思维形态的创新转生开道。

一、哲学创新的时代诉求

实现中国哲学理论思维形态的创新转生，首先是人的哲学观、价值观、人生观、方法观的创新和转生。这就是说，人必须自觉地把哲学思想体认"从那些不合时宜的观念、做法和体制的束缚中解放出来"，从以往对哲学思想的"错误的和教条式的理解中解放出来"，从永恒不易论和主观主义的桎梏中解放出来。此三者的解放，换言之，即是把哲学从"鸟笼子"中解放出来。有人说：人也许在"鸟笼子哲学"中待久了，一切都已程式化、固定化、僵死化。养鸟人照例早晚提着蒙着有色布的笼子，摇晃着过街穿巷，早已不知有笼外之天，高兴时在笼中蹦跳几下，然翅膀已趋软化；偶然啼叫几声，也不知是高歌或是哀鸣，一切仰人鼻息，听任摆布，自己已丧失了自主独立的能力。对于"鸟笼子哲学"堂而皇之唱赞歌的人们，哲学需要再度呼唤以普罗米修斯对众神之侍者海尔梅斯所说的话："我宁肯被缚在岩石上，也不愿做宙斯的忠顺奴仆。"哲学再度需要为人类盗天火的自觉精神，也许这会触犯一些清规戒律，而被目为异端邪说，然只有打破清规戒律，解脱异端邪说，才会迈出哲学创新转生的一步，这一步蕴含着哲学将获得新生命，开出新生面。

和合学开出的新生面，是其对传统天、地、人三才之道的创新和转生。依照和合学的理论思维逻辑结构，转化为"地"的生存世界、"人"的意义世界、"天"的可能世界，转天、地、人的空间次序为地、人、天的思维逻辑次序。以生存世界的活动变易和合学、意义世界的价值规范和合学、可能世界的逻辑结构和合学，构成和合学的总体框架。从变易→规范→建构，互相融突，互相贯通，互相涵摄，互相转换，互相圆融。

立足于人是"会自我创造的和合存在"，哲学是一种自觉创造的爱智活动，这种爱智活动是对于人类精神反思的反思，这种反思的反思总是试图高屋建瓴地体认、把握人与宇宙、社会、人生的关系。人一来到这个世上，就要求生存下去，就不能不与自然、社会、人际，以及政治、经济、文化、生活等生态环境发生关系，就需要反思生存方式、环境，以及生化机理、功能等，以通达和合生存世界，这是人类一切活动的永恒课题。有生存而求人生意义，实现人生价值，就要反思意义内涵、实现意义方式及其需要机理，以通向和合意义世界，这是人生所面临的吾日三省吾身的话题。人活着不仅要"利用安身"，安居乐业，还要"修身立命"，确立生命价值，为"生民立命"，修齐治平。人不仅寻求实现人生价值的完美化，而且追求人生价值理想的圆融化，以求终极灵魂的安顿、精神家园的温馨；以反思生从何来，死归何所的人的"本来面目"，以及人生不能不面对的终极关切话题，以建构和合可能世界。

二、和合生存世界

和合生存世界是生命存在的基地，是人所面对的自然生态。生存和合学以和合生存世界的研议对象。人能否协调自身的发展及其与自然生态相互作用的形式，使人与自然生态关系最优化，人应以什么价值理念建构与自然的和谐关系，在融突而和合体内如何容纳生存者的生存，生存者自身在生存生态环境之中，便为其反思生存本身提供了方便，凸显和合生存世界的义理，体现和合精神的真实性原则，具有通过活动变易

师道师说

张立文　卷

而再生的生存结构机制。在这里人的变易活动是生存状态时空再生日新的动力源泉。

人一来到这个世界上，不管人愿意或不愿意，就被抛到一个自我不能选择的贫富贵贱的家庭、国家、民族、地区之中，即生存世界中，这是人生的一个大迷。生存者人是作为"客人"来到这个陌生的生存世界的，但这个陌生的生存世界为生存者提供衣、食、住、行的自然生存环境，可称为"主人"，是接待客人的主人。"主人"接待生存者人与生存禽兽是一视同仁的。这个自然生存环境不是亚里士多德所说的形式意义上的场所，而是一种自然供给。这种自然供给，使生存者"客人"有了时空意义上的被支持性和互相交换关系的动态性。

生存者人与动物的分途，是动物遵循、顺应"主人"所提供的生存条件和环境，不会创造自己所需要的新的生存条件和环境。动物作为"主人"的"顺民"，它们之间并非融突关系，因为在差分度极低的情境下，其与自然生态环境的交换要素几乎是零和状态。人这个"客人"与"主人"的关系，与禽兽殊异，是一种既融合又冲突，即顺应又叛逆的关系。从顺应而言，"主人"对"客人"的惩罚，人只能逆来顺受，如地震、海啸等；从叛逆而言，体现了一种摆脱"主人"控制、支配的创造性的活动，这是因为人总是不满足于过客的地位，不满足于自然生命，也不满足于恩赐。正由于不满而产生的创造性活动而产生了人与自然的二次差分：一是人与自然生态世界主客关系的颠倒，这个颠倒引起自然生态世界的革命，自然生存世界以人心为自己的心，人以自己的智力和劳动实践把自然生存世界转变为人的存在世界；二是人的智力的发展，实践能力的提升，使人获得了自我，即人之所以为人，构成了人的生活方式。

人发现了自我，意味着人的身心的差分，使人出现了两种性质相反、旨趣相异、功用冲突的对待体，人便具有了二重性；但人又能把这天地间二重最为对待的两极融合在一起，使超自然的、灵魂的、精神的存在必须依附于自然的、肉体的、物质的存在；自然的、肉体的、物质的存在又必须听命于超自然的、灵魂的、精神的存在，两者各有自己的职能、功用，不离不杂。

人的智力、劳力投入对象化过程中，在人与自然的、社会的、人际的、物质的、能量的、信息的交往活动中，便产生了语言和思维。这种交往活动是基于人对自然生存世界之"结"的"解"开。我向思维、图腾思维、巫术思维、神话思维，都属于潜概念思维，它是从行为思维到概念思维的中介阶段。

人作为主体来从事意识思维活动的内在能力结构，是人的认识发生、思维提升的过程。当人的精神性存在成为主体之后，人就表现为一种智能主体。智能主体以其知行活动转换生存世界的境与理，并把境理纳入主体生存能动活动状态之中。天然自然与人化自然的法则、原理，构成和合生存世界的"理"。境是作为对象化而言，通过一系列时序化中介，与主体融突而成生存情、生存条件或生存环境等。人的智能效用是境中显理、理中易境。生存世界成为以人类智能为变易枢纽的知行和合世界。

人创造人化自然，必须对其所改造的对象的特性、本质、规律有所体知和把握，此特性、本质、规律为理。其理所在的自然生态环境以及人文环境，也有一体知和把握，这便是"知理明境"，"明境"反演过来，可促进"知理"，"知理"便可"明境"。"知理明境"的目标，是为了"行理易境"，即"知理"为了行理，"明境"为了易境。不"行理易境"，"知理明境"就沦为虚无、空谈。

"知理明境"为智（知），"行理易境"为能，知与行、智与能是和合生存世界境与理的转换中介机制。人以其有意识、有目的能动践行活动，融合智能，构成转换和变易自然、社会、人的境及理的智慧和才能，其旨在于说明智能中介的知行转换构成机制。其基本义理是和合生存世界境理分层，是通过"知理明境"转为智，"行理易境"化为能，和合构成智能中介。

境、理的知行转换机制和智能转换中介，根据"八境"和"八理"的序列维向依次差分，顺序演进。特异分化的转换中介，逻辑上能够将"八境"及其相应的"八理"微观上下贯通，又能使它们依序进化，逻辑地再现人类生存智能的历史发展过程和认知践行的和合历史发展面貌。

和合生存世界境理知行转换机制构成母式（总式），和差分化构成机制为子式（分式），分化就是八境、八理通过"八知""八行"转换构成八智能。其一，生存形上和合境理知行转换机制。原始体知活动，借助体知中介系统，体知生存法则、原理，明了生存环境、条件，转而构成元智，即尚未差分化的元智慧、元知识；又通过元践行，借助践行中介系统，改造、变易生存环境、条件，化而构成元能。元智、元能合为元智能，元智能的反演，控制知行活动，便深知知理明境，行理易境。

其二，生存道德和合境理知行转换机制。由元智能安置于个人，便是从"己知"对于"己理"的体知，转而构成"己智"，即道德智慧。"己智"经"己行"的实践而入"己境"，而获得"己能"。"己智"与"己能"构成"己智能"。己智能反思"己理""己境"，构成和合生存世界的道德基础，通过不断反演，进入普遍性道德生活，参与完善道德精神。

其三，生存人文和合境理知行转换机制。人际间文化交往活动的环境及其交往的礼乐、仁爱等原理，构成人文生存状态及其人文生存状态的时空，转而成"生智"。通过文化交往活动的践行，转而成"生能"，合而为"生智能"。"生智能"反演，文化交往的厚生智能，由反馈机制，调控知行活动，体知文化交往活动的生活环境及其礼乐、仁爱原理，进而改造、变易文化交往活动的生活环境以及文化交往活动的礼乐、仁爱原理，使人文精神获得转生或新生。

其四，生存工具和合境理知行转换机制。与人文价值理性相对应的是工具价值理性。解智、解能转换为"解智能"。解智能的反演，人的科学技术工具的利器智能，通过反馈机制，调控知行活动，以便深入地体知工具技术活动的环境，以及工具技术工具活动的科学原理，进而创造、变易技术工具活动环境及其科学原理，促进科学技术的发展和昌盛。

其五，生存形下和合境理知行转换机制。"解智能"求索过程是技术和工具理性的展开过程。技术与工具是因循事物之理的创新性人类行为成果。人借助于体知中介，而明物理，由物理转而成"物智"，并进入"物行"而复入"物境"，化而成"物能"。"物智""物能"转而为"物智能"。物智能反演，物的生产活动是智能的效用。通过反馈机制，调控知行活动，使其不能利用高科技而破坏人类生存环境，促其向改善人的生活质量、水准的方向提高发展。

其六，生存艺术和合境理知行转换机制。人是具有虚性审美能力和情趣需求的。人的文化艺术活动是人的智慧的创造，构成学术"心智"，它是"心知"对"心理"的体认。由"心行"进入"心境"，心境既是心本身内在所显示的境，亦是一般性对境的感受。通过艺术文化活动的践行中介，转而化成"心能"。"心智能"深刻地体知艺术活动的环境，能及艺术产品的心理原理，进而创造、变易自身创作观念和审美能力，以满足人的精神生活需要。

其七，生存社会和合境理知行转换机制。人类的活动都是群体的、社会的活动，构成群体、社会生存状态时空。人的体知借助中介系统，转而成"群智"，人类"群行"相对于"群境"，双向践行而获得"群能"。"群智""群能"而成"群智能"，由而不断解决社会生活中人际、群际关系。唯有"群智能"的提高，人类群体本身才能长久繁荣发展，完善人类群体社会的和谐幸福。

其八，生存目标和合境理知行转换机制。人类生存形式渗透着过去、现在、未来时空向度，其目标性活动方式使人能在诸多困境尚未产生时介入对策性工作程序，使之达到和美性境界，提供由"和知"而明"和理"而转生"和智"的支撑。并由"和行"改易"和境"，而成"和能"，即人的目标奋取活动的才能、能力。"和智""和能"合为"和智能"。"和智能"的反演，而为人类有意识地寻求整体性的和合理想，在此历史演化中已建设了基础性的和合要素，使和合目标不断度越，促使人类进入和合理想境域。

八境、八理通过知行转换机制，而成八智能，智能向上演进创发八理，向下言说并构造反演于八境，形成和合生存世界的网状结构。生存世界和合化是人化的过程。和合转换的合理合境，是智能增上的过程。和合生存世界的核心是人的生命存在，以此为辐射源，而及与人的生命生存直接、间接相联系的一切事物生命生存。和合生存世界的价值生意是使一切生命纳入持续良性的自运作之中。

三、和合意义世界

人将自身智能投入对象，行理易境的对象化、物化的过程，亦是对象意义化、价值化的过程。一切有关意义性、价值性的事物、对象、状态、规范、原理等的总和，构成了人所特有的、价值的意义世界。

意义与价值具有圆融性，意义是价值的基石，价值是对意义的认可，人类个体之间意义、价值差分主要依据人文要素，并随社会的进化而处于细化、特化之中，所以，和合意义世界与社会紧密相连。意义、价值观念是人的社会交往活动观念化的把握形式。虽然个体与群体与对象世界的信息交换、认知、践行等具有一定意义，但是这种意义只是就个体或群体的生活与生存而言的有用性，而不是价值衡定意义上的意义。

意义是主体人以语言为中介把握对象过程中凝结在语言中的观念内容，它既有关于对象世界的属性、特征和变化的规则观念化的内容，也有主体对对象所做的价值评价。价值意识的形式是动机、欲望、兴趣、趣味、情感、意志、信念、信仰、理想等的精神活动形式，意义意识也是一种精神活动形式，它是价值意识的动机、欲望、情感、意志、信念、理想等形式的价值评价意识。

意义作为人的社会实践和社会交往活动中以语言为载体所传达的观念、情感和意愿，它凝聚了人类外部世界和内部世界的内容，构成了意义世界，即和合意义世界。

尽管语言是意义世界中构成的形式，但不是全部形式，语言并不能表达全部意义，人的自我是与社会性密切相关的，更具基础性意义。人自知自我价值和意义，就要自立。自立蕴含着自我意义和价值的社会定位，以及与此相应的自我心性涵养。要珍惜自我意义和价值的实现和保持这种意义和价值的获得。

自立、自重、自信，就会追问自我人生的意义和价值，即人在这个人界（意义世界）的"正位"、意义和价值问题。这里所说的人生，是指人的生命世界（生命）、生存状态（生活）和生存意义的总和。"正位"是一个自立的主体对自身价值的肯定，这种肯定是从内在的特殊性出发的。人生的意义和价值的有无、大小，最终取决于自我的创造。真实无妄的创造本身就具有恒久的价值和意义。

和合意义世界（人界）依据人规范社会价值的涵养、修治和合特征，差分为"性"与"命"。性是人作为意义和价值规范立法者隐在规定性。性的物性与人性、人性的自然属性与社会属性、共性与个性、抽象性与具体性等，是和合意义世界的基础和本根。"命"的他主性与自主性、自为性与人为性，构成和合意义世界的命。命是人作为意义和价值规范的执法者的显化使命。性与命既是作为和合生存变易活动主体的价值根据，又是人作为可能世界逻辑结构设计师的意义所在。并通过一系列渐进的中介差分演化，转换生成，使人生的意义和价值不断完善。人的一切社会化活动，都是"率性尊命""依性使命"的意义性、价值性的活动。

人对自身正位的过程，就是"涵养须是敬，进学在致知"的致知穷理，涵养心性的修养功夫。使"养性明命"进入理想境域。养性为立本，本立则命益明。修命而益精明，则本益善。"修命易性"，把必然之命置于主体人的智能之下，是人智能域内为人所控制的必然之命。修命的进程是从知命—立命—制命的经程，也是实现从旧命向新命转换进程的中介。"周虽旧邦，其命维新。""易性"亦即转旧人性为新人性。

人性毕竟是一种历史现象，在不同社会、集团、生活、文化生态环境下，呈现为各不相同的感性的、现实的人性。随着这种生态环境的变化，人性也会变易，这便是"易性"。从和合意义世界的理论形式而言，"养性明命"为规，"修命易性"为矩，修与养、规与矩为性命的转换与中介机制，规矩是性命增进与把握的原则。

和合意义世界的性命和合机制，是以养性推致为天地万物的价值规矩，修命反演为人自身的价值规矩。通过养修转换，性命中和为主体意义活动状态，合化成为规矩中介。和合意义世界是以价值规矩为规范依据的修养和合世界。和合意义世界转换结构方式差分为八个特异化的意义状态时空，与性命的八维相应，规矩中介也分序展开为八种规矩，即由八个特异化的意义状态时空构成，分别在八个意义状态时空中起和合中介的纵横、贯通作用。性命的养修八态与规矩八态，基于八性、八命。性命的养修转换机制和规矩转换中介，根据八性和八命的序列维向依次差分，依序展开。特异分化的转换中介，逻辑上能将八性及其相应的八命微观纵向贯通，又能横向涵摄，展现人类意义世界涵养和修治性命的人生精神生命世界或灵魂生命世界，其性命养修转换机制微观构成图式：总式（母式）

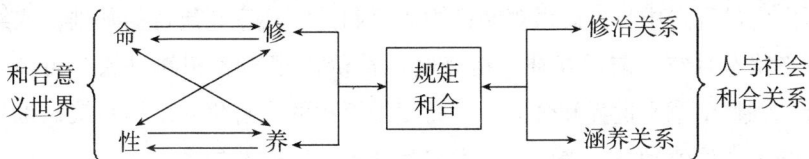

母式是八个分式（子式）的原本，其转换构成机制为：人涵养内在的意义和价值本性，修治外化为天地万物的价值意义规矩，为天地万物的价值意义立法（"为天地立心"），人修治外化的价值意义使命、命运涵养内化为人自身行为的价值意义规矩，为人类自身生命社会交往活动的价值意义立法（"立心""立命"），双向转换和合为性与命的涵养和修治的内外互化合一的价值与意义规矩准绳，成为一切人的文化生活活动的总法度。

和合意义世界性命养修转换机制的微观构成的反演序列为：价值意义规矩内化为主体的价值意义本性，又修治外化为主体人的价值意义命运或使命；价值意义规矩外化为主体的价值意义命运、使命，又修治内化为主体的价值意义本性。由此顺进反演，生生不息，变化日新，纵横贯摄，使人与社会的涵养修治的内外价值意义关系，融合为一个统一的和合意义世界。

和合意义世界的分式（子式）与总式（母式）的差分，是同构映射关系。只要按八维和合的特异语义域来解释，就能构成八种价值意义维度，系统而全面地揭示出人类意义世界各种价值意义规矩标准的构成机制。如意义形上和合性命养修转换机制，意义道德和合性命养修转换机制，意义人文和合性命养修转换机制，意义工具和合性命养修转换机制，意义形下和合性命养修转换机制，意义艺术和合性命养修转换机制，意义社会和合性命养修转换机制，意义目标和合性命养修转换机制。

此八性、八命通过养与修的转换机制，养性明命，修命易性，构成八规矩转换中介，使和合意义世界八维、八态依次生化、反演。八规矩通过诸和合意义状态时空中的性命的养修和合化构成，八规矩实际上是价值法度、尺度的八大准则。生生是和合学的主旨，价值规矩也处于不断生生过程之中，因此微观转换构成机制是宏观序化流行的基础，八维意义状态时空，前后互补。相应地八种价值规矩也相间对偶，相济推行，将整个意义世界和合为一个高度规矩化的完善化的结构系统，也是人的生命价值和意义得到充分肯定和精神获得慰藉的系统。

四、和合可能世界

人类在和合生存世界、意义世界落脚后，便寻求超自然的、灵魂的、精神存在的价值理想，以获得终极关切的精神家园。这便是和合可能世界。换言之，人之在的如何活的生存世界；为什么在的意义世界；怎样活得更美满，更充满希望，即更富有理想的可能世界。

可能世界的有关理论在西方已有相当多的论述。莱布尼茨以可能为结构之可能所造成，为逻辑上一致的可能性，之后西方哲学家主要在实在论、非实在论和概念论方面对可能世界做了诠释。和合学从中华传统人文精神出发，对可能世界做了新的体认。认为，一是可能世界是存在

师道师说

的，即可能世界是在可能方式下的存在，现实世界中的发生是可能世界之所以进入话题的背景因素；二是可能世界是存在的存在，它并非如同现实世界存在一样的真实性存在，而是想象存在的世界或观念存在的世界，它是透过人的想象在人的观念中存在，并以想象的方式被把握和改造的世界；三是作为能为我们所想象或观念的存在世界，亦是依据人在这个现实世界的模态构造去构想和理解的可能世界，这就是说，可能世界虽具有可能的非真实性，但不具想象的任意性，而具可理解性；四是可能世界是人的想象、理想或想望的世界，它虽依现实世界的模态构造去构想和理解，因而也获得了现实世界的内容形式，但又是对现实世界度越的可能世界，即是一种蕴含着对未来世界的构想和想象的可能世界。人之所以要从观念上构造一个可能世界，是寻求精神度越的需要，以期获得现实情境中无法达到的虚拟价值，并回馈、慰藉人的现实性的境遇；五是可能世界作为人的想象、想望、理想，其中蕴含着某些合理的成分、因素。可能世界的价值主旨，并非被实践运用的程序化未来，而是开辟广阔的、温馨的精神家园和做出个体生命的终极安顿。

和合学为消解理性的独霸与偏颇，肯定人理想中的情感价值，注重感性思维、象性思维。想象、理想与境界是人类感性能力的不断复杂化、完满化的序列。想象是人自我意识按照不同需要把世界的现实图式加以目标化、理想化，以获得理想图式的可能世界。从现实世界中升华抽象出来的各种理想世界，便是想象的结果。想象是人有意识的精神活动，是按一定目标程式进行的。目标是行为主体自觉意识到的实践目的，它凸显行为活动中的主体精神的指向性，它是人实践的一个内部规定和内控因素。目标性的感性知觉活动是想象的生成因素。想象是由感觉、知觉、表象到概念的过程，想象分为感性想象与理性想象，两者都创造了一个可能世界，可知，可能世界是人类目标化、感性化的设计与愿景。

理想与想象的变动性、偶发性异，理想与目标具有共性，也有差分，它是指以实存可能性为内在依据的关于未来的构想、设计，是人的观念情感倾向与现实需要相融合的结晶。从功能意义上说，理想是精神生命的力量，它能激发起主体精神生命力量的智能、勇气，去争取目标和理想的实现。理想是人所追求的具有可能性并有可能转化为现实对象的想象和意象，理想主导可能世界的进程，并对现实人生活动产生有益作用。理想作为精神的动力，使大脑皮层理想意识活动，刺激下丘脑神经分泌细胞释放出大量对身心有益的神经激素，通过一系列良性情感效应，使人从肉体到精神都焕发出生命力。

理想差分的审美、道德、功利、社会、人格、价值、政治理想等等会促进人的各种可能性活动。与此相关，境界是人在追求可能过程中所达到的一种精神状态和涵养程度，它具有位置的空间性和主体精神性的特征。在和合学中，境界作为人与整体世界的关系，特别是人与想象的可能世界的关系，标志着人的内在精神世界在某一特殊内外情境下所可能达到的具有共时性的状态空间。这种状态空间表现出人的主体生命世界的整体水平和精神世界的不同程度。它相对于现实世界，便是人所设计、创造的可能世界。

可能世界作为集合性概念，是人的一切想象世界的总和。境界蕴含了人所追求的可能世界，亦是一集合性概念。各种人和各不同学科、领域，都有人所追求和向往的不同境界。孔子从15到70岁就有不同的心路境界，孟子把精神境界分为善、信、美、大、圣、神六层次。老子追求像婴儿那样淳朴自然、天真无凿、完美无缺的精神境界。和合学提出人生自由境界，是可能世界的理想形态，即生命超越境、知行合一境、情景互渗境、圣王一体境、道体自由境。这五境既可递进，亦可并进。

和合可能世界，具有通过思维逻辑构造而创生的可能结构机制，体现和合精神的优美性原理。人是构造逻辑结构的建筑师，是可能状态时空创生日新的逻辑源泉。

可能世界依据构造逻辑结构的健顺和合特征，差分为道与和。作为展现人的思维自由创造的价值理想的道与和，通过神与化的转换，而使道与和贯通。人类思维构造价值理想的未来模型，这本身是创造性的想象的生命活动的体现，它使人进行探索性、创造性思维建构活动，这便是"顺道求和"，以求和的可能世界。求和的反演，可促进顺道，顺道自然求和。"顺道求和"是顺应生命的新生而追求和的价值理想，是追求和合理想世界的实现，获得最佳效果。

"顺道求和"与"健道达和"对应。"健道达和"是以其刚强品格和精神来达到和的理想境界的实现；是以最旺盛的生命精力，以达到理想的和合境界；是指以强健道的进取性力度，实现和合理想境界。"顺道求和"与"健道达和"，是中国哲学精神生命的体现。

"顺道求和"与"健道达和"的宗旨是求和与达和。"顺道求和"为名，"健道达和"为字。健与顺、名与字作为和合可能世界的道与和的转换与中介机制，是绍承中华人文精神的体贴和创造，是人类未来的需要。健与顺、名与字差分而有对待冲突，只有人的思维的自由创造的道与和的能动活动，才能将两者融合起来，人以自身的思维自由创造的刚健与柔顺功夫、功能，运用名字，构成转换、变化道与和的范畴、概念。

和合可能世界的道、和的和合机制为：道从顺到健，奠基立极，构成一系列符号化范畴、概念形式；和从健到顺，超然物外，出神入化，构成一系列义理化范畴、概念内涵；道、和互相凝聚、融合，成为活生生的、具有思维创生功能的范畴概念。如此，通过健顺转换，道、和中和而为主体的可能活动状态，融合为范畴、概念中介。可能世界是以逻辑范畴、概念为建构的健顺和合世界，构成了和合可能世界转换结构方式：

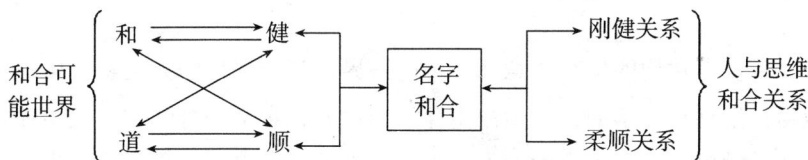

道、和的健顺八态与名、字八态，是基于八道、八和。道、和的健顺转换机制和名字转换中介，根据八道和八和的序列维向依次差分，循序开出。特异分化的转换中介，逻辑上能将八道及其相对应的八和微观纵向贯通，又能横向涵摄，展现人类可能世界刚健和柔顺道、和的人生精神价值理想世界或未来境界。

和合可能世界其转换构成机制为：主体强健、刚健思维创造的可能的逻辑道路、道理、法则、规范、本根，创造出更完善、更优美的新生的思维方式和概念形式；主体思维设立可能的义理和谐，弘扬以往的思维成果和成就的概念内涵，舍弃已不适应思维发展需要的陈旧的思维方式和概念形式，创生出更完善、优美的新的思维成果和概念内涵；新的思维方式与新的思维成果、新的概念形式与新的概念内容和合而为名字范畴。"名字"生生的逻辑运演过程，通过不断的健顺转换，形成和合可能世界。

和合可能世界的分式（子式）为总式（母式）的差分复制，是同构映射关系，只要按八维和合的特异语义域来解释，就能构成八种可能维度，便可揭示出可能世界各种思维创造的名字标准的构成机制，即可能形上、可能道德、可能人文、可能工具、可能形下、可能艺术、可能社会、可能目的和合道、和健顺转换机制。

和合可能世界的八道、八和，通过健顺的转换机制，顺道求和为名，健道达和为字，构成八名字转换中介，使和合可能世界八维、八态依次生化、反演。其间内在要符合健顺求和、达和的原则。可能和合学的本根、动因和驱力，是人的思维的创造，只有在创造性的思维领域，可能和合学的应用价值和功能才能凸显出来。

五、和合三界的整体贯通

和合学建构的生存、意义、可能三界，其所彰显的人文精神生命领域为：生存和合学的人文生命生存活动世界，意义和合学的人文生命价值活动世界，可能和合学的人文生命逻辑活动世界。三界所解的人文生命活动为：人与自然的和合性问题，包括认知、践行关系；人与社会和合性问题，包括修治、涵养关系；人与思维的和合性问题，包括刚健、柔顺关系。三界微观转换构成机制为：知行和合转换境与理，修养和合转换性与命，健顺和合转换道与和。宏观中介流行方式为：人类自然智能的分序进化，人类社会价值规矩的分维推行，人类思维逻辑名字的分类运演。三界所体现的和合精神原理为：生存和合学的真实性原理，意义和合学的完善性原理，可能和合学的优美性原理。三界生生主旨的开显：生存活动状态时空的智能再生，价值意义活动状态时空的意义增生，逻辑活动状态时空的自由创生。三界的人的地位作用为：生存和合学的知行活动的主体，意义和合学的价值规矩的立法者，可能和合学的逻辑结构的建筑师。其开显为人的活动方式：变易天地万物的形态，促其价值化；规矩各种价值行为，使其正则化；建构各类逻辑系统，使其和谐化。和合学所成和合世界及其分层为：和合生存世界的境（生存活动环境）与理（生存行为原理），和合意义世界的性（价值活动本性）与命（价值行为使命、命运），和合可能世界的道（逻辑活动之思维道路、道理）与和（逻辑活动之义理和谐）。三界所构成的系统为：生存和合学的真实结构系统，意义和合学的完善结构系统，可能和合学的优美结构系统。和合学的效用为：生存和合学的现实性的人类智能发展，意义和合学的历史性的价值规矩发展，可能和合学的逻辑性的思维范畴名字发展。

和合学三界在各自发展中，各真其真，各善其善，各美其美，真、善、美圆融无碍，既各正其境与理、性与命、道与和，而又唯变所适、保合太和、三界及境、理、性、命、道、和六层面在唯变所适中，是立体性的整体贯通，而又差分为两类贯通机制：一是同一世界内部纵向层间贯通，是通过层间的三类转换，即微观转换构成机制，与界内流行的三类中介，即宏观中介的运演机制，而构成和实现的；二是和合三界之间横向界际贯通，是通过两大转换群实现的，生存世界的行为环境和意义世界的涵养本性经自然智能和价值规矩的双向转换，下构成"生机质能"，并通过八大生存境遇依序显现八种意义本性。生存世界的认知原理与意义世界的修治使命、命运，经自然智能和价值规矩的双向转换，上构成"生命智慧"，并通过八大生存原理依序体现为八种价值使命，即八理现八命，八命依八理。

可能世界的思维无限逻辑之道和意义世界的主体涵养本性经逻辑范畴名字和意义、价值规矩的双向转换，拓展为"生意变化"，并通过八类思维之道，依次展现为八种意义本性，即八道运八性，八性行八道。可能世界的思维刚健和谐与意义世界的主体修治使命、命运，经逻辑范畴、名字和价值规矩的双向转换，扩展为"生息流行"，并通过八类精神和谐，依次体证八种价值使命、命运，即八和证八命，八命成八和。

和合学内在层间转换和界内流行，以及界际转换和跨界贯通，达到和合学三界贯通无碍，通则上下、内外、左右、表里无有不通；自然、社会、人我、心灵、文明无有不通；通则透，透则相对相关；然后能生，生则能合，合则和，便是太和，太和通达最优美的和合境界。

六、化解人类冲突的和合原理

和合学的逻辑起点，三个世界建构的价值关切的悲愿，是对于现实经验世界的反思，经验世界是包括人处于其中的动态性世界，真正的经验是人自身历史性、现实性的经验，和合经验世界是人类存在的基本样式。在和合学三界中，和合生存世界的现实经验世界，是和合学反思的基础性对象，即以现实经验世界为对象而思。

现实的经验世界，体现在人类共同面临着人与自然、社会、人际、心灵、文明间五大冲突，并由此而造成生态、人文、道德、信仰、价值五大危机。此五大冲突和危机是全球性、普遍性的，影响所及，全球生物和人都不可逃。生态恶化，无处不受其危害；社会危机的类同性、趋同性，已成全球共同化解话题，人际道德危机以及道德标准的双重性、模糊性、任意性，成为一切民族、国家的公共问题，表现为人类文明的后退；心灵冲突的精神、信仰危机，表现为现代人的精神空虚、心理紊乱、物欲浊重，以及宗教的商业化、虚假化，使人的灵魂成为"游魂野鬼"；文明冲突的价值危机，造成利益对抗的合理化，乃至以单方价值的"合理性"充当挑起争端、战争的辩护辞，给人类和平理念蒙上随时性、突发性的忧患。

和合学形上学建构作为价值理想，始终以化解可能的功德被提出来，而其思议本身绝不直接构造现实化的意向形式。在这里，和合学的问题意识和化解功德构成哲学思议的话题关怀。为了求索人类所面临的五大冲突危机化解之道，东西方学者提出了各种各样的理论、学说和设计。和合学精义入神以致用，从世界哲学视域观五大冲突危机，体贴出五大化解原理，即和生、和处、和立、和达、和爱。人类既然共同面临着五大冲突危机的实存现实，而化解此冲突危机又是世界人人的共同追求，那么，和合学五大化解原理，便可获得世界人的一定程度的认同，而成为一定程度的共识。

一是和生原理。和生是"天地之大德曰生"的精神，遵照"万物并育而不相害"的原则。自然、社会、他人、他心灵、他文明都是有生命、有情感的存在，也都有生存的权利。当今人类社会相互依附性越来越强。国家则成了地球上的单元家庭，人是这个地球的公民。人相互依存，所以必须珍视生物共同体，必须尊重他文化的共同体，容纳他者的生存或存在。和生的原则就在意识到人类的相依性及互动性的基础上，而开拓出和谐的生存方式。

人与自然、人与社会、人与人、不同文明之间需要和生，需要在共生的基础上提升为和生。各民族、种族、国家、社会、文化、集团、个人之间，都需要在冲突融合的过程中达至和生。和生，才能共荣共富，否则只能共毁共灭。如果单向度地剥夺他者，无论这他者是自然，还是他人、他集团、他文化，最终都会导致自身的被剥夺。和生拒斥剥夺，但并不拒绝竞争。和生必须有竞争，没有竞争，就没有发展与变化的动力，和生的状态就难以为续。但是，和生的竞争，并不是适者生存，不适者被剥夺生存的权利的竞争，非和生竞争的结果是多样性的丧失。和生的竞争，不应以"你死我活"，消灭对方为价值目标，而应以和谐、协调、融合的和合新生为价值导向。这种竞争的结果，是使适者更强，不适者亦逐渐增强适应力和竞争力。因而，和生原则下的竞争意味着新的生命、新的境界的呈现，是通向共同发展和共同繁荣之路。

二是和处原理。和处与和生相联系，是达到和生的基础和必要条件。和处是"君子和而不同"的精神，遵照"道并行而不相悖"的原则。和处是承认他者的存在，虽然人类社会的政治制度、经济、文化各不相同，或者说是道不同，但为了共同的福祉，对自然、社会、他人、他文明以及心灵，都要以宽容、温和、同情、善良的态度对待它，使多方能够和平共处。和生的发生及和生的实现需要和处。和处强调一种责任，这种责任意识意味着我们希望别人怎样对待我们，我们就有责任怎样对待别人。在坚持自己的信仰、规范与价值的同时，能够允许不同于自己的乃至于截然相反的他人的信仰、规范与价值的存在。和处原则强调的责任是双向的、互动的。

和处是基于人与自然、社会、人际、人的心灵、文明都处于相互依存的关系网络之中，割断了这种相互依存的关系网络，只会使得各种文化处在分离的、僵硬的、封闭的状态，只能促成文化的没落与腐朽；使人与人之间漠不关心，成为孤独的个体，最终导致人性的丧失与文化的解体和崩溃。和处原则重视交往与交流，但更强调交往中的"中和"。人对自然、对社会、对人、对心灵、对他文明的态度都需要"中和"，没有"中和"，和处就将变得不可理喻。

三是和立原理。从最低限度的意义上说，就是"己所不欲，勿施于人"；从另一意义上说，是"己欲立而立人"。"己所不欲，勿施于人"是底线的原则，它强调不要把自己所不想要的东西加于别人，不要把自己所不希望的事加于他人，各种文化、各个民族，以至于每个人都不希望自身消亡，也不要加诸他文化、他民族、他人，使之消亡。人类曾经陷限于二元对立思维之中，以消灭对方为"立己"的表征，使人类征伐、战争不断，致使社会动乱、人际紧张、道德沦丧、精神崩溃、文明冲突。"和立"便是以"己欲立而立人"的精神为原则，就是以开放的、宽容的胸怀接纳他者，保持、协助他者，而让他者依照自己的生存方式、发展模式发展。和立所强调的是"自做主宰"的精神，它所凸显的是主体精神，即自己决定自己命运和发展道路的精神。

和立原则基于现实的多样性、多元性。世界上任何事物都有自身相对独立的、特殊的生存发展方式，自然也不例外。自然界的生物有自身的生存发展方式，人类可以利用自然为人类的发展服务，但不能破坏其生存方式，毁灭性地开发利用自然资源。社会也是如此，世界上现存有上千个民族，两百多个国家，都有自己的民族文化传统、价值观念、思维方式、风俗习惯，而且各民族、各国家、各地区的发展各不相同，应该给他们以选择适合自己的生存方式的自由和走适合自己发展道路的权利。在现代社会，每一个个体应当说都有自身的自由和权利，这种自由和权利是不应当被剥夺的。只有这样，世界的多极性、多样性才能发展为多样、多元的文化交流和互补，并发展出多样、多元的和生、和处、和立。

四是和达原理。和立基于和达。人与自然、社会、他人、他文明都需要也应当共同发达，这便是和达。和达在当前世界多极化、经济全球化、发展模式多元化的融突情境中，指协调、平衡、和谐，以达到共同发达，这就是孔子所说的"己欲达而达人"的达人意识在现时代的拓展。孔子的原初意思重在德性的、道德的共同成就与圆满，现时代讲"己欲达而达人"则是它的一种拓展和延伸。

在和立原则差分性与多样性的意蕴中，各文明、各国、各族、各人都有自己的发达之道，并求共同发达。当今世界，有各种各样的、规模各异的和合体，人类也应当被看作是一个和合体，正因为如此，人、国家和社会，都在人类和合之中，也就是在和合关系中生活，离开和合关系就无法生活。因此，各国、各社会、各民族、各文明在走自身的发达的道路时，也应当具备和达意识，在现实中遵行和达的原则。就国家的层面而言，发达国家与不发达国家、发展中国家，都应具有和达意识。发达国家之所以发达，过去曾靠侵略与殖民而走上发达之路，也不断地将自身的危机转嫁到发展中国家和不发达国家。假如发达国家仍然将自身的危机转嫁于不发达国家和发展中国家，导致发展中国家、不发达国家的经济凋敝、政治紊乱，而发达国家与发展中国家、不发达国家的冲突加剧、积怨加深、贫富差距进一步加大，整个世界就会发生动荡的局面，发达国家也不会从中获得利益，而只会由此受害。中国的发展不只是为中国人自身，其实对世界的和平、稳定和发展有极大的好处。明智的政治家、战略家，应该明白这个道理。和合学之所以强调和达原则，原因就在于要避免国家的动乱、地区的动乱，乃至于整个人类和合体的土崩瓦解。国际社会要共同发达、富裕、繁荣。

五是和爱原理。和生、和处、和立、和达的基础与核心是和爱。和爱，就是人对于他人、他家、他国都要像爱自己的人、自己的家、自己的国一样，推而广之，"仁民爱物"。对待自然、社会与文明也要像爱人一样去爱。这就是说人类要懂得爱、学会爱，而去爱和接受爱，这是人类生存的第一要义。这便是孔子所讲的"泛爱众"、墨子所讲的"兼相爱"等古老智慧的现代要义。

人与人、人与自然、人与社会、民族与民族、国家与国家、文明与文明之间无疑存在着差分与冲突，而化解这些冲突的基本力量应当说是靠一种爱。没有爱，冲突就不可能化解。尽管在现实世界中，爱是不可避免地有差等的，人们会随其认同的和合体的不同而有所分别，但是和爱，即相互性的爱还是需要积极倡导、努力弘扬的。没有和爱，人类社会将会成为一片孤寂的荒漠，而种种非理性的行为、不公和不义的行为就会大行其道，结局只能是战争和人类的毁灭。以和爱为基，人类就可能和生、和处、和立、和达，化解所面临的种种冲突、危机与风险，走上自由繁荣的世界和合大道。

和生、和处、和立、和达、和爱五大原理，是从根深叶茂的中华文化中开出来的，它是中华民族精神的体现，在中华民族的历史上也曾经付诸实现，从而开创了一个文明灿烂的"礼仪之邦"。当今世界，这五大原理也是人类和合发展所应共同认同的基本原则，这是因为，当今人类共同面临着五大冲突和危机。这五大冲突和危机既不偏爱某地区、某民族、某国，也不特别恩赐某地区、某民族、某国，更不仇视某地区、某民族、某国，它一视同仁，什么国家、什么人都不可逃，这便是建构和合学五大原理的共同基础。在这个共同基础上，人类只有融合分歧、消除冲突、携手合作、团结一致，共同应对危害、威胁人类生命财产安全和子孙后代生存的五大冲突和危机，世界才会变得安全和美好，才会是没有战争、没有不平等、自由幸福的、人人和乐的和合世界，我们期待着早日迎来这个温馨的精神家园。

和合学的哲学

和合学形上和合世界，是一个自由和创造的世界。在这世界中，世界自己显现，自己话语，自由选择。和合学反思生存、意义、可能世界，是因为世界只有为人所拥有，才有意义和可能。人所置身与其发生关系的世界，是一个有待实现的世界。人类所拥有的和合世界，也是一个有待实现的世界。人类所追求的不在于天地世界在人类面前所呈现它的实现的部分，更重要的是体认其非实现的隐蔽着的部分，拂去其积淀的尘埃，开启其黄金般的宝藏，显露其人类生命智慧、卓越睿智，是转传统哲学为和合学的源头活水。

和合学是当代中国哲学的哲学理论思维形态之一，明确自身立足于中国哲学，自己讲、讲自己的中国哲学，而不是哲学在中国，是乃中国的哲学的创新形态，它融突中西哲学以及当代哲学资源，艰苦体贴出和合学形上意义，修补了传统与现代的裂变。

一、自己敞开自己

自从有哲学以来，中西哲学都没有放弃对于存在是什么的追问。和合的追问，是和合自己敞开自己，迫使自己置身于对和合的怀疑之中，古人有言，小疑有小进，大疑有大进。永远"在途中"的和合学哲学，其怀疑的过程是贞下起元，由"既济"进入"未济"，永远没有逻辑终结，永远面向未来开拓。从严格意义上说，和合学哲学只有多维构想、多重意境和多元关切，并不设置绝对的、封闭的理论体系。然而，一旦使用语言来思议意境，一旦使用文字来言说道体，其出入必有法度，并井然有序当自成体系，这是任何哲学所必须具备的逻辑结构形式。

无论是泰勒斯的"水"，柏拉图的"理念"，亚里士多德的"第一因"，斯宾诺莎的"实体"，黑格尔的"绝对观念"，还是中华老庄的"道"，董仲舒的"天"，王弼的"无"，程朱的"理"，陆王的"心"，张（载）王（夫之）的"气"，胡宏的"性"等等，都是对存在的追根问底的一种理解或诠释。尽管海德格尔摧毁了从柏拉图到黑格尔以来的形上学，认为他们所追究的"理念""绝对精神"等都把"在"与"在者"混淆了，他们在对存在物究竟怎样"在"都没有搞清楚之前就肯定了"在"，"在者"怎样"在"，究竟为什么说它们"在"而非"不在"。以往的哲学家不仅对"在"存而不论，而且以对"在者"的研究，代替对"在"的研究，因此，海德格尔称从柏拉图以来的形而上学是"在的遗忘的时代"。海氏摧毁传统形而上学本体论并不是把形而上学本体从哲学中永远驱逐出去，而是以他对作为形而上学本体论根基的"在"的研究，建构有根形而上学本体论。我们可以这样说，在海氏看来，从柏拉图以来的无根的形而上学本体论可以说是一种"偏执"，但海氏的有根的形而上学本体论未尝不是一种"我执"！

和合学哲学体系如果作为形而上学体系的话，它是无所执着，既无"我执"，亦无"法执"，而是空容乃大，虚灵不昧的。和合学价值系统，逻辑结构，以及意象境界具有空灵虚拟特征，这是和合学哲学体系能融摄众多意义的前提。

作为和合对话者和追求者而存在的人，较之其他事物的和合具有其特殊的特征。这个和合的规定性就是他的和合本身，而不是其他东西。这个和合的和合存在，既不是先验的东西，又没有实体性意义，而是一种可能性；这个和合能够追求自己的和合，具有形而上学的地位；这个和合不仅包括了对其本身的和合的体认，也统摄了对事物的和合的领悟。这样便打开了会通事物的和合大门，同时亦敞开自身的和合的灵魂，使和合存在成为最"充实"的存在。

二、价值创造的元根据

作为会自我创造的和合存在的人，人的和合辅相与参赞，是其自我

师道师说

张立文 卷

创造的内在意蕴、核心活动和本真方式。无论是智能创生，还是价值创造，其实都是人的自我和合创造，这是和合智能创生、价值创造的内核性元根据。

和合是不确定的确定，是确定新事物、新生命作为新事物、新生命的那个东西，是使一切新事物、新生命得以出现的基础和先决条件，是使新事物、新生命展现、澄明其为新事物、新生命的活动和过程。一切新事物、新生命必须通过智能创造，才能成为确定的、现实的新事物、新生命。

和合的本真就在于它的和合这个事实。和合的那个本真，就是和合的内核性的问题，就是追溯到和合的元根据处。和合的内核性的元根据，在于人世间人的社会、人生、人心的智能创造的需要性和适宜性。

和合的根基与源泉的最内核性的问题，是人类文化的智能创生或价值创造。这个创生或创造就是最元性的问题。所谓元性问题，就是舍弃一切的表层和浅层，而深入其最底层。它需要通过和合象性的追求、实性追求而到虚性追求。从和合象性到和合实性，与西方哲学的实体主义大相径庭。实体作为西方哲学核心范畴之所以被长期地延续着，是因为它凝聚着存在的本原性、普遍性、统一性的本质；实体自因、自性、自存的品格，成为他物存在的根据；它是多元现象世界背后或底下的那个支撑者、承载者。

和合学视域内的实性不是传统意义上的实体性，而是和合意义世界的充实性，意义的充实又是意义随和合创造而无限生成的过程，实性只能在生生不息的价值创造中不断呈现其和合真容。既然是无限的意义生成过程，和合实性永远处于进行状态中，不可能进入过去形态或完成形态。

和合真实追求非绝对、非唯一、非一元、非实体的和合本真、本相和本来状态。和合本真、本相、本来状态是一相对相关、多元差分、冲突融合、大化流行、生生不息的和合体。如果承认有一实体是物质和属性背后的支撑者，以及心灵活动知情意的负荷者，那么，这一支撑者和负荷者便是形而上的终极根据，它无疑便是绝对者、唯一者、一元者，就要排斥相对、差分、多元、融突，而造成一统的、独尊的、霸权的格局，以相对、差分、多元、融突为谬误、异端、邪说、离道等。

和合虚性是和合可能世界的逻辑特征，它既非实有，也非空无，而是因人的智慧觉悟和艺术创造而不断彰显出来的自由天地。因此，和合虚性是一种创造性的逻辑虚拟或艺术虚构，它有自己的虚拟真实性、意义的完善性、自由审美性，是度越了"有无之辩"的显现化的人文精神存在。和合的虚性追求，便是和合的元性追求的最底层、最深层、最终极的追求。和合生生道体是至无至空的本真存在，它圆融洞彻，廓然与"无极""太虚""太和"昭明无碍。和合生生道体，即度越即流行，是一无穷无限的意境。

和合与"无极""太虚""太和"等内在度越式本体异趣，和合生生道体不仅彻底消除了纲常伦理的昏暗黏着，意境更加虚灵不昧、疏明洞彻，而且有高度形式化的范畴逻辑结构，气象更新为森然庄严、井然有序。

三、和合起来

和合学不设立任何实质性的意义中心，特地让和合哲学体系呈现"空空如也"的虚灵意蕴，其内在的立言宗旨正是要充分体现和合生生道体的无穷之式、奇妙之相和殊胜之用。只有口腔空虚，才能或泣或歌，和声吟唱；只有爵器空虚，才能或斟或酌，合欢如意。言说与思议是和合生生道体的"枢机"，非虚拟不足以疏明其意境，非空灵不足以成就其感通。

和合的虚性追求的打破砂锅问到底的这个底，就是"和合起来"的和合体。这个和合道体，它具有虚性、空性、无性的品格。这种和合虚性的追求不是追求到唯一的刚性实体，它不重蹈柏拉图以来西方实体本体论的覆辙，也不重演宋明理学"本体论"的故技。和合生生道体是永远"在途中"的度越之道。因其自身不断度越，与时偕行，故和合生生道体不是僵化的、固定的实体，而是唯变所适的生命智慧及其化育流行的智能创生虚体，是变动不居的流体，是自由澄明境界的和合体。

"和合起来"作为和合生生道体的元性品格，一切显现的与隐蔽的、在场的与不在场的、有限的与无限的都在"和合起来"的途中，和合起来的和合体，是和合起来途中的一次呈现，即和合体之用的一次显示。和合生生道体本身则永远处于"和合起来"的生生不息之中。

"在途中"的和合追求不设立价值中心，不承诺实体目标，否则，时过境迁，必为遗迹，被时间浪潮淘尽。因其不设立价值中心，不承诺实体目标，"和合起来"的和合体不可能成为权力的把柄（因其流变不定）；不可能埋伏专制的杀机（因其度越价值）；不可能藏匿邪恶的私欲（因其自由疏明）。

"和合起来"的和合生生道体，是"寂然不动，感而遂通天下之故"的价值创造枢纽，是化解与创生的机理，是即度越即流行的。它无可穷极，不可终结，无始无终，无限无极。之所以如此，是因为：一是"和合起来"的和合生生道体是虚性的。虚便"旷兮，其若谷"，具有包容天地万物的开放性、吸纳性。如若实体性，就具有不可入性，实而满，就不能容物接事，具有封闭性、排斥性。"和合起来"犹海纳百川，有容乃大的和合体，体现了其和合体虚性的本真。虚性和合生生道体从形式视域言，虚虚实实；从内容的逻辑而言，虚而不实，虚能融实。这就是"和合起来"的和合生生道体的虚性品格。

虚则虚灵不昧，由虚才能通灵，而无障碍、遮蔽、滞住、迷惑。一切障、蔽、住、迷都是昧。昧便不明、不识、愚蒙；障、蔽、住、迷都是深陷现象实在界的种种存相，而不能自觉、自省、自拔。不能自觉、自省、自拔，自然不能通灵无滞；不能通灵无滞，便是否塞不通，生命之树便枯槁而死亡。和合生生道体，虚方可不昧，灵方可不塞，而无障、无蔽、无住、无迷，这"四无"便是"和合起来"和合体的元性本真。

二是"和合起来"的和合生生道体是"无性"的。"无性"即元性，即无始性；无性之无，即大无；无性之用，即大用。"当其无，有车""有器""有室"之用，车毂中、器皿中、房屋中的虚无，才有车、器、室的效用；若车、器、室中间是实有的，就失去其效用，也就不称其为车、器、室。在这里，"当其无"，是车、器、室的本真性，即其元性，换言之为无性。

三是"和合起来"的和合生生道体是空性的。空能容有纳物，空能融突万有，有物不自有物，万有不自万有，有物万有"不自"即空有。不空即实，已实不融于有物，不容于万事，世界万物万有新陈无实，流变无定，动静无常，生死无住。无实、无定、无常、无住即是空性。空性方为万色万象的氤氲化育提供了可能；若如"实性"，便为有物、有言、有象、有意，就遮蔽、窒息了万色万象的氤氲化育，万色万象只是原本存有的延续，而无新质的转生，等待万色万象的只有老和死，物若有情物亦老，老至生命搏动的停止，也就成于无，成于空。来也空空，去也空空，这便是"和合起来"和合生生道体的本真，或曰元性品格。

世间的人类生活在"和合起来"的和合关系网络之中，都活动在虚与实、无与有、空与色相互交织而成的智能创生"和合起来"的途中。一切实、有、色都是生生"和合起来"在途中的一次呈现。

和合学哲学的四层面建设

"和合起来"的和合生生道体形上学，是中华自己的爱智之学，它既是现当代中国人安身立命的精神家园，又是向世界展现中华生命智慧博大意蕴和澄明境界的软实力舞台。因此，和合形上学体系的逻辑结构、义理推演和思想流布，应思议和合形上学的根基须深植于华夏文明上下五千年的沃壤之中，尽可能汲取、消化和转生其中积聚的生命智慧、价值理想和艺术境界，化腐朽为神奇的和合转生目标；和合形上学的触角须伸展到西洋科技文明中去，尽可能融摄其中的哲学理性、范畴系统和思维方式，实现他山之石可以攻错、异域之花可以移植的和合融会目标；和合形上学是"在途中"的求索过程，应是真、善、美的自由聚会，是宗教情感及其终极关怀、艺术想象及其雄浑意境、逻辑运演及其理性法则之间的珠联璧合；和合形上学对传统文化的现代转生，绝不是古典意义上的"因继损益"，而是以生命的智慧之光穿越传统古今之变的时序化迷雾，是观照人文价值时间本质的和合原创，它对西洋文化的理性参照，绝不是通常意义上的洋为中用，而是和合思维的逻辑之桥，连通近世中西之争的地域鸿沟，是立足全球一体化趋势的和合开拓。它是以往学术的立体圆融，绝不是狭隘意义上的情理交融，而是以和合世界的三维之矢，映射心灵象理之辨的学术隔膜，是复原人文精神世界的和合贯通。文化价值时间的和合本质，全球生存空间的和立一体，以及人文精神世界的和爱意境，交互构成和合形上学体系的支柱。

和合形上学需要解构各种"混合体"，还原出基本价值元，抢救出正在病变与毁灭中的和合精神基因，如和合历史哲学研究与和合价值哲学研究。建构各种和合体，激活基本价值元，使深陷在传统文化的和合人文精神得以转生，如和合语言哲学研究与和合艺术哲学研究。

一、和合历史哲学

历史需要人们自我反思、确认和求证，不要在情感上独步，而要在理智上思议。做历史驯服工具式的奴婢已不是人们的价值选择，做历史的自由、平等对话的人，是当代人的价值选择。因此，人们不再需要一言九鼎式的圣令，不需要那堂而皇之的说教；不需要那一日三餐式的祈祷，不需要对最高圣言的顶礼膜拜，但这曾经是历史，是确确实实经历过的历史。

古往今来，没有对历史忏悔的心灵，是一个险恶的心灵，也是一个可怜的心灵；没有对历史忏悔的国家，是一个危险的国家，也是一个孤独的国家；没有对历史忏悔的社会，是一个疯狂的社会，也是一个可怕的社会。在一定意义上说，人类社会的历史是在反思忏悔中提升、演进的。

社会是一个无时无刻不被现实所否定的字眼，历史也是一个无时无刻不被现实所否定的历史。对历史规律和历史性质是什么的不同回答，形成了"思辨的历史哲学"与"批判的历史哲学"等系统，说明了一切历史哲学的时代性和相对性。被不同历史观、价值观等所支配和诠释的历史，并非是那历史的本来面目。因此，克罗齐提出了"一切真历史都是当代史"的命题。

和合历史哲学着重是指对人类社会的、历史的理论化的研议和反思，是对历史、史学融突和合的化解之理的阐述和诠释，是指对各民族多元样式在其动态不居中并于历史事实、记载、诠释的生生而和合，并在生生和合中揭示每一阶段历史现象中所蕴含的趋势和法则，以及其和合历史形上学或和合历史本体的学说和理论。

和合生存历史世界，是指人的智能历史创造活动本身和历史记载、诠释活动是在一定生存时空、环境、条件下实现的。无人不会有历史，历史是人拥有的历史。然而，没有人的生存世界，也不可能构成人拥有的历史世界。人作为历史主体的生存，是时刻争取自由性、自主性的生存，但又不能不受历史生存的必然性趋势和必然性之理的制约，构成互

师道师说
张立文　卷

相融突的理势。

在和合学的观照下，和合生存历史世界相当于情的历史世界。历史发于情，史是情史。这是因为情是人性最原始的冲动、最本真的流露，它能激励人不畏艰难险阻，不怕高压打击，敢于攀登高峰，勇于革故鼎新，因而，情是科技发明、艺术创作和历史进步的最可贵的动力之一。

在和合生存历史世界中，作为历史实情的人物和事件，既隐藏、负载、积累着过去错综复杂的种种关系和因素；又显现、象征、凝聚着现代冲突融合的种种原因和根据；也蕴含、孕育、醇化着未来日新盛德的种种生生及和合。此三者互通、互融、互动，构成了和合历史实情，这就是为什么使历史学家、历史哲学家对历史实情发生困惑、理解和诠释歧异的外在原因。其内在原因是历史实情是由历史人物的交往活动所制造的，历史人物在社会交往活动中制造出种种事情，都有其动机和目的，都是意识心灵的设计。在这种动机和目的付诸实践之前或之后，都是隐蔽的、不显露的，这就给历史理解者、诠释者制造了困难，加之与其所理解、诠释对象之间的时空差距，也给理解者、诠释者体验、领悟历史人物所制造事件的动机、初衷、目的造成困惑。这就需要在其间造成一种心有灵犀一点通的氛围，由而通达对历史实情的体贴。

和合生存历史世界是依据生态历史学、模式历史学、情感历史学次序递进的，其间既非呆板固化，亦非封闭保守，而是多元开放、互渗互济的。生态历史环境和情境中的自然生态环境、社会人文生态环境和生活生态环境等，按和合学的和生、和处、和立、和达、和爱五大原理来化解，才能不使此等环境恶化，而获得一种完善的化解。如何体认自然的、社会的、人文的和生活的生态环境的病态，以及如何化解其间的冲突，便构成和合生态历史学。

模式历史学（形态历史学）是指人类社会历史的各种形相、无形相由于人的智能创造，构成了历史演化必然理势的特定形态或模式的总和的学说。对此的诠释系统，并非仅仅是对历史形态或模式的描述，而是对历史意义、目标、理势、理想是什么的阐释。一般来说，形态历史是显现的，促成形态历史显现有各种动力或生命力，情感的互动和作用，亦是其动力和生命力之一。这是因为形态历史是特定的人物在特定情感和意志制约下的社会和文化行为活动，排除了历史特定人物的情感制约下的活动，历史就是没有意义的。

情感作为形态历史的动力和生命力之一，其对于历史的意义和价值在某种意义上说，起决定作用。所谓情态历史学是指特定历史时期特定人物的情感和人民大众的情感所凝聚而成的历史生命智慧和历史演化动力的学说。情态历史是最现实、最常见的族类亲情。

和合生存世界历史是对生态、形态、情态历史所做的诠释，这种诠释是对生存历史世界的最基础层面的体认，虽然每时每人的体贴殊异，但都试图对其本真有所说明。

人的生存是有意义的生存，人的智能创造，是为了生存的意义，人所创造的历史世界，亦是有意义的历史世界，于是便进入和合意义历史世界，即势的历史世界。这个世界是指特定历史世界内特定历史人物所制造的特定历史事件或行为活动所具有的意义的总和。由于意义历史世界的多元、多样、多变、流通，便产生差分、矛盾、冲突，而必趋势于融合，通过创造性地化解融突而和合，体现了和合精神完善性的趋势原理，所以称其为和合意义历史世界。

对和合意义历史世界的追求，从某种意义上说是对于历史世界本身发展趋势的探索，即是对势的历史世界的寻求。势的历史世界作为事物和历史发展的一种必然性趋势，其性质属于一种意义趋势或价值趋势，大体上是依生命历史、道德历史、心灵历史等的趋势或走势而展开。生命历史是指人在生命实践活动的展开过程中所赋予历史的生命以及历史生命如何、怎样促进、推动社会历史演化的学说。道德历史是指道德所具有的功能、特征和性质，以及其对社会历史的作用、效能和影响的学说。心灵历史是指心灵自身存在构成的社会历史，及其对社会历史发生、发展、衰落的作用、影响的学说。社会历史说到底是人的创造，人的创造活动受人的意识、意志等心灵活动的支配。心灵历史可转换为理的历史世界，即进入和合可能历史世界。

和合可能历史世界，即理的历史世界，是指化解和合社会历史冲突，疏明和合社会历史道路，筑构和合社会历史家园，完善和合社会历史驿站的世界。理作为社会历史演化的原理、道理，具有合理性、根据性，以及先验性。换言之，社会历史演化的形形色色现象背后，有理作为其支撑和依据。理寓于事中，不离社会历史，离事无所谓理，这就是说，理总是与存在相联系。

理的历史世界作为价值理想世界，是精神世界的预设，这种预设满足了精神世界的需要。宗教是人类精神世界的一个方面，理虽非人格化、神化的上帝，但上帝是人格化、精神化的理。宗教历史学是指对不可能的可能性、不存在的存在性的社会历史的想象、虚拟和敬畏的历史学说。因此有人把宗教作为人类精神世界特殊功能的根基。

哲学是一种历史性的学问，它对社会历史的理解也是历史的，不存在没有哲学的历史，也不存在没有历史的哲学。哲学是历史的结晶，历史是哲学的展开。哲学是历史的灵魂，历史是哲学的血肉。和合哲学历史学是指哲学的历史学的研究，即关于历史的发生、生长、成熟、衰亡的原因、根据的所当然的所以然的学说。换言之，哲学历史学是把哲学置于历史学之中，对人类历史做总体的反省。哲学历史学层面的形上学的思想、观念、前见，对人类社会历史的演化有重大的导向性、影响性。

理的历史世界的家园历史学，是指对一种精神历史学的思议，也是对一种终极历史学的反思，它是人的精神智慧的来源，是人的精神焦虑、苦闷、烦躁、悲哀得以安定、平静、慰藉的境界，是人的精神生活赋有意义、价值和光辉的源头，是人的心灵世界获得舒适、愉悦、开放的殿堂。换言之，家园历史学是指人的精神世界、心灵世界得以寄托、安顿的地方的学说。

历史是为了未来，以史为鉴，是为了未来不重蹈覆辙。历史是人自己的智能创造，但人不能完全主宰自己智能创造的历史。和合历史哲学回到人的生存历史世界，即情的历史世界的生态、模式（形态）、情态历史学；意义历史世界，即势的历史世界的生命、道德、心灵历史学；可能历史世界，即理的历史世界的宗教、哲学、家园历史学的探赜，回到历史生命、历史智慧、历史逻辑本身价值意义的求索，从而获得和合历史哲学的呈现。

在虚拟哲学的当代，原来的历史哲学已被解构，以往扮演历史的主体转生为和合，这是因为现当代历史生活需要和合，和合是人类生活的主题，在道德伦理为本位的社会，道德的主导化，最终的异化，支配、扼制着人的自由交往活动的情境，人类呼唤和合历史世界。

二、和合语言哲学

哲学的问题和对象根源于人类要求度越自身的有限性、现实性、此岸性和暂时性，而追求无限性、理想性、彼岸性和永恒性。在其间的冲突与融合的两难之间，孕育了哲学这个娇儿，它以自己脆弱之躯对有限与无限、现实与理想、此岸与彼岸、暂时与永恒这道鸿沟做出跨越的设计；又因其脆弱，只能就某一哲学问题给出一种回应的样式，而没有也不可能穷尽全部哲学问题，给出放之四海皆准的解答。试图跨越而又不能完全跨越，便激起了人类追求跨越的热情，哲学就像一个谜，使许多人痴迷，为之奉献一生的心血。

人类之所以有跨越这道鸿沟的能力，是因为人类可凭借想象，并通过语言文字符号这个中介系统来实现，语言文字符号创造了人的思维空间、符号空间。人的思维空间和符号空间为这种跨越给出了条件。

语言文字符号这种中介系统的诞生，不仅标志着人类中介系统的第一次革命，而且揭开了世界文明的序幕。语言是人类用来进行交往和思维活动的工具，它是人类社会特有的信息系统。20 世纪西方哲学发生了一次重要的"语言转向"，无论是分析哲学、存在主义、结构主义、哲学诠释学，乃至解构主义，纷纷从语言符号入手来解读、清洗这个世界或追寻这个世界的本根——存在。当恩斯特·卡西尔自称他的符号形式哲学是把康德的"理性批判"转变为"文化的批判"之时，这一转向已蕴含其中了。

语言文字作为一种独立的符号形式，它拥有自己的世界。语言形式与哲学形态之间互动互补，就像难兄难弟，难舍难分。换句话说，语言形式怎样，哲学形态也就怎样。不同民族文化，其语言表达方式亦不同，就可能产生不同的哲学形态。这就是说语言拥有哲学、拥有世界。

哲学世界是一个个性化、多元化、异质化的世界，这是因为哲学是自由的学问，哲学若无自由，就没有哲学；哲学的本质是创新，哲学若无创新，亦没有哲学。和合语言哲学便立足于此，而提出言、象、意作为基本范畴，并按言、象合意建构分支系统。之所以以言、象、意为和合语言哲学的基本范畴，是因为和合语言哲学作为民族语言哲学，与民族的精神具有共源性。

和合语言哲学的语言符号具有命名赋义的功能，还具有指称的功能，这在中华先秦时期便得到哲学家的确认。语言符号与事物形象、存相的关系，在和合语言哲学中即言与象的关系，换言之，即名与实的关系。魏晋时王弼等玄学家就言、象、意展开深入的论辩。语言符号生于物象或形象。物象、存相是通过语言符号来彰显的，这是因为言与象之间存在着融合性、互渗性。主体可以借助于语言符号去理解、体认物象、存相。

"得象忘言"的象，如果是指语言文字符号不可言说的意象、境界的话，那么，就可进入探索意与象的关系。象与意本身及其关系都蕴含着可言说的层面（显性层面）与不可言说层面（隐性层面）。物象、意象、境界既是意义的载体，则理解、体认意义便可通过物象、意象、境界。"夫象者，出意者也。"物象能表示意义，所以可通过物象来理解、体认意义。在这里，人们所要理解、体认的意义，已隐性地蕴含在物象这个前提之中了，因而理解、体认也就是一种自我理解、体认的途径。这便是"象生于意""象以尽意"的意蕴。意通过象来显现，赋象以意义，象是穷尽意的中介工具，象以存意。人们理解、体认意义，必须借助于物象，而呈现意义，如果执着于纷纭复杂的物象，被物象所蔽，亦不能获得对意义的理解、体认。所谓"象外之意"和"系表之言"，是被物象和语言所遮蔽了的存在，物象和语言只停留在所能表示和表达的领域，而未能达到以有限物象和语言所能表示和表达的被遮蔽了的领域。

从"得象忘言""得意忘象"到"得意忘言",这个论辩涉及宇宙和人生意义与语言符号的关系,即语言符号能不能表达意义、语言符号在认知中的作用等问题。在辩论中有的主张"言尽意论",有的认为"言不尽意",这说明语言符号与意义之间的有限与无限的冲突。这就是说,语言符号作为表达在场物象的意义是能够穷尽的,但作为表达物象背后不在场的意义,是不能穷尽的。以言意融突而和合的理念来审视言意之辩,无论是"言尽意论",还是"言不尽意",都深入探索了一体相通的两个层面,这两个层面的互动互济,冲突融合,便可达一个新的和合之境。

"言不尽意论"对当时及以后中华文学艺术、美学工艺思维及价值评价均有深远影响,这是一种超言绝象的意境。意境是指游心之所在的灵境或想象的意象;灵境是指构成艺术之所以成为艺术的意境;意象便是心灵主体的生命情调与自然景象的融突和合。情是心灵的透射,景是心灵的投影,它激出最深的情,透入最美的景。情景交融、静寂观照、生命感动,构成了中华言不尽意的生命情调和艺术意境。这是和合语言哲学对传统言、象、意和合转生的一种形式。

言、象、意作为和合语言哲学的基本范畴来建构分系统,按和合学原理的"太极图",构成八维言、象、意存相概念:以言为中心构成言辞与寓言、言论与断言、言教与格言、言诠与美言;以象为中心构成象数与现象、象形与表象、象征与真象、象罔与想象;以意为中心构成意境与合意、意趣与美意、意念与善意、意象与乐意的范畴逻辑结构关系。①

和合语言哲学言、象、意范畴的展开,构成了各自太极图式的逻辑结构,其间互相联结,不可或缺,而又互相差分、互相融合。其语言存相,以显性与隐性作为其语言存相的转换概念,而通达生乐之体。所谓生乐,是因为和合学的主旨是生生,"天地之大德曰生""生生之谓

---

① 详见张立文:《和合哲学论》,人民出版社 2004 年版,第 212—226 页。

易"，把生作为天地的根本。和合学把宇宙万物、社会、人生都看成是一个生生不息的和合体，这个和合体是通过阴阳、刚柔、乾坤、男女的冲突融合形成的，并在其冲突中追求均衡、和谐和流变。在这里，宇宙万物的化生、繁荣是天地、阴阳、刚柔等多种冲突、交感的和合，社会的和平、昌盛是人与自然、社会、人际、心灵、文明多极冲突、融合的和合。人与天合、人与我合，从而达天和人和、天合人合、天人和合而同乐的和乐的境界。

三、和合价值哲学

价值与知识一样，形态各异，各美其美。就中西而言，中华思想从古以来，以求道为标的，求道是为了求善，基于价值判断；西方思想自古以来，以求知为标的，求知是为了求真，基于事实判断。这是两者之异，但亦非绝对，若能融突两者，进而和合，便可达真、善、美的和合价值之境。

和合价值哲学的"求"，意蕴着创生、创造之义。和合范畴彰显了价值创造的式能，呈现了价值创造的存相，因此，价值和合是智能参赞化育，裁成辅相的活动机制。

一切价值问题，本质上是人的问题，并围绕着人而展开。作为人类在实践交往活动中所建构的各种方式和成果总和的文化，其内核的灵魂是价值，体现为文化价值。便是人——文化——价值三维的融突而和合，从这个意义上说，价值创造的本质在于和合。

和合价值哲学是指人类解释、把握价值世界的一种基本方式，人的一切活动归根结底是追求和创造价值的活动，价值不是先验的、已存的，而是人创造的。换言之，和合学天、地、人三界，是因为人的价值创造，才赋予天、地以价值。人是在追求创造价值活动中，实现和确定自己的价值。人所创造的世界是属人的世界，是一个文化的、价值的世界。

和合价值哲学以人的智能创造为核心，以价值创造活动为纽带，以天、地、人三才之道为框架，开显为和合可能价值世界、意义价值世界和和合生存价值世界，亦即美、善、真的价值世界。人的价值创造活动大化流行于和合学三界之中，展现为价值生命的生生不息的多元、多样现象。

和合价值生存世界，是指人的价值创造活动，是在一定的生存时空、环境、条件下实现的。在价值主体观照下，生存时空、环境、条件，才由自然生存世界转变为价值生存世界。也是指人的生存是智能创造和实现一切价值的基础和前提。人的一切价值创造，首先为了人的生存，人的生存价值是最基本的价值，这是人的生存和发展的基础和保障。

人之所以能建构生存价值世界，是因为人的生存是社会性的，是由各个价值主体联结成一定的社会交往活动关系网络，并在这一定的社会交往活动关系网络中实现价值的创造活动。人的生存又是自由自主的生存，是因为人自身具有知、情、意及其创造的智能。人作为价值主体的生存，是自我生存价值，并不相对于一定的客体价值。

和合生存价值世界相当于真的价值世界。是依环境价值、功利价值、情感价值次序递进的，环境价值是指人所处的环境，即自然、社会、人生环境等特定关系，以及人的价值之间的物质、能量、信息的互相交往关系中所体现的价值。尽管人赋价值于自然、社会、人生的环境，但其目标是为了摆脱自然、社会、人生对价值主体的限制、控制，以建构人与自然、社会、人生环境的融突而和合的价值律，获得人与环境的互动互补、和谐合作的和合价值关系。

在环境价值中已蕴含功利价值，生存环境价值是基础性的、前提性的，功利价值相对其他价值而言，也具基础性。人为了生存，便追求功利，这是人的行为活动的最原初的驱动力。从底线意义上说，人对功利的追求，是最基本、最根本的价值追求，是人的行为活动和各种事物符合于人的功利需要的价值。

虽然功利价值具有基点性、基石性，但并非把人变成功利动物。人是有情感的和合存在，和合生存价值世界的自然、社会、人生环境的变化、饥渴冷热、衣食住行都会引起情感的波动。情感通过情绪的喜、怒、哀、乐等形式来表现，情绪依赖于情感，情感的倾向性、稳定性制约情绪的无节制性。

情感价值是人从情感视域来度量人自身或事物的价值，任何使人激起喜、怒、哀、乐、爱、恶、欲等不同体验的人与事都具有情感价值。它是指事物、人的行为具有的满足人情感需要的功能，它是情感本身对于人或个体的意义和作用，人们需要培育和建构美好的情感生存、生活的情感世界，以保持愉悦的心境、乐观的情感，达到和合生存价值世界的和合情感价值世界。

和合生存价值世界（真的价值世界）是对环境、功利、情感价值做出的理论诠释。人类凭借生命智慧和自身智能直立于天地之间，生存于混沌空阔的世界中，自觉参赞天地的化育，创造出与天文、地理并立的"三极"的人文价值世界，这是一场惊天地、泣鬼神的突变。

和合意义价值世界（善的价值世界），具有通过价值规范而增生的意义结构机制，体现和合精神的完善性原理，所以称其为善的价值世界。意义是人在社会践行和社会交往活动中以语言为载体所传达的观念、情感和意愿，是关于生存世界内涵、属性、特征和原理以及人对其价值评价、价值取向的表征。它凝聚了人类外部世界和内部世界的内容，构成了意义世界，即和合意义世界。

和合意义价值世界大体是依人生价值、道德价值、心灵价值顺序递进的。人生价值是指人生在其生命活动过程中如何、怎样实现自我以及如何、怎样满足自我和社会需要的价值学说。人在追求人之所以为人的过程中，指向度越自然的生命生存，并以人的交往活动的目的性、理想性指导人的生命存在的全过程，以完善生命的生存，实现作为人的存在价值，这便是人生价值。

生命、生存、人生三者递进，生命价值是指生命对于人的意义，它是人的最基本的价值，所以说生命诚可贵。生命价值的本质在于创造，价值创造的本质在于和合。生命是无限创造力的宝库，是不断自我实现和自我满足的动力。我们既不同意叔本华的生命本质在于追求生存价值，也不同意尼采的生命的本质在于权力价值，生命的本质，归根结底是和合价值。

生命价值可差分为体质生命、生理生命、情绪生命、道德生命、精神生命价值等。人体认价值、创造价值，就是为了实现人生价值。人生时刻面对着人为什么目的而活着、应怎样度过一生等问题的拷问和挑战。这种拷问和挑战是人自己对自己存在目的性的拷问，而不是为了别的或外在目的而存在的拷问。特别是人生的短暂性、紧迫性，使得人不得不对这种自我拷问和挑战做出回应，激发人自觉地去实现人生价值。

由生命价值进而道德价值，道德价值是指道德本身所具有的价值学说。道德作为社会存在方式，对人给出什么是应做的，什么是理想的指向，而有精神价值，也是指人的言行所具有的道德意义和影响。道德作为一种实践精神，是在人与人、人与社会的交往活动中化育的，是社会价值意识中呈现的一种道德价值的道德原则和规范。道德价值原则是道德价值本质的体现，其展开，就形成为道德原则价值规范、范畴、体系等。道德自觉和修养功夫达到一定阶段，以满足道德价值境界的需要，这便是道德理想境界，它是道德价值原则与规范的完美的和合。

道德价值可包含在心灵价值之中，心灵价值作为"边际"价值，交织着形上价值、认知价值、语言价值、语义价值、道德价值等。心灵价值是指关于心灵自身存在的价值，以及心身、心物、心道关系的意义和价值的学说，也是关于心灵与自身以及心身、心物、心道关系的学说。中华价值学以心灵价值学为特征，它具有感通性、反内性、动态性。

心灵价值的心灵，是虚灵不昧的心、操舍存亡的心、神妙不测的心和灵明知觉的心，具有功能性、价值性和境界性，而非实体性。

和合可能价值世界是逻辑化的艺术世界，是自由度极大的虚拟世界，是化解冲突、慰藉灵魂的终极关切的价值世界。它显示着和合精神的优美性原理，所以称其为美的价值世界。美作为价值，是使自身及他者获得精神愉悦所需要的一种满足，给人以和谐、完美、优美的享受。

美是人的创造，美的价值创造的本质在于和合，和合是中华文化的元价值。人用心灵规矩追求尽善尽美，这种追求是和合可能价值世界所蕴含的本有之意，但尽善尽美是一种"在途中"的追求，是永远不完成的追求。

人存在样式之美，是人的创造，同时，也创了人自身，和合意义价值世界修养了人的性、情、品、格，和合学的和生、和处、和立、和达、和爱五大中心价值是人性之美的驱动力和活水，亦是人性、人情、人品、人格之美的张力和源头。和合美的价值世界期待着人不断去开发其美的潜能，感受美的愉悦价值。

一切可能价值世界，都以现实性为其根据，这就是现实性赋予了价值世界，提供了可能价值世界的思议空间。一切想象、理想的可能性和可能价值世界都已蕴含在现实性之中，现实性蕴含了所有将来要开出的可能性和可能价值世界。现实性的可能性和现实性可能价值世界是以改造的实践方式为其基础，以改造世界为其职责。和合的可能性与和合可能价值世界是以创造的实践方式为基础，以创造世界为其标的。这是两者的差分。

创造生生不可能的可能性、不存在的存在性，就在于其虚拟性。在当今以电脑为手段的虚拟化的数字化时代，人们可以虚拟没有成为现实性的各种可能性、存在性，使其成为超越现实性的虚拟现实。假如囿于现实性的合理性而不能超越，就不可能生生、日新；生生日新就是现实性的合理性的打破。生生、日新活动便具有虚拟性，虚拟敞开了人类创造空间，展开了以可能性、不可能的可能性来描绘人类价值理想世界，即和合可能价值世界。

人类创造性活动的虚拟性，在逻辑概念的思维活动中与在非逻辑性的想象中，都有显现，如在神话、宗教中有显明的表现。和合可能世界的宗教价值便是人的创造性实践活动的虚拟，具有度越现实性的虚拟性，比现实性的东西更有价值。宗教价值是指不可能的可能性、不存在的存在性的信仰的满足的价值学说。宗教是由宗教观念、情感、行为、组织等构成的一种社会价值体系。宗教作为精神现象，是对于使人获得心灵慰藉和安宁、获得心理和平和谐的敬畏和崇拜，是对于冥冥中控制、支配人的异化力量的信仰，是人对于所面临某种威胁而产生恐惧的敬畏。是人把信仰敬畏的不可能的可能性、不存在的存在性作为自己命运的依托和精神的归宿。简言之，宗教价值学是人们从宗教的视域来审视、度量宇宙、社会、人生的某种观念、情感、行为、组织的价值学说。

宗教的终极关切和灵魂救济系统的核心是宗教信仰文化系统，它包括宗教理论、礼仪、制度、戒律、文化艺术等，这个系统又以其基本经典为依据和灵魂。它是教化、凝聚、统摄教徒的基本依据，也是吸收、皈依、信仰该宗教的价值根据。宗教之所以获得广泛的价值，就在于它普遍适应人的精神慰藉、终极关切的需要。

和合哲学价值学是指对哲学的价值学说研议，即关于价值的根据、根底、发生、归宿的所当然的所以然的学说。换言之，哲学价值学是对于一般价值的研议，即对价值的根本问题的研议和回应。在和合哲学价值学的观照下，是对于哲学的价值学研议的总称。

和合哲学价值的追求，从根底上说是对人自身安身立命之本的价值追求，它是关于人自身的存在和发展的最终根据、标准和尺度的价值。它是人类理解和诠释和合生存价值世界、意义价值世界、可能价值世界的一种基本的价值方式，它为真、善、美价值世界提供哲学价值学的支撑。

和合可能世界的哲学价值学既不担载理性至上性的承诺，也不做终极确定性的追寻。终极的都是没有完结的，所以总是在生生；存有的都是没有绝对的，所以总是在途中。

和合可能价值世界的艺术价值，是指艺术的价值思议。艺术是人对世界观念的理解，把握世界的一种特殊方式。艺术价值是指关于艺术自身的艺术价值的价值。换言之，艺术价值是关于人们求美、求丽、求乐的需要满足和优美的、美丽的、快乐的艺术精神境界的价值学说，是人在自然、社会、人际、心灵、文明的审美活动所追求的艺术意蕴过程中，由于人的审美趣味、观念、理想、标准、能力各各差异而融突和合的价值学说，以及关于对自然、社会、人际、心灵、文明美的一种精神体验和把握方式的价值学说。和合可能价值世界的艺术审美、自由之境，是真、善、美融突而和合的自由之境。

和合学价值系统不设立任何实体性的意义中心，而使和合哲学体系"无有""无我"、无我执、无法执地呈现"空空如也"的虚灵意境，其内在立言宗旨充分体现和合价值本体的无穷之式、奇妙之相和殊胜之用。和合学价值系统以及和合哲学思辨体系，是利用逻辑结构、概念范畴和象数符号化育出来的人文大厦，是能让人安身立命、尽心知性的精神家园。

和合价值哲学其基本范畴为真、善、美，每个基本范畴统摄八个概念，中介范畴为价值式能，转换范畴为散分和统合，本体范畴为中和。以真为中心统摄真诚与纯真、真如与似真、真理与认真、真实与逼真；以善为中心统摄善良与至善、善意与完善、善行与和善、善化与慈善；以美为中心统摄美感与优美、美妙与和美、美德与甜美、美观与审美，构成和合价值哲学的分支系统。

四、和合艺术哲学

实现人文精神（仁爱）、科学精神（理智）、艺术精神（自由）的和合，根治精神世界的单调化、平面化、庸俗化，营造多维、奇异、立体的精神家园，是和合学哲学体系的重要使命。艺术是人类精神家园的一种形式。

和合道体既不是一种在场的现实性，也不是一种不在场的可能性，而是一种不断越出人文地平线的价值创造性。艺术的本旨就在于创造或创新，在这点上，艺术与和合相通，和合的本旨亦即艺术本旨。在"和合起来"的即度越即流行的途中，艺术以其创造向现有的界域度越。

艺术既是人所追求的圆融无碍的华严境界，亦是人所独有的为人所存在的创造；艺术是人类心灵度越形象的形式显现，亦铭刻着人对自己的觉解和认知的深度；艺术往往领时代精神之风骚，亦是常常变社会文明的驱力；艺术是人类创造性的精神活动，亦是人类温馨的、优美的精神家园，它像神奇的美梦，令人回味无穷。

艺术作为人的心灵、智慧的投资，只能领悟和意会。和合艺术试图用艺术意境来淡化那枯燥无味的对艺术本质的追根问底。现代西方艺术哲学称"艺术"一词为"漂浮的能指"，以说明艺术范畴的流变性和不确定性。

和合艺术哲学是对和合艺术的哲学反思，是指人对自然、社会、人际、心灵、文明的艺术活动中所描绘的艺术现象的艺术理念的检讨，由于人的艺术观念、理想、标准、智能的差分，而融突和合。通过对和合艺术理论的思议，我们可以获得艺术意识和艺术情感的沟通，以及对自然、社会、人际、心灵、文明的艺术精神的理解和对艺术生命智慧的诠释。

和合艺术是对生命的肯定，是生命在瞬间的愤怒、悲哀、忧郁、苦恼、微笑的艺术情感的强化。艺术毕竟是人主体精神的特殊智能的创造。艺术为人所拥有，人在艺术世界里发现了生命主体精神之真的存在。卡西尔的"人是符号的动物"之所以不是究竟意义上的人学命题，原因就在于符号本身只不过是人类自我创造的艺术媒介，而不是和合艺术创造的本身。

艺术具有一种炽热的度越的需求，它的存在使人不断度越个人和人类自身。人在艺术美境中就会豁然感悟到自身的价值、情感的圆融、终极的关切，这种深沉的心灵感悟与体验，是觉醒于艺术美境的启迪，它永远是人性中最美好的东西。

艺术创造的美境，即和境。无论是西方传统造型艺术的美的比例和焦点审美的核心思想、原理，还是中华传统艺术审美活动所凸显的思维导向、原则，都强调一个"和"字，即通达和境。

艺术美境营造了人世环境，滋润了人的心灵，使人生和谐之情，育和谐之德。把艺术之美与心灵之善沟通起来，即把艺术价值与道德价值的融合显现出来。然而在现实世界中，两者往往是冲突的。"诗言志，歌咏言。"诗歌艺术通过抒发内心世界的情爱，在生命精神之间激发爱的交感、共鸣与和谐，形成交互性的和爱情感世界，开启心灵之善的门户。

在和合艺术创造活动历经长期的艺术与道德、善与美的冲突反思之后，和合学重构了和合艺术哲学。它虽深深植根于中华远古艺术创造之中，但却是反思后的现代建构。它是由艺术创作升华个体生命情感，而渐入道德至善境域，这是和合艺术创作活动的内在要求。和合艺术是生命主体精神及其道德心灵的解放者，艺术创造与审美活动的价值之矢，最终都射向精神、意志自由。

　　艺术生命是超时空的、无限的、自由的，只有如此，才能为艺术创造与审美活动不断开拓新的意境。和合艺术的目标既不是和合生存世界中的感性快乐，也不是和合意义世界中的审美情趣，而是和合可能世界中的自由意志，即主体精神度越名利场上的激烈角逐而步入"从心所欲不逾矩"的和爱意境。就和合艺术哲学而言，艺术作品的审美价值，其根据在于艺术能够为心灵的道德生活展示出一个完全自由的精神境域，即和爱的和合可能世界。因此，向往、追求、培育、宣扬和捍卫自由，就成为和合艺术创造的原动力和目的地。因为自由，所以完美；由于完美，所以自由，这才是和合艺术的因果逻辑。

　　情是心灵的透射，景是心灵的投影。艺术心灵意境的创构，犹如龟兹佛教艺术壁画，可谓禅境，这种禅境是心灵情景的圆融。艺术的意境，既度越又内在。它度越于一定的人、物、情、景，又内于其中，情与景融突和合，既激发出最深的情，也透入最美的景。这样，景是情之景，情是景之情，是一个崭新的意象、美妙的灵境。它已度越了内外的限隔，而通过"外师造化，中得心源"自由创现。

　　"神与物游"是指生命心灵意境的自由，这种自由已摆脱了物我的隔界，犹如《庄子》"庖丁解牛"的自由意境，这是艺术的创造。当生命心灵的情思起伏，因心造境，仪态万千之时，并非哪一固化的物境所能容纳，而只有那大自然无限宽广的胸怀，变化无穷、大化流行的万象，才能展示生命心灵自由的意境和神韵。生息摄动，生意盎然，生机勃勃，心灵充满。

　　在和合哲学视域内，艺术范畴包含三个维度的和合意蕴：主体精神的虚拟之真，道德心灵的意向之善，自由意志的境界之美。生命主体精神的虚拟之真，是借助符号化的艺术语言确立起来的度越现实性的真实性，和立之言是和合艺术哲学与和合语言哲学触类旁通的符号环节。道德心灵的意向之善，是通过生命主体间的交互感应烘托出来的度越个人感情的至善性，和达之性是和合艺术哲学与和合历史哲学融为一体的逻辑枢纽。自由意志的境界之美，是生命主体精神不断度越功德际遇和圣贤气象而达到的完美性。和爱之道是和合艺术哲学和价值哲学一以贯之的本体依据。这样，和合价值哲学中的真、善、美，在和合艺术哲学中得到了浑然对应和整体贯通。和合艺术哲学的立、达、爱范畴与和合语言哲学的言、象、意，和合历史哲学的情、势、理，及和合价值哲学的真、善、美范畴，构成互动、互补、互渗、互纳、互赢、互荣的结构态势与关系。

东方艺术说到底是人主体精神通过艺术语言所创立的富有个性色彩的意象。这种意象是内在神思之情对于景象的一种艺术审美的观照，是情景的融突。情皆可景，景皆含情，神凝妙合，神理流于两间。王昌龄在《诗格》中把诗分为三境：物境、情境、意境，此在和合艺术哲学中，即可因应为和立之境，简言之为"立境"。所谓立境是指取境立意高逸，取境是强调先积精思的立意。立境即是和合艺术的虚灵意境，亦是指"处身于境，视境于心"的心境相融的境象。

和合艺术哲学的和立意象，简言之为"立象"。所谓立象，是指主体精神情感所投资的意象呈现的气氛、力感、色调和气势的象；亦指"象外之象"，或曰景外之景，它是象而非象、景而非景的意象。前者与气象相关，后者与意象相连。

立境、立象是主体生命情感的搏动，立境是身、心、物的交融，立象是情、景的交感，和合艺术哲学的和合理，简言之为"立理"。所谓立理是指"妙悟天开"，从至理中领悟意境，它非艺术审美观照中的实境，而是虚拟的理境，依体象、味象的领悟而获致；亦是指体象、味象或立境、立象，是为"各中其理"，是对理的体认，通达至理境界。

从和立之境到和立之理，和立之象是其中介。立象使艺术创造者由观象立境的"眼中之竹"化为"胸中之竹"，心境相融，而通达意境，并通过符号化的艺术语言，化"胸中之竹"为"手中之竹"，化艺术意象为艺术形象。它给艺术创造者和欣赏者都以广阔的、丰富的想象空间，开启那隐蔽的、象外之象的审美灵感。这便是和立之理的体认。这是由立境到立象和立理的贯通。

由立境、立象和立理到达情、达性和达命，是辅相裁成天地之道的过程，"穷理尽性以至于命"。和达之性命情感，既是驱动和激励艺术创造者从事艺术创新活动的原冲动和原动力，也是诱导和感受读者、诠释者接受艺术文本世界的原期待和原理解。和达之性的性，相对于不同的主体有不同的性，意蕴着艺术创造主体不同的艺术审美追求。性作为隐在规定性，是主体精神内在的气度、情操、素质、人格和道德，它影响艺术创作的境界、艺术活动的造诣及欣赏的水准。

如果说性是隐蔽的，那么，情是显现的。触景生情，情景交感、交通，而激发起艺术生命情调和代山川立言的冲动。并由情景交融而诱发起隐蔽的、未发的、混沌的性的灵通，给出其清晰化、显现化、现象化的艺术生命情调，交融于情景之中，使主体心神之性在净化中朗现，这可谓为达情。

达景而达情，达情而达性，达性而达命。景是情的映射，情是性的传神，性是命的化出。情、性、命融突贯通，通过和达之性的同时态作用，情景、性命，而进入和合艺术交感世界；通过和达之性历时态影响，创作者与解读者共同建构和合艺术传播世界。

在和合可能世界里，和爱之境是天人同和同乐的美满世界，是人类终极的精神家园。和爱之道是中华艺术精神的体现，而与西方艺术的现实性相对应。和爱之道是中华艺术的风骨、神韵、意境的最深沉的底蕴，也是其最独有的特征。

和合艺术哲学的和爱之道是和立之言的立境、立象、立理，和达之性的达情、达性、达命的基础和统摄，是其生命、智慧和灵魂。和爱之道的道是宇宙精神与人类精神的交融，是天道、地道、人道的总和，是阴阳、柔刚、仁义的融突生生和合，对和合艺术道境的追求，即是对艺术自由精神的追求。

和合艺术哲学由爱艺、爱道而至爱和，和是中华艺术的最高境界，即"大和至乐"的至美境界。此已度越了荣华和酒色等世俗的及生理肉体感官的乐，而获得"顺天和自然"的乐，是艺术精神自由、心灵愉悦的艺术感悟。"大和至乐"之境，即大道之境，是和合艺术哲学的最高境界。

和合艺术之美，是和的流出。"以他平他谓之和"，和是多样性的融合，是尊重他者的和。和合艺术哲学的和爱之道的艺境、道境、和境以其净洁空阔的情怀，滋润着人与自然、社会、人际、心灵、文明之间的交感机制。和爱之道是自由意志的无限存在疆域。它是一种有"大美而不言"的完美道境，"大和至乐"的至美和境，是不可思议的无限自由空间，是不可言说的永恒精神家园。

和合艺术哲学的整个范畴逻辑结构之流是从虚拟性的立境、立象、立理的和立之言出发，经交互性的达情、达性、达命的和达之性，进入无限性爱艺、爱道、爱和的和爱之道的"大和至乐"境界。

这个结构之流，是由和立范畴撬开和合可能世界逻辑大门的支点，这是因为和合可能世界是自觉的、未定的、主体精神所在的自由界，作为无形的智慧空间，和合可能世界只有通过艺术语言的虚拟活动，才会显示其语言存相，发挥其价值式能，产生其历史效用，因而，和合艺术的自由创造首先是"立言"活动，为"和立"奠基。"和立"的过程，旨在借助艺术语言在"无路"的生存困境中开创全新生生道路，在"无明"的意义危机中放射灿烂的价值曙光。和合艺术哲学和立范畴，正是通过不朽的立言活动显示不朽化解功德，因此，它能为陷入生存困境和意义危机中的人指明生生不息的和生之理。

和立之言所虚拟的艺术作品，经过道德心灵的情感性命的充实，就成了具有永恒艺术魅力的精神存在。在和合艺术世界里，作品所表现的和达之性是日常生活世界各种性命的义理度越和智慧结晶。和达之性具有清晰的艺术形式和稳定的意义结构，不再受特定境域的时空局限，是一种普适的道德情怀和广博的心灵志趣。道德心灵内在的情、性、命在交互主体性中达到了彼此激荡、感化流行。和合学的和处原理在交互主体性的和达情、性、命中得以艺术地实现。

艺术是通达人类心灵的桥梁或中介。"心有灵犀一点通",使艺术创造主体与艺术欣赏主体在感受艺术作品中达到心灵上的交通,情性上的共鸣,这是艺术永恒的魅力所在。艺术心灵的最高境界,便是和合艺术哲学的和爱之道的"大和至乐"境界。和爱的爱是一个神圣的字眼,"爱是一门艺术"①,世界上没有什么别的比和爱之道更重要,也没有什么比和爱艺术更崇高。和爱世界是人类对于人生和宇宙的最虔诚的期盼。

---

① 〔美〕埃·弗罗姆:《爱的艺术》,华夏出版社 1987 年版,第 4 页。

和合学三界四层面的逻辑结构

以哲学的"爱智约定"反观和合哲学及其方法的内在建构，力求在度越和流行层面找到和合生生道体。在用和合学方法澄清传统哲学的重大理论问题的基础上，彰显和合学方法的创造性能；在对传统哲学及其方法的和合扬弃中，崭露和合生生道体的爱智品格。

一、三界四层面的整体贯通

和合学的和合生存世界、意义世界、可能世界与和合历史哲学、和合价值哲学、和合语言哲学、和合艺术哲学的"三界""四层面"相对应，并在逻辑结构上融入和合学"三界"之中，使"三界""四层面"的逻辑关联更内在、更密切。其间的互动互渗有两种情况：

一是从定位关系的视域来审视其逻辑结构：

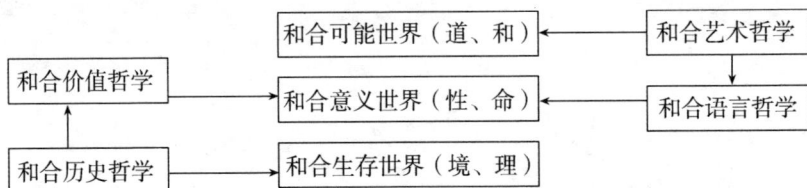

生存世界是人与动物共有的境——理和合世界。人类与动物在和合生存维度上的差分仅在生存方式彼此不同：创造文化系统与顺应自然环境。和合生存世界与和合历史哲学的情——势——理构成和合链，是对和合生存世界的哲学疏明：境中含景，触景生情；聚情成势，势在必行；情势流行，序化有理；知理明境，行理易境。因此，和合历史哲学的"话题本身"，只能相对准确地定位在和合生存世界。人为生存而自

师道师说

张立文　卷

强不息地创造生生历程，是和合历史的本真故事和壮丽诗篇。

　　和合价值哲学与和合语言哲学都是和合意义世界的性——命和合链的哲学诠释。性——命和合链才是和合哲学的意义文本，才是和合价值哲学与和合语言哲学研议的"意义话题本身"。相反，千百年来文人学者有关是非、善恶、美丑论辩所形成的资料文本，不是和合意义世界的元文本，也就不是和合哲学所要研思的"话题本身"。具体说，语言作为符号系统，因"约定俗成"式的赋义活动，而成为和合意义世界的沟通媒介，构成意义存在的"符号之家"。价值作为测量体系，通过斤斤计较式的演算行为成为和合意义世界的自家准则，形成意义变换的度量空间。

　　和合可能世界的哲学阐释必须借助广义的艺术创造（包括传统意义上的文艺创作、科技发明以及现代的逻辑模拟、数字虚拟）才能完成。艺术化自由想象和虚拟是提供进入和合可能世界的必由之路。和合可能世界本身是超越时态的、不可思议和不可言说的无穷逻辑空间，其"可能话题本身"是没有历史可言的，是没有价值可论的，是没有言语可道的。一言以蔽之，历史是有穷的和合生存世界里的实际境况及其时态演变，无穷的和合可能世界没有历史。语言和价值都是和合意义世界内可计数的标准尺度及可演算的赋值模型，不可数的无穷的和合可能世界不容语言介入，不容价值计度。当然，我们对和合可能世界的艺术阐释和逻辑疏明，可以构成艺术发展史或逻辑思想史，以及生存、意义和历史、语言、价值的理想、虚拟等，这些可算是生存、意义、世界的意义赋予和价值追求。

　　二是从浑然照应关系来审视其逻辑结构：

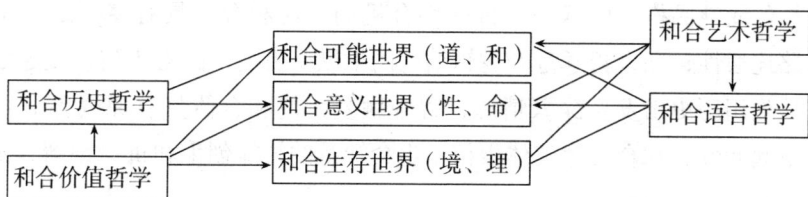

　　浑然照应关系是在定位关系基础上衍生出来的"和合晕谱"，是一

种比较间接的和合照应关系。和合历史哲学只能通过和合价值哲学的意义折射，才能进入和合意义世界，即只有主体通过评价活动，按照一定的赋义模型和评价尺度判别历史人物和历史事件时，才有关于历史人物的明确价值判断，才有关于历史事件的相对存在意义。历史人物生生不息，本身并无固定价值；历史事件滔滔不绝，本身并无确定意义，这是由和合生存世界的境——理和合链决定的。

由于缺少准确定位关系的基础性支持，和合学会产生照应关系的模糊。这些模糊性会产生一些边缘交叉、互渗的状况，也会导致出现不可准确定位的状态，这在形式上似乎界限不清，但在现实上却往往是存在的，因而需要度越固化定位关系来思议其关系，并为新学科的创立而敞开，这是符合和合学"在途中"与"和合起来"的宗旨的。

明了和合学"三界"与和合哲学"四层面"的定位和浑然照应关系之后，进而要明了和合哲学四层面的内在逻辑关系，使其上下内外贯通，浑然一体。

和合学需要解构各种"混合体"，还原出基本价值元，抢救出正在病变与毁灭中的和合精神基因，如和合历史哲学研议与和合价值哲学研议。建构各种"和合体"，激活基本价值元，使深陷在传统文化的和合人文精神得以成功转生，如和合语言哲学研议、和合艺术哲学研议。

沿着即度越即流行的两条轨道渐次拓展和合生生道体的范畴网络，确立和合学方法论体系，如和合范畴网络研议及其逻辑结构研议。描绘和合精神家园的艺术风光、诗情画意与融融乐趣，以审美方式体现终极关切，如和合精神家园研议与和合自由境界研议等。

将度越之路与流行之路"和合起来"的和合生生道体，具有和合虚性的元性品格。度越和流行的耦合机制，使和合体具有亨（通）的道路连通性，和合哲学范畴逻辑结构网络纵横贯通，圆融无碍。度越之路从效用历史出发，深入情源，智中融爱，使和合体具有原（始）的贞下起元性，和合生生道体根植于生命智慧的智能创生和价值创新，永不枯竭。

和合流行之路从艺术功德起始，落实生存世界，爱中透智，使和合

师道师说

道体具有利（用）的建功立业性。和合学生生理论体系关注人生此在，不离百姓日用。和合可能世界是一个"虚灵不昧""净洁空阔"的虚拟空间，其中荡漾着健——顺叠合而成的逻辑旋律（一健一顺，纯粹是和合虚性的摄动节律，与二进制的1、0异曲同工），具有无穷的自由度和无限的可能性。和合可能世界通过赋义化的充实，进入和合意义世界，成为特化的艺术空间、人文空间、价值空间等，显现出与人类性命相关的意义。多维的和合意义世界通过智能创造转为和合生存世界，成为艺术生活环境、人文生活环境等现实生存方式，和合世界自上而下的充实过程，足以充分展示虚性在和合创造中的原始作用。

度越是思议自下（生存世界）而上（可能世界）的逻辑流行，是历史效用的不断激活，是价值式能的不断转生；流行是言说自上（可能世界）而下（生存世界）的事功度越，是艺术功德的不断求解，是语言存相的不断落实。度越是思议的流行，流行是言说的度越。和合生生道体具有贞（固）的结构稳定性，和合学诸范畴是变易中的不易点，是度越的阶梯，是流行的枢纽。

和合学的和合生生道体是虚拟的度越道路与流行道体，是和合生乐的意象境界和自由追求。和合体融道路、道体、式能——存相、效用和功德为一体，是多维的、网络的逻辑结构系统，它既具有流行和度越的双轨机制，又具有能思议和可言说的二相存储。这就有效地克服了西方哲学形上学本体的实体化与唯一性等神学特质，同时也成功地避免了东方哲学本体的神秘性与模糊化的玄学特征。

"在途中"的和合哲学体系除了不断度越、永不停滞的思议之外，尚须了断沿途的事务，消除旅途的烦恼，化解路上的障碍，让生命智慧的激情以诗的方式抒发出来，绽开文明之花，结出文化之果。因此，从效用历史和价值式能里净化出来的和合之道，必须有所言行、有所说道，必须从可能世界重返意义世界和生存世界，完成自上而下的流行之路。

和合哲学体系将和合学三界一以贯之，使和合时间的三维存在形态浑然一体，圆融无碍。整个和合哲学体系从和合变易点元性中呈现出来的，只是"和合起来"的虚体的可道、可名；或在场层面，是可思议、可言说的"一和一合之谓虚（道）"。作为"和合起来的虚体（道体）恒道、常名或不在场的和合生生道体层面，则是不可思议、不可言说的形而上者谓之道（虚）"。当然，不可思议不等于不能思议，不可言说不等于不能言说，"始制有名"，和合哲学生生道体可强名之为虚为道，强字之曰"和合道体"。这是和合哲学的思议"不可思议者"，言说"不可言说者"的运思。

思议和合之虚（道），言说和合生生道体，存在两条互补的逻辑求索途径：

第一条途径：从标志既往时态的底截面和合历史哲学出发，度越和合生存世界切线，经过和合价值哲学中截面的转换和升华，进入和合意义世界切线（下），上达和合虚体（和合生生道体）变易点，显示历史效用之合——→价值式能之和——→和合生生道体，这是一条效用历史及其价值式能的思议和合度越之路。

第二条途径：从标志将来时态的顶截面和合艺术哲学及其化解功德起程，越过和合可能世界切线，经过和合语言哲学（中截面）的造境与赋义，落实到和合意义世界切线（上），下达和合虚体（和合生生道体）变易点，呈现出艺术功德之和——→语言存相之合——→和合生生道体，这是一条化解功德及其语言存相的言说和流行之路。

这两条和合求索途径上下互补，从历史效用上达，由艺术功德下学，遥相响应。效用历史是和合生存世界的智能创造，从"未发"到"已发"的纵向历史度越过程；化解功德则是和合可能世界的"名字拟议"，从虚拟到充实的纵向逻辑性流行过程，二者形成和合对偶关系。这是从两翼澄明和合道体（虚体），其逻辑方法是那烘云托月的意境法门。

二、和合学哲学四层面内在贯通之路

和合哲学体系的度越之路和流行之路的贯通和圆融，揭示了其中蕴含的意象境界、逻辑范畴和转换概念。在和合哲学体系中，范畴转换实

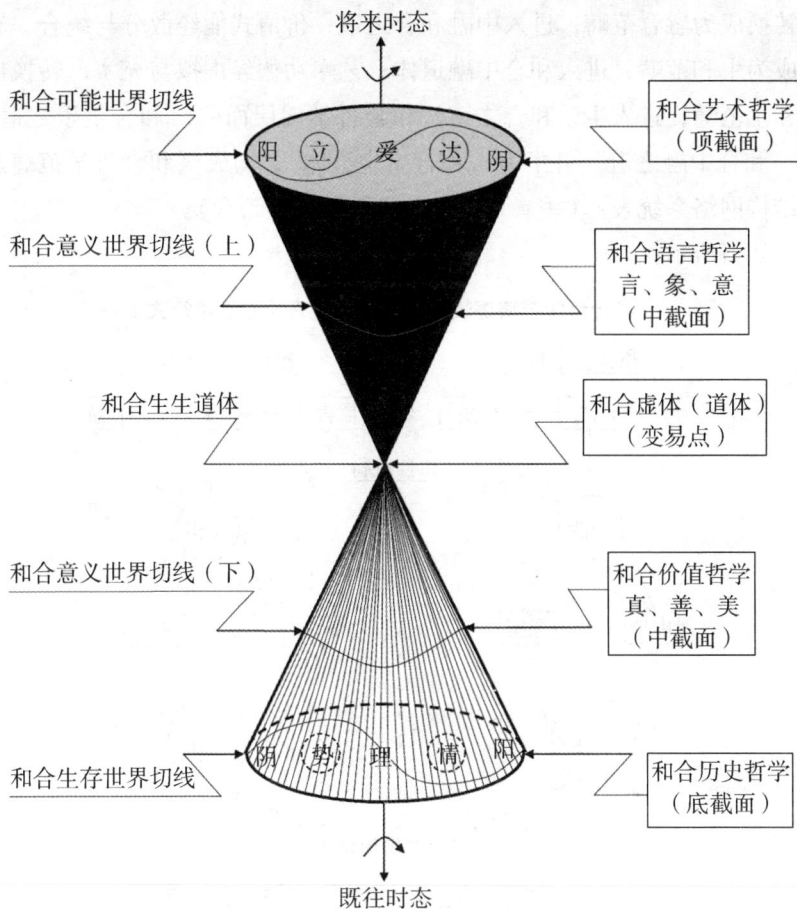

将来时态

和合可能世界切线

和合艺术哲学
（顶截面）

阳 立 爱 达 阴

和合意义世界切线（上）

和合语言哲学
言、象、意
（中截面）

和合生生道体

和合虚体（道体）
（变易点）

和合意义世界切线（下）

和合价值哲学
真、善、美
（中截面）

阴 势 理 情 阳

和合生存世界切线

和合历史哲学
（底截面）

既往时态

和合生生道体逻辑求索途径

行合转、中转等变易转换方式，不采取对转方式：如转象成理、转理成善、转善成爱、转爱成意等。这是因为对转时的逻辑机制是矛盾对立统一的二元辩证思维，是一种两极化的对待推理，容易陷入你死我活式的二律背反之中，产生肢解体系的内在张力。

"合转"是三元和合，如真、善、美和合而为价值式能；言、象、意和合而为语言存相；情、势、理和合而成为历史效用；立、达、爱和合成为艺术功德等。"中转"是并行式中介范畴转换，如语言存相经显性与隐性转换成为合乐范畴，进入和合生乐之道；历史效用经未发与已发转换成为融合范畴，进入中融和合之道，价值式能经散分与统合，转换成为中和范畴，进入和合中融道体；艺术功德经虚拟与充实，转换成为和生范畴，进入生乐和合之道。和合哲学四层面的"和合生乐之道"与"和合中融之道"升华为"和合生生道体"，构成《和合哲学范畴逻辑结构网络系统表》（垂直串行式与水平并行式两种）。

如下所示：

和合哲学范畴逻辑结构网络系统表（垂直串行式）一

和合哲学范畴逻辑结构网络系统表（垂直串行式）二

和合流行哲学 ➤➤➤➤➤➤➤

和合艺术哲学 — 爱 达 立 — 功德 — 虚拟 / 充实 — 和生
和合语言哲学 — 意 象 言 — 存相 — 显性 / 隐性 — 合乐
和合价值哲学 — 美 善 真 — 式能 — 统合 / 散分 — 中和
和合历史哲学 — 理 势 情 — 效用 — 已发 / 未发 — 融合

和合之体 · 和合之道 — 和合生生道体

和合度越之路 ➤➤➤➤➤➤➤➤➤➤➤➤➤

　　和合哲学家体系的思议度越之路，是从效用历史出发，中经和合价值式能，上达和合健顺的度越之路。和合历史哲学象征性地体现了效用历史的上下浮沉。这不仅与历史风云变幻的生存经验契合无间，而且还与现代哲学解释学的效用历史（或效果历史）概念视野交融，从而将古今历史意象圆融起来。

　　和合价值哲学的价值式能的坎坷流动与"至善若水"的道家智慧遥相呼应，也可与亚里士多德《形而上学》有关形式——本质是第一本体的论述逻辑等价。因为真、善、美作为价值式能，既是效用历史活动的深层结构和理想追求，也是和合之道的本质所在与变易方式。作为中介范畴，和合价值式能旨在从和合生存世界突出和合意义世界，从和合意义世界彰显和合可能世界，并实现由效用逼近生生道体的度越目标。这样设定中介范畴，既有助于克服亚里士多德《形而上学》有关本体的内在冲突，又能避免直接陈述本体的言说悖论和思议暗礁。

　　和合可能世界是和合哲学体系的安宅与达道，基本上以不在场的方式存在，只有通过阴阳符号呈现其健顺组合关系，借助未发概念及未发与已发的融合范畴来把握其发生机制，依靠散分、统合概念以及二者中和的范畴来虚拟其逻辑结构。融合与中和两个中介范畴，实际上已经进入到和合可能世界，逼近和合生生道体的形上之体，即虚体（道体）。

在另一条互补的言说和合流行之路上，情形正好相反，和合可能世界（和合艺术哲学所在的和合世界）与和合意义世界（和合语言哲学定位于此）对偶呈现。和合可能世界的显著的化解功德，经和合意义世界由微入显的过程，由语言存相到和合生存世界退藏隐微而待重新和合的生乐之体，而达无相虚体（道体），构成了和合可能世界的和合道体与化解功德的"体用一源"，和合意义世界的由显入微的价值式能与由微入显的语言存相的"显微无间"，和合生存世界显著的历史效用与退藏隐微以待重新和合道体之间的"体用一源"。

和合学的创新使命不但要落实中国哲学转生的长期诉求，而且要基于全球话语的哲学言说方式和全球性的人文存有的精华，建立全球话语的哲学言说。和合学的和合生生道体，是对"和合"这一核心话题的"道的道"的体贴，它创新转生了以往中国哲学的核心话题，它是对和合核心话题的智慧觉解和智能创生。和合生生道体的和合世界，是没有外主体与外客体的世界，是其本身不断开展新价值、新生命和新结构方式的效用历史或式能度越。和合生生道体之所以能够空灵独步，而又不断"贞下起元"，显发其元性变易的不竭万殊，在于作为精神家园的一种理想变现趋向，它不被一多等数量化所规范，既不同于静态形而上本体论所必须面对的一元、二元及多元执着，又不作为一种动态形而上本体而表现为数量化的过程潜存。和合生生道体内在于和合者，是差分的多元异质要素融突而增上，获得新和合体的根据。和合生生道体的呈现就是"和合起来"的大化流行，生生不息，这就赋予无限生命力、无穷创生力，使和合学"三界""四层面"整体圆融，成为浑然照应的有机体。

如果说传统哲学史上，形而上学"几乎就是一切人反对一切人的一个战场"，而和合生生道体要让形上思议的艺术成为"一个一切人和合一切人的温馨的精神家园"。各种传统形上学本体以其刚性的意义中心和排他的言说方式闪现哲学英雄的、个别的短暂胜利，而和合生生道体开显一种价值理想和人文情怀，以和合生乐的道体自由境界为指归，实现了形上学的解脱，转生了中外以往的核心话题①。

和合学理论思维形态的逻辑建构，在当代人文语境的转移情境下，实现哲学和合核心话题的创生，以及《国语》诠释文本的转换，使中国哲学创新的标志，或曰中国哲学转生的"游戏规则"得以完整地体现。

和合学重申："哲学是爱智之学，它的本质在于寻求真知，是真知之爱。因此，哲学总意味着'在途中'，和合学亦是'在途中'，它是一种生生不息之途。"② 和合学不是把哲学看成是固定的、僵死的、无生命力的，而是生气勃勃、不息向前的。

---

① 参见王颢：《中华和合思想研究》博士论文打印稿。
② 张立文：《和合学概论——21 世纪文化战略的构想》，中国人民大学出版社 2006 年版，第 78 页。

世界向何处去——《建构和合世界新秩序》

世界向何处去，成为人民关切反思的课题。然而当今世界，各国家、民族、种族、宗教之间冲突不断，杀人、恐怖、战争、动乱时有发生，而化解这些冲突的模式仍然是直接军事干涉、支持反对派、经济制裁、宣扬民主价值观、挑起争端等，其结果给人民造成灾难。化解冲突唯有依"和合学"理念，以建构世界新秩序：尊重"以他平他谓之和"的原则、和而不同原则、建立互信对话机制、善于运用经权原则、中和的"无过不及"原则，以及"满招损，谦受益"原则。进而探索未来世界向何处去：建立公平、正义的国际机构，建立度越各国家、民族、宗教的伦理道德机制，建立与全球化相适应的信仰体系，建构人民自我管理体系，建设新安保系统，以达价值理想的和合世界。

从哲学的视域以观全球经济互联化、科技一体化、网络连通化、地球村落化，在这种新形式、新观念、新价值、新话语、新风气下，人们关切反思未来世界向何处去的课题。从检讨当前化解各种冲突、危机模式的痛苦和灾难中，人们逐渐觉悟而认同和平、合作、以他平他、和而不同等和生、和处、和立、和达、和爱的原则及其化解冲突危机的模式，以达天和地和人和、天乐地乐人乐、天美地美人美的价值理想和合世界。

一

哲学是时代的精华，精华在什么地方？怎么样说它是精华？人们很多时候不追究这个问题。其实，哲学是什么？从古到今，每个人都有自己的定义。所以，这个问题实际上是没有定论的。正如胡适说："哲学的定义，从来没有一定的。我如今也暂下一个定义：凡研究人生切要的问题，从根本上着想寻一个根本的解决，这种学问叫作哲学。"① 冯友兰在《中国哲学史新编》（1931 年出版的上、下两卷本）的《绪论》中也曾讲："哲学一名词在西洋有甚久的历史，各哲学家对于哲学所下之定义，亦不相同。"他讲中国哲学，按照西方也就是希腊所谓的哲学来讲。

哲学是什么？因为是没有一定的，西方是按照希腊的所谓哲学之哲学来讲。至于中国有没有哲学一直是一个争论问题。一些人认为中国没有哲学，例如从黑格尔一直到 2001 年德里达到中国也讲中国没有哲学。之所以这样讲，是因为中国哲学没有逻辑、没有概念。我在《中国哲学范畴发展史》的《天道篇》和《人道篇》这两本书中对中国哲学范畴做了系统的梳理，以及这些范畴为什么成为中国的哲学概念和逻辑结构。大家知道从 1949 年以后，哲学史都讲唯心、唯物两个阵营的斗争。1984 年我受金耀基、刘述先教授的邀请，在香港中文大学新亚书院哲学系讲学时，不讲唯心、唯物，那么讲什么？我提出一个新的方法论，就讲中国哲学逻辑结构论，以这个方法来代替讲唯心、唯物论。后来一些人就说这犹黑格尔的小逻辑。现在一般写中国哲学史基本上是按这个方法来写。

中国哲学能不能成为独立的哲学，同西方哲学有什么不同，必须对中国哲学下个定义，有个界说。中国哲学是关于自然、社会、人生的"道的道"的体贴和"名字"体系。中国是讲"体贴"，"体贴"实际上是一种体验、体会、体悟的意思。自然、社会、人生的道的道。前一个道，如我们说桌子有桌子的道，扇子有扇子的道。朱熹讲扇子能纳凉，椅子能坐，这就是它的功能之道。这道的背后是什么？就是道的道。为何说是道的道？它是功能、现象之道的超越，是所以然之道，是事物的根源，它的本体是道的道。再说名字体系，其实中国的名，如名家，名就是概念。孔子"正名"，就是讲名称应该符合它的实际。"字"

---

① 胡适：《中国哲学史大纲》卷上，商务印书馆 1919 年版，第 1 页。

就是对"名"这个概念的解释。所以中国古代有《北溪字义》、戴震的《孟子字义疏证》,"字"是对"名"的一种意义、含义的解释。现在看《康熙字典》《汉语大字典》,是对字的解释,属概念意义的体系。这是对中国哲学的界说。如果讲中国没有哲学,是没有道理的。

西方每个哲学家都有他自己对哲学的定义。例如罗素《西方哲学史》、黑格尔《哲学史讲演录》等,他们对哲学的理解和定义都不一样。所以我们何必按照西方讲宇宙论、认识论、伦理论这样的概念和框架来定义中国哲学,这是没有必要的。我们应该有自己对中国哲学的定义,才能够在自己的哲学架构中体现中华民族的哲学特点,一种理论思维的特设。

现在哲学的创新靠你们年轻人。将来的哲学家,应该从你们当中出来。我对我的学生讲,我尽管提出了和合学,作为当代中国哲学的一种理论思维体系。和合学体系是我 20 世纪 80 年代末提出来的,我先在国外讲,1991 年 3 月份在日本东京大学和京都大学讲,日本还是非常重视的,主持会议的分别是沟口雄三和岛田虔次教授(现在他们已经过世了)。

中国哲学必须自己讲、讲自己,讲哲学自己的定义,说出自己的特点,才能在世界哲学之林中有自己一定的地位。这个定义说明,哲学是对自然、社会、人生的一种关怀。我们知道,西方哲学着力于对自然的关怀,中国哲学着力于对人生的关怀,这是有区别的。

前年,我去希腊参加公共文明对话会议。旅馆面对爱琴海,大概有一百多米吧。早上去看日出,海里突然跳出来一个红彤彤的太阳。我体会到赫拉克利特为什么讲"世界的本原是一团火"。你在爱琴海就可以体会到这一点,世界是一团火的海洋。爱琴海的水很清澈,游泳时鱼就在旁边游,还碰你的身体。所以泰勒斯讲,世界的本原是水。大地浮在水上,就像木头浮在海水上。古希腊的思想,都在追求现象背后的那个"一",巴门尼德讲存在就是"一"。从古希腊的泰勒斯、柏拉图、亚里士多德到黑格尔、费尔巴哈都认为世界本原就是一。西方哲学,看似那么的玄奥,其实都是追求一个"一"。换句话说,也就是上帝的有

师道师说

变种。

中国哲学与西方哲学不同，讲"和实生物，同则不继"。为什么讲"和实生物"，《国语·郑语》解释，"先王以土与金、木、水、火杂，以成百物"。五行中，水、火是对立的，《周易·系辞传》："天地絪缊，万物化醇，男女构精，万物化生。"五行杂合而生万物。天地、男女就是阴阳两极，男女结婚，诞生新生儿，推而天地融合，万物化生，这是我们生活中浅显的道理。有冲突才有融合。天地、男女是两极、矛盾体，然后融合、结婚、孕育，然后产生新的事物。这不是简单的对立统一，中国哲学讲这是一种新事物的产生。

中国哲学既讲世界根源问题，又讲人生问题。如果想在中国哲学上有所建构、有所创新，创造一个新体系，必须符合三个规则：一是核心话题的转换，二是诠释文本的新选择，三是人文语境的转变。

当代中国哲学的创新，应是中、西、马文化的融突和合，而马克思主义中国化必须和中国传统文化相结合。怎么结合，得有一个切入点。可借鉴佛教中国化。佛教在 8 世纪的时候，在印度被边缘化，到 14 世纪时佛教在印度基本上没有了。佛教真正发展在中国，由中国传到朝鲜、日本。日本的佛教主要都是来自中国。日本的佛教寺庙很多，例如奈良、京都。佛教之所以中国化，是和中国心性论相结合的结果。佛教中国化的过程，在魏晋时和玄学相结合，最后佛教又同儒家的心性论结合起来。

佛教在与中国传统文化相结合中，面临佛在哪里的探索过程，玄奘的法相唯识宗，基本上是照搬印度的佛教思想，到了天台宗和华严宗，则明显中国化了。彻底中国化的是禅宗，佛就在我们心中。我们可以看到宋明理学是继承吸收了佛教和道教思想的。朱熹的理，格物穷理，理在心外。王阳明呢？理在心中。我们从中看出，佛教中国化是同中国传统文化相结合的硕果。

哲学之所以是时代的精华，就是要解决时代所面临的冲突、矛盾，升华为化解矛盾冲突的理论思维。如何是体现时代精神的哲学？可借鉴《汉书·董仲舒传》中的"天人三策"。汉武帝给当时的文学贤良之士提出了很多问题，比如为什么三代王朝能延长这么长，为什么要改制，如何大一统，如何长治久安等问题。这些问题是当时所面临的冲突和危机，要博士们回答。当时博士是分经的，例如书博士、诗博士，但他们都没有说到点子上，没有化解汉武帝所提出的时代的冲突和危机。董仲舒按照《春秋公羊传》来回答这些问题，提出大一统等天人感应思想，为汉武帝所接受，成为当时的哲学思潮。

今天应有全球的视野，人类的意识才能准确掌握当代社会的冲突和危机。我概括出五大冲突和五大危机，提出了化解五大冲突和危机的和合学及其五大原理。唯有准确体认、掌握当代的冲突，然后提出化解的理论，这才是哲学创新。科学的创新、技术的创新不会涉及意识形态问题，比较容易被接受，但是理论的创新、人文社科类的创新，如履薄冰。哲学应该关心社会，关心人生，关心自然，关心生活，关心人类的未来。

二

人与社会的紧张、冲突，当今世界怎么样来处理冲突：地区的冲突、国家与国家的冲突、国内不同派别的冲突、宗教与宗教的冲突。西方一些国家仍然以其非此即彼的二元对立的哲学思维为主导，坚持冷战思维。化解冲突大概有五种模式：一种模式是直接军事干涉，再一种模式是支持反对派推翻政府，第三种模式是经济制裁，第四种模式是宣扬民主价值观，第五种模式是挑起地区、国家之间的争端、动乱。

2014年8月29日，基辛格在美国《华尔街日报》发表题为《亨利·基辛格谈建立世界新秩序》中讲："利比亚陷于内战，原教旨主义团体正在叙利亚和伊拉克建立一个自封的伊斯兰国，而阿富汗这个年轻的民主国家处在瘫痪的边缘。"[1] 他认为，美国与俄罗斯的紧张关系和对华关系也出现新的问题，美国与中国是承诺合作与相互指责并存。从

---

① 亨利·基辛格：《世界秩序正处在转折点》，《参考消息》2014年9月3日。

中我们可以看到世界范围内处理这些冲突的模式。对伊拉克、阿富汗是直接采取军事干涉的方式，即出兵直接推翻一个政府，建立一个所谓自由民主的国家。西方一些报道称，伊拉克当地的选民骄傲地展示他们参加过投票，其结果是给人民带来灾难。从伊拉克近期的宗教暴力活动中，可以看到伊拉克的萨达姆当时实行的是集权专制的统治，从我们的观点来看，我们反对这种专制统治。伊拉克尽管在世俗主义的专制统治下，人民没有民主和自由，但老百姓的生活还是相对比较稳定。现在几乎每天有爆炸，无辜百姓死伤很多，人民的生活很不稳定。人道主义的灾难，给人民带来的确实不是幸福安宁。利比亚卡扎菲专制统治，名义上是搞所谓的社会主义。国家产石油，非常富有，上学不要钱，住房都可以无偿分到。我们国家去了很多工人帮助其建设，利比亚一发生动乱，我们撤退了三万工人。美国等干涉，卡扎菲政权被推翻，卡扎菲被杀，利比亚陷入部族动乱。美国支持反对派推翻卡扎菲，建立民主国家。结果是美国的驻利比亚的大使被反对派杀害了。利比亚同美国、欧洲不一样，是部族社会，部族的观念超过国家的概念，所以现在部族总打仗。美国想在国际推行它的民主价值观，其实与这些国家水土不服，造成很多的灾难。美国支持日本和中国闹别扭。日本人民真正痛恨的是谁，是要摆脱美国成为真正独立的国家。中国没有侵略过日本，只有日本侵略中国。日本人民真正受难的是美国的两颗原子弹，死了二十多万人，所以每年日本都要纪念广岛、长崎的原子弹的爆炸日。从这个意义上，美国的战略家没有长远的考虑，如果日本真正强大了，首先针对的是美国而不是中国，美国是搬起石头砸自己的脚。这是一种模式。

第二是支持反对派模式。叙利亚动乱问题，美国及其同伙支持叙利亚反对派的结果是什么？结果是反对派当中的一些基地组织的壮大和发展，培养了"伊斯兰国"。"伊斯兰国"要直接发动对美国和一些欧洲国家的恐怖活动等等。叙利亚本来是比较稳定的，现在难民几百万，到土耳其的就有一百多万。这种模式，其初衷可能是为推行民主价值观，但结果是给人民带来灾难。如果我们设身处地为在难民营里的难民想想，难民们背井离乡，到处逃难，苦不堪言，生命没有保障。他们想什么？他们想和平，不要战争；要安定，不要动乱。我是浙江温州人，温州被日本三次占领，占领以后，我们只得逃难，我的姐姐抱着我的妹妹爬山，结果爬山的时候摔倒了，我妹妹的骨头摔断了，当时也不知道，也不可能医治，结果成了驼背。逃难的滋味是很难受的，没有吃没有喝，所以我们希望和平而不希望战争。

第三是经济制裁的模式，其实我国目前还受西方、美国政治、军事、经济一定程度上的制裁。我国近代以来受西方帝国主义侵略，现在一些不发达国家过去也是受发达国家的殖民统治，过去一些殖民国家侵略他们的殖民地，掠夺剥削殖民地的财产、人口、资源。甲午战争失败以后，我国向日本战争赔付库平银 2.315 亿两，等于我们国家当时几年的国民收入。日本借发甲午战争财而变得变本加厉地侵略中国。

现在一些发达国家，过去都侵略过中国，在侵略中他们发达了，有天理良心的政治家应该对其侵略过的国家有所补偿，可是一些丧尽天良的政治家，仍做其侵略的军国主义的美梦。他们不是帮助过去被他们侵略、殖民的国家发展经济，而是在经济上限制、制裁、阻碍其发展，控制其发展。

第四是宣扬民主价值观的模式。现在美国在世界上推行其民主价值观，掀起"阿拉伯之春"，使一些阿拉伯国家陷入动乱。安倍晋三也到东南亚走了一圈，宣扬"我们的价值观都是一样的"。现在美国也说价值观是一样的，对中国形成一个所谓的包围圈和封锁链。西方以民主价值观来推行他们的意识形态，不顾一些国家依据实际情况而选择其发展道路。发展中国家不能照搬西方的发展模式和价值观，否则就会水土不服。就拿约瑟夫·奈的软实力来说，他讲软实力有三个维度，一是文化背景，二是政治价值观，三是外交政策。他说"中国和俄罗斯不了解软实力"，我们说了很多软实力的话，他说你们不了解。就像中国哲学史的境遇，一百多年来，写了很多中国哲学史的著作，西方从黑格尔到德里达说你们中国没有哲学，只有思想，一句话给否定了。我们讲了那么多软实力，他一句话说你们不了解软实力，一句话就否定掉了。为什么说中国、俄罗斯不了解软实力，因为软实力的政治价值观是西方的民

师道师说

张立文 卷

主，软实力为推行民主政治价值观服务。我们不要跟在人家屁股后面跑，结果你不了解人家的政治意图。中国人是有思想的，年轻人应该有中华民族的自觉观，要有自尊、自信、自律的思想。中国人过去做奴隶做惯了，就像清代一样，上面皇帝讲一句话，下面就"喳""喳"，当奴隶当惯了。我们不能当西方理论的奴隶，千万不能，中华民族有五千年的文明史，是有智慧、有思想、有哲学的民族。

我们不反对民主，也不反对自由，中华民族是追求民主、追求自由的民族。西方以个体为本位，中国以集体为本位，当前苏格兰闹独立，西班牙也一样，为什么？西方国家和我们国家本来就不一样，西方是个领主制的国家，封建制的时候是一个一个封建的庄园，一个一个的城堡，中国是没有封建社会的，所谓中国的封建是以西方的封建来套中国。斯大林概括的五种生产方式，原始社会、奴隶社会、封建社会、资本主义社会、社会主义社会，五种社会的划分是斯大林搞的，不是马克思说的。

西方因为是一个个城堡、领地，所以他们认同这个城堡比认同一个国家要强。苏联一瓦解，东欧一垮台，很多国家都分裂了，比如南斯拉夫、捷克斯洛伐克等，为什么？他们对个体的认同、宗教的认同比较强烈，但对国家的认同就比较淡化。中国是大一统国家。我在外国的时候，一些学者问我，中国是一个多民族、多宗教的国家，为什么不分裂？从这个问题上，可以看出中华民族文化的魅力。中华文化是中华民族的灵魂、根本，我们有"慎终追远""认祖归宗"的情怀，在国外有唐人街、中华街等等，在异文化的包围中，他们基本上保持中华的一些习惯、礼仪、思想，中国人到外国去长期保持自己文化的特色、文化的认同，其他国家的人很难想象。

第五是挑起地区和国家之间的斗争或争端模式。中国老一辈政治家在东海、南海问题上，已达成"主权归我，搁置争议，共同开发"的协议，搁置争议就是不要争了，实际上就是和平。然后共同开发，就是合作。我们推崇用和平合作的方法来处理政治争端问题，但是美国从伊拉克、阿富汗抽身，在战略向亚太转移的背景下，支持一些国家，在东海和南海问题上挑起争端，制造动乱，以收渔人之利，在亚太谋取霸权。

上述五种模式，其后果不是给人民带来民主和幸福，而是给人民带来家破人亡的严重人道主义灾难；不是给国家带来安定团结，而是给一些国家带来战争、动乱和恐怖；不是给世界带来和平发展，而是给世界带来不断的冲突、对抗和灾难。

三

鉴于上述五种模式对世界秩序所造成的危害和危机，如何建构世界新秩序，我提出"和合"世界新秩序的构想。

第一，尊重"以他平他谓之和"的理念。韦昭解"谓阴阳相生，异味相和也"①，阴与阳、他与他相反而相成，相差异而和合。"以他平他"，可释为他与他之间平等，才能和。也就是说解决一个地区、国家之间的争端，不是靠外在的军事、力量，而应该依靠互相之间平等的、互相尊重的谈判、对话。其实叙利亚反对派他们自己也是认同这种思想的。吴思科先生任中国 2000 年到 2003 年驻沙特大使，他曾经访问叙利亚的反对派组织"叙利亚全国民主变革力量民族协调机构"的一个总协调员阿卜杜拉·阿济姆，阿卜杜拉·阿济姆曾经这样说："我们反对外来军事干涉，因为这不符合叙利亚人民的利益。外来的军事干涉，地上来的是什么样子我们看到了，天上来的是什么样子我们也看到了。""天上来的"，指西方对利比亚的轰炸，推翻卡扎菲政权；"地上来的"是说美国直接出兵伊拉克推翻萨达姆政权。人民解放阵线的领导人格德里·贾米勒说："我们靠自己的力量来实现变革，可能需要的时间长一些，甚至要十年二十年，但却能避免社会的撕裂，对人民、国家造成的损害会少很多，后遗症也会少很多。"②

---

① 《郑语》，《国语集解》卷十六，中华书局 2002 年版，第 470 页。
② 吴思科：《和沙特的"王爷"们打交道，我所亲历的中东外交》，《文化艺术报》2014 年 8 月 22 日。

叙利亚反对派当中，一些比较温和的反对派，他们也反对外来干涉。叙利亚的反对派包括"伊斯兰国"的那些基地分子。显然美国支持叙利亚反对派，也助长了"伊斯兰国"基地组织的发展，现在美国又去轰炸在叙利亚的"伊斯兰国"大本营等等。依据国际法，任何国家不应干涉别国内政。反对派与政府应该以"以他平他"这种方式来互相谈判，互相对话，尽管时间较长，但比起通过战争杀人，造成几百万难民的损失要少得多。"以他平他谓之和"，就是说不能倚强凌弱，以富压贫，以贵欺贱，也不能以霸侮辱小。民族和民族之间，尽管有强弱大小、贫富贵贱的区别，但是国家与国家之间，民族和民族、国家与国家之间，宗教和宗教之间应该平等、互相尊重地互相对话，以通达和平，不能以二元对立的冷战思维来制造动乱、战争。

当代西方的思维定式仍然是二元对立的冷战思维，是非此即彼的思维。也就是我们过去讲的斗争哲学，不是东风压倒西风，就是西风压倒东风。从这个意义上讲，不是"以他平他"，他与他之间不是平等的，不是互相尊重的，而是不是我打倒你，就是你打倒我，乌克兰问题就是这种思维的结果。

第二，遵守和而不同的原则，也就是和合学五大原理中和处的原理。每个宗教，每个国家，每个民族都是不一样的，我们世界是多重世界，人们讲多极世界，讲"极"可能不太妥帖，因为它没有构成相对的多极，美国可以说是一极，但是中国是个极吗？构不成一个相对立的极，欧盟、东盟、非盟其实也构成不了一个与美国相对的极，极就是极端。我讲是多重世界，因为多重，一重一重，这排除与其他多重的对立，极的话就将其推向互相对立，多重可构成和平、发展、合作、共赢的世界命运共同体。

和而不同，多重世界的一重一重各不相同，风俗习惯、民族文化、信仰宗教之间都不一样，但是可以和平共处。中国儒、释、道三教的教主孔子、释迦牟尼、老子可以在一个寺庙里受人祭拜，这在其他宗教的庙宇、寺院里是绝对不可以的。北京有许多礼拜堂，西什库的，王府井有宏大的教堂，其中没有老子，没有孔子，没有释迦牟尼在那里。在中国的一个家庭中，祖母信佛，初一、十五要念经、吃素，年轻人信基督教，一个家庭可以有不同信仰，尽管一个家庭里宗教信仰不同，但可以和和气气地一起生活，这就是中国和合思维，具有包容性、宽容性，没有排他性的中国和合思维。西方是冷战的思维，就具有排他性。

中国和西方的思维从源头上就是两个路向，从这里开出君子和而不同，小人同而不和。现在西方到处宣扬民主价值，以民主价值观是一样的，来拉拢一些人和国家，反对所谓"非民主"国家，这就是"小人"搞同而不和、结党营私、破坏和合、和谐，挑起动乱。中国文化是和而不同的，西方文化同而不和，这是其本质特性。现在处理国际问题，如果不采取和而不同的方法，当今很多国家、地区、民族的冲突、对抗、动乱、战争等都不可能得到有效的化解，而给世界带来灾难和毁灭。唯有采取和而不同，求同存异，化异为和，才能为世界人民造福。

第三，建立对话的机制。有效的对话机制，可以增强互信、互谅、互解、互惠，消除不信、不谅、不解、不惠。当今世界充满各种各样的对抗、冲突。不同的国家、民族、宗教，对和它对立一方的思想、特点、追求的目标，以及其政策不了解、不知道。这样缺乏对对方的了解，就不会产生理解和谅解。所以要有一个平台，经常来对话，经常来谈，可以把自己的一些观点、一些核心利益摆在谈判桌上，以取得互相之间的了解，这样才能消除误解和猜疑，才能真正做到互信。任何谈判如果没有互信，是谈不成的，即使谈了，签订了条约，也不会遵守。就像乌克兰当前冲突一样，谈判、停战，结果还是打。所以一定要有这样一个对话机制的平台，互相真正取得互信，这样才能达到和而不同的目标。

第四，善于互相妥协。谈判的过程，就是互信妥协的过程。妥协是由对抗、冲突转化为和平、合作的过程。中国讲经权关系，"经"就是讲原则性、经常性；"权"就是讲灵活性、变通性。孟子讲经与权的关系时讲了这样一个故事，中国古代规定"男女授受不亲"，这是原则性的经。但是他的嫂子溺水了，伸不伸手去救她？有两个选择，一是坚持"男女授受不亲"的原则，不伸手去拉她、去救她；另一种是伸手去救她。作为经来说，男女授受不亲，但在这么一个特殊情况底下，就需要权变的灵活性，伸手去救嫂子。同时我们应该坚持原则性的灵活性处理，比方说，钓鱼岛是我国的领土，这个我们不能妥协退让，这是原则性问题，"主权归我"，这是"经"；但这个问题是不是马上解决？怎么解决？采取"搁置争议，共同开发"的方式，这就是"权"的灵活性处理方法。在任何的谈判过程中，都会涉及这个问题，既要坚持原则性，又要有灵活性。也就是我们一般讲的，具体问题，具体解决的灵活性。谈判如果互相不妥协、不让步，肯定是谈不拢的。为了能够取得谈判的成功，必须采取经与权相结合的原则性与灵活性相融突而和合的方法。

第五，韬光养晦与奋发有为。"文化大革命"以后，迎来了改革开放，开始实行以经济建设为中心的战略，我国需要一种内外和平稳定的局面，在这种情况下，我国在国际上不出头、不冒尖，因此提出了韬光养晦的主张。国外有人说"韬光养晦"是一种阴谋，这不对，"韬光养晦"其实是为了能够取得一种稳定的、安定的建设经济发展的机遇期而采取的一种策略。当时"四小龙"起飞，而我们一穷二白，什么东西都要票，布票、粮票、油票、肉票、自行车票，各种各样的票。粮食定量的粮票在北京，大米多少斤，面粉多少斤，还有玉米多少斤，都是配给的，你不能光吃大米、光吃面，都给你配好了。"文化大革命"之中我国经济走到破产的边缘，结果还天天讲莺歌燕舞、大好形势，说假话、说大话、说空话，什么"放卫星"，粮食亩产万斤等等。面临这样的形势，怎么样获得一个好的发展经济的环境，就需要韬光养晦。

在国际关系中，没有永恒的朋友，只有永恒的利益。在 20 世纪 60 年代，我国为帮助某个国家抗美，要求我们自己勒紧裤带，支援他们。我上大学的时候，每月粮食的定量是三十六斤，后减到二十八斤。我就浮肿了，吃不饱啊！到食堂买饭，都得交粮票，食堂当时的米饭要蒸两次，第一次蒸完以后再蒸一次，米就涨了，当时我国还饿死了好多人，在极度困难时期，我们自己勒紧裤带，支援他们。当时他们还有三百人的留学生在中国人民大学，他们吃得比我们好，他们吃饭不定量，我国帮他们打法国,如奠边府战役;然后支援他们打美国,我们不仅出兵,还支援武器、弹药、粮食、药品等等,他们需要什么,我们就无偿支援什么。现在他们又如何对我国?他们和美国结好,美国支持他们挑起与我国南海的领土争端。从这个意义上看,我国首要是着力发展自己,增强自己在政治、经济、军事等各方面的和实力,才不会受人欺辱、挨打。

究竟是韬光养晦还是奋发有为,奋发有为认为应出兵,收回钓鱼岛。我认为在目前情况下,应选择"中和"之方,既"无过、(无)不及",以达和的目标,"中和"也是一种"度"。韬光养晦不能达不到这个度,也就是说,我们既坚持原则,又在一些问题上不要过头。这就是"和",和平、合作的方法,即和合的方法。不要过头,也不要不及,这样的处理比较合适。换言之,在国际问题上如何进退的问题,我们应有"哲人王"的战略目标,这样我们既不会丧失原则,又不会给后人留下不好的后果。比如,抗日战争日本是战败国,我们不要日本赔款,这就留下了不好的后遗症,以致现在日本右派就不承认侵略过中国。你不要他赔款,为什么?我们甲午战争赔了那么多钱,抗战死了3000万人,中国人付出了血的代价,为什么不要日本的赔款?这既不符合韬光养晦,也不符合奋发有为。

第六,"满招损,谦受益"。在国际交往、对话、谈判中,自满会招来损害,谦逊会得到益处。谦逊对个人来说,表现了人高尚的道德修养;对一个国家来说,表现了一个国家的自信、自尊和君子之国风度、文明礼仪。过去中国是礼仪之邦、君子之国,有君子的风范。在各种形式谈判中,说话也好,论争也好,我们的态度是诚恳的、温和的、谦虚的,不是盛气凌人、骄傲自大、以强凌弱的。在谈判对话过程中,态度、话语也是很重要的。谦虚并不是丧失原则,相反是从另一层面坚持原则。即使向对方发脾气,我们在话语上也非常恰当、适宜,这往往能够促成对话的良好氛围,促成谈判的成功。因为你比较诚恳,比较谦虚,有大国的风度,有大国的气魄,人家对你就比较信任、比较服气。如果你骄傲自满、自大,即使在同学之间,关系也搞不好。所以做人应该谦逊，谦逊并不埋没你的才能，相反是你才能、修养高的表现。谚语说半桶水晃荡，是说一些人只有半桶水的学问，却总觉得自己学问很大、了不起。真正的大学问家，都是比较谦虚的。比如苏格拉底，他是大学问家、大哲学家，德尔菲神庙中传神谕女祭司庇西亚告诉苏格拉底的朋友海洛丰说，苏格拉底是人中间最有智慧的人。苏格拉底为了证明自己究竟是不是有智慧，他就去问很多人，问工匠，问那些有技术的人，也问学者，最后苏格拉底得出结论，认识到自己的智慧真正说来是没有什么价值的人，才是有大智慧的人。从这个意义上讲，人与人，国家与国家的谈判、对话应该有一个谦虚的态度。怎么样取得谈判对话的成功？平和的谦逊态度，是取得成功的一种方法。

四

　　既明如何建构世界新秩序，进而探索未来世界向何处去。

　　第一，着力建设公平、正义的国际机构。这个机构可以通过世界各个国家、各个民族平等、公正的推举，也就是通过选举的方法建立世界共议机制。在这个机构里，可以设立一些为公事服务的机构和选拔服务人员，而不是领导者和领袖，一切事务由共议的方式来决定。之所以提出共议制机构，是因为在全球化浪潮中，形成各自相异而又相似的命运共同体，既与民族国家体系关系紧张相关，亦与全球化利益机制产生冲突相关。民族国家当代虽受到全球化与互联互通的严峻挑战，但民族国家在一个时期内仍有其生命力，不可取代。全球化互联互通虽期盼着度越民族国家体系，但人类在未来唯有将民族国家利益与全球化命运共同体的共同利益融突和合起来，建构为全人类共同利益服务的国际机构。在新形势下，联合国已不能完全担负此重任。虽目前联合国尽管要处理世界上的各种冲突、各种各样不公平的事情，其实联合国有很多的缺陷，不可能真正做到公正、公平地处理国际事务。因为各个国家、各个民族、各个宗教都有自视为合理性的利益，这些利益和其他民族国家和宗教利益以及全球命运共同体的共同体利益发生冲突时，就把民族国家和宗教利益放在第一位，而罔顾全球命运共同体的共同利益，这样联合国就无能为力了。同时联合国往往被强国、大国所控制，而不得不做出对弱国、小国利益有损的、不合理的决定和措施，不是能真正代表世界人来公平、正义地处理事务的国际组织。所以建立一个公平正义的国际机构，世界共议机制的国际组织，是符合人类全球化命运共同体的共同利益的。

第二，建立度越各个国家、民族、宗教的伦理道德机制。化解精神、信仰道德问题，使每个人能够像《大学》里讲的"知止然后有定，定然后能静，静然后能安，安然后能虑，虑然后能得"那样。这个机构能够让人的思想能有定向，然后能寂静，然后所处而安，安然后能精详考虑问题，最后能得到智慧。这一至善智慧，应成为人类的主心骨或道德心灵的主导意识。当今世界，一方面跨国家、民族、宗教命运共同体的公共利益相互交错，越来越强烈地形成你中有我，我中有你的命运共同体，与其相应地需要建立新的机构去从事协调、组织、解决公共事务；另一方面人类共同面临着严峻的人与自然、社会、人际、心灵、文明之间的冲突，而造成生态、人文社会、道德、精神信仰、价值危机。单靠一个国家、民族、地区、宗教已不可能去化解，必须有一个跨国家、地区、宗教的新的国际机构来担当。鉴于这种情况，各国家、民族、地区的人和宗教教徒必须在思想、心灵上树立全球理念和人类共同利益为主导的道德意识，树立"己欲立而立人，己欲达而达人"的仁者爱人的观念。对于当前只顾各自国家、民族、宗教利益的思想观念，国际道德心灵咨询机构应着力予以开导、教化、解惑，使人人都凝聚到为国际命运共同体的共同利益而奋斗的大旗下。为达此目标，可设立国际道德裁决、和合的伦理法制体系。

第三，建立与全球化相适应的新的信仰体系。二战后各宗教之间及宗教内部的冲突出现新的更为复杂的紧张，然而"天下同归而殊途，一致而百虑"。尽管殊途百虑，亦有同归一致的层面。1993年世界宗教议会上指出"世界诸宗教在伦理方面现在已有的最低限度的共同之处"，为此通过了《全球伦理普世宣言》，提出四条各宗教认同的金规则：要尊重生命，不要杀人；要诚实公平，不要偷盗；言行应该诚实，不要撒谎；要彼此尊重，不要奸淫。这四条金规则是得民心的。古人云：得民心者得天下，失民心者失天下。也就是说，怎么样得世界人的人心，这是政治家、未来学者或者谋略家应该看到的、想到的。世界人民向往的究竟是什么？要掌握人类未来的命运，首先要掌握人的愿望。我在《和合学》中讲三个世界：一是和合生存世界，要求社会政治经济环境、伦理道德环境、自然生态环境、文化艺术环境等等优美、宜居；二是和合意义世界，人追求真、善、美意义，追求自己价值的实现；三是和合可能世界，这是最高境界，可能世界只是一种可能。任何的宗教，基督教的天国、伊斯兰教的天堂、道教的神仙世界、儒家的大同世界、佛教的西方极乐世界，实际上就是一种价值理想的世界。任何宗教的价值理想世界都是虚拟世界，在和合学中就叫作可能世界。可能世界就是价值理想世界。这个价值理想世界我们怎么样达到？过去很多人有这样的想法，譬如说柏拉图的《理想国》《礼记·礼运》的大同世界、康有为的《大同书》等，《大同书》要去国、级、种、形、家、产、乱、类、苦九界，这都是价值理想世界。任何宗教的终极世界实际上就是一个价值理想世界，莫尔的乌托邦、克洛包特金的无政府主义，也是价值理想世界，亦是其信仰世界。

信仰是人的特殊价值需要，信仰给人以生命动力，给人指示生活目标、奋进方向，信仰给人以灵魂的安顿、终极的关切。人之所以信仰宗教，是由于有限与无限的主体能力与愿望的冲突，生与死的此岸世界与彼岸世界的冲突，命与运的必然性与偶然性的冲突，科学与宗教的实验理性与超验理性的冲突。在此种种冲突的威胁面前，人们迷惑而不能化解，而产生恐惧，而祈求某一神灵来化解威胁和恐惧以求得解脱，于是便有宗教信仰的缘起。儒教是对礼崩乐坏威胁的恐惧，把化解的途径归之于诚信慎独的修身养性，以人人皆能成圣为解脱，是人文型精神化的宗教；佛教是对尘世间人生种种痛苦威胁的恐惧，以众生皆能成佛，由涅槃而通达阿弥陀佛净土为解脱；基督教所面临的威胁是对于人所思所为都是恶，再次受到上帝惩罚的恐惧，以通达天国为精神家园；道教是对于人生短命、死亡、污骨威胁的恐惧，以求长生不死、肉体飞升、得道成仙。各宗教所敬畏信仰的，说到底都是对于一种价值理念的信仰。当前人类面临的是对于自然、社会、人际、心灵、文明冲突和危机所造成灾难威胁的恐惧，和合学的和生、和处、和立、和达、和爱五大原则为其提供了化解的方式，从而通达天、地、人共和乐、和美的价值理想的和合世界。

第四，建构人民自我管理体系。反思中国自古以来人民自我管理模式与宗法社会相适应的宗族管理系统、宗教管理系统、乡校管理系统、国家管理系统和现代社区管理系统。这些管理在历史上都曾在社会管理中相互渗透、互补互济，使社会保持稳定，人民安居乐业。当代世界仍可借鉴这些人民自我管理模式，而加以创新；化宗族管理模式为社区管理模式，而以民主方式替代族长方式；化宗教管理模式为价值理想信仰模式；化乡校管理模式为自由议政、议事及各种活动模式；化国家管理模式为共议机制管理模式；化社区管理模式为代表民意、权益沟通各方面关系模式。为此使人民自我管理自我的各层面得以实现，以淡化国家、民族、宗教、种族的界限，健全人民自我管理体系，使世界成为人民自我的世界，人人对世界都能自觉实行自我管理自我的责任与义务，未来人类是以自我管理为主体的世界。

第五，建设新的安保体系。未来和合可能世界最低限度是道不拾遗，夜不闭户，安居乐业，和平幸福，快乐地生活；最低限度保障人生、食品、药品、医疗、生产、网络、信息安全。新的安保体系与人民自我管理体系互补互济，人民自我管理体系的完善，民事民议、民管、民办、民决、民保、民安，这不仅是新的安保体系根本保障，也是安保体系最终落实的关键。未来和合可能世界不需要军队，只有保安员。保安员的职责是保护世界人民的安全，使人人都生活在安定、安静、安乐、安宁、安闲、安康之中，而不受任何骚扰、凶险、恐怖、谎言的威胁。因为和合可能世界已没有战争杀人，没有恐怖活动，没有贫富不均，没有贵贱差分，没有国界区别，没有你抢我夺，天下一家，民胞物与。庄子说："天地与我并生，而万物与我为一。"① 朱熹说："天地万物本吾一体。"② 王守仁说："大人者，以天地万物为一体者也，其视天下犹一家，中国犹一人焉。若夫间形骸而分尔我者，小人矣。"③ 既如此，天下万物不分形骸你我，万物一体，天下犹一人，安保天下，即安保我一人，安保我一人犹安保天下。这就超越了国家、民族、种族、宗教等等之间分形骸尔我的界限。

第六，建构新的国际体系。检讨现有国际组织机构，无论是联合国、国际货币组织，抑还是各类联盟组织，其普遍的缺陷就在于建立在民族国家利益基础之上，其规则的制定是为满足发起国与其伙伴国的利益，而罔顾世界人民的普遍利益，换言之，现有国际组织体系均没有建立在超民族国家利益的基础上，因而世界正义性和公平性，就成为其致命的缺陷。在民族国家利益与超民族国家的全球命运共同体的利益发生冲突时，这些国际组织就不能坚持以超民族国家的全球命运共同体的利益为本位，而丧失世界正义性和公平性。新的国际组织在这种情况下，应有全世界的情怀，全人类命运共同体的利益的意识，不仅"重义轻利"，而且以"舍生取义"的精神来应对。

建构国际新秩序，是一个非常复杂的系统，在当下各种冲突不断的情境下，首要是不搞冲突、对抗、战争、动乱，通过对话、谈判、理解，达到和平、合作、共赢；其次，以"以他平他谓之和"的原则，各民族国家、各宗教团体、各种族组织相互平等、尊重，达到相互诚信。孔子在回答子贡问怎样治理政事时认为，在粮食、军备、人民信任的三者中，去掉什么呢？孔子认为可以去掉粮食和军备，但不可去掉诚信。诚信是使各民族国家、各宗教团体、各种族组织消除误解、猜忌，而能照顾对方利益，为解决各国家、宗教、种族利益与超越的全球命运共同体的共同利益的冲突，开辟道路，打下基础；再次，在"以他平他

---

① 《齐物论》，《庄子集释》卷一下，中华书局 1961 年版，第 79 页。

② 《中庸章句》，《朱子全书》第 6 册，上海古籍出版社、安徽教育出版社 2002 年版，第 33 页。

③ 《大学问》，《王文成公全书》卷二十六。

谓之和"的基础上，逐渐树立以超越的全球共同利益为本位的信心和自觉，淡化民族国家、各宗教团体、各种族组织的狭隘的利益，以至放弃这种狭隘的利益，这虽是艰苦复杂的过程，但必须奋发有为、坚持不懈地去实现；又次，各方面、各层次在达致超越的全球命运共同体的共同利益为本位、为主导的共识基础上，共议国际新秩序建设，可设立各具体的共议机构，并提出方案，由整合共议机构审查通过，交由全民民主共决通过后生效；又再次，由此建立新的国际体系，统摄各国际事务机构，其任务是使天和地和人和、天乐地乐人乐、天美地美人美，天、地、人共和乐、和美的和合世界，这个和合世界是人类共同的价值理想和期盼的世界。

（该文由于媛、李芙馥、黄世军博士根据录音整理，张健根据修改后而成稿）

易学智慧

变易与不易
——《易经》智慧与企业转型

企业在经济全球化、互联网飞速发展的情况下，如何立足，如何与时俱进，如何在易与不易中寻找平衡，这是当今企业家都需要严峻反思的。从中国传统文化中吸取营养、借鉴、经验，是重要的途径和选择。中国经济发展和振兴的希望就在企业家身上，这是历史的使命。

一、易与不易

《周易》是表明中华民族历史从蒙昧走向文明的文献遗存，从迷信走向科学的逻辑缩影，从巫术神话走向太极和合的符号表征，从形象思维走向理论思辨的致思历程。《周易》是中华文化之根，民族精神的源头活水，深刻展现了中国古代政、经、文结构及生活方式、伦理道德、心理结构、审美情趣、风俗习惯等。所以中国的思想家、哲学家没有一个不研究《周易》的。如果说我们不懂《周易》，实际上对中国文化的源头不了解，对中国民族为什么是这样的民族性格，就不能有深切的体验。

《周易》这本书很神奇，也可以讲它是巫术包裹着的百科全书。《周易》作为算卦的书在秦始皇焚书坑儒的时候并没有被烧掉，当时烧的主要是《诗》《书》和诸子语。到汉代的时候《周易》荣登儒家六经之首，与《诗》《书》《礼》《乐》《春秋》并列。

《周易》成书于殷末周初，被认为是世界四大经典之一，四大经典即印度教的《吠陀经》，基督教的《圣经》，伊斯兰教的《古兰经》，中国的《易经》。《周易》这本书在汉代之所以受到重视，之所以成为六经之首，而在于孔子为《周易》作传。春秋战国的时候有很多大家去解释《周易》，注解《周易》的书不只是儒家一家，也有道家，还有其他家。它开启、影响儒家的自强不息学说与入世精神，道家的柔顺思想与避世精神，墨家的兼爱主张和反战精神，阴阳家的五德终始精神，法家的刑名法术，兵家的正奇对策等。《周易》对国家大事都要占卜，如封侯、筑城、战争、祭祀、灾异，甚至是婚姻、旅行亦要占卜，我们现在看到占卜的东西有甲骨文，甲骨文在文字上首先就是要记载占卜的时间和占卜的人，此由掌握占卜的巫师记载下来。第二叫命辞，即占问什么事情。第三是占辞，占卜所决定这个事情的吉凶祸福。第四是验辞，记载吉凶的结果、应验情况。甲骨文包括这样四个部分。《周易》是根据大量占卜的结果汇编出来的一本书，所以这本书不是一时一人之作。通行本《周易》包括《易经》和《易传》两部分，《易经》为卦爻辞，《易传》包括《彖》《象》《系辞》《文言》《说卦》《序卦》《杂卦》，都是对卦画、卦辞、爻辞的诠释和发挥。《易经》成书于殷末周初，《易传》作于春秋到战国中叶。

郑玄讲《周易》包括三个方面，一是简易，二是变易，三是不易。什么叫作简易？《周易》上讲"乾以易知，坤以简能……易简而天下之理得矣，天下之理得，而成位乎其中矣"。乾是易知，坤是简能，是讲简易的。我们企业的发展，事物的发展，也是从复杂到简易。过去电视机很大，现在电视机变得很小，手机过去很大，现在也很小了，但是功能更多了，所以使我们用起来更简便。从这个意义上来看《周易》讲易简，一个产品越易简，越简便，人的使用率就越高。

变易。《周易》讲："为道也屡迁，变动不居，周流无虚，上下无常，刚柔相易，不可为典要，唯变所适，此言顺时变易。"又说："变易者，谓生生之道，变而相续。"事物变动不居，生生不息，唯有不断地变化，才能唯变顺势，唯变能够顺应时代的发展。

不易。《周易·系辞》讲："天尊地卑，乾坤定矣；卑高以陈，贵贱位矣；动静有常，刚柔断矣。"朱熹注："天地者，阴阳形气之实体；乾坤者，《易》中纯阴纯阳之卦名也；卑高者，天地万物上下之位；贵贱者，《易》中卦爻上下之位也。"为什么不变？不变是因天尊地卑在宇宙空间，天高地低是不变的，贵贱在社会中的地位是不变的。比如说企业中的经理和员工，上下的位置是不变的，但是企业的发展是变化的。《周易》的意思是这个变与不变有这样一个区别。其实不易中蕴含着易，易中蕴含着不易，是辩证关系。

《周易》当中很重要的思想就是中和，使变易与不易相对两方面达到中和状态。"中也者，天下之大本也；和也者，天下之达道也。致中和，天地位焉，万物育焉。"中和是天下的大本达道，是定位天尊地卑、发育万物的根据。从八卦到六十四卦，从乾、坤到巽、震、艮、兑、坎、离，整个这个次序有一个内在的逻辑，这个逻辑次序实现了中和。古代《周礼·春官·太卜》言："太卜掌三易之法：一曰《连山》，二曰《归藏》，三曰《周易》。"据传：

《连山》以艮卦为首卦，讲山连山，艮就是山，是神农易。

《归藏》，是以坤卦为首卦，是黄帝易。

《周易》，以乾卦为首卦，是伏羲易。

现在传下来的、我们看到的是伏羲易，就是《周易》。《归藏》后来有所发现，但是不完整。《连山》我们现在看不到了。中国有这样三本易书，这三书都是以经卦为八个卦，别卦是六十四个卦。

《周易》内在蕴含着中和的思想，为什么讲中和？"乾道变化，各正性命，保合太和，乃利贞。首出庶物，万国咸宁。"大家都到过故宫吧，故宫第一个殿是什么殿？就是太和殿，就是保合太和的太和。第二个殿是中和殿，第三个是保和殿。我们先讲这三个殿。《周易》讲乾道变化，变化中各正性命。太和就是最大的和合、和谐，人应该在自己的位置上，各司其职，各负其责，安身立命，才能做到最大的和。第二是中和殿。我们可以看一下既济（☲☵）卦第一爻是初九，第二爻是六二，第三爻是九三，第四爻是六四，第五爻是九五，第六爻是上六。这就是说阳爻在阳位，阴爻在阴位，这就是得位，得中。九五这个爻是什么爻？九五之尊啊，九五之尊过去是皇帝的位置，相对应的是六二，六二是臣的位置，就是阴，阳是九。九五和六二相对，阴阳相应而和，这个就是讲中和。之所以称中和殿，实际上是《周易》中的一个卦的位置的排列，这个位置的排列说明了它是一个阴阳相和，互相能够协调和合，所以叫中和殿。

第三个殿是保和殿，就是说保合太和的保和。再进去是乾清宫，再就是交泰殿，再就是坤宁宫。乾是阳，坤是阴，乾卦在下，坤卦在上，构成"泰卦"（☷☰），我们知道乾卦是代表上升的气，坤卦是向下的气，这样就乾坤上下相交，乾坤阴阳相交，这就是一个泰卦，《泰卦》的《象传》讲："天地交而万物通也，上下交而其志同也。"讲通泰，《象传》讲："天地交泰，后以财成天地之道，辅相天地之宜。"这就是交泰殿。你们到故宫的时候，为什么说乾清宫和坤宁宫之间有一个交泰殿，这就是说乾坤阴阳交感、交通，才能国泰民安。企业文化若能使上下、左右、内外都达交泰，企业就能发展、繁荣。

《周易·泰卦》坤卦在上，乾卦在下，一般说是一个好的卦，如果倒过来，乾卦在上，坤卦在下，就是一个否卦（☰☷）。否卦是乾坤倒过来了，"天地不交而万物不通也，上下不交而天下无邦也"。古代讲交感、交通、交流，这是好的卦，如果相反，这个时候天地不交感、交流，万物不通了！上下不交，国将不国。作为一个企业家，应该要交，交流也好，交通也好，对话也好等等，与外部顾客、内部职工都要交流。如果不通的话就不和谐了，上下不交，企业里面的总裁和下面的员工不交流，就是无邦也，邦就是邦国，企业就有可能走向衰落。

企业要发展，要坚持变易，变易就需要交流、交通，天地、阴阳、上下才能通，通才能"生意兴隆通四海"，才能兴旺发达，才能在企业转型中唯变所适，与时俱进。

二、企业文化三原理

第一原理，"富有之谓大业"。《周易》讲如何保持在企业转型中与时俱进，唯变所适，它讲"富有之谓大业，日新之谓盛德，生生之谓易"。"天地之大德曰生"，为什么讲生？生即是生命，也是企业的生命，是不断地扩大生产。企业怎么样做到在变化、转型过程中，能够不断地壮大？富有作为价值空间增益原理，大而无外。企业由小变大，产品由少变多，这就要求企业领导和员工做到富有，富有不光指财富的多少，而且讲企业的文化整体是不是富有，企业的领导人，知识是不是高而广博，道德是不是能够遵守诚信，技术的支持是不是充足，企业管理制度是否健全，企业决策是否有战略思维，技术精英人才的创新能力是否得到充分发挥，企业员工能否精诚合作等等，然后才能是富有。不能把富有仅仅理解为企业资产的多少，如果仅仅从这个方面去理解富有的话，那么企业也不一定能够做大。富有之谓大业，就是成功立业，做大大事业。企业在变革转型当中，应该注重这个原理的理解和运用。

第二个原理"日新之谓盛德"。日新作为价值时间的创新原理，久而无穷。道德的德和得到的得在古代是相通的。内得于己，外得于人。内得于己，是企业自己的整体实力，如上所说的"富有"，企业整体创新实力的提升，是内因；外得于人，是指外在的天时、地利、人和等合作、交流、交通条件的改善等。企业能够不断地创新，这个才是最大的得。不管时代怎么变化，不管社会怎么变化，创新是一个企业生命的根本。如果不能不断地创新的话，我们很可能被时代所淘汰。譬如手机也好，电脑也好，更新换代很快。在不断竞争的情况下，我们怎么样生存？怎么样能够扩大自己的产业？那就是说日新。苟日新，日日新，又日新，这是中国古代所讲的非常重要的思想。现在是一个创新的时代，也是一个创造的时代，创新对于我们来说有一个很大的空间，这个空间我们应该把它运用好。我们可以这样来看，如果说富有之谓大业，那是一个创造、创新的大好空间。

盛德，实际上是创新的时空观念。能不能创新，这是我们事业能否壮大的根本所在，是企业最大得到、利益最大化和企业长久持续发展的根本动力所在。

第三原理"生生之谓易"。生生作为价值生产再生原理，不断扩大。在经济全球化、科技一体化、网络普及化、地球村落化的时代，产品的竞争也全球化了。企业要扩大再生产，要持续发展，除必须具备富有和日新以外，还必须改革开放，吸收国内外先进技术、经验、管理、制度文化，转化而成为自己的企业文化，这是顺应时代发展需要的。《周易·革·彖传》讲："天地革而四时成，汤武革命，顺乎天而应乎人，革之时大矣哉。"革（☲），离下兑上。火下泽上，水火冲突，火燃则水干，水决则火灭。企业转型就处在这个关头，企业只有日新、发展，才能开出新天地，才能生生不息。如果企业要壮大的话，应该遵循这三个原则。

　　实现上述三大原理，必须化解企业所面临的天、地、人这三大冲突，天可以理解为自然资源层面，地是社会层面，人就是人才层面。天这个层面我们遇到很多问题，比如说资源匮乏、环境污染、交通不便，这方面还有很多的冲突和矛盾。地的方面包括社会环境、意识形态、政府政策与社会竞争力、市场品牌压力、营销压力等，这一层面也存在一些冲突。天时是我们能否顺应天时来发展？这是时机。地利呢？我们能否利用我们社会的有利条件，随着时代的变化而变化？这就是怎么样抓住地利的机遇。人和不仅是企业内部的和，而且是与社会方方面面的和。如何把实现企业目标与员工个人价值结合起来，企业成员和睦融和、团结一致、协调配合，为共同目标奋斗；如何把经济效应与社会效应结合起来。从这三个方面来看都存在一些问题和障碍。怎么样扩大我们企业的生产？怎么样顺应时代的变化？有什么不利条件和有利条件？必须有充分的估计，才能使企业得到扩大。人和人之间有很多冲突，企业和企业之间也有很多冲突，过去总是把竞争对手和竞争对手之间看成大鱼吃小鱼，小鱼吃虾米的势不两立关系，这对整个社会发展不利。我们应该看到，企业和企业之间的竞争实际上是促进企业中间进行改革、创新、扩大思路的机遇。从这一点来看，我们应该看到企业和企业之间，人与人之间，应该取得和谐。从这个意义上来看，《周易》教导我们，保合太和。只有和才能够使不利的条件变成有利的，不好的条件变成好的。如何化解天、地、人三大冲突，一是利义并进，劳资兼顾。《周易》讲："利者，义之和也……利物足以和义。"二是各正性命，各尽所能。摆正各人的位置，各得其所，各负其责，按各人的才能、品性，发挥其积极性，使英雄有用武之地。三是称物平施，公平正义。分配公平合理，发扬企业正气、正能量，奖励技术创新。四是阴阳合德，刚柔并用。阳刚阴柔，交替运用，不是刚愎自用，也不是软弱无力，要动静有时，进退有度，兼听则明，虚怀若谷。五是节以制度，中正以通。以制度管理、节制企业，"不伤财，不害民"，中正而通达。

三、企业转型的原则

《周易·系辞》说："参伍以变，错综其数，通其变遂成天地之文，极其数遂定天下之象，非天下之至变，其孰能与于此？"卦爻的三五变化，爻位的交错综合，通达其变化，能体现天地的文采，极尽卦爻的位数，即能确定天下事物的形象。不是天下至善的变化，谁能达到这样子呢！

第一，变易原则。

（一）刚柔相易，变动不居。

《周易》用阴阳两个爻，不断地交易和变易而构成六十四卦。刚柔相济，乾卦是讲刚健，"君子自强不息"，不懈奋斗。坤卦是讲"厚德载物"，有广阔的胸怀，整个大地都能包容，讲的是柔顺。比如说老子的思想就讲水，我们往水里丢一个石头，水就把它包容了，所以水非常大度，上善若水。从这个意义上讲，刚和柔相济相易，"观变于阴阳而立卦，发挥于刚柔而生爻"。变是从无到有，从有到无。同一事物，从小到老，不断变化。"推而行之谓之通"，事物此消彼长。

儒家思想和道家思想正好相对相反，变动不居。中国思想不是片面化的，也不是单面性的，而是整体包容的。儒家的思想是重阳贵刚，主张君子终日乾乾，进德修业，修辞立诚，讲进德立诚，不断进取。道家是重阴贵柔，"天下莫柔弱于水，而攻坚强者莫之能胜"，柔弱胜刚强。中国思想认为任何事物都有阴阳两个方面，比如说我们人类手背是阳，手心是阴，万物构成都有阴阳两个方面，商店的招牌也是一样的，招牌正面是阳，招牌的背面是阴。我们做人也好，作为企业家也好，应该具有儒和道两个层面的思想，只有这样子才能够把事情做好。《周易》上讲变易，如乾卦和坤卦相互变化生出来三男三女，乾和坤象征阴阳和父母，也就是天和地，生出来六个子女，长男、长女，中男、中女和少男、少女，是相互变化的。父母和六个子女，成为八卦代表。天、地、水、火、风、雷、山、泽对应乾、坤、坎、离、巽、震、艮、兑。

这即是"天地定位，山泽通气，雷风相薄，水火不相射"。乾卦和坤卦，震卦和巽卦，艮卦和兑卦，离卦和坎卦，构成八个事物，代表八个方面，这是一方面的变化，另一方面八卦的重叠而构成六十四卦。这就是变则通，通则久，《周易》非常重视通。在座的很多都是搞房地产的，如果地铁通到那儿，房价就会上涨，这就是通的功用、功能。

（二）无过无不及，物极必反。

《周易》讲："亢龙有悔，盈不可久也。""泰者，通也，物不可以终通，故受之以否。"乾卦到了上九过高的时候便是亢龙有悔，不要把事情做得太过了，否则就不符合中庸。中庸是讲恰到好处，是一个度，不要过这个度，要保持中。也不要达不到，无过无不及，这样才符合中庸。企业盲目投资，多面开花，就过了；当投资而不投资，就是不及。投资不考虑当地的政治、资源、交通、市场，就可能遭受损失，血本无回，这也是物极必反。

（三）刚柔相推，而生变化。

《周易》讲："刚柔相推，变在其中矣。"相推即互助推移，阳推开阴，占据阴位；阴推开阳，占据阳位。变化日新的内在根据，是阴阳的相互作用。阴阳既相反，互相冲突，又融合，阴阳感通，交感而合一，这便是相反相成，而不是相反、冲突而对抗。企业与企业之间既竞争，又合作，合作才能发展。国家与国家之间既冲突，又互利共赢。这便是"阴阳合德，而刚柔有体，以体天地之撰，以通神明之德"。"一阴一阳之谓道"，道是阴阳的融合。

第二，太极原则。

《周易·系辞上》说："易有太极，是生两仪，两仪生四象，四象生八卦。八卦定吉凶，吉凶生大业。"易为阴阳的变化，而有太极，由太极而生两仪、四象、八卦。从宇宙生成论来看，千变万化的物理世界，是从根本到派生的逻辑整体。"天地纲缊，万物化醇，男女构精，万物化生。"天地即乾坤、阴阳、男女，它们是冲突、矛盾的，氤氲、构精是为融合，然后万物化生，即冲突—融合—和合为新生儿、新事物。太极是探索天地万物形而上本源。

（一）太极生两仪。

太极作为天地万物的本源，《伊洛渊源录》记载："邵伯温作《易学辨惑》记康节先生事。曰：'伊川同朱光庭访先君，先君留之饮酒，因以论道。伊川指面前食桌曰：此桌安在地上，不知天地安在甚处？先君为极论天地万物之理，以及六合之外。伊川叹曰：平生唯见周茂叔论此。'"周敦颐的《太极图说》讲："无极而太极，太极动而生阳，动极而静，静而生阴，静及复动，一动一静，互为其根。"太极的动静而生阴阳，动极和静极，就会向其相反的方面转化。太极生两仪阴阳，其中介环节是依动与静的转生。无动静力的作用，太极亦不可能生阴阳两仪。企业领导在企业转型时，应由太极的顶层设计，战略思维，推动企业阴与阳两方面的变化发展，使企业立于不败之地。

（二）两仪生四象。

阴阳两仪的动静变化而生太阳、少阳、太阴、少阴。这便是二分为四的形式。就企业来说，其命运在于阴阳两仪。

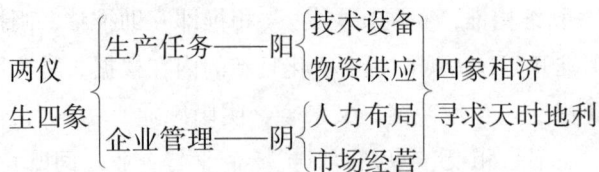

两仪
生四象
{
生产任务——阳 { 技术设备 / 物资供应 } 四象相济
企业管理——阴 { 人力布局 / 市场经营 } 寻求天时地利
}

从人才创新生产力来看：

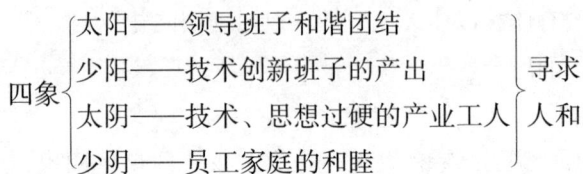

四象
{
太阳——领导班子和谐团结
少阳——技术创新班子的产出 } 寻求
太阴——技术、思想过硬的产业工人 } 人和
少阴——员工家庭的和睦
}

（三）四象生八卦

创新技术、能源交通、物资供应、擅长经营 } 太极
污染处理、人才使用、制度健全、安全措施 } 八方平衡

（四）太极是公司、企业最高决策机构：

1. 不出户庭、运转太极（和合决策信息机制）：（1）凡事慎密，不出户庭（信息决策的机密性）；（2）极深研几，神智宜静（信息决策的创造性）；（3）运筹帷幄，决胜千里（信息决策的神效性）。

2. 人谋鬼谋，和合决策（和合决策的思维特性）：（1）回归称鬼，延伸显神（和合决策的信息灵通性）；（2）原始反终，尽现鬼神（和合决策的信息时空性的把握）；（3）真实无妄，感而遂通（和合决策的智能创造性）。

第三，天人原则。

《周易·系辞传》说："《易》之为书也，广大悉备，有天道焉，有人道焉，有地道焉，兼三才而两之故六，六者非它也，三才之道也。"天、地、人为三才之道。

（1）三才之道。

《周易·说卦传》说："昔者圣人之作《易》也，将以顺性命之理，是以立天之道，曰阴与阳；立地之道，曰柔与刚；立人之道，曰仁与义。兼三才而两之，故《易》六画而成卦，分阴分阳，迭用柔刚，故

《易》六位而成章。"三才之道的阴阳、柔刚、仁义配六爻而成卦，易的特征、性质、爻位得以彰显。

三才之道与天、地、人的天时、地利、人和相配合：

天道（天时）——季节变化对生产、商业活动的制约作用，自然灾害对生产、市场经济的冲击，政治环境不善对人、生产、安全的影响，以及国内外政治环境的变化等。

地道（地利）——资源、交通、通讯、金融状况；市场、地理环境、经营等。

人道（人和）——技术人才、道德观念、价值观念、企业文化、人际关系等。

天时不如地利，地利不如人和。

（二）天人合德。

《周易·文言传》讲："大哉乾元，万物资始，乃统天。""至哉坤元，万物资生，乃顺承天。"天地乾坤资始资生，而有万物人类。"夫大人者，与天地合其德，与日月合其明，与四时合其序，与鬼神合其吉凶。"人与天地、日月、四时、鬼神本然合德、合明、合序、合吉凶，而无二。人因蔽于有我的私，梏于形体，而不能与天地、日月、四时、鬼神相融通。大人无私无蔽，所以能合能通。人参天地赞化育，能实施"裁成天地之道，辅相天地之宜"。裁成辅相天地的道和宜，若如此，便能取得伟大的成就。

（三）掌握时中。

在当前大转型、大变革时期，我们应该掌握机遇期的时机，《周易》讲时中，这是很重要的，如果我们不掌握这个时中的话，很可能有的机会和机遇就失掉了，如果机遇失掉了我们就再也不能找回来了，从这个意义上讲，我们应该抓住时机。这就需要我们有很高的智慧，对于国家、世界的整个形势、社会、环境、政治、经济、文化和未来走势，都有一个非常准确的估计，从这个意义上讲，我们应该有智慧的预测，只有这样才能够使我们的企业在大转变过程中能够占有主导地位，不然的话我们会被时代所淘汰。

我想在座的企业家都有很高的智慧，智慧能够创造，也就是说，我们应该把智慧变成创造的力量，变成日新的力量，也变成变易的力量，这样子才能使我们的企业做大、做好、做强。

如果你们有兴趣的话，可以看一下我写的有关《周易》的几本书，一是《周易思想研究》，二是《周易和儒、道、墨》，三是《周易帛书注译》。还有韩国出版的《周易的智慧和诠释》，还有根据《周易》的思维逻辑写的《和合学概论》，副标题是"21 世纪文化战略的构想"，大家有兴趣可以看一下！

易、儒、道、释三句真言

拂去西学的遮蔽，拭去"封建""落后"的尘埃，重新发现自己国学的价值和魅力，重新定位国学的自我身份，就是重新发现中华民族自我，发现民族精神的源头活水，这是自我文化觉醒的表现。

为什么我要选择每家的三句真言？我们知道司马谈在《论六家要旨》中仅就儒家的书籍就说过"六艺经传以千万数，累世不能通其学，当年不能究其礼"。现在的经书浩如烟海，"穷年不得尽其观"，因此我们应该掌握核心的问题。基于这样的考虑，我把每家的思想都概括为三句话，这样概括的标准有二：一是这家的核心思想；二是这些思想对后世的影响是最大的。从这个意义上讲，三句话尽管简约，但并不简单，因为它们概括了这家思想的核心话题。

一、《周易》真言

为什么从《周易》讲起呢？我们知道《周易》是中华文化的根，也是中国思维方式的活水，它开启了中华学术的一个范式。从这个意义上讲，《周易》是中华思想和民族精神的源头，是一部由巫术包裹着的百科全书。它不仅深刻地把中国古代政治、经济、文化结构的特点，渗透在人们的生活方式、伦理道德、风俗习惯、价值观念里，而且产生了世界性的影响，比如说莱布尼茨关于"二进制"的思想，就得到了《周易》的启发；同时，它也开启了儒家、道家和墨家等中国历史上的主要思想流派。

《周礼》上讲："太卜掌三易之法，一曰《连山》，二曰《归藏》，三曰《周易》，其经卦皆八，别皆六十有四。"《周易》以乾卦为首卦，开启了伏羲到孔子这样一个儒家的思想路线,《归藏》以坤卦为首卦,开启了黄老道家系统,《连山》以艮卦为首卦,则开启了墨家系统。当然其他各家也都受到了"易"的影响。

易道广大,乾坤并建,阴阳消长,与时偕行。它的三句真言可以这样概括:一、生生之谓易;二、保合太和;三、穷理尽性以至于命。

第一,生生之谓易

"生生之谓易"包括这样两层含义:一是"富有之谓大业";二是"日新之谓盛德"。

什么叫"生生"?《周易》上讲"天地之大德曰生",意谓天地最大的品德就是"生"。《周易》各卦产生的过程就体现了"生"的品格。《说卦》上讲,"乾,天也,故称为父;坤,地也,故称为母"。父母交感变化就化生了震、坎、艮、巽、离、兑,三男三女,它们与乾、坤两卦合起来便形成了八卦,八卦的不断重叠产生六十四卦,这个过程就是生生不息的过程。这种思想影响了整个中国的思维方式,中国的思维方式不是说有一个人,比如说上帝来创造万物,而是由乾坤而后父母,然后才产生万物,这个问题我们下面还要涉及。

只有变易才能生生,生生才能富有,此谓"富有之谓大业"。每个人都希望自己富有,富有应该包括每人的道德水平、科技知识以及财富积累等,也就是说要成功立业,不仅仅是物质财富的富有,还有精神财富的富有。《系辞》讲:"夫易,圣人所以崇德而广业也。"就是说要注意道德这个层面的建设。一个人道德的缺失,可能会使他整个的财富化为乌有,中国人讲"富不过三代",为什么?是因为后继者没有一种创业的意识和道德。

生生和富有的另一层含义是"日新"。所以它把"日新"作为一个重大的德性。"日新"就是"日日新",用现代的话讲就是不断地创新,如果没有不断地创新,就不可能"富有",也不可能"生生不息",所以《周易》上讲"日新之谓盛德"。其后,很多人讲到这个道理,譬如元代哲学家吴澄说:"日日而省之,日日而改之,是之谓日新又日新。"怎样才能保持不断地生生和富有?就要依据《周易》乾卦九三的爻辞所讲的："君子终日乾乾，夕惕若厉，无咎。"君子终日要勤奋不懈地工作，到了晚上又能够不断地反省自己，这样就不会有灾祸。一个不会反省自己的人是不会进步的，一个人能不断地反省、反思自己才能不断地生生和创新。

第二，保合太和

《周易·乾·彖》上有句话叫作："乾道变化，各正性命，保合太和，乃利贞。首出庶物，万国咸宁。"这里提到了"保合太和"，在太和的"天道"内蕴含着浮沉、升降、动静、相感的性质，因而产生氤氲、屈伸、胜负的变化。变化有一定的规则，在变化的过程中，每个事物都得到了它应有的位置，并"各得其所"，在这种情况下，就可以取得一个协调、和谐。这种思想影响很大。

我们可以看看故宫的建筑，第一个殿就是"太和殿"，第二是"中和殿"，第三是"保和殿"，后面还有三个殿是"乾清宫""交泰殿"和"坤宁宫"。故宫六个大殿的建筑就是按照《周易》六爻所建。这里有了"太和""保和"，是依照"保合太和"而命名，是最大、最高的和，和要永远保持。为什么还有一个"中和殿"？如果知道《周易》的既济卦（上坎下离），我们就可以清楚，"既济"卦是"离"卦和"坎"卦的重叠，"离"在下，"坎"在上，"离"是火，"坎"是水，在"既济"卦里面，九五是阳爻，在阳位；六二是阴爻，在阴位。五是奇数，二是偶数，阴在偶数位，阳在奇数位，称为"得位"或"得中"，九五为至尊的位置，古代皇帝称"九五至尊"，与其相对应的六二阴爻，是臣位，君臣和谐。九五、六二两爻阴阳相应，叫作"和"，既当位又相应，所以称为"中和"。而且这两爻都在"离"卦和"坎"卦的中位，也蕴含中的意义。"乾清宫"是皇帝平时办公的地方，办事要清正、清廉。"坤宁宫"是皇帝结婚的地方，皇后、太后可以在那里活动，女人们要安宁、宁静、宁靖。中间是"交泰殿"，"泰"卦是"坤"在上，"乾"在下，这时候，阳气向上，阴气向下，便可以交感，《周易·泰·彖》上讲，"天地交而万物通，上下交而其志同也"，从这个意义上讲，天地不交万物就不通，上下不交万物就不成，"交泰殿"就是取

《泰·象传》"天地交泰"的意思，也就是"乾清宫"和"坤宁宫"的一个交合，这是故宫仿照《周易》思想的一个排列次序。从这里我们可以知道"保合太和"实际上是崇尚"和"的思想。

《易经》上讲"鸣鹤在阴，其子和之"。这句话有各种各样的解释，有些人就把它解释成男女谈恋爱，两人在窃窃私语，表现了一种亲密、和谐的意思。还有《兑》卦也讲和谐、和善的思想。《周易》六十四卦都是相反相成的，讲和合、和谐的思想，八卦的天地、水火、山雷、风泽，也是融突而和合、和谐。"和"的思想得到后来儒家、道家、墨家等各家的阐发，成为中国思想史上一个核心的范畴和首要的价值观，影响中国的政治、经济、文化、思想、内政外交。具体表现在，在人与自然关系上讲"天人合一"；在人与社会的关系上讲"和为贵""和以处众"；在国家、民族的关系上讲"和亲善邻""协和万邦"；在人与人的关系上讲"仁者爱人"，和衷共济；在不同文明间讲"和而不同""和平共处"；在人的心灵上讲平心静气、和气长寿；在家庭关系上讲"家和万事兴"；在经商上讲"和气生财"等，成为人们日常生活的格言。

第三，穷理尽性以至于命

这句话被看作是《周易》中的"易道"。"易"有"三义"，一曰变易，二曰不易，三曰简易。"不易"讲的是"易道"，"和顺于道德而理于义，穷理尽性以至于命"，就是讲不易之道。这里提出了三个概念："理""性""命"。这三个概念在后来"理学"开山之祖周敦颐那里做了重要的发挥，他在《通书》中有专门一篇文章叫作《理性命》。

"穷理"就是穷"易道"。朱熹讲只有"格物"而后方能"穷理"。王阳明年轻时笃信朱学，依朱子所说"格物穷理"，在他父亲王华的北京官署里格竹子之理，结果未果而中途病倒。"穷理"用我们现代的话讲就是认识事物的本质，认识事物现象的背后东西是什么。比如桌子的背后是什么呢？背后的东西能不能被认识？也就是"理"能不能被我们"格"出来？王阳明按照朱熹的方法是没有"格"出来，那么，这个"理"究竟在什么地方？王阳明尽读儒、道、佛之书，后来他找到了"理"就在心中，心外无物，心外无事，心外无理。心即是理。这样他就开出了与朱熹不同的路向，一个是"理学"的路向，一个是"心学"的路向。

何谓"尽性"？首先，"性"就是我们说的人性，对"性"的本性，人们众说纷纭，有人说人性是善的，有人说人性是恶的，也有人说人性是善恶混的。其次，"性"是从哪里来的呢？《中庸》开篇就说"天命之谓性"，《郭店楚墓竹简》里讲"性自命出"。这说明"性"是"天"给我们的，是先天的。孟子讲人性本来是善良的，但是它常常被私欲所蒙蔽，因此，才堕入恶。所以我们应该去除私欲，把我们放逐的"本心"（善）找回来，这叫作"求放心"。把原来的"本心"恢复起来，这就得"尽心"，即认识我们的"本心"是什么。所以孟子讲"尽心知性知天"，只有"尽心"，才能够"知性""知天"。

"穷理尽性以至于命"的"命"可以理解为"天命"和"命运"。"命"和"运"是两个不同的概念，如果说"命"是"天"赋予的、不可改变的必然性，那么"运"则是自己可以掌握的。人可以在"性"和"命"的互动中来掌握自己的命运。朱熹认为"命"是"天道"的问题，我们只要"穷天下之理，尽人物之性"，就可以求得"天道"。所以"天命"也不是说我们不可以认识，这就是"知天命"；也不是说我们就不能和它相符合。《周易》上讲"夫大人者，与天地合其德，与日月合其明，与四时合其序，与鬼神合其吉凶"，就是说我们只要"穷理尽性"就可以与天地合德，与日月合明，与四时合序，与鬼神合吉凶，也就是说我们可以掌握它，孔子就说"五十而知天命"。从这个意义上看，《周易》上的"穷理尽性以至于命"可以说开启了后来的宋明理学以及儒家的理性命话题。

二、儒家真言

《周易》开启了儒家的思想，它是儒家思想的源头活水。孔子读《周易》曾经"韦编三绝"，把用来穿竹简的绳子翻断数次，可见对《周易》做了很深入的研究，所以后人把《易传》归于孔子的名下。如果说伏羲作八卦，文王囚羑里作六十四卦，那么《易传》就为孔子所作。当然，后人也有不同的意见。正因为《易传》为孔子所作，所以汉以后《周易》就成为六经之首。如果说《易经》是一种算卦的书，那么《易传》是从义理层面上来解释《易经》的。儒家从义理上解释《易经》是从"尊阳贵刚"出发的，而道家则和儒家相反，是从"尊阴贵柔"出发的。《周易》上讲："立天之道曰阴与阳，立地之道曰柔与刚，立人之道曰仁与义。""阴阳""柔刚""仁义"也可以分儒家和道家。儒家讲"天行健，君子以自强不息"，讲"经世致用"。我把儒家的核心精神概括为三句话：一、以治平为本；二、以仁为核；三、以和为贵。

第一，以治平为本

《大学》按照朱熹的排列次序，第一章讲"大学之道，在明明德，在新民，在止于至善"，为三纲领，"格物、致知、诚意、正心、修身、齐家、治国、平天下"，叫作"八条目"。不管是天子、庶人，"一是皆以修身为本"。"修身"以上是"内圣"，"修身"以下则是"外王"，"内圣"也就是"超凡入圣"的问题。这就需要通过格物致知而诚意、正心，身修而后才能齐家、治国、平天下。从这里我们可以看出"内圣"可以直通"外王"。现代新儒家熊十力也认为可以直通，而他的学生牟宗三则认为不能直通，而只能"曲成"。需要经过"良知坎陷"，然后才能开出"外王"。换言之，内圣的"心性之学"只有这样才能开出"外王"的科学和民主来，这是他做的一个现代的解释。但是从《大学》来看，"格物""致知"就是一个知识论问题，如果把这些做好了，然后"诚意""正心"，其实是可以开出"外王"的。

现在为什么一些人，甚至一些高级领导干部，出现了很多贪污盗窃等问题，就是因为他们没有格物致知，提高认识，然后正心、诚意，去做修身的功夫。只有自己修身好了，才可以管理好家庭，如果连家庭都管理不好，他如何能治国呢？这当然会出问题的。现在很多高官倒台，都与此有关系。如果儒家的这"八条目"我们都做得好，我想很多问题都可以避免。

治平为本，在政治上看，孔子是主张"德治"，但并不否认刑政。孔子说："道之以政，齐之以刑，民免而无耻；道之以德，齐之以礼，有耻且格。"意思是说从政时，你用政令和刑罚来压服，那么百姓可以做到不犯罪，但是并不能使他有羞耻之心；如果你用道德来教化他，用礼来引导他，那么他就不会犯罪，并且有了羞耻之心。这是两个层面，一个是"德治"，要人有一种道德的自觉来遵守法律和规则，这样就不会出问题；一个是刑政，只用刑罚，而没有道德的自觉和自律，这不能从根本上解决问题，总是处理了这个问题，那个问题又出来了。如果有了自觉的守法之心，问题才能从根本上得到解决。一个是"自律"的，一个是"他律"的，只有把这两者很好地结合在一起，即德与法、刑政与德礼兼治，问题才能得到很好的解决。政治上孔子要求君应遵君德，官应遵官德，为政者要端正，所以说"政者，正也"。如果只有命令，自己不以身作则，下面是不会执行的。用俗语讲就是"上梁不正下梁歪"，这是很简单的道理，这是治平的根本。

治平为本，从经济上看，就是要实现从"小康"到"大同"的社会价值理想目标。《礼记》上对"小康"和"大同"做了不同的描述。儒家是"祖述尧舜，宪章文武"的。《礼记》认为"尧、舜"的时代就是"大同"社会，"文、武"的时代就是"小康"社会。"大同"和"小康"的区别在于："小康"是以"天下为家"，"大同"是"以天下为公"。小康是"各亲其亲，各子其子"，自己把自己的亲人当作亲人，把自己的儿子当儿子去爱他。"大同"社会是"天下为公"，就不能仅"各亲其亲，各子其子"，而是要把这种亲情也推及别人的亲人身上，"不独亲其亲，子其子"。孟子形容的"小康"社会就是"五亩之宅，树之以桑"，这样大家就可以有衣服穿，可以有饭吃，老年人就可以有肉吃。现在一些边缘的地方还比较穷，还没有达到"小康"社会的价值目标，这是"治平"的基础。

治平为本，在道德上的要求，是要遵循"孝、悌、忠、信、仁、义、智、勇"这样一些道德条目，"孝悌"不仅是"为仁之本"，而且能得到不"犯上作乱"的效果；从道德行为上要求"克己复礼为仁"，要做到"非礼勿视，非礼勿听，非礼勿言，非礼勿动"，在视、听、言、动上都要遵循"礼"的规范。只有"克己复礼"才能"天下归仁"，这是社会治平的保证。

从教育上讲，如果一个社会没有教育，这个社会就不能发展，也就不可能达到和合境界。孔子主张在教育上应该"有教无类"，也就是说每个人都有受教育的权利，不受等级的限制。譬如周代就有这个限制，要上"国子学"，必须是三品以上的子弟，入"太学"必须是五品以上的子弟，入"四门学"必须是七品以上的子弟。孔子的伟大之处就是打破了这种等级制度，使得每个人都有学可上，这就是"有教无类"。同时他打破学在官府的教育制度，率先私人办学，为广大人民开辟了上学的方便之门。

政治、经济、道德、教育四方面的内容和要求，逻辑地使治平为本的实现获得基础和保障，而不流于空虚。

第二，以仁为核

《吕氏春秋·不二篇》说："孔子贵仁。""仁"，《说文》上言："亲也，从人从二。"是讲人和人之间的关系。应该如何处理人和人之间的关系呢？"樊迟问仁，子曰：爱人。"可谓仁者爱人。后来有人讲"仁"是对别人而言的，是重人的价值取向；"义"是对自己而言，重我的价值取向。"义"是你自己要做到，它由外在的道德行为内化为端正自我。"仁"则要求爱别人，人往往有一种本能的自爱心理，而丧失爱人的意识，所以强调爱人，只爱自己不是太自私了吗？因此，"仁"是由己及人。"仁"包括三个方面的意思：

一是"己所不欲，勿施于人"。你自己不愿意要的东西你不要加给别人；我自己非常痛苦，我不能把痛苦转加给别人；我要幸福；我也希望别人能够幸福；我不希望自己的国家发生战争，我也不把战争加给别的国家，这可谓为"王道"。但现在却不一样，变成了"己所不欲，要施于人"，把战争加给别国的人民，这可谓为"霸道"。

1993年在芝加哥召开了"宗教议会大会"，这个会议是为了纪念一百年前的"宗教议会大会"而召开的，会上通过了一个"全球伦理宣言"，这个宣言提出了四条金规则：一是不杀人，也就是不要战争；二是不说谎，要诚信；第三条是不偷盗，孔子讲财富是每个人都所欲要的，但要取之有道，偷盗是不道德的；第四是不奸淫，男女平等。这四条"金规则"的指导思想就是孔子说的"己所不欲，勿施于人"。

二是"己欲立而立人，己欲达而达人"。是说自己"立"起来了，也要使别人"立"起来，自己通达了、发达了，也要使别人通达、发达。孔子有一句话叫作"三十而立"，同学们可以反省一下，自己三十是不是成功立业了？不过古人和我们大概不一样，古人是"七十古来稀"，活到七十岁的人就很少了。古人八岁上小学，十五岁上大学，然后就毕业了，现在大学毕业，还要上硕士和博士，上完就快三十岁了，朱熹十九岁中进士，三十而立就绰绰有余。你自己"立"了也要让别人"立"，就像现在评教授，自己评上了，就不让别人评上，这就不对了。还有在国际上一些发达国家总是制裁不发达的国家，不让不发达国家发展，限制其发展。发达国家自己发达了也要让别的国家发达，这才是"己欲达而达人"，这才符合孔子的思想和做人的基本道德。

三是"博施于民而能济众"，就是广泛地给予老百姓以好处，又能帮助老百姓生活得好，而且要帮助不发达国家发达起来。现在我国很大程度上已经做到了"博施"，不管是农民也好，还是下岗工人也好，都采取了劳保的政策，又取消实行两千年来的农业税等。如果能做到"博施于民而能济众"就是圣人了，但是要做到圣人的程度很难！孔子讲，尧舜都难以做到，何况他自己。但是难，并不意味着就不应该朝这个方向努力，现在的一些富人，就缺乏一种同情心和爱心，没有"博施"的胸怀，一些富人可以一掷千金地过灯红酒绿的生活，贪官们大肆敛财，不管别人的死活，对老百姓的痛苦却漠不关心！这里我觉得应该向比尔·盖茨学习，他就能够拿出几百亿的资产来做慈善事业。

这三条就是讲"以仁为核"的内涵和价值。

第三，以和为贵

孔子的弟子有子说过"礼之用，和为贵"。日本资本主义之父涩泽荣一在经济领域中成就显赫，他创办了五百多个企业，六百多个慈善事业，但他很重视中国的传统文化，他有一个著名的论点就是"《论语》加算盘"，并在他的家乡深谷市立了一块"以和为贵"的碑。

"和"是中国哲学当中的一个重要概念，是中华民族精神的体现，也是中华民族伦理道德最高的价值目标。《尚书》第一篇《尧典》中说："平章百姓，百姓昭明，协和万邦，黎民于变时雍。"在尧的时候，中国的国家大概有三千多个，到了周代还有八百多个，到了战国还有"七雄"。我在《和合学》中就讲，当时，中国就是一个国际社会，虽然国家小，但毕竟是一个国家。当时如何"协和万邦"？就提出了国家和国家之间应该协和、和谐，黎民百姓才能和谐相处。

《诗经》上也出现"和羹"一词，"羹"就是肉汁，"和羹"就是说如何能够让肉汁好吃、美味。晏子和齐景公对话的时候，就讲到了"和同之辩"，他认为要让肉汁好吃，就必须把各种各样的调料，就是我们现在所说的油、盐、酱、醋等，把它们加到一块，又恰到好处，多种元素的和合，才能美味，才是"和羹"。《礼记》中讲"和"的地方就更多。因此，五经里面都讲"和"。孔子把"和"与"同"作为区分君子与小人人格的标准，他说："君子和而不同，小人同而不和。"君子是用"和"的方式处理人际的关系，我们可以有不同的看法、观点，甚至不同的宗教信仰，但我们可以和谐相处，而不需要你打我，我打你；而小人就不同，凡是跟我有不同的意见，我就要打压你，这叫作"党同伐异"，有不同的观点我都要消灭他。从这个意义上讲，"和"在儒家的思想系统当中是一个非常重要的概念。

中国哲学思想中，关于天地万物是从哪里来的是一个根本的问题，大家考虑过没有？你从哪里来的呢？这个大家好像没有考虑过，而且也觉得不需要考虑。其实，哲学就是对这种问题的追问，古代哲学家首先考虑的就是天地万物从哪里来的问题。中国古人对这个问题的回答就是"和实生物"。"和"就是"以他平他"，也就是事物与事物之间是平等的、平衡的。也就是说你和我和他之间，不是你吞掉我，我吃掉你，而是一种平等、平衡的关系。如何"和实生物"？他讲"土与水、火、金、木杂而成百物"，不同的元素"杂合"才能生成百物。韦昭对

师道师说

张立文 卷

"杂"有一个解释，"杂"就是"合"的意思，因此，"杂种"是优生的一种方法。日本人称自己的文化是杂种文化。"杂"能使万物融突和合化生。

我们从这里也可以看出来，中国从思维的源头上，是讲天地、男女、父母等多种元素事物融突和合而后化生万物，它不是有一个绝对的、唯一的、全知全能的上帝来产生万物，正因为这样，所以中国的思维就从源头上开创了多元的、包容的、没有独断的这样一种思维方式；西方是由唯一的、绝对的东西产生万物，就开出了二元对立的、独断的这样一种思维方式，就会认为只有我才是唯一的、绝对的真理，其他的东西都不是真理。这种情况下，对不同的意见就会采取排斥的方法。所以，西方二元对立的思维方式，就讲斗争，讲非此即彼，讲一方消灭一方。而中国思维方式从源头上便具有包容性。譬如在中国人的宗教信仰里，儒、释、道三教之神可以在一个寺庙里供奉，其他宗教可能吗？你到庙宇中看看，这是不可想象的。所以说"海纳百川，有容乃大"，这是中国思想文化的一个特点，也是中国文化能够包容各家思想的一个原因。

因此，我们可以这样讲，中国文化开出的是一个"和合"的思维方式，而西方开出的是一个主客二元对立的思维方式，从思维源头上讲是两个路向。中国的文化之所以伟大，之所以生生不息，确实有它的原因，这就是和合。世界上的四大文明，中华文明、印度文明、古埃及文明、古希腊文明，除了中华文明外，都曾断裂过，现代的美国文明是有今无古的，唯有中华文明是亘古至今的，这是中华文化以和为贵的大化流行、生生不息的表现。

三、道家真言

道家思想属于黄老系统，它的源头之一是以坤卦为首卦的《归藏》。道家是讲"逍遥"的，《庄子》的《齐物论》和《逍遥游》，那是极富想象力的，它能把你的思想带到广袤的宇宙空间去遨游。在宇宙之中，人虽然看起来很渺小，但在道家看来，人也是很了不起的，是"四大"之一。老子说："道大，天大，地大，人亦大，域中有四大，而人居其一焉。"从这里来看，道家并非否定主体人的作用，也不是"避世"的（这一点我可能跟传统的看法有些不同），其实，他是讲如何批判社会的，他从批判现实社会中，提出了自己的一套独特看法，阐发了自己独特的价值理想和超越境界。我把道家核心思想概括为三句话：一、无为而治；二、有无相生；三、道法自然。

第一，无为而治

为什么讲"无为而治"，这是道家所探讨的独特的一种治理世界的方法。他这样讲："为无为，则无不治。"就是说把"为"当作"无为"，把"无为"当作"为"，这样就可以治理国家，我想这是很有道理的。如果一个领导，他事无巨细，什么都管，你想能管得好吗？肯定管理不好，所以，道家就讲"道常无为无不为"。"道"经常是"无为"的，但是它"无所不为"。一个领导，你看他无为，其实他什么都为了，因为他制定方针、政策、战略、策略，制定工作的方案、制度和程序，按照这个制度的规范去做，就能够做好，这实际上他都为了。对于老百姓来说，"我无为而民自化，我好静而民自正，我无事而民自富，我无欲而民自朴"。百姓自然教化，这里"正"字很重要，过去就讲，皇帝"正"就能够正朝廷，朝廷"正"就能够正百官，百官"正"就能够正天下。宋代理学家们的思想是比较开放的，因为当时赵匡胤有一个"佑文政策"，这个政策重要的特点就是不杀知识分子，这样知识分子就可以大胆地发言，朱熹上奏折的时候，他就大胆地说，皇帝的"心术不正"。他在奉召当侍讲的时候，朋友们问朱熹给皇帝讲什么，朱熹就说要讲"正心诚意"，朋友说你这样讲不行，皇帝不爱听，朱熹反问，我不讲"正心诚意"讲什么？他认为如果皇帝的心术不正，百官的心术就不正；百官的心术不正，百姓的心术又怎么能正呢？所以老子讲"我好静而民自正"，皇帝正了，百姓自然正，不需要一个个地"正"；换句话说，如果领导自己"正"了，你自己不贪污、不盗窃、不走后门，我想别人也不敢，"我无欲而民自朴"。这样就可以"我无为而民自化"，人民就可以自己教化自己，自己改恶从善，这就是老子讲的"无为而治"。

　　老子在讲"上德"与"下德"时说："上德无为而无以为，下德为之而有以为。""上德""无所作为"而不表现其德，"下德"的人有"为"而有意表现其德。从"上德"与"下德"的比较中，我们可以体认老子的一种阴柔的思想。老子认为最柔的东西是水，"天下莫柔弱于水，而攻坚强者莫之能胜"。攻击最坚强的力量也不能胜过它。所以"弱之胜强，柔之胜刚"。你看现在的洪水，能把钢筋混凝土的水坝一下子冲垮，所以，尽管是"柔"，但是它能克刚，能以退为守。有很多战略思想是从《老子》这里得到启发的，譬如太极拳为什么能把一些功夫很好的人打败，就因为柔能克刚。从这个意义上讲，"无为而治"就像我们打太极拳一样，能把国家治理好。中国历史上，有两次是用道家的思想来治理国家的，却获得了两次盛世，这就是"文景之治"和"贞观之治"。"文景之治"我们可能很熟悉，影片《汉武大帝》有所描述。当时窦太后把儒生辕固生投到了猪圈里面，想让野猪杀死他，结果是猪被他杀了，这看出当时儒道两家斗争是激烈的。丞相曹参主张"无为而治"，现在有个成语叫作"萧规曹随"，在较长时间的战争动乱之后，急切需要与民休养生息，发展生产，这就是无为而治。

　　另外一次是"贞观之治"，在隋末战争动乱之后，亦需要与民生息，发展经济。另外唐初受当时"士族"门阀制度的影响，想从李姓当中找一个最有名的人，以提高自己的门阀，他们找到了老子。因此，在唐朝开始的时候，虽然儒、释、道三教并用，但道家的思想是排在第一位的。当时，也是与民休养生息，取得了好的治国效果。

第二，有无相生

　　老子不是只讲"无"，他也讲"有"，他说："天下万物生于有，有生于无。""有"好理解，万物、人类都属于"有"的范畴。但是"有生于无"就不好理解，过去经常批判这个"无"，有一种恐无症，好像"无"就是虚无，就是什么都没有。其实"无"是很重要的，我在《和合哲学论》中，就问"和合"是什么，追根究底发现它是"无性"的东西，它既是无的，也是空的，也是虚的。

老子是这样来看待这个问题的，譬如说房子，如果房子是一个实体，你们能在礼堂里听我讲吗？当然不能，所以老子说："凿户牖以为室，当其无，有室之用。"又说："埏埴以为器，当其无，有器之用。"用泥巴做一个杯子，中间必须是空的，如果中间是实的，那就没有用，不能装水。还有"三十辐共一毂，当其无，有车之用"，车轱辘中间必须是空的，它才能转动，所以说"有无相生"。从这个意义上讲，我们可以进一步分析《道德经》，"道"就是"无"，是形上的，是看不见、摸不着的；"德"呢？如果就具体的行为来说，它就是"有"，是形而下的，如待人接物，就是一个具体的事件，是你生活的一种"样式"。从一定意义上说，《道德经》的"道"是讲"无"，"德"是讲"有"，这就构成了《道德经》。反过来，就像马王堆帛书里面那样，《德经》在前，《道经》在后，这是说它对形下的人们的道德行为更加重视，所以讲"失道而后德"，"大道废，有仁义"。《老子》一书当中，在讲"无"的时候，并没有忽视"有"，所以"有""无"相反而相成，两个是互补的、相生的。按照王弼本的《老子》第一章，它讲"道可道，非常道；名可名，非常名；无名，天地之始，有名，万物之母"。意思就是说可说的"道"就不是"常道"，不是"恒道"；能够"命名"的也不是"常名"。也就是说那个"常道""常名"，不是你能够称谓的那个"名"，也不是你能说出来的那个"道"。意思是说"道"是不可捉摸的一个东西，是摸不着、看不见的形而上。

第三，道法自然

《老子》中有句话叫作"人法地，地法天，天法道，道法自然"，人是效法地的，地是效法天的，天是效法道的，道是效法自然的，那么"自然"是什么？有很多人对此做了探讨，是在道之上有一个"自然"，还是说"自然"是"道"本身固有的一种特性？我们可以把自然看作是"道"的一种本然现象，即没有谁来命令、支配"道"，老子说："道之尊，德之贵，夫莫之命而常自然。"它是一种自然而然，正因为是自然而然的，所以"道"的最高的境界也就是一种自然境界。老子对自然有一种描述，他举了一个例子，"希言自然，故飘风不终朝，骤雨不终日"，飘风、骤雨不终朝终日只是一种自然现象，体现出自然本身的一种状态。它从这样的一个角度来说明，无为思想"以辅万物之自然而不敢为"，辅助万物得自然而然。这里我们可以看出来"道"的自然而然的本质是什么呢？第一点，不能加它一点，也不能减它一点，不能加减，不能损益；第二点，"道"是不主宰，既不主宰别人，也不要别人主宰它，它是自然的一种品格；第三点，它不需要超越别的东西，而是自然而然的超越；第四点，它既是万物之母，又不自以为是万物之母；第五点，是相辅相成，双赢互补的，也就是说，"万物负阴而抱阳，冲气以为和"，它背负着"阴"，而抱着"阳"，是这样的一种状态，你们可以闭上眼睛想象"负阴而抱阳"是一种什么样的状态，它的"和合"化生了第三者，就是"冲气"。

儒、道两家正好构成了中国思想当中的两条路向，这两条路向又是互补的。它们又像是中国思想中的两条大河，气势磅礴，亘贯古今，两者既相反相成，又相得而益彰，在交融互设中维护着民族精神的平衡。人的手心是阴，手背是阳；人的躯体是阳，内脏是阴。任何事物都可以做这样两方面区分。所以中国的思想是非常有生命智慧的，它既讲这一面，也讲另一面，两个又是互补的。这就构成了中国思想的伟大之处，也构成了中国哲学思想的精妙和深刻之所在。所以，我们不能简单地说儒家这样子，道家那样子，你要体会中国的思想确确实实是一个有机完整的体系，是由诸多概念、范畴构成的具有逻辑结构的体系，而并不像西方人所讲的那样，中国没有哲学，只有思想，没有概念、逻辑。这是对中国哲学不了解。大家了解这一点，就应该为中国哲学思想的独特性而骄傲。所以说，不能"照着"西方哲学之为哲学讲，也不能"接着"西方哲学之为哲学讲，而是要"自己讲"，讲自己的哲学。按中国哲学实际，定义哲学之为哲学。讲自己的哲学，所以我建构了"和合学"。我不照着"新实在论"的哲学讲中国哲学，同样不照着"实用主义"的哲学讲中国哲学，这也就是中国哲学之所以"自己讲"的原因所在。这样我们就可以不管黑格尔，也不管德里达，我们只讲我们自己的哲学。中国哲学的兴旺，我们在座的"匹夫"都有责啊！

四、佛教真言

佛教有诸多宗派，其理论丰富，这里仅讲中国化佛教禅宗的三句真言。禅是禅那、静虑、思维修、虑的意思。思维是智慧，是慧；静修是定，为定慧双修。玄奘从"西天"印度取经回来，因此过去说佛教是从"西方"传来的，它同我们现在所说的西方哲学不同。

佛教从汉传入中国以后，经魏晋与"玄学"相结合，到南北朝时期取得了发展，梁武帝笃信佛教，曾四度舍身到寺院去，然后要朝廷用重金把他赎回来。他认为佛教是正道，儒、道两教是邪道，他以佛教为"国教"，中国本土的儒、道都成为了邪教。到了隋唐时代，佛教大盛。譬如说隋炀帝，尽管荒淫无耻，但他信佛，并亲受菩萨戒。唐代三教并崇，武则天时奉佛，御前大会，三教都来。当时的总体情况是佛强儒弱，佛盛道衰。经济上"十分天下之财，而佛有七八"，"民间佛经，多于六经数十百倍"。佛教文化是当时的强势文化，本土的儒道文化成为弱势文化。

如果说八九世纪，佛教在印度已衰微，那么14世纪，佛教在印度便趋于湮灭。因此，佛教是依靠中国化了的佛教，而发扬光大的。佛教经中国化以后，在理论上和思维上都得到了极大的提高。华严宗、天台宗都是中国化了的佛教，只有唯识宗也就是法相宗是照抄印度佛教的。特别得到大众信仰的是中国化的禅宗，禅宗是怎么来的呢？相传释迦牟尼在灵山讲法，作拈花示众，众皆不解其意，唯摩诃迦叶尊者破颜微笑，佛祖明白迦叶已悟其意，所以，佛祖就给迦叶讲涅槃妙心，实相无相，微妙法门，不立文字，教外别传，这才是我的"正眼法藏"，因此，迦叶就被称为禅宗初祖，二十八代祖菩提达摩尊者西来中国传法，达摩被尊为中国禅宗的初祖，经过慧可、僧璨、道信，到弘忍再到慧能六祖。中国佛教本来是没有经的，经都从印度引进，中国人只为之作论、疏，直到慧能，才有了一部《六祖坛经》。相传六祖不识字，五祖

师道师说

张立文 卷

弘忍为传衣钵，特意试法弟子，令弟子自取本性般若之知，各作一偈，他则根据所作之偈决定弟子觉悟程度。上座神秀，作《无相偈》曰："身是菩提树，心如明镜台。时时勤拂拭，勿使惹尘埃。"弘忍知道后，觉得上座弟子的觉悟只是到了门上，还没有登堂入室，认为"但依此偈修行，即不会堕落，若以此觅无上菩提，不可得"，五祖要神秀回去再作一偈来。时在碓房舂米的慧能听到有人吟诵此偈，觉得此偈尚未见本性，也作了一偈，说："菩提本无树，明镜亦非台。佛性常清净，何处有尘埃。"从这首偈来看，慧能已识心见性，即悟大义。但是慧能在东禅寺中的地位比较低，五祖在表面上也说这首偈"亦未得了"，只是在夜里把慧能叫到跟前，把衣钵传于他。并叮嘱他赶紧离开，向南而行。慧能领会五祖意旨，行至岭南，隐居十五年，后来在广州法性寺受戒，继至曹溪，住宝林寺，越来越多的人南来向他学法，世称南宗。我要说的禅宗的三句话就是：一、明心见性（识心见性）；二、无念为宗；三、顿悟成佛。

第一，明心见性

禅宗的要义是识心见性，自成佛道。禅宗直指人心，"见性成佛"，故又叫佛心宗。这里所说的"性"是指佛性，是什么人能成佛，如何可以成佛，即成佛的根据问题。按照禅宗的说法，只要你能明心见性，就能成佛。禅宗认为，成佛的根据在内心，不需要外在的修行。《坛经》认为：人心本来是清净的，万法尽在自性之中，自性本来就是常清净的。他举例说，就像日月本来是明亮的，但为什么看不见明日明月呢？原因是它们被云雾遮蔽了。佛性亦如是，佛性本来就在心中，自心就是佛，但是却被尘埃给遮蔽了。如果有一天惠风吹来，吹散了云雾，那么就可以看见日月，同样只要将遮蔽佛性的尘埃吹拂走，就可明心见性，就可以成佛。他就说"慧如日，智如月，智慧常明"，智慧即佛性，佛就是觉，佛就是智慧，智慧本来是常明的，只要去掉尘埃，就可以见到佛性。因"识心见性"的宗旨，是建立在人人心中有佛性上，"一切众生皆有佛性"。慧能认为，"一切万法，尽在自身中"，"于自性中，万法皆见"，"万法尽是自性"，因而不需外求，成佛在自心。

第二，无念为宗

《坛经》说："我此法门，从上已来，顿渐皆立，无念为宗，无相为体，无住为本。"无念不是说要断绝念头，离去念头，没有了念，也就意味着死去；而是要离境、离染。禅宗不是拒绝意识活动，而是要超越意识活动，要念真如本性。不要有爱憎、执着，蔽于境。强调的是真心发露，如此才是无念。"无念者，于念而不念"，不念即超越，远离杂念、妄念，不受制于世俗世界，于一切境上不染。"无相为体"即"但离一切相，是无相；但能离相，性体清净。此是以无相为体"。相即谓事相，名词概念是名相，桌子是相，照相也是"相"，"相"就是一种执着，但我们不能停留在相的阶段，不要被"相"所蔽，而是要超越它。"无相者，于相而离相。"尽管见色、闻听、觉触、知法，但由于不执着，所以不染万境。我们如何能达到"无相"，这里就有一个"修持"的问题，"修持"就是戒律，佛教中的戒律实际上是外在的，"无相"就是说也不要被戒律束缚，你自己自然就会去做不违反戒律的事情。"无住为本"，即"无住者，为人本性，念念不住，前念、今念、后念，念念相续，无有断绝，法身即离色身"。人的本性就是不使念的活动停滞中断。念念不断是人有生命的表征。无住就是不要停留，不要中断，不是停留在某一个地方，停留在某一个地方就是"滞"，而是应该离"色身"，这样才能"无住"。人是有生命的，一念断则死掉，死是"色身"，别处受生是法身，即佛性。禅宗批判了净土宗的到西方极乐世界的教法。禅宗否定到彼岸的极乐世界，它说："东方人造罪，念佛求生西方；西方人造罪，念佛求生何国？"也就是说本心就是佛，净土不在东西，而在自心的净与不净。

第三，顿悟成佛

这是禅宗成佛的法门。佛性在你心中，如果你有了"善知识者"，即明师指点，便可觉悟，立即成佛，"前念迷即凡夫，后念悟即佛"。识心见性只在一念之间，了悟自己的"本性"，成佛得解脱，不需要累世修行和各种外在功夫，也没有阶段次序的分别，这就是"放下屠刀，立地成佛"的意思。从这个意义上来看，禅宗实际上解决了必然和自由的问题，每个人都可以发挥主体的能动性，去掉长期形成的束缚、戒律和扭曲，充分实现主体的思维自由，去实现自我的人生价值，禅宗其实是给了人一个"自由身"。可以说，禅宗实际上是佛教当中的。一次革命，把"心外佛"变成了"心内佛"，禅宗是洞察生命智慧的一种艺术，指出了人在被奴役的情况下，怎样获得一种自由，禅宗思想的精髓在于此。不能否认，《周易》对禅宗有着很大的影响，后世有《周易禅解》可以参证。

我今天讲这十二句话，就是想让大家掌握四家思想的内在精髓，大家再读书，切磋、琢磨领悟其要旨，予诸于笃行。这里只是我自己的体会，也可能欠妥，请大家来指正。

（载《光明日报·国学》2006 年 11 月 14 日，限于篇幅，有删节。本书恢复原文。）

儒学探赜

《国际儒藏》序

《国际儒藏》缘何而作？儒学乃中华文化之主干，人类文化之财富，而今尚无完整的文献总集。国际儒学文献是儒学在世界传播和发展的轨迹，是思想言说符号的记录，是智能觉解的文字表达，是主体自我超越的信息桥梁。儒学的传承和发展唯有文献，儒学的体认和研究唯有文献，这是中国人民大学孔子研究院和国学研究院之所以编纂《国际儒藏》的因缘，也是前无古人，惠泽后世的创举。

一

儒学源远流长，博大精深，它远播海外，影响久远，而成为国际性学问，公元 3 世纪以降，先后传入朝鲜半岛地区，日本、越南等国，16 世纪传入欧洲。儒学在与其所传国本土文化的交流、融合中，形成具有所传国特点的儒学。体认各国文化思想儒学化的特点、性质、作用，不仅能全面系统理解儒学面相，而且能深入、细致体认儒学内涵，并能直面、切近揭示儒学本质。

孔子是儒家的创始人，但"儒""师儒"称谓殷周之时已有，而未成家。儒作为显学，始称于韩非："世之显学，儒墨也。"儒学连称见于《史记·五宗世家》：河间献王刘德，"好儒学，被服造次必于儒者"。儒学，简言之，为儒家的学问、学说的总称。其主旨是以求索周孔之学发生、发展、演化为对象，以探索自然、社会、人生的所当然和所以然为指归，以仁礼贯通天、地、人为核心，以天人、义利、理欲、心性的融突和合为目标，以成圣为终极关怀。

儒家以"祖述尧舜，宪章文武"为文化使命，以弘扬尧舜，效法文武为历史职责。所以后人把尧、舜、禹、汤、文、武、周公、孔、孟为儒学的道统，以与佛教的法统、道教的道统相对应，若儒学道统始于尧，则据传尧是道家黄老道统黄帝的曾孙帝喾的儿子[1]，这便有儒道同源和儒比道后之弊，于是有人将儒学道统上溯到伏羲。相传伏羲为人类的始祖，他"作结绳而为网罟，以佃以渔"，教民渔猎农耕；他作八卦，后周文王囚羑里，据以演为六十四卦，伏羲被属于周孔谱系。按《周易·系辞传下》记载："包牺氏没，神农氏作"，"神农氏没，黄帝、尧、舜氏作"，"黄帝、尧、舜垂衣裳而天下治"。伏羲便先于道学谱系的黄帝。

儒学之所以"祖述尧舜"，是因孔子极力尊崇之故，"大哉尧之为君也！巍巍乎！唯天为大，唯尧则之"。尧的伟大像天那样高大，他给人民以恩惠，使仪礼制度完善，他的功劳不知用什么美好的话语才能表达。孔子称扬虞舜和夏禹富有四海而为天子，却不贪图个人的享受。孔子对周文王、武王不仅推崇其道德，而且自认为继承他们的文化遗产："文王既没，文不在兹乎？"并以文武之治为其政治理想，后人鉴于此，把他们都纳入儒学发生、发展系统，即道统。

周公"制礼作乐"，完善了典章制度，他鉴于商亡的教训，提出"敬德保民""明德慎罚"主张，"以德配天"，才能保有周治四方的天命。这对孔子仁、礼思想的形成有很大影响，故孔子说："周监于二代，郁郁乎文哉！吾从周。"于是形成由孔子集大成的周孔之学。

自孔子建构儒学学派后，儒分为八。战国时，孟子、荀子两派，"以学显于当世"。秦始皇焚书坑儒，儒学遭殃，"孟子徒党尽矣"。汉代董仲舒吸收阴阳、名、法各家思想，建立了"天人感应"的思想体系，实现了儒学理论思维形态的转生。魏晋时儒学由两汉重名物训诂的经学向重义理的玄学转化，玄学以道家有无之辩为主旨，会通儒道，融合名教与自然。隋唐时儒、释、道三教冲突融合，韩愈扬儒排佛，柳宗元"统合儒释"，儒学开始由汉学向宋学转变。宋、元、明、清儒学在

---

① 参见《五帝本纪》，《史记》卷一。

隋唐三教相容并蓄情境下，而落实到理学上，理学在儒、释、道三教融突中和合为新的理学理论思维形态，现代新儒学各家是接着宋明儒学讲的，他们参照西学，对宋明理学做了新的诠释。

儒学的指归，是对于自然、社会、人生所当然的探索。春秋时"礼崩乐坏"，社会大动荡，孔子为挽救社会秩序的失调，伦理道德的失落，精神家园的迷失，以开放的、担当的精神，求访贤人，搜集、整理古代文献，然后删《诗》《书》，正《礼》《乐》，系《周易》，作《春秋》，而成为"文不在兹乎"的中华文化的代表。其孜孜以求的指归就是为使社会有序，伦理有范，精神有乐，化解社会政治、制度、伦理、精神层面的冲突，而其化解的理论形式注重于规范型和伦理型，即"应当""应然"方面。但儒学并非不注意所以然的探索。孔子说："朝闻道，夕死可矣。"这是对"于道最为高"的道的求索。如何追究已发、已见、已行的自然、社会、人生背后的根源而获得道，宋明理学家依据对《周易·系辞传》"形而上者谓之道，形而下者谓之器"的理解，认为洒扫应对所以习夫形而下应然之事，精义入神所以究夫形而上所以然之理。应然形而下之器或事与所以然形而上之道或理，朱（熹）、陆（九渊）曾就此展开一场论争，陆九渊认为，"一阴一阳之谓道"，阴阳即道即形而上，犹言器即道即形而上者，这样程朱的形而上之道或理的追究，就失去其哲学智能的价值，所以坚持道是超越阴阳、器的形而上者，"然其所以一阴而一阳者，是乃道体之所为也"。道是阴阳的所以然者。这所以然者是隐而不显的大全，是阴阳获得此在的根据，此在的根据便是非此在。

儒学的核心范畴是仁礼，以仁礼贯通天、地、人三道。孔子在回答颜渊问仁时说："克己复礼为仁"，主体人承载了仁与礼的连接，使礼的外在视听言动获得内在道德伦理仁的支撑。仁的核心的讲人，仁是人的哲学升华，其要旨是讲"泛爱众"的爱人。仁者爱人是人的自我觉醒和自我尊重的待人律己的理想价值。孟子由孔子的德治而发为仁政，并以仁、义、礼、智四德发为四端，向内转为从心性上讲仁义。《周易·说卦传》："立天之道，曰阴与阳；立地之道，曰柔与刚；立人之道，曰仁与义。"天、地、人三道相互贯通。宋代理学奠基者张载讲"为天地立心",天地、乾坤犹如人的父母。他们之间是以他平他的,尽管形态有异,但性情之理相通。"民吾同胞,物吾与也",乃天地万物一体之仁,但在宗法制度的人文语境下,自然、社会、人生活动都赋予了礼的形式,受礼的制约。

儒学依仁礼而展开天、地、人的理路,也把天、地、人纳入仁礼的范式之中。孟子把仁礼内化为"人皆有之"的四德之心,由存心—养性—事天,而通贯天、地、人;荀子把仁礼外化为礼法刑政,由亲亲,贵贵而仁、义、礼。理学家以仁有生之义,生生而通自然、社会和人生。

儒学关注天人、义利、理欲、心性的融突和合,天人是人与自然及超自然力的关系;义利是国家与自我、社会与个体的关系;理欲是道德价值与人欲、私欲的关系;心性是本心与本性、意志与境界的关系,是自然、社会、人生活动的当然与所以然的展开。儒学的目标是使天人、义利、理欲、心性的冲突,通过互相协调、平衡、融合,而和合生生不息。

天与人,或曰天道与人道。因它直接与人的社会政治、经济、文化生活与日用生活的价值导向相联系,所以各家各派曾各执轻重,而暗于大理,或"以德配天",或"畏天命",或"非命",或"非所及",或"明于天人之分",或"制天命而用之",或"天人相合",或与"天地合其德"等。或合中有分,分中有合,天人冲突、融合而和合,成为各个时期儒学所追求的目标之一。义与利是主体人所追求的两种既相联系又相区别的道德价值导向,是人在追求各种各样的目标中,何以为至善、至美的价值求索。"君子喻于义,小人喻于利",是主体所要求的两种截然相对的价值目标。孟子与梁惠王的义利之辩,把义利对待起来,重义轻利。荀子则认为义利对主体来说是两种必然的存有,但应以利融于义,而非如墨子以义融于利。以"先义而后利者荣,先利后义者辱",以义利的先后为荣辱的大分。《周易·乾·文言》:"利者,义之和也。"义利既对待又和谐。

饮食男女是人都有的情感欲望，圣人也不例外。如何转化人的自然性为道德性，即转人的自然情欲为道德理性，需要通过人化或社会化这个中介。孔子认为"富与贵是人之所欲"，但应"以其道得之"。老子主张使民"无欲"，庄子与其同调稍异，倡少私寡欲。孟子与孔子同调，认为好色、富贵是人的欲望，但要以道得之。《礼记·乐记》主张天理与人欲对待，"人化物也者，灭天理而穷人欲"，开启宋明理学家"穷天理，灭人欲"的思想行为，而为其人生理想和道德境界，使物化之人成为道德之人。

儒学的人本精神，其基础是对心性的体认。儒学的人性论、人生论、修养论、工夫论等都是以心性为依据。孔子只讲"性相近也"，孟子和荀子把性打开，与心相连。孟子以心言性，尽心知性，存心养性，开出性善论的道德主体心性论。荀子以"生之所以然者谓之性"，而建构性恶论的"化性起伪"的心性论。宋明理学家把心性论提升为形而上道德本性，主张"心统性情"。天人、义利、理欲、心性的融突而达和合境界，这是儒学所追求的目标。

成圣的终极关怀以人的生死来源，根据、归宿之需要为核心，以超越人的生死短暂性、有限性为主旨，以通达无限的、永恒的、至善至美的圣人理想人格和境界为标的。它所开显的是希望人的终极去处是一个理想的、完美的极乐世界。孔子生死观的终极意义是对道的追求，生命的价值不在长短，而在于生命历程中能否完成和满足道德使命，践行天道和人道的需要。人的生命价值的根据是宗教性的天命，孔子主张敬畏天，孟子要"生于忧患，而死于安乐"，把安乐作为死的终极需要。儒学慎终追远，"神道设教"，各种祭祀活动，都是对死者生命的尊重和悼念，也使生者获得精神的慰藉和安抚。

儒学此五层面的意蕴，既是对什么是儒学或儒学是什么的回答，亦是对儒学内涵的阐述。

二

鉴于儒学是东亚各国民族精神的源头活水，礼乐文明的重要根据，价值观念的是非标准，伦理道德的规范所依，曾构成东亚各民族的基本精神价值，各民族依据自身的需要和利益受容吸收儒学，并在与本民族文化的融合中，对儒学做了新的诠释，可谓"再度建构"了儒学。日本、越南都是有将近二千年儒学传统的国家，其间儒学曾一度成为其主导意识形态，在儒学的影响下这些国家实行科举考试制度，选拔官吏培养人才，于是研读、研究儒学，蔚然成风。儒学思想在潜移默化中渗透到其民族的价值观念、思维方法、伦理道德、行为方式、审美情趣、风俗习惯之中，成为其民族气质、心理、品格、神韵的体观，指导着人的行止、喜怒、中和、态度的实现，而成为其安身立命之所。

其间，儒学家撰写了大量儒学著作。如果说中华学者有感于儒、释、道三教，佛有《大藏经》，道有《道藏》，唯独作为中华主流思想的儒教无藏，而发愿要修《儒藏》，明有孙羽侯、曹学佺，清有周永年，或"欲修《儒藏》与鼎立"[①] 而三，或以编纂《儒藏》为"学中第一要事"，但都无果。那么《国际儒藏》，既前无古人倡导，又后无今人提议，唯中国人民大学孔子研究院于 2002 年首举编纂与研究《国际儒藏》的旗帜，而引起世人的关注，在国内外产生了巨大的影响。

在古代，东亚各国按传统的说法是"汉字文化圈"或曰"儒学文化圈"，即具有共同的肤色、共同的文字、共同的气质，共同受容儒家思想。中国与朝鲜半岛山脉相连，唇齿相依，自古以来，交往频繁。公元前 4 世纪朝鲜与燕国已有交往，秦末天下大乱，燕、齐、赵人民无法安身，亡往侯准。他们不仅把中国的农耕、工艺、生产技术和商品、货币带到朝鲜，而且把礼乐文化、思想观念、语言文字、风俗习惯带到朝鲜，后卫满朝鲜时，属汉乐浪郡，随汉建制，武帝"独尊儒术"，儒术作为主导思想，在乐浪郡得以传授。由于其典章制度、礼仪形式受儒学思想的渗透，礼法的底蕴已由"道之以德，齐之以礼"的注重内在道

---

① 曹学佺说："'二氏有藏，吾儒何独无？'欲修《儒藏》与鼎立。"二氏指佛、道。(《曹学佺列传》，《明史》卷二八八，中华书局 1974 年版，第 7401 页。)

德教化，取代注重外在严刑峻法的单一性，使道德礼仪与政令刑罚相济相辅。

三国（高句丽、新罗、百济）时，儒学得到较全面普遍的传授。高句丽在小兽林王二年（公元372）"立太学教育子弟"，从中央到地方，都以教授儒学为主，在近四百年儒学文化与本土俗文化的融合中，两者已一体化。百济温祚王南下马韩而建国，原接受北方"经学儒学"的影响，后又接受南方"玄学儒学"的义理之学，融合两者，发展儒学。"其书籍有五经、子、史，又表疏并依中华之法。"① 国家典章制度、伦理道德的教化，都按照中华的法度。新罗与中华文化的交流中，其社会典章制度、伦理道德、礼俗生活，深受儒教影响。形成了在社会制度、政治道德层面以儒教为主导，在学术思想层面以儒、释、道三教融合为核心，如"花郎道"是以儒教与新罗传统爱民思想相结合为核心的，融合佛、道思想和合新生的一种思维形式。

如果说从卫满朝鲜到三国是儒学的传授期，以实践经验伦理型为其特征，那么，新罗和高丽的统一，是以儒教为指归融合佛道思想的融合期，以实践经验伦理型向理性经验伦理型转化为其特征。

新罗统一高句丽、百济后，始终与唐王朝保持友好关系，"留学僧"和"留学生"大批赴唐。"留学生"参加唐朝的科举考试，贡科及第者58人，他们熟稔精通儒学经典，对体现儒学精神的国家典章制度有深入的体认和掌握，对儒学的伦理道德身体力行。他们回新罗后推动了儒学在各个领域的实践和发展。公元682年，新罗设立"国学"，以教授《论语》《毛诗》《尚书》《周易》《春秋》《礼记》等儒家经典，几代国王亲临"国学"听讲，唐玄宗曾称其为"君子之国""有类中华"②。新罗于圣王四年（788）仿唐科举制度，以儒学为标准选拔人才。"国学"中供奉孔子。从中央到地方的政府官员都由儒者担任，儒教的政治、伦理得以贯彻和实现。这时杰出儒学思想家有强首、薛聪和

① 《东夷列传》，《旧唐书》卷一九九上，中华书局1975年版，第5329页。
② 同上，第5337页。

崔致远等。

高丽儒学分朱子学传入前后两期，前期儒学思想特点是儒、佛、道三教与本土古神道文化互融，后期儒教朱子学者以崇儒批佛为特征；前期三教互融互补，各尽其用。这在太祖王建的《十训要》政治纲领中有充分体现。他到西京（今平壤）后首兴学校，以教授儒学经典为根本。光宗时益修文教，以儒治国，中央设"国学"，地方建"乡校"，科举考试分进士科和明经科。到成宗时（982—997）多次派儒学家到北宋国子监学习儒家经典，并于公元 992 年建立国子监，培养人才。在"国以民为本""政在养民"儒学德治思想指导下，儒学与儒风大盛。显宗十一年（1020）将太祖潜邸定为先圣庙。肃宗六年（1101）在国子监内建文宣王殿。睿宗九年（1114）亲临国学，献酌于先圣庙，主持讲经，开尊经讲学之风。忠烈王十六年（1290）安珦把新刊《朱子全书》抄本带回国，并到国子监教授朱子学，以朱子学是"发明圣人之道，攘斥禅佛之学"。从安珦、白颐正、李齐贤、李毅到李穑，儒学具有性理学与经学相结合、修己治人与经世致用相会通的特点。李穑以天、地、人同体，理、气、心一贯和《易》《庸》《学》融合，发展为理性思辨。

高丽曾以佛教为国教，性理学者郑梦周、郑道传批判佛教废弃伦常，费财损国，标榜程朱道行，履行儒教忠孝。由于郑梦周不支持易姓革命被杀，郑道传拥戴李成桂建立朝鲜朝（1392 年），郑道传确立李朝以儒立国、治国的指导思想，其门人权近为性理学开出新理路。性理学在批佛道，尊儒学中获得独立发展的地位。儒学的纲常伦理、忠孝节义、主张统一、反对分裂等思想，适应了李朝要求国家统一、社会有序、伦常有范、礼乐有规的需要，儒学发展进入高峰期，发展为性理逻辑思辨的儒学，新儒学的朱子学成为其主导的意识形态，礼乐文化的终极依据，行为举止的规范所依，公私学校的教育内容。尽管朱子学被奉为朝野视、听、言、动的圭臬，但由于性理学者学脉派别、文化背景、情感审美、学养性格、解释方法的差分，对朱子学的体认亦相差甚远。李朝性理学就其学术思想侧重点差别而言，可分为主理派、主气派、折中派、实学派。实学派又有启蒙派、经世致用派、利用厚生派、实事求是派之异。若按性理学演变发展而言，从太祖至成宗百年间，国初有郑道传、权近，成宗时则有被称为"海东三贤"的金宗直、郑汝昌、金宏弼及金时习。燕山君至仁宗为士祸期，有名儒赵光祖、徐敬德等。明宗到英宗二百年间是性理学的兴盛期，有著名性理学家李彦迪、李滉、曹植、奇大升、李珥、成浑、宋翼弼、金长生、张显光、宋时烈、李玄逸、林泳、金昌协、韩元震等。名儒辈出，学派涌现，互相论辩，钩深致远。期间有退溪与高峰、栗谷与牛溪的理气四端七情论辩，又有李柬与韩元震的人性物性同异论辩。这两次论辩历时几百年，在朝鲜朝的学术思想界产生了很大影响，朱子学获得创造性的诠释，发展了李朝化性理学。从英宗到哲宗百年间是实学派的发展期，他们作为性理学不满于与现实社会民生相脱离的论辩的空疏化，主张在治国的正德、利用、厚生三者中，不应忽视利用、厚生，以恢复朱子学的真精神。著名实学家有柳馨远、李瀷、洪大容、朴趾源、朴齐家、丁若镛、金正喜等。他们关心民瘼，要求改革土地、科举等制度的弊端，提出开化维新方略和学习外国科技的主张，体现儒教性理学的"与时偕行"、经世济民的精神。

在性理学中朱子学独尊的情境下，其他学说、学派受到排斥。即使如此，性理学中的汉学派（或曰古证学派），以尹镌、朴世堂为代表，批判朱子学和朱子学者的经解，重新考辨注解，以求治国安邦大计。阳明学接受者南彦经到阳明学代表郑齐斗，由于受朱子学的排斥，只能以家学的形式得以传授。从哲宗到李王的六十年间，李朝在外国侵略者不断入侵下，订立了各种不平等条约，如1876年朝日《江华岛条约》，1882年的《朝美通商条约》等，加剧了朝鲜朝政治经济危机。虽性理学各派延续着，但日渐式微。

1910年朝鲜被日本占领，李朝灭亡。此期间朱子学者投身于反日救国斗争，如崔益铉、柳麟锡以及开化派金玉均。1924年在上海就任大韩民国临时政府国务总理兼代表大总统的朴殷植的"儒教求新论"，推崇王阳明的"致良知""知行合一"之学。儒教从总体上走向衰落。

朝鲜儒学的特点，综合而言，一是强烈的忧患意识。李退溪、李栗谷以儒者经世济民的悲愿，以自己终身的忧患去担当忧道、忧国、忧民。这种君子有终身之忧的范围，他们的己忧即是国忧，两者融合一体；二是精微的逻辑结构思维。从阳村、退溪到南冥，他们依据自己深切的体认、艰苦的领悟，对儒学经典的精神要旨、范畴内涵、性质、功能及其内在逻辑关系，以图式化形式表述，其所构说的范畴逻辑结构的整体性、有序性、层次性、动态性、清晰性，可与中国宋明理学家相媲美；三是深刻的性情论辩。由儒学心性论而深化为性情论的四端七情论，从四端七情的道德心性、道德价值和道德实践而追究到道德形而上下，并深入到道心与人心、天地之性与气质之性、善与恶、性命之正与形气之私、理与气、动与静、未发与已发、内出与外感等问题的论辩，凸显了心、性、情的圆融性。

三

中日两国一衣带水，儒学的传播发展，源远流长。据《日本书纪》载：应神天皇十六年经阿直岐推荐，百济学者王仁应邀携《论语》和《千字文》到日，这是儒学传日之始，之后百济又轮换向日本派遣五经博士，教授儒家经典。日本之所以受容、繁衍、发展，是与日本原有生存环境、文化语境及发展需要相关联。儒学大一统思想、倡导大义名分、维护社会尊卑等级、协调家族人际关系符合岛国逐渐统一的政治需要；日本民族以崇神敬祖为主旨的神道，与儒学的"神道设教""慎终追远"的天神祖宗崇拜相会通；儒学的"王士王民""德治""仁政"，适合日本社会改革的理论需要。因此很快为日本朝野所认同，并在其长期的会通中，形成日本化的儒学。

推古天皇时的圣德太子依儒学德目"德、仁、礼、信、义、智"制度冠位十二阶，又制定《十七条宪法》，对日本社会实行改革。《十七条宪法》的主旨是儒家思想。除第二条和第十条受佛教思想影响外，由第一条至第十六条都源于儒学经典，如"和为贵"，"上下和睦"，

"君则天之，臣则地之"，"以礼为本，上不礼而下不齐"，"无忠于君，无仁于民，是大乱之本也"，"信是义本"，"国非二君，民无两主"，"五百岁之后，乃今遇贤"，"使民以时"等。此后多次派遣使者、留学生、学问僧来华学习、研究儒学①，他们回国后推动了儒学的传播，在此基础上，推行"大化革新"运动，仿照唐朝的均田制、租庸调制及赋课制度，废除私田私民，在公田公民之上建立以天皇为最高权威的统一的中央集权制国家。这种新体制以唐朝律令制度为蓝本，制定了《近江令》《大宝律令》《养老律令》，而具有儒学道德化特色，如奉行忠、孝、信等道德规范，具有实践伦理性。

日本原无文字、学校，儒学初传时在宫廷中开办学问所，以学习儒学。大化革新后天智天皇时设立学校，在中央设大学寮（相当于唐国子监），地方设国学②及大学寮别曹和私学，以传授学习儒学经典。市县明经道（儒学科），以"九经"③为教科书，以《孝经》和《论语》为必修。大宝元年（701年）宫廷和大学寮开始拜奠孔子，后仿唐封孔子为"文宣王"。《大宝律令》的"学令"规定的教授科目、考试内容都以儒学为主。

由儒学传入日本，经奈良时代（710—784）到平安时代（794—1192）为日本早期儒学，具有经验实用伦理型特征。12世纪末进入武士掌握中央政权的阶段。他们利用、吸收儒学中的忠、勇、信、义、礼、廉、耻伦理道德观念，作为武士道的重要理念。由于武士出入于生死之门，禅宗的生死如一，立地成佛适合了他们的精神需要。在镰仓幕府中叶，中日两国禅僧在互相交往中，在传播禅学的同时，把宋学的张

---

① "开元初（713—741），又遣使来朝，因请儒士授经。诏四门助教赵玄默就鸿胪寺教之，乃遗玄默阔幅布以为束修之礼。"（《东夷列传》，《旧唐书》卷一九九上，中华书局1975年版，第5341页）又"贞元二十年，遣使来朝，留学生橘免势，学问僧空海"（同上）。

② "国"是日本当时地方最高行政单位。

③ 九经是指《周易》《尚书》《周礼》《仪礼》《礼记》《毛诗》《春秋左氏传》《孟子》《论语》。

载、程颢、程颐、朱熹的著作也带到日本，在镰仓"五山"和京都"五山"中①，同时讲授禅学和儒学，主张儒禅和合。禅僧俊芿到宋朝学习天台、禅、律及四书，1211 年回国时携日本书籍约两千余卷，儒学约 256 卷。临济宗僧人雪村友梅、中岩圆月等都主张融合儒禅，"治世出世之教虽异，其于心之得失则均矣"②。室町时代，儒学由"五山"走向世间，形成了博士公卿学派，用朱子新注教授儒学，作为"第一程朱学者"的一条兼良著《四书童子训》，是日本最早《四书集注讲义》；萨南学派创始人桂庵玄树吸收歧阳方秀和训方法，改进了"四书和训"。汉籍训读法不仅使一般人大致了解文本意思，而且也使汉文化得以普及；海南学派创始者南村梅轩传播程朱道学，以存心、谨言、笃行为修为功夫。从镰仓到室町，是儒佛融合，儒借佛而发展，特别是宋学由"五山"而得以传播，而至推广，为德川幕府时代的独立发展奠定基础。

德川家康在平定战乱后，为巩固统一，严守尊卑，加强思想教化，宋学的朱子学比之禅学更适应了这种需要。朱子学在德川氏的尊崇下，而具有意识形态的权威性。藤原惺窝及其弟子林罗山、松永尺五等人是德川幕府初传播和普及朱子学贡献最大者。林罗山师从日本朱子学的开创者藤原惺窝，历任德川四代将军文教官员，协助制定法律制度，起草外交文书，建造了私塾"昌平黉"，成为官方儒学教育场所。他既排佛，亦排耶稣，以智、仁、勇比附神道教的三种神器，主神儒合一。此后儒学在日本迎来了鼎盛期。③ 朱子学、阳明学形成不同学派。贝原益轩（1630—1714）推崇朱子学，他依朱子"大疑则可大进"之义，而

---

① 镰仓幕府北条时代的建长寺、圆觉寺、寿福寺、净智寺、净妙寺；室町时代员利氏将军在京都建南禅寺、天龙寺、相国寺、建仁寺、东福寺。五山文化成为日本中世纪独特文化。

② 《中正子内篇之三·戒定慧篇》，《东海一沤集》卷四。

③ 参见张立文、李甦平主编：《中外儒学比较研究》，东方出版社 1998 年版。李甦平等编：《东亚与和合》，百花洲文化出版社 2005 年版。王青：《日本近世思想概论》，世界知识出版社 2008 年版。

具有批判、怀疑精神，使日本朱子学趋向经验合理主义。他以"理气合一"论批评朱熹"理一元"论，以"格物穷理"说接引西方近代自然科学。新井白石（1657—1725）发扬朱子穷理精神，研究历史，追求历史演变真相，著《读史余论》《古史通》《史疑》《西洋纪闻》等。他给德川家宣讲授四书《近思录》《书经》《诗经》《通鉴纲目》等。

江户时，大阪是最大商业中心，形成以"怀德堂"为中心的大阪朱子学派。三宅石庵和中井甃庵创始，尊信朱子，批判鬼神，尊王贱霸，兼收诸家。中井其子中井竹山长于历史，中井履轩专研经学，著有《七经雕题》《七经逢原》等，由于倡导自由的学术研究之风，大阪朱子学得以繁荣。

贝原益轩等的思想特点为客体经验朱子学，山崎暗斋则把朱子学向内转为道德化、神学化。他尊奉朱子，视朱子为孔子以来第一人，犹如宗教教主，批判陆王，排斥佛教，以祖述朱子学为宗旨；提倡心身相即，"敬义夹持，出入无悖"的躬身笃行精神；建构"垂加神道"，以儒学来附会日本神统神国思想，以阴阳五行比附七代天神等，把儒学神学化。其弟子佐藤直方、浅见絅斋、三宅尚斋为"崎门三杰"，他们共同严肃尊崇朱子学，不同意暗斋的"垂加神道"说。佐藤直方主张"以理制气"，不为气曲，以静坐存养方法，了知"太极之一理。"浅见絅斋认为"朱子之学衡天地宇宙"，已成"天下万世之法"，提倡忠义大节。三宅尚斋主张"天地精神之理"，与其所生的人的精神、祖先精神，三位一体，人的精神通过祖先精神与天地精神冥合。

日本理学儒学除朱子学派外，还有阳明学派、古学派、折中派等。五山禅僧了庵桂悟于永正八年，即明正德六年（1511）奉将军足利义澄之命出使明朝，并会晤王阳明，是与阳明学接触之始。中江藤树是阳明学派的开创者，他始信奉朱子学，后转向阳明学，倡导"天地万物皆在我心之孝德之中"，"良知具于方寸"，方寸即心，心之良知可以"明明德"。良知功夫是要尽孝道，对祖先、天地、太虚神道尽孝德，通过慎独、致知，提升道德修养。

中江藤树后，分为重内省的德教派和重实践的事功派①。熊泽蕃山曾师从中江藤树，后潜心研究儒学，著有《大学小解》《中庸小解》《论语小解》《孝经小解》。他融合朱子重"穷理辨惑"之思和阳明重自反慎独之功，主张"万法一心，天地万物皆不外乎心"，"天人合一，理气合一"，"体用一源"，源于心、性同体的太虚。认为"天地一源"的神道，即"太虚之神道"，把太虚抬至神的地位。佐藤一斋主"心则天也"，"心之来处，乃太虚是也"。心是气的灵者，是其本体之性。故世人讽他"阳朱阴王"。大盐中斋始学朱子，后因读吕坤《呻吟语》转向阳明学，著《古井大学刮目》《儒门空虚聚语》《增补孝经汇注》等。力行阳明"知行合一"说。"天保大饥馑"中，他组织饥民起义，史称"大盐平八郎起义"，失败后自焚。其指导思想是阳明学的太虚、良知和孝本论。

古学派是指注重从中国古典经书中探究圣人真意的思潮②。古学派先驱是山鹿素行，他尊信古典，形成"儒学道统论"，主张儒学始于伏羲、神农，盛于孔子，"孔子没而圣人之统殆尽"。批评宋程朱等道学为阳儒阴异端，主张回归孔子之前儒学，并自命是继孔子之后的道统正传。他倡导武士要明心术，尽忠主君，自觉实践人伦之道，严守日常生活礼仪，以儒学道德伦理解释武士道。他主张惶统一贯"日本主义"，认为日本比万国优越，对后世影响很大。伊藤仁斋学程朱性理之学，著《语孟字义》《中庸发挥》等书，探索孔孟学说古义，对遮蔽经书原意的朱子《四书集注》《四书大全》进行批判，认为宋儒讲心性之学为"虚"，故流于佛圭，背离人伦日用之学的"实"。伊藤仁斋的文献学考证的古义学，实是一种新诠释，标志着以朱子为主流的儒学从武士向城市工商业町人的渗透。如果说伊藤仁斋为"古义学派"，那么，荻生徂徕为古文辞学派。他受明代李攀龙、王世贞古文辞学的影响，而开创日

---

① 参见王青：《日本近世思想概论》，世界知识出版社 2008 年版，第 50—60 页。

② 井上哲次郎以西方哲学方法研究日本儒学，分为朱子学派、阳明学派、古学派。

本古文献学。他认为"先王之道"的载体是六经，得"先王之道"，必须学习、研究六经，这种学问便称为"古文辞学"。先王们制作的"礼乐之道"，是礼乐刑政等制度文化的总称。"法天以立道"，道体现了天命。徂徕死后，弟子分为二，一是发展其汉诗文创作，二是继承其经学研究，如太宰春台等。太宰春台著有《六经略说》《圣学答问》《论语古训》《诗书古训》等。认为"天地是一大活物"，一切为神所作为；神道是圣人之道的一部分。"所谓神道者，乃是在佛法之中加入儒者之道而建立的"，并否定日本历史起源于神创说。

折中学派是指朱子学以外的儒学思潮①。片山兼山被称为此派之祖，他搜集秦汉以前的古书，折中朱王（阳明）之学，认为"礼乐之德以诚而成"，圣贤君子所以成德功业，"皆以诚为本"。天地万物运行变化是天心之诚的体现。井上金峨主张折中诸学说而取长补短。他著《经义折中》，评点朱子学、阳明学、徂徕学。主张"学问之道，在乎自得"，自得就是自我与六经相对照，"折中仲尼"。冢田大峰延续徂徕学的"先王之道"，认为治国安天下之道，在于经籍。他以文献考证方法独自注解经书。

德川幕府在 1868 年被推翻后，儒学也丧失了其意识形态的主导地位。明治维新掀起的西方学习热潮，儒学被边缘化，造成道德退化、风俗紊乱。元田永孚主张在国民教育中恢复儒教。西村茂树认为要维系国家风俗和人心，就需要儒学的"道德之教"，而著《日本道德论》。在近代日本，"儒教不仅参与了近代国民国家的形成，其对日本的帝国化也起到了重大的推进作用"②。这是"某种近代日本儒教"的特例，而与中国、韩国、越南等国儒教异，也非"近世日本儒教"。

---

① 参见王青：《日本近世思想概论》，世界知识出版社 2008 年版，第 61—68 页。

② 黑住真：《近代化经验与东亚儒教——以日本为例》，载《儒教与东亚的近代》，河北大学出版社 2008 年版，第 183 页。

四

越南与中国鸡犬相闻，山水相连。两国人民在政治、经济、文化、思想各方面的交流源远流长。秦始皇在公元前 221 年统一六国，在岭南设桂林、南海、象郡。象郡即包括今越南北部和中部。秦末天下大乱，南海郡尉赵佗乘机取桂林、象郡，建立南越国，被越南古史列入王统，称赵佗为赵武王。他"以诗书而化训国俗，以仁义而固结人心"①。汉高祖和汉文帝曾先后派遣儒学家陆贾出使南越国②。赵佗在南越推行华夏语言文字、礼仪制度、伦理道德，扩大儒学的传播和影响。东汉初，交趾太守锡光，九真太守任延，"教其耕稼，制为冠履，初设媒娉，始知姻娶，建立学校，导之礼义"③。以儒学的伦理道德、礼仪制度、学校教育改造社会，促进社会进步。一些笃学明经之士如张重、李进、李琴（阮琴）等被授各种官职。三国时交趾太守士燮治《春秋左氏传》，简练精微，又《尚书》兼通古今大义。治理交趾期间，"士王习鲁国之风流，学问博洽，谦虚下士，化国俗以诗书，淑人心以礼乐"④，中国士人往依避难者以百数。⑤ 儒学家刘熙、袁徽、虞翻在交州期间教授生徒，传经弘道，著书立说，培养人才，振兴儒学。魏晋南北朝时，交州牧陶璜，刺史杜慧度，都由中国任命。唐时在交趾设安南部都护府，兴办学校，教授儒学，"用儒术教其俗"，提倡礼仪。唐行科举制度，越南人姜公辅、姜公复、廖有方均登进士第，任唐官职，以至宰相。中原名儒名士褚遂良、杜审言、沈佺期、宋之问、阎朝隐、刘禹锡等都曾流

---

① 黎嵩：《越鉴通考总论》，《大越史记全书》卷首。

② "高帝已定天下，为中国劳苦，故释佗弗诛。汉十一年，遣陆贾因立佗为南越王，与剖符通使，和集百越。"（《西南夷两粤朝鲜传》，《汉书》卷九十五，中华书局 1962 年版，第 3848 页）

③ 《南蛮西南夷列传》，《后汉书》卷八十六，中华书局 1901 年版，第 2836 页。

④ 黎嵩：《越鉴通考总论》，《大越史记全书》卷首。古代越南人称士燮为"南交学祖"和"士王"。

⑤ 《士燮传》，《三国志·吴书》卷四十九，中华书局 1975 年版，第 1191 页。

寓越南，他们共秉周家礼，同尊孔氏书。王勃父王福時贬为交趾令，兴教办学，为儒学广泛传播做出贡献。公元 939 年吴权建立吴朝，宣布独立，后有丁朝和前黎朝，享国短促，改朝频繁，未遑儒学，以佛为主，三教并尊。

李公蕴于公元 1010 年建立李朝，尊崇佛道二教，佛教尤甚。但为了社会有序，国家安定，尊卑有等，李朝诸帝渐重儒学，重用儒生，推行儒学典章制度，治国之方。圣宗神武二年（1070）在京都升龙（今河内）首建文庙，祀周公、孔子，配祀颜子、曾子、子思、孟子。仁宗太宁四年（1075）开科取士，诏选明经博学及试儒学三场。次年设国子监，为皇太子、文职官员讲授儒学，培养人才，广祐二年（1086）成立翰林院。李高宗时诏求贤良，任命儒臣为高官，批评佛教僧侣的腐败。

陈朝（公元 1225 年建立）沿袭李朝制度、国策，强调尊卑等级，倡导忠孝之道，贯彻三纲五常、忠孝节义等伦理道德。并在儒学指导下，从中央到地方成立国子监、国学院、太学及书院、府学。陈太宗元丰三年（1253）设国学院，祀周公、孔子、孟子及七十二贤。"诏天下儒士入国学院，讲四书五经"，培养出一批儒士，经科举考试而授官职。与中国异者是行儒、释、道三教考试，先三教分科考试，后三教综合考试，三教融合。朱文安曾任国子监司业，为太子讲儒经。《越史总论》将其学术思想概括为"穷理、正心、除邪、拒嬖"等。他著有《四书说约》，《樵隐诗集》等。名儒黎括、范师孟出其门下。陈卒后，艺宗首赐从祀文庙，此后赐张汉超、杜子平从祀，张汉超曾主张士大夫"非尧舜之道不陈前，非孔孟之道不著述"，排斥佛道。

黎利在 1428 年建后黎朝，后振兴儒学，制定礼乐，创办学校，享祀孔子。京师国子监、太学院，地方各州、府、县学，以中国理学家朱熹等注释的四书五经为教材。科举考试第一场经义一道，四书各一道，所有考场都考四书，每三年各地举行乡试，京师会试，参加考试者达数千人。黎圣宗设五经博士，亲自会试举人，廷试问"赵宋用儒"，各级官吏由科举考试选用。扩大太学、先圣、先贤、先儒享祀文庙。为政治国、典章制度均以儒学为指导，儒教超越佛道两教。后黎为强化君主制度，实行以儒学伦理道德规范为主的教化措施，将其纳入法律条文。黎玄宗 1663 年即位，即申明教化四十七条："为臣尽忠，为子止孝，兄弟相和睦，夫妻相爱敬，朋友止信以辅仁，父母修身以教子，师生以道相待，家长以礼立教，子弟恪敬父兄，妇人无违夫子。"[①] 于是儒风大盛，儒学大行，而有独尊之势。其间为满足各级学校、私学学习需要，官方大印儒书，黎太宗刻《四书大全》，圣宗诏重刻五经官版，每年颁四书五经于各府，"学官据此讲学，科举据此选人"。这期间涌现出众多著名儒学家，阮廌以"礼乐闲情道孔周"的胸怀，撰《国音诗集》《平吴大诰》。阮秉谦幼受儒学庭教，师从良得明习《易经》，连中三元。身体力行地以三纲五常为核心的儒学政治、伦理原则，著《白云庵诗集》《白云国语诗》等。黎贵惇榜眼出身，博览四书五经和诸子百家，著有《四书约解》《书经衍义》《易经肤说》《群书考辨》《芸台类语》《圣谟贤范录》等。他深受朱熹影响，《芸台类语》抄录朱熹关于理气的论述。主张德治仁政，爱民惠民，薄赋税，宽民力，得民心而国家宁。吴时仕、吴时任，均进士出身，尊崇儒学，兼融佛道，著有《午峰文集》《翰院英华》《越史标案》《大越史记后编》等。

后黎儒教成为其主导意识形态。1802 年阮福映建立阮朝，定都富春（今顺化），改国号为越南。阮朝沿袭后黎，儒教正统独尊地位得到加强。阮朝鉴于后黎末期南阮北郑长期分裂割据，为加强统一的中央集权，安定社会秩序，严格尊卑等级，便大力推崇儒教。发展普及儒学教育，范围自王室到平民，从通都大邑到偏僻乡村的学校；积极推行以儒学纲常伦理为主旨的社会教化活动。通过科举考试取士，使社会各阶层掀起向慕学习儒学之风，并通过史学、文学，以至俗文学宣扬孔孟之道和忠孝节义，使儒学深入人心。祀孔更加隆重，尊孔子为"至圣先师"，孔子被神化。在大量印刷儒学经典的同时，开展儒学研究，儒学研究著作涌现。阮朝中期后，法国入侵越南。1984 法国逼迫越南订立《顺化条约》，越南沦为殖民地，法国为消除越南人民的民族意识和思

---

① 《黎皇朝纪》，《大越史记全书·本纪续编》。

想文化，打压儒学，废科举和祀孔活动，用拉丁化文字代替汉字和南文，儒学衰落。

<h1 style="text-align:center">五</h1>

欧美儒学的传播，晚于东亚约十个世纪，13 世纪马可·波罗（Marco Polo，1254—1324）仕元 17 年，著《世界珍闻录》，介绍中国地理环境。此书描述了中国雄宏的官城，城市的富庶及各种施政措施，而未及学术思想，被对中国情况一无所知的欧洲人视为海外奇谈。16世纪西方才接触到中国学术思想，耶稣会士利玛窦（Matteo Ricci，1552—1610）将四书译成拉丁文寄回国，"国人读而悦之"。刊刻《天学实义》（后改为《天主实义》）以儒学思想诠释基督教教义。在《中国传教史》中认为孔子是中国最大的哲学家。其后，耶稣会士殷铎泽（Prosper Intoreetta，1625—1696）和郭纳爵（lgnatius da costa 1599—1666）合译《大学》（取名《中国的智慧》）和《论语》。殷氏又将《中庸》（取名《中国的政治伦理学》）译成拉丁文。此三书译文均由柏应理（Philippe Couplet 1623—1693）收入《中国的哲人孔子》中，此书 1687 年在巴黎印行。导言《中国哲学解说》，阐述儒与佛老之异，儒学性质，典籍注疏，插图孔子画像，上书"国学仲尼，天下先师"。并附有郭纳爵的《孔子传》，在西方产生较大影响。卫方济（P. Franciscus Noel，1651—1729）全译四书和《孝经》《小学》并将其收入他所编的《中华帝国经典》。1711 年《中华帝国经典》在布拉格大学印行。他著《中国哲学》赞扬孔子，一度遭罗马教皇禁行。五经拉丁文译本由金尼阁（Nicolas Trigault 1577—1628）1626 年在抚州刊印后失传。白晋（Joachim Bouvet 1656—1730）著《中国现状志》《中国皇帝传》介绍儒学，并把其研究《易经》成果介绍到欧洲，引起莱布尼茨《Gottfried Wilhelm von Leibniz，1646—1716》的重视，著有《易经要旨》。刘应（Claude de Visdelou 1656—1737）1728 年出版《易经概说》，译有《书经》及《礼记》中几篇。雷孝思（P. Jean-Baptiste Regis，1663—1738）

译有《易经》，对其作者、内容、价值做了说明，附有注疏，著有《经学研究绪论》。马若瑟（Joseph de Premare，1666—1736）译《书经》《诗经》，著《中国无神思想论》《中国经学研究导论》抄本，他所著《经传议论》曾呈给康熙，与白晋等人合著的《中国古书中基督教义之遗迹》试图将中国典籍与基督教做比较研究。后由于罗马教廷卷入"中国礼仪之争"，基督教在华传教中止，失去了进一步文化交流的机遇。这个时期耶稣会士以利玛窦为代表，试图会通基督教与儒学，但亦引起一些人的反对。

"礼仪之争"主要在传教士之间，而未及学术界。启蒙学者从早期传教士大量关于中国报告和译介的儒学典籍中受到启发，从理性主义视域理解儒学，推动了儒学的传播和学术性研究。莱布尼茨向往中国，他从白晋提供的"邵雍六十四卦圆图方位图"（即"伏羲六十四卦方位"）的基础上，探索了《易经》的二进制式算术，他对儒学和理学做了较深入的研究，撰《关于中国自然神学的解释》，批评马勒伯朗士（Nicolas Malebranche，1638—1715）的《论神的存在及其本质：一个基督教哲学家与一个中国哲学家的对话》①中的观点。沃尔夫（Christian Wolff, 1679—1754）继而关注儒学，他的演讲论文《论中国人的实践哲学》，从自然神论视角赞扬儒学，为自己道德论超越神学做合乎理性的说明，而遭到驱逐。另一篇演讲论文《论哲学王与治国哲人》，称中国古圣王为"哲学王"，推荐中国为开明专制的最良模范。

法国启蒙思想家孟德斯鸠（de Montesquieu，1689—1755）、霍尔巴赫（Paul Henri Dietrich d'Holbach，1723—1789）、伏尔泰（Voltaire，1694—1778）、魁奈（François Quesnay 1694—1774）、狄德罗（Denis Diderot，1713—1784）等人通过来华耶稣会士的报告和著译，为儒学的无神论的自然观、德治主义的政治观、重农的经济观所展示的新的精神世界所吸引。霍尔巴赫甚至主张以儒学的以德治国的政治代替欧洲封建

---

① 庞景仁：《马勒伯朗士的"神"的观念和朱熹的"理"的观念》，冯俊译，商务印书馆 2005 年版。

制，以儒家道德替代基督教道德。伏尔泰著《诸民族风俗论》，宣扬儒学的优越，其"五幕孔子伦剧"《赵氏孤儿》等，在欧洲引起轰动效应。有"欧洲的孔子"之称的重农学派创始人魁奈撰《中华帝国的专制制度》，高度赞扬儒学的自然法观念和经济学说。百科全书派的狄德罗为《百科全书》撰写了"中国哲学"条目，称扬儒学思想，为法国启蒙思想提供了新的精神资粮。

标志欧洲中国学作为一门专业学科的形成是雷慕沙（J. P. A. Rémusat，1788—1832）开设汉语讲座，他的《四书札记》论述了孔子和儒家学说。弟子儒莲（Stanislas Julien，1797—1873）翻译的《孟子》和《礼记》能严格忠实于原文，其儒学观曾支配法国汉学界半个世纪之久；学生鲍狄埃（Edward Constant Biot，1803—1850）著《中国哲学史大纲》（1844年版），成为读者入门教材，直至1938年才被佛尔克（Otto Franke 1862—1946）的《新编中国哲学史》所取代。著名汉学家理雅各布（James Legge，1814—1879）在牛津大学创设并主持中国学讲座，他著《中国的宗教：儒教和道教评述及其同基督教的比较》，用二十五年翻译出版包括"四书五经"在内的二十八卷经典著作，为西方人理解儒学经典提供更可靠数据。此外还有翟理斯（Herbert A. Giles 1845—1935）撰的《儒家学说及其反对派》，福克（Alfred Forcke，1867—1944）的《中国人的世界概念》，马克斯·韦伯（Max Weber，1864—1920）的《中国的宗教：儒教与道教》等。

俄罗斯的儒学经典的翻译有 A. Π. 列昂节夫（1716—1786）的《大学》和《中庸》；东正教传教团领袖尼基塔·雅可会列维奇·比丘林（1777—1853）的《三字经》，他编译周敦颐的《太极图说》和《通书》，讨论邵雍和朱熹思想；瓦西里·瓦西耶夫（1818—1900）的《诗经》；列夫·托尔斯泰（1828—1910）著的《论孔子的著作》《论大学》等。

六

《国际儒藏》是世界儒学之"藏"，"藏"有总摄一切所应知之义。

儒学曾影响东亚、南亚诸国的价值观念、思维方法、伦理道德、行为方式、风俗习惯，建构其国的典章礼仪、为政治国、科举制度、社会理想，塑造其人的为人处世、理想人格、审美情趣、终极关怀。在其历史的各个时期，涌现了一批智慧卓著、名声显赫的立德、立功、立言的政治家、思想家、教育家，他们以修身为本，齐家治国、明德新民、止于至善；他们以智慧创造，融突和合儒学文化与本土文化；以生命智慧，会通转生原儒文化为本国新儒学，新儒学曾一度成为其国的主导意识形态。

儒学以其海纳百川的包容性，有容乃大的开放性，几千年来主动积极走出去"取经"，请进来受教，融突而和合了内外各宗各派的学说，使中华民族儒学唯变所适，灿烂辉煌，日新其德，生生不息。

儒学不是独善其身之学，而是推己及人之学。它以"己欲立而立人，己欲达而达人"的仁爱精神，以"礼之用，和为贵"，"君子和而不同"的和合理念，西涉东渡，北传南播，推进东亚古代意识形态和伦理道德的建立及近代的开放维新，影响西欧近代的思想启蒙，发挥着不可或缺的作用。

"己所不欲，勿施于人。"当今人类共同面临着人与自然冲突而带来的生态环境危机，人与社会冲突而产生的人文社会危机，人与人的冲突而发生的伦理道德危机，人的心灵冲突而带来的精神信仰危机，文明之间的冲突而发生的价值观念危机。如何化解此五大冲突和危机？如何平衡、协调、和合人与自然、社会、人际、心灵和文明之间的关系，是东西方政治家、谋略家、思想家和学者所不能不思考的首要问题和应然的历史使命。在两千五百多年的儒学文化宝库中，有取之不竭的应对错综复杂冲突之方，有用之不尽的化解盘根错节危机之策。借鉴其方其策，可开出应对化解当代人类共同面临五大冲突和危机的资源，最底线的共同认同的理念。如"和实生物"的和生理念，"和而不同"的和处理念，"己欲立而立人"的和立理念，"己欲达而达人"的和达理念，"泛爱众""仁民爱物"的和爱理念。

"以他平他谓之和。"五大冲突危机与五大理念之间，是互相尊重他者存在的平等互动、平和对话，是互相敬爱他者存在的平衡协调、平易相处。"万物并育而不相害，道并行而不相悖。"这种"以他平他"的和的原则，在当今仍有其不朽的理论价值和现实意义。

当今世界，经济全球化、科技一体化、政治多极化、文化多元化、网络普及化，人员交往，学术交流，频繁便捷；思想探讨，相互理解，更显迫切。《国际儒藏》是世界古近代儒学者"旧学商量加邃密，新知培养转深沉"的学术结晶，是他们"致广大而尽精微，极高明而道中庸"的思想荟萃，共同丰富和发展了儒学的理论思维形态，上达形而上者之天人之际，下蕴形而下者之百姓日用。上下求索，明理达用，变动不居，为道屡迁，革故鼎新，生生不息。国际儒学是人类文化宝藏中具有生命智慧和智慧创新的瑰宝，在世界思想之林中具有凤凰涅槃和化腐为神的魅力，是应对人类所共同面临五大冲突和危机的化解之道，是21世纪人类生存下去所必须吸取的聪明智慧。《国际儒藏》以其普遍的有效性、实践的资治性、理论的思辨性、历史的继承性，曾"为天地立心，为生民立命"。《国际儒藏》为今人开启了"继往圣之学"之法门，儒学"责我开生面"，各国儒学家、儒教家终日乾乾，与时偕行，而开出人类所需要的新生面的新儒学。

《国际儒藏》依各国原仿《四库全书》例，分经、史、子、集，虽仍其旧，但立足于创新，所编纂的文献原均无标点校勘，按照《古籍校点条例》进行整理、标点、校勘，对收入《国际儒藏》每本书的作者生平思想、著作内容、版本源流、后世评价及影响进行研究，撰写简明提要，为读者理解提供方便。

恭理国际儒学典籍，成兹《国际儒藏》，纵可观各国儒学演化的踪迹，横可览各国儒学化特色文化的异同。"辨章学术，考镜源流"，继往开来，推陈出新，愿国际儒学，再创辉煌，是所至祷。

张立文　序于中国人民大学

孔子研究院、国学研究院

2008 年 9 月 24 日

（载《国际儒藏·韩国编》，华夏出版社、中国人民大学出版社 2009 年版）

儒家和合生态智慧

"乾称父，坤称母；予兹藐焉，乃混然中处。故天地之塞，吾其体；天地之帅，吾其性。民，吾同胞，物，吾与也。"① 乾坤天地自然是人的父母，人在天地中间，充塞于天地之间的是我的身体，统帅天地的是我的品性。民众都是我的同胞兄弟，万物都是我的同伴朋友。这是张载对天地的崇敬性、自然的亲密性、万物的爱护性的体认，这种体认对人类道德地、理性地、完美地处理与天地万物自然关系，有莫大的启发价值。

一

生态是关乎人类文明、人人生命、国家繁荣、民族永续、子孙生生的头等大事。当前人类与生态之间存在着严峻的、全面的冲突，人类应刻不容缓地去化解。这些冲突有：

其一，人类自我生产与地球资源有限性的冲突。虽然一些国家实行计划生育，甚至负增长，但世界人口仍然增长很快，当前已达 70 亿。联合国环境规划署执行主任阿希姆·施泰纳估计到 2050 年世界人口将达到 90 亿。如果这种趋势延续下去，现有的人口生产和自然资源消耗模式仍然盛行，得不到扭转或遏制，那么，各个政府将面临空前的损害和退化。人类既是天地自然的建设者、创造者，亦是其破坏者、毁灭者。一千多年前，唐代的思想家韩愈在与柳宗元辩论天人关系时，就极其严肃地讲到人类对地球自然的破坏。"物坏，虫由之生；元气阴阳之

---

① 《正蒙·乾称篇》，《张载集》，中华书局 1978 年版，第 62 页。

坏，人由之生。虫之生而物益坏，食啮之，攻穴之，虫之祸物也滋甚。其有能去之者，有功于物者也；繁而息之者，物之仇也。人之坏元气阴阳也滋甚，垦原田，伐山林，凿泉以井饮，窾墓以送死，而又穴为偃溲，筑为墙垣、城郭、台榭、观游，疏为川渎、沟洫、陂池，燧木以燔，革金以镕，陶甄琢磨，悴然使天地万物不得其情，悻悻冲冲，攻残败挠而未尝息。其为祸元气阴阳也，不甚于虫之所为乎！"① 人类祸害、破坏自然，犹如害虫祸害、攻穴树木。要使树木茂盛，就要消灭害虫。韩愈认为人类祸害天地自然比害虫祸害树木更厉害，所以他主张："吾意有能残斯人使日薄岁削，祸元气阴阳者滋少，是则有功于天地者也，繁而息之者，天地之仇也。"② 这是多么深刻的见解，对人类祸害天地自然提出了尖锐的批评，把人比作天地自然的仇敌，主张减少人口的生产。我们可以说，韩愈是世界上最早的环保主义者之一，也是世界上最早主张计划生育的人。

其二，气候变暖的冲突。由于人口增长，城市化加速，以及矿物燃料为基础的能源消耗等，是推动气候变暖的重要因素。其直接后果是造成冰川大量融化，将淹没大多沿海城市，根据预测到 21 世纪末欧洲阿尔卑斯山冰川将减少 75%，，新西兰冰川将减少 72%，亚洲高山冰川将流失 10%。全球高山冰川和冰盖的总量将减 15%～21%。全球海平面将上升 12 厘米，威尼斯、上海、香港都会被淹没。

气候变暖将造成台风、飓风、干旱、洪涝灾害多发。几十年不遇的"桑迪"飓风，袭击美国东部，造成巨大的生命财产的损失。六十年不遇的大旱在"非洲之角"地区蔓延，索马里、肯尼亚、吉布提、埃塞俄比亚大部地区受灾，1240 万难民待援③。据不完全统计气象灾害年均造成经济损失两千余亿元④。

曾经在人类历史上辉煌一时的玛雅文明，就毁灭于干旱。强降雨期

---

① 《天说》，《柳宗元集》卷十六，中华书局 1979 年版，第 422 页。

② 同上。

③ 参见《参考消息》2012 年 8 月 26 日报道。

④ 参见《人民政协报》2011 年 9 月 11 日报道。

提高了农业系统的生产力，导致人口膨胀、资源过度开采，迎来鼎盛的古典期（公元200—900年），随后越来越干旱的气候导致了资源枯竭，从而引发政治混乱和战争。经过多年的煎熬，始于1020年的一场持续近一个世纪的干旱锁定了玛雅文明的毁灭①。中国楼兰文明的毁灭也由于干旱所导致。历史是一面镜子，玛雅、楼兰文明的毁灭，是对人类的警告，前车之鉴，不能不记取。

其三，水生态环境恶化的冲突。水是生命之源。如果在火星找到水，就证明火星有生命的存在。我老家浙江温州龙湾区的屋前有一条河，过去的饮用水，都是这河里的水。20世纪80年代由于发展民营企业，这条河就成了臭水沟。我国最大沙漠淡水湖红碱淖，位于陕西神木县西北，素有大漠明珠之称，是世界上最大的遗鸥繁殖与栖息地。近年附近煤矿开采加剧，地下水流发生改变，形成新暗河，红碱淖两条主要补水河流分别修水库蓄水，地表水下降，水质每年以20%~30%恶化。此淡水湖造就了美丽自然风光和极为丰富的生态资源，对陕西、内蒙古地区生态和气候起重要调节作用，被誉为榆林市和鄂尔多斯市的肺和肾，但如今已面临干涸的危机②。

我国是一个缺水的国家，人均水资源为世界人均水平的28%，全国2/3城市缺水。目前水资源过度利用严重，淮河为60%，辽河为65%，海河为90%，超过国际公认为30%~40%的警戒线。华北地下水超采形成3~5万平方公里的漏斗区。我国累计丧失滨海湿地面积219万公顷，占滨海湿地总面积的50%。江河断流，湖泊萎缩加剧，水源涵养功能退化，防沙治沙功能减弱③。如果人类如此虐待水资源，正如有人说，人类看到最后一滴水，将是自己的眼泪④。

其四，沙漠化、水土流失严重的冲突。森林质量不高，草地退化。生态功能较好的近熟林、过熟林不足30%，沙化土地发展年速度由20

---

① 参见《参考消息》2012年2月25日报道和2012年11月10日的报道。

② 参见《人民政协报》2011年9月29日报道。

③ 参见《光明日报》2003年10月29日报道。

④ 参见《人民政协报》2012年3月22日报道。

世纪 80 年代中期的 2100 平方公里，到 20 世纪 90 年代末每年增至 3436 平方公里，相当于损失一个中等县的土地①。每年水土流失毁掉 100 万亩耕地，半个世纪以来水土流失毁掉耕田 4000 多万亩。土壤流失量 50 多亿吨，数以亿吨的氮、磷、钾养分流失，造成经济损失 100 亿元以上。

目前东北黑土地每三年至少有一厘米厚黑土随水流失，有的黑土已流失殆尽，露出土壤母质，形成"被皮黄"②。如此下去，东北粮食产量将受影响。"民以食为天"，粮食这个天塌了，将对社会和谐和安定产生严重威胁。

其五，物种大灭绝的冲突。据估计地球上曾经存在的 5000 亿个物种中约 99% 以上已消亡。在过去五亿多年里，已发生 20 次物种大灭绝现象。现在处在另一次灭绝过程中，这都与人类活动过速相关。仅在 20 世纪，大气层二氧化碳含量变化速度相当于 10 万年冰川周期的改变，五十年来海洋酸化的速度超过 5000 万年海洋发生的变化③。

生物多样性是生物平衡发展、良性循环所必要的条件，一种物种的消失会影响其他物种的消失。在《濒危野生动植物物种国际贸易公约》中列出的 640 个世界性濒危物种中我国占有 156 种，占 24%，到今年有 3000～4000 种植物处于濒危中，由于物种之间互相关联，互相制约，一种植物灭绝，就会有 10～30 种植物依附物消失④。由于森林资源稀少和野外动植物栖息地的破坏，我国很多珍稀动植物濒危，现已有 200 个特有物种消失，如海南黑冠长臂猿和黑熊大量减少，稀有植物望天树、龙脑香等濒临灭绝。大象、孔雀雉等野生动物减少，麋鹿、野马、新疆虎等 20 种基本灭绝，有 300 种陆栖脊椎动物，约 410 种和 13 类野生植物濒危⑤。

---

① 参见《光明日报》2003 年 10 月 29 日报道。
② 同上。
③ 参见《参考消息》2009 年 12 月 23 日报道。
④ 参见《光明日报》2003 年 10 月 27 日报道。
⑤ 同上。

其六，食品安全的冲突。农业和农村面源污染严重，我国化肥平均施用量是发达国家化肥安全施用上限的两倍，但平均利用率仅有40%左右。我国污水灌溉区主要集中在中东部地区，中东部受重金属污染的土地占污灌面的20%。农业面源污染成为我国污染大户，16个省市蔬菜批发市场的检测表明农药总检出率为26%～60%，总超标率为20%～45%，农药污染面积约1.36亿亩[1]。

孙露源是一名11岁的六年级学生，她代表《中国少年报》，提出有毒食品的犀利问题：为什么国内食品安全记录那么差，以至于她和她的同学都不敢吃零食了？我们怎么才能吃到放心的食品？[2]从蔬菜、水果、熟食到零食，人人对食品安全都很纠心。食品安全是关系人民大众的生命的大事。

人与自然冲突所造成的生态危机，已严重而深刻威胁人类的生存环境，时刻而不断损害人类的生命财产，恶化而危害人类的生活质量。为了人民的福祉，国家的繁荣，民族的未来，必须以民族的生命智慧和智能创造，化解生态危机，这是民族的使命和历史责任。

二

和合生态是指以敬畏、尊重、平等、爱护自然为指导，以人与自然、人与社会、人与人、人与文明融突和生并育为大本，以建设文明、和谐、持续发展和天蓝、地绿、水净的美好家园为宗旨的和合生态建设理念的总和。

发现生态文明是人类的又一次觉醒，是人类拯救自然，也是拯救自我的一次自觉。人们面临生态环境恶化的严酷现实，A. 施韦兹的《文明的哲学：文化与伦理学》（1923）和 A. 莱奥波尔德的《沙郡年鉴》

---

[1] 参见《光明日报》2003年10月29日报道。另见《人民政协报》2012年3月15日报道。

[2] 参见《小记者考部长》，《参考消息》2012年11月11日报道。另见《光明日报》2012年11月11日报道。

（1949）从不同方面创立了生态伦理学，指出人对他周围的所有生物负有个人责任，生命应得到尊重。P. 卡逊的《寂静的春天》（1962）的出版，唤起了人们的环保意识，推动了公众环保运动的开展，创办国际性学术期刊，如发表《环境伦理学》《生态哲学》等大量生态伦理学和环境保护文章；召开各种国际性学术会议："非人类自然界的权利"（1974）、"人类和生态意识"（1980）、"环境伦理学和太阳能系统"（1985）等。并提出了"道并行而不相悖"的生态理论，如生态中心论、人类中心论、生物中心论、生态协调论、生态人类论、人类控制论等。

自 20 世纪 80 年代以来，我国对生态文明理论研究逐渐重视，并把生态文明建设融入经济、政治、文化、社会建设的各方面和全过程。

立足于中华民族永续发展和美好家园的和合生态建设，审视检讨中国生态危机的严酷现实，思议观察西方生态文明理论研究，继承弘扬中华民族独具魅力和卓越智慧的和合生态理论，可为全人类所共同面临的人与自然冲突所造成的生态危机提供化解的资源和借鉴。

第一，天人合一的智慧。《周易·乾·文言》人与天地自然和合："夫大人者，与天地合其德，与日月合其明，与四时合其序，与鬼神合其吉凶。先天而天弗违，后天而奉天时。天且弗违，而况于人乎？况于鬼神乎！"大人去有我之私的遮蔽，以博大的情怀，而不梏于形体，乃与天地、日月、四时、鬼神相通合。人的一切行为活动与天地鬼神没有彼此的二分，事奉天地、日月、四时自然而不违背。

宋代理体学集大成者朱熹把人与天地、日月、自然的"合"，诠释为人与自然的"一体"。"盖天地万物本吾一体。吾之心正，则天地之心亦正矣；吾之气顺，则天地之气亦顺矣，故其效验至于如此。"① 天地万物之所以本吾一体，其效验证明就在于，吾的心和气的正和顺，那么天地的心和气亦正亦顺。

---

① 《中庸章句》，《朱子全书》第 6 册，上海古籍出版社、安徽教育出版社 2002 年版，第 33 页。

明代心体学的集大成者王守仁亦说:"大人者,以天地万物为一体者也,其视天下犹一家,中国犹一人焉。若夫间形骸而分尔我者,小人矣。大人之能以天地万物为一体也,非意之也,其心之仁本若是,其与天地万物而为一也。"① 以大人与小人的德性标准,来二分天地万物为一体与非一体。虽然朱王的哲学思维的出发点有异,但都以心正和心仁的德性形上学来效验其一体性,这是其同。

如果说朱熹和王守仁天地万物与吾的一体性的效验,还停留在观念形态而缺乏逻辑的论证,那么,汉代的董仲舒则对天人的合一性、一体性做了具体性的、实证式的说明。为什么"天人一也"?董仲舒从四个方面做了论证:一是天是人的曾祖父。"人之人本于天,天亦人之曾祖父也。"② 作为曾祖父天的后代子孙,便具有基因的遗传性、一体性。二是人副天数。"天以终岁之数,成人之身,故小节三百六十六,副日数也;大节十二分,副月数也;内有五脏,副五行数也;外有四肢,副四时数也;乍视乍瞑,副昼夜也;乍刚乍柔,副冬夏也。"③ 天一年366日,人有366小节骨;一年12个月,人有12大节;人的心、肝、脾、肺、肾五脏与金、木、水、火、土五行相副;天有春、夏、秋、冬四时与人的四肢相副;白天人醒晚上睡觉与天的昼夜相副;刚柔与冬夏相副,而见天人一体。三是人的心计思虑情感与天相副。"乍哀乍乐,副阴阳也;心有计虑,副度数也。"④ 又说:"人之好恶,化天之暖清;人之喜怒,化天之寒暑;人之受命,化天之四时。人生有喜怒哀乐之答,春夏秋冬之类也。"⑤ 四是伦理道德与天相副。"人之血气,化天志而仁;人之德行,化天理而义。"⑥ "行有伦理,副天地也。"⑦ 这就将人

---

① 《大学问》,《王文成公全书》卷二十六。
② 《为人者天》,《春秋繁露义证》卷十一,中华书局1992年版,第318页。
③ 《人副天数》,《春秋繁露义证》卷十三,第356—357页。
④ 同上。
⑤ 《为人者天》,《春秋繁露义证》卷十一,第318页。
⑥ 同上。
⑦ 《人副天数》,《春秋繁露义证》卷十三,第357页。

身组织结构、心理活动结构到精神意识活动、伦理道德行为都与自然之天的日、月、四时、五行、昼夜、阴阳、天地做了相副性、一体性的比附，这种比附虽无现代科学的证明，但是董仲舒亦是凭其当时对自然现象的观察，所做出的比附。

基于这种天人比附性、一体性的论说，夯实了其天是人的曾祖父的观念。"以观天人相与之际，甚可畏也。国家将有失道之败，而天乃先出灾害以谴告之；不知自省，又出怪异以警惧之；尚不知变，而伤败乃至。"① 若从生态环保的视域来理解董仲舒这段话，自然之天对破坏、祸害生态环保的失德的国家和人类进行严正的申斥，并以降灾害——如大旱、洪涝来谴责他，希望其改错改过；如果不自省改过错误，继续出现破坏、祸害自然生态的败德的行为，那么，自然之天就会以怪异——大地震、强飓风、龙卷风、海啸等，给国家人民的生命财产造成不可估量的巨大损失和破坏，使人类恐惧，而知改过破坏自然生态的败德的行为；如果降灾害以谴告，出怪异以警惧，还不知改过，而顽固不化，就只能使其伤败亡国，换言之，即人类的末日到了。这是生态危机给人类敲响的警钟。人类若再三不听自然之天的警告，继续做破坏、祸害生态的败德行为，自然之天就会加倍惩罚人类，人类自己酿成的苦酒，都要自己喝干。

第二，敬畏尊重的智慧。"唯天为大，唯尧则之。"天是最广大、最伟大的，由其如此，所以能厚德载物，人类是应该敬畏天的。孔子曰："君子有三畏：畏天命，畏大人，畏圣人之言。"② 有地位道德的人对天的敬畏，是基于"知天命"的体认，这是一种以天为大的敬天的宗教情感的体验。在南方和少数民族的宗教信仰中，以为水有水神、火有火神、雨有雨神、土有土地爷、灶有灶神、山有山神，有各种各样的神。孔子说："山川之神，足以纲纪天下，其守为神。"③ 名山大川能兴云致雨，以利天下，祀以为神，都是老百姓所敬畏的。这就是对自然神

---

① 《董仲舒传》，《汉书》卷五十六，中华书局1983年版，第2500页。
② 《季氏》，《论语集注》卷八。
③ 《孔子世家》，《史记》卷四十七。

的敬畏，是对自然的崇拜。对天的不敬畏和不尊重，对自然神的不敬畏和不尊重，而破坏、祸害天地自然，乃是不知义理的、败德的小人的行为。

人类之所以要敬畏尊重天地自然，是因为天地自然与人类一样是有生命的。荀子说："水火有气而无生，草木有生而无知，禽兽有知而无义，人有气、有生、有知，亦且有义。"① 荀子局限于两千多年前的认知水平和科技知识，而以水火无生，其实是一生命体。现代科学家认为草木植物不仅有生，而且有知。人们看不到植物移动，这并不意味着植物体中没有一个丰富的、动态的多元世界。植物对光的作用不仅在光合，而且把它作为改变植物生长方式的信号。科学家发现一种植物必有特定基因组，决定植物的生长，且与动物基因组部分相似。如果所有植物生物学都归结于"根"，达尔文曾认为，根的顶端——人们称其为分裂组织的部分，或许扮演着低级动物大脑的角色，接受感觉输入并指挥植物的行动。现代研究显示，植物也有嗅觉、听觉、触觉，陷于困境会做出防御，拥有不同类型的记忆，是复杂的生物体，过着丰富而感性的生活②。尊重生命，这是人类最底线的道德，也是人类文明的金规则；对生命的敬畏之情，这是人类与自然互相交往中，所必须遵守的和处、和立、和达的基本原则。

敬畏自然，自然亦会敬畏人类；尊重自然，自然亦会尊重人类。人类与自然天地在互相尊重、敬畏中，营造百花齐放的美丽大地，绘画百鸟齐鸣的美好家园。

第三，仁民爱物的智慧。孟子说："君子之于物也，爱之而弗仁；于民也，仁之而弗亲。亲亲而仁民，仁民而爱物。"③ 君子对于草木禽兽、自然万物，爱惜它，却不用仁德对待它；对于百姓，用仁德对待他，却不亲爱他。君子亲爱亲人，因而仁爱百姓；仁爱百姓，因而爱惜自然万物。孟子仁民爱物的局限，正如墨子所批评的儒家的爱是分别亲

① 《王制》，《荀子新注》，中华书局 1979 年版，第 127 页。
② 参见《光明日报》2012 年 7 月 10 日报道。
③ 《尽心上》，《孟子集注》卷十三。

疏，爱有差等的，而不能"兼相爱"，也与其推己及人及物不完全相符。当今而观，对自然万物不仅要爱惜它，而且要以仁德对待它；对于百姓，不仅要以仁德对待他，而且要亲爱百姓，老吾老以及人之老，幼吾幼以及人之幼，这才是"仁民爱物"的本真。

保护生物的自觉，中华民族古代文明已有觉醒。孔子说："钓而不纲，弋不射宿。"① 孔子自己钓鱼，不用绳网捕鱼。射鸟，不射已归巢的鸟。用网捕鱼，大鱼小鱼一齐捕来，断了鱼的生长和资源，反对妄杀滥捕。不射栖宿巢中的鸟，体现了一种仁爱动物的思想。《孔子世家》记载："丘闻之也，刳胎杀夭，则麒麟不至郊；竭泽涸渔，则蛟龙不合阴阳；覆巢毁卵，则凤凰不翔。何则，君子讳伤其类也，夫鸟兽之于不义也。尚知辟之，而况乎丘哉。"② 剖腹取胎，竭泽而渔，覆巢毁卵，这种灭绝生物的做法，破坏了生物的继续生长，会带来巨大的损失，给人类赋予祥瑞好运的麒麟就不来了；能兴云致雨、阴阳调和的蛟龙就不会给人类风调雨顺了；凤凰也不飞翔了。人类就会遭遇严重的、巨大的灾难，这就是对人类灭绝生物的一种报复。

如果有爱惜生物的意识，保护生态的自觉，人们就能丰衣足食，日用不尽。"数罟不入洿池，鱼鳖不可胜食也；斧斤以时入山林，材木不可胜用也。谷与鱼鳖不可胜食，材木不可胜用，是使民养生丧死无憾也。养生丧死无憾，王道之始也。"③ 古代曾规定网眼在四寸（今为二寸七分六厘）以下的细网不能在湖泊内捕鱼，要按规定时间，如《礼记·王制》："草木零落，然后入山林。"这样鱼也吃不完，木材也用不尽。体现了一种保护物种、尊重自然、顺应自然的和合生态理念。

实现尊重自然、顺应自然、保护自然的和合生态理念，必须对自然生态具有仁爱之心。孟子对齐宣王说：我曾听胡龁说，王坐在宫殿上，有人牵着牛从殿下走过，你看到了，就问：牵着牛到哪里去？牵牛的回答：准备杀了祭钟。你便说：放了它！我看它哆嗦可怜的样子，杀了

---

① 《述而》，《论语集注》卷四。王引之《经义述闻》讲，纲乃网之误。
② 《孔子世家》，《史记》卷四十七。
③ 《梁惠王上》，《孟子集注》卷一。

它，我心不忍。孟子说：宣王你有这种不忍的心，正是仁爱的表现。君子对于飞禽走兽，看见它们活着，便不忍心再看见它们死去，听到它们悲鸣哀号，就不忍心再吃它们的肉。这就是不忍的爱心的体现①。爱惜生态、仁爱生态，才能实现保护自然生态。

第四，中和并育的智慧。《中庸》说："中也者，天下之大本也。和也者，天下之达道也。致中和，天地位焉，万物育焉。"中和作为天下的大本达道，推而极之，中和，就能位天地，育万物。人类就可以赞天地的化育，与天地自然相参。这样"万物并育而不相害，道并行而不相悖"②。天地自然界多样性的万物共同发育、生长而不相损害，共同生存而不相违背。

自然生态的多样性万物共同发育、生长、生存，而不相害相悖，必须有一种如孟子所说的"不忍人之心"，就是一种"今人乍见孺子将入于井，皆有怵惕恻隐之心"。王守仁诠释说："是故见孺子之入井，而必有怵惕恻隐之心焉，是其仁之与孺子而为一体也。孺子犹同类者也。见鸟兽之哀鸣觳觫，而必有不忍之心焉，是其仁之与鸟兽而为一体也。鸟兽犹有知觉者也。见草木之摧折，而必有悯恤之心焉，是其仁之与草木而为一体也。草木犹有生意者也。见瓦石之毁坏，而必有顾惜之心焉，是其仁之与瓦石而为一体也。是其一体之仁也，虽小人之心亦必有之。是乃根于天命之性，而自然灵昭不昧者也。"③ 人以不忍人的仁爱之心，与鸟兽、草木、瓦石一体，孺子之入井，鸟兽的哀鸣，草木之摧折，瓦石之毁坏，都是对生态环境的破坏。由于人类与"天地万物为一体"，人类根源于天命之性的怵惕恻隐之心，见鸟兽而发为不忍之心，见草木而发为悯恤之心，见瓦石而发为顾惜之心。人类的这种不忍的仁爱之心，是包容自然万物多样性共生并育的生态伦理，是和合生态意识的卓越智慧。

---

① 《梁惠王上》，《孟子集注》卷一。祭钟是古代礼仪，当国家有新的重要器物，宗庙开始使用时，要杀活物来祭。

② 《中庸章句》，《朱子全书》第6册，第55页。

③ 《大学问》，《王文成公全书》卷二十六。

第五，顺应自然的智慧。中华民族较早就有保护生态、遵照自然规则的自觉，并使之制度化、法律化。20世纪90年代在敦煌考古发现西汉平帝元始五年（公元5年）的《四时月令·诏条》，内容与《礼记·月令》精神一致。《礼记·月令》是政令和月令相统一的条令规定，是上而帝王，下而百姓必须遵守的。其中就包括古代农事活动和保护生态的管理条例。

孟春之月，"天地和同，草木萌动，王命布农事……命祀山林川泽，牺牲毋用牝，禁止伐木，毋覆巢，毋杀孩虫，胎夭飞鸟，毋麛毋卵"①。大地回春，阴阳和同，草木开始发育生长。祭祀不用雌性禽兽，以利繁殖，禁止砍伐山林，杀幼虫、胎鸟、母卵等，保护生态。

仲春之月，"毋作大事，以妨农之事。是月也，毋竭川泽，毋漉陂池，毋焚山林"②。为了不妨碍春耕生产，不大量征用劳役、兵役。不使川泽干涸，陂池有充足的积水，不烧山林。保证人和禽兽的饮用水和农田灌溉用水，使山林披上绿装。

季春之月，"命司空曰：时雨将降，下水上腾，循行国邑，周视原野，修利堤防，道达沟渎，开通道路，毋有障塞。田猎罝罘，罗网毕翳，喂兽之药，毋出九门。是月也，命野虞毋伐桑柘，鸣鸠拂其羽，戴胜降于桑，具曲植籧筐"③。整修堤坝，以防洪涝灾害，鸟兽方孵出，伤害幼小鸟兽，是逆天理的行为。田猎不能用网罗，不能投药。命令管理农事和山林的官员，不能砍伐喂养蚕的桑树、柘树。蚕将生时，鸣鸠其翼相击，戴胜降于桑，养好蚕而获丝。体现了保护自然、爱护动物的生态智慧。

孟夏之月，"毋起土功，毋发大众，毋伐大树……是月也，驱兽毋害五谷，毋大田猎"④。当时中国未种植棉花，衣饰靠蚕丝，因此农桑

---

① 《月令》，《礼记正义》卷十四，《十三经注疏》，中华书局1980年版，第1356—1357页。

② 《月令》，《礼记正义》卷十五，《十三经注疏》，第1362页。

③ 同上，第1363页。

④ 同上，第1365页。

是国家保证衣食的来源。为了保证农桑，而不劳民，不砍伐大树，不事大的田猎活动，以及驱野兽危害粮食收获。

季夏之月，"树木方盛，命虞人入山行木，毋有斩伐"①。到了季秋之月，"草木黄落，乃伐薪为炭"②。秋末，草木枯黄，就可以砍伐一些树木了。季冬之月，"命农计耦耕事，修耒耜，具田器"③。修理农具田器，以备来年春耕生产。

《礼记·月令》所规定的尊重自然生态，保护自然生态，顺应自然生态节气、动植物生长的规律，规定了具体的和合生态保护的措施和办法，成为中华民族历代所遵守的保护生态条令，并成为国家的法律，《秦律·田律》规定："春二月，毋敢伐材木山林。"《唐律疏议》："非时烧田野者，笞五十。"④ 所谓"非时"，是指 2 月 1 日以后，10 月 30 日以前。

中华民族敬畏尊重自然生态，自然生态给人以衣、食、住、行用之利，是人的衣食父母。人类应以感恩的心情，中和并育，仁民爱物，顺应自然规则，天人合一，和合自然生态，生生不息。

三

在当前生态建设融入经济、政治、文化、制度建设各方面、全过程之际，努力建设和美和丽中华民族之时，和合生态建设是实现经济、政治、文化、制度建设的重要条件，在实现建设美丽中国中有突出地位。

和合生态建设，还需继续努力，应该做到：

第一，提升和合生态重要性、突出性的认识。需要做到弘扬中华民族传统的人与自然的生态智慧，体认其间的和合道德性关系。人类对自

---

① 《月令》，《礼记正义》卷十六，《十三经注疏》，第 1371 页。

② 同上，第 1380 页。

③ 同上，第 1384 页。

④ 《杂律下》，《唐律疏议》卷二十七，《万有文库》本，商务印书馆 1929 年版。

然生态的道德期望，必须与其对自然生态的道德责任相融合，以化解人类对自然生态不负责任的邪恶行为和自利欲望的无限膨胀。人类加紧破坏、祸害自然生态的同时，也把人类自己送进坟墓。

人类是把自然生态视为自己的第一父母，还是看作第一仇敌，是敬畏尊重自然生态的生命活力和顺应自然生态规则，还是不尊、不畏、蔑视，甚至戕害自然生态的生存权利和生命机体，这是人类必须摆正的价值观。

人类自我生产的加速膨胀，对自然生态的压力和威胁也越来越严重。在这种情境下，人类是赡养敬爱自然生态，还是破坏祸害自然生态；是化成造福自然生态，还是征服奴役自然生态；是建设美化自然生态，还是掠夺丑化自然生态，这是人类必须选择的道德观。

人类与自然生态都是具有生命力的生命体，他们之间应以"己所不欲，勿施于人"的规则为指导，是造成人类与自然生态和生并育而不相害，还是进行你死我活的拼杀；是和而不同地和处和达，还是牺牲自然生态而自谋私利；是建设天人和谐的和立和爱的人间福地，还是实行人所不欲而施于自然生态的独厚逸乐之路，这是人类必须面对的人生观。

端正人类与自然生态的价值观、道德观、人生观，是建设和合生态，造就美丽中国，实现中华民族永续发展的重要前提条件，否则就会遭遇种种障碍，而不能通达。

第二，建构科学合理的和合发展模式。中华民族传统"天人合一"的和合生态观念，并非先污染，后清污，而是道并行而不相悖。现代和合生态建设必须坚决摒弃先污染，后治理；先破坏，后建设的老路。必须实行社会发展与生态环保相融合，经济增长与绿色生产相融合，经济效益与生态效益相融合，人口生产与生态资源相融合，天地空间资源与绿水青山生态环境相融合。发展绿色经济、生态经济、低碳经济、循环经济、环保经济的和合模式。

福建圣农集团在欠发达的闽北边陲光泽县建立了一个自繁、自养、自宰的现代化白羽肉鸡产业集群，走出一条纵横循环经济发展模式，形成了一条种鸡养殖、种蛋孵化、饲料加工，肉鸡饲养、加工、快餐连锁的纵向产业链。又形成了以鸡粪生产生物有机肥，以鸡废弃物（鸡毛、鸡肠、鸡骨架、鸡血）为基础的开发利用，包括与包装材料、液化气、储运物流等相关的横向配套产业链。实现鸡肉产业资源的综合、高效利用，真正形成了无污染、零废弃的循环经济，获得较高经济、社会、生态效益①。给人们留下一个天蓝、地绿、气清、水净的美好家园。

第三，建构科学合理和合消费模式。科学合理的经济增长的和合模式，为科学合理的和合消费模式奠定了物质、能量、信息基础，能使国家持久富强，人民幸福快乐，国家和合安定。和合消费模式强调人与自然生态资源、人与社会生态资源、人际代际之间的社会资源的和生性、和立性、合理性、公平性，使自然生态资源、社会生态资源系统的可持续性与发展人的享受富裕、幸福、民主、文明、平等、公正、诚信、友爱的生活的可持续性相和合，使人的物质、能量、信息的生活消费模式与生态资源系统的承载能力相协调。强调"中节"消费、节约消费，反对剖腹取胎、覆巢毁卵式的消费，反对竭泽而渔、灭绝物种式的享受。走出一条自然生态资源节约型、人民生活幸福安康型的和合消费模式。要严格管控国土空间开发，调控生态资源的节约集约高效利用，促使生态资源利用消费方式的根本转变，实现中华民族的永续发展。

第四，建构和合生态创新机制体制。把生态政治、经济、文化、法律、道德建设制度化、体制化，把生态资源消耗、生态环境恶化、生态利用效益纳入社会生态发展评价、考核、检查、奖惩机制体系，建立生态资源开发、利用、保护、补偿、美化监管制度，健全生态监管的法律法规、方针政策、技术标准、审检机制体系，建构从中央到地方的和合生态目标的责任制，以及企业信用生态环境责任管理制，建议开征水资源污染税、生态环境破坏税、二氧化碳排放超标税、固体废物税等，使和合生态监管制度、方针政策、目标责任得以实现和落实，不使有令不行、欺上瞒下行为的重演，不留舞弊死角。

第五，加强和合生态建设教育。生态文明建设之所以在政治、经

---

① 参见《人民政协报》2012年11月14日报道。

师道师说

张立文　卷

济、文化、社会建设中具有突出地位，是因为其贯穿这些建设的各方面和全过程，可影响这些建设的真、善、美与假、丑、恶，影响人民对这些建设的优劣、得失、盛衰的体认和评价。要使和合生态文明真正得以实现，需要全体人民参与，人既是美化自然生态的动力，人本身也是污染源之一，所以人要提高自身的生态文明素质，提升和合生态道德品质，这就必须加强和合生态建设的教育，把生态文明素质、和合生态道德品质教育纳入中小学素质教育课程体系，进入机关、企业、公司、社区学习教育系统，增强生态危机的忧患意识、责任意识、使命意识，增强科学合理的和合发展模式、消费模式，以及生态创新体制、生态教育体制的自觉意识、自律意识、自尊意识。生态发展观、生态生产观、生态经济观、生态文化观、生态政绩观、生态道德观、生态价值观、生态国际观是通往美丽中国、美丽世界的大本达道。

（载《黑龙江社会科学》2013 年第 1 期）

儒家伦理与廉政

伦理是指人际社会关系种类之间或辈分之间的道理、原理、规范的总和。在当前伦理已度越了狭隘的人际社会关系，而推至人与自然、社会、心灵、文明各领域的伦理关系。在中华民族传统伦理中，具有丰富而深邃的伦理道德精髓，传承和弘扬中华优秀伦理道德，对于反腐倡廉，具有特殊价值和现实意义。它关系民族的治乱兴衰，国家的生死存亡，个人的身家性命。为此，倡导和践履中华优秀伦理道德，建设一个公平正义、廉洁奉公、不贪不淫、诚信无欺的廉政而和谐的社会，是今天的急务。我们要培养品行诚信的廉风，要培育贫贱不移的廉志，要尊重节操爱民的廉士，要培育清白高洁的廉洁之士，要培育廉明公正的廉正之士，要培育洁身谨慎的廉谨之士，要培育谦逊知礼的廉让之士，要培育一身清廉知耻的廉耻之士。这是立身之本、立国之本、立世之本。治身、治家、治国、治世、治政、治经、治文、治军，只有坚守此八方面伦理道德，才能成功和完善。

一

人一诞生，就与父母、祖父母、兄弟、姐妹发生伦理关系，推而广之，与邻里、同学、老师、朋友、同事发生伦理关系。家庭伦理与社会伦理构成了人的生存方式、生活方式，与一定的伦理关系相应的是一定的伦理义务和责任。《国语·郑语》记载："商契能和合五教，以保于百姓者也。"[1] 五教是指父义、母慈、兄友、弟恭、子孝，此五教构成

---

① 徐元浩：《郑语》，《国语集解》卷十六，中华书局 2002 年版，第 466 页。

相互伦理道德关系。年幼时，父母有养育、慈爱子女的责任，子女长大后，有孝敬父母的义务。孔子说："今之孝者，是谓能养。至于犬马，皆能有养，不敬，何以别乎！"光是赡养父母，就与养犬马没有区别了，一定要尊敬、敬重、恭敬父母，这就是其间的区别，也是其伦理道德规范的体现。

伦理的伦的本义是辈、类的意思，理是条例、道理。伦理简言之，即人际社会关系种类之间或辈分之间的道理、原理、规范的总和。朱熹在《白鹿洞书院揭示》中说：他根据"商契能和合五教"的思想，规定"父子有亲，君臣有义，夫妇有别，长幼有序，朋友有信"①作为五伦的原理、规范。朝鲜李朝朱子学家李退溪创办陶山书院，以朱熹《白鹿洞书院揭示》的五伦为本，作为教育的宗旨，并加以具体化，教化实行，使民之善。

在经济全球化、科技一体化、网络普及化、地球村落化的情境下，伦理已度越狭隘的人际社会关系，而推至人与自然、社会、心灵、文明各领域的伦理关系，如自然生态伦理、社会人文伦理、人际道德伦理、心灵精神伦理、文明价值伦理。

自然生态伦理。人类活动超越了陆地，上九天揽月，下海洋捉鳖，构成全球性、太空性的生态冲突和危机，形成天、地、人全方位的伦理关系。按和合学原理：一是"天地万物本吾一体"原理，人类本来就是天地万物中的一种物类，"民吾同胞，物吾与也"，万物与吾（人类）都是同伴、朋友，如此，人类与天地自然万物应遵循诚信伦理，人因明致诚，因诚致明，互相并育而不相害，作为"本吾一体"的天地万物，戕贼天地万物就是伤害人类自己；二是"以他平他谓之和"原理，人类与天地万物，是他与他的关系，这种关系是平等的，人类应尊重他者（天地自然万物），平等地建立互利、互惠、互补、互鉴的伦理关系，以达到人类与天地自然万物之间融突而和合境域；三是天地合德的原

---

① 朱熹：《白鹿洞书院揭示》，《朱文公文集》卷七十四，《四部丛刊》本，商务印书馆 1936 年版。

理，人类与天地、日月、四时、鬼神合其德、合其明、合其序、合其凶吉，达到高度的和谐、平衡、有序、协调，并行而不相悖，与天地参，天人合一。自然生态伦理人文化成，天人同伦，物我同乐，体现了一种人文主义精神。

社会人文伦理。人类生存世界的衣、食、住、用、行的资源，都来自天地自然万物，人类与天地万物应做到互相尊重的"以他平他"的和，如此必须提升主体人类自身的伦理自觉、道德自觉。人是社会的一分子，人与人构成社会结构。人是复杂的，社会结构也是复杂的，其利益与需要亦分殊，如生命、个体、群体、民族、国家、天下、宇宙各有不同的利益与需要。协调、平衡、和谐其间的利益和需要，必须遵照：一是社会正义原则，即指一种公正的道理和价值取向。荀子认为崇尚财富和功利而不讲正义，是低俗的人。西方从约翰·罗尔斯《正义论》以来，学者曾从各个角度、层面来论述正义。二是社会公平原则。这是衡量和回应社会发展在满足人民的基本权利和多元需求，以及实现人的和立和达所达到的水平，体现了一种中国式的政道民主的人文主义精神。三是社会仁爱原则。社会正义、公平原则的运行，除有赖于外在的法律、礼制的维护、协调、保障外，还需要内在仁爱之心的恕道的及人及物。做到自由与法律的融突和合，依他与利他的融突和合，而与西方政体民主有异①。

人际道德伦理。孔子讲"志于道，据于德"。朱熹对道德做了诠释："道者，古今共由之理，如父之慈，子之孝，君仁，臣忠，是一个公共的道理。德，便是得此道于身，则为君必仁、为臣必忠之类，皆是自有得于己，方解恁地。"② 道德的道是古往今来人人都应遵守的公共的道理；德是对公共的道理的体认，是自己行为的规范。道德是社会公共的道理规范，是主体对其的体认和实行。应遵守：一是仁、义、礼、智、信原理，人要具有恻隐、羞恶、辞让、是非、诚信的心，这是人之

---

① 参见王绍光：《中国的治国理念与政道思维传统》，《参考消息》2014 年 5 月 6 日。

② 朱熹：《朱子语类》卷十三，中华书局 1986 年版，第 231 页。

为人的基本准则，否则就是非人了。二是父慈子孝、君仁臣忠原理。孝悌是人的根本，为人孝悌，就不会做出冒犯的事。孔子说："孝慈则忠。"三是慎独自省原理。《中庸》说："君子戒慎乎其所不睹，恐惧乎其所不闻。莫见乎隐，莫显乎微，故君子慎其独也。"① 在人看不见的情况下，十分谨慎；在人听不到的情况下，十分恐惧。尽管很隐蔽或很细微，但总会表现出来，所以君子在独处时所作所想，要十分谨慎。君子时时刻刻要注意修身养性。修身养性依靠自觉，曾子说："吾日三省吾身。"自省就是自觉反省自己的思想、行为是否符合道的原则。这是一种主体自我反思及自律、自强的精神。

心灵精神伦理。心灵伦理道德活动，一般指知、情、意活动，人心灵的痛苦、郁闷、烦恼、孤独、焦虑、忧愁，在伦理道德精神活动中得以协调、平衡、和谐。心灵精神伦理的认知活动的主客统一规则、实践规则、价值规则；情感活动的中和规则、仁慈规则、善恶规则；意志活动的自主规则、自律规则、自尊规则，使心灵伦理精神至于真、善、美的境界。

文明价值伦理。《周易·贲·象》曰："文明以止，人文也。观乎天文以察时变，观乎人文以化成天下。"② 文明与人文相联系，文明若各守其本分，便是人文主义价值的体现。谨守文明的人文价值，便能化成天下。天下是多元的，有 200 个国家，2500 多个民族和多种宗教，若都能以文明的人文价值来处理各种冲突和危机，就能达到和解，"仇必和而解"，各国、各民族、各宗教间便能和平共处。文明的人文价值倡导各民族、国家、宗教都应相互尊重，互相谅解，互相学习，平等互鉴，包容和谐。这是文明价值伦理的基本要求。

自然生态、社会人文、人际道德、心灵精神、文明价值伦理，是中华民族的精神血脉，中华民族的先人贤哲以其生命智慧和智能创造，使

---

① 朱熹：《中庸章句》，《朱子全书》第 6 册，上海古籍出版社、安徽教育出版社 2002 年版，第 32 页。

② 朱熹：《周易本义》，《朱子全书》第 1 册，上海古籍出版社、安徽教育出版社 2002 年版，第 95 页。

中华文明薪火传承，唯变所适，生生不息。

二

在当前一些人的心灵思想被物欲所迷，伦理道德缺失，不知廉耻，因此传承和弘扬中华优秀伦理道德精髓，具有重要意义。中华民族传统伦理中，有着丰富而深邃、悠久的廉耻伦理道德。在反腐倡廉中，具有特殊价值与现实意义，它关系民族的治乱兴衰，国家的生死存亡，个人的身家性命。为此，倡导和践履中华优秀的廉耻伦理道德价值，建设一个公平正义、廉洁奉公、不贪不淫、诚信无欺的廉政而和谐的社会，是今天的急务。

第一，培育品行诚信的廉风。廉有侧边和棱角的意思。《广雅·释言》："廉，棱也。"老子说："是以圣人方而不割，廉而不刿，直而不肆。"① 这是他在回答人们对于事物不断变化而产生迷惑的解释，认为圣人有方角而不损人，有棱边而不刺人，直率而不放肆。是说今人品行端正，做人处事要坚持原则，有棱边而不放弃，但也与人和合相处而不刺伤人，即"和而不同"的和处。

廉风要求品德高尚，行为端正，若品德不善，行为不端，那么歪风邪气就会甚嚣尘上，污染社会风气。唯有风行诚信，才能消除歪风邪气。诚就是不欺骗、不虚伪、不作假、不冒牌、不坑人，而讲诚实、真诚、诚意、真心、真言、真行、真实。现今世界，充塞着贪心、嗔心、痴心、谄心、诳心、嫉心、害心、私心等等，贪得无厌，嗔贪恶起，痴迷混乱，谄心不诚，诳妄不实，嫉贤妒能，害损于人，私己害公，天空散布着一股乌烟瘴气。诚是做人的根本，也是一切道德价值的基石和改善社会风气的利器。"诚者，天之道也；诚之者，人之道也。"② 天道运

---

① 任继愈：《老子新译·第五十八章》，上海古籍出版社 1985 年版，第 186 页。

② 朱熹：《中庸章句》，《朱子全书》第 6 册，上海古籍出版社、安徽教育出版社 2002 年版，第 48 页。

师道师说

张立文 卷

行，暑往寒来，日往月来，春生夏长，秋杀冬藏，真实无妄。人道效法天道的诚信，以成就人的德性、事业、学业、善业。无诚便无德，国家就会出现乱象，社会风气就会败坏。

无诚便无信，无诚信就是虚伪。天不讲信，不能构成四季；地不讲信，草木不能长大；人不讲信，就会乱家乱国。领导讲信，国家安宁；官员讲信，社会和谐；个人行信，立身于世。周幽王为取悦宠妃褒姒，使她发笑，竟以烽火戏诸侯。各诸侯望见烽火，以为有寇危害周王朝，各诸侯国举兵勤王，只是博得褒姒一笑。后来申侯联合西夷、犬戎攻幽王，幽王举烽火以求救兵，结果无一兵一卒来救，幽王被杀于骊山下。为取女人一笑而置国家的安危存亡于不顾，失信于诸侯的结果是遭改朝杀身之祸。

言而有信，对人诚实无欺是信的基本要求。孔子把信作为做人的重要道德规范。子贡问怎样治理国家政治，孔子说：充足的粮食，充分的军备，人民的信任。子贡问：如果迫不得已，要去掉一项，先去哪一项？孔子说：去掉军备。子贡又问：如果迫不得已，再去掉一项，去哪一项呢？孔子说：去掉粮食。自古以来，人都是要死的。"民无信不立"，没有人民的信任，政府就维持不下去。信比国家的军备和人的生命更重要，一个国家政府的命运，决定于民心的向背，人民的信任度。

诚信的廉风，可荡涤社会的污泥浊水，清除社会的贪风淫风，净洁社会的假风邪风，以营造一个道德高尚、诚实守信、刚正不阿、直言不讳的良好廉风。

第二，坚守贫贱不移的廉志。孟子说："志，气之帅也。"意志是人的气质的统帅，换言之，意志是改善社会风气的支配者。王守仁说："志不立如无舵之舟，无衔之马，漂荡奔逸，终亦何所底乎？"[1] 人不立志，就像无舵的船，无缰的马，到处无目标地漂荡奔跑，最终不知道到达哪里。因此他认为"志不立，天下无可成之事"[2]。人只怕自己没有

---

① 王守仁：《教条示龙场诸生·立志》，《王文成公全书续编》卷二十六。
② 同上。

志向，有了志向就有了目标，做事没有不成功的。

《盐铁论》记载："不为穷变节，不为贱易志。"① 不因贫穷而改变人的节操，不因卑贱而改易人的廉志。这种节操，可称之为德操。荀子说："权利不能倾也，群众不能移也，天下不能荡也。生乎由是，死乎由是，夫是之谓德操。"② 权利再大不能使你屈服，人再多不能使你改变意志，天下的事情不能使你动摇。活着坚持去做，到死不改变，这就是品德节操。如是，财富不以其道得之不取，不义而富、无名而贵的不为。应视不义而富且贵，于我如浮云。这是因为"志正则众邪不生"，一切贪赃枉法、贿赂公行、酒色财气、金权交易，都与意志不廉正的各种邪念、欲念有关。意志廉正、刚正，众多邪念、邪气就不会产生。

人要树立"澄清天下之志"，使社会的污浊风气得以澄清，国家的贪官污吏得以清除，担负起为人民谋福、振兴中华重任的志向。

当前，在人欲横流、道德失落的尘世中，穷且不坠青云之志，"不戚戚于贫贱，不汲汲于富贵"。处贫贱而坦然自若，不屑于急切地追求富贵。如果坠入追求富贵的深渊，乃是自掘身败名裂的陷阱。要警惕"利傍有倚刀，贪人还自贼"。利旁边倚靠着刀，求利贪欲太多反而会自己害自己。"罪莫大于多欲"，求利贪欲，必定危害人的意志。"欲多则心散，心散则志衰。"贪欲太多人心就散了，心散而不敬一，意志自然衰败，意志衰败就肆无忌惮，欲念邪念就泛滥成灾，什么坏事丑事都干得出来，贫贱不能移的廉志就不能坚守。为人应"财赂不以动其心，爵禄不以移其志"。财物贿赂不能动摇其廉洁之心，高官厚禄不能改变其净洁之志。

第三，尊重节操爱民的廉士。古代君子和英雄，都有过人的节操。《小学》记载："仁者不以盛衰改节，义者不以存亡易心。"具有仁爱的道德的人不因形势的盛衰而改变自己的节操，正义的人不因世事的存亡而改变自己的心志。廉士的人品像玉一样洁白，像竹一样正直。"玉可

---

① 王利器：《地广》，《盐铁论校注》卷四，中华书局1992年版，第209页。
② 《劝学》，《荀子新注》，中华书局1979年版，第13页。

碎而不可改其白，竹可焚而不可毁其节。"玉和竹可碎可焚，却不能改变和毁掉其洁白和骨节，比喻廉士君子在任何凶恶的环境中，都能保持自己的节操，至死不渝。"玉以洁润，丹紫莫能渝其质；松表岁寒，霜雪莫能凋其采。"玉石的洁净滋润，朱砂不能改变它的本质；松树的不畏严寒，霜雪不能毁掉它的神采，可喻廉士的品格。真可谓"凌冬不改青坚节，冒雪何妨色更苍"。竹子在天寒地冻的严冬仍不改变它青色的骨节，雪花飞舞又怎能妨碍竹色更显苍翠？此处以竹子、雪花赞扬廉士坚贞不屈的崇高品质。

廉士之所以有崇高的节操，其源泉是有一颗爱民之心，爱民之心就是仁爱之心，"民之归仁也，犹水之就下"。仁作为众善之源，百行之本，是廉士所遵循的最重要的道德原则。孔子诠释仁的基本内涵是爱人，后来孟子、荀子、董仲舒继承这个思想，释"仁者，爱人"，或"仁者，爱人之名"。爱人为仁，也被先秦时道家、法家所认同。《庄子》："爱人利物之谓仁。"《韩非子》："仁者，谓其中心欣然爱人也。"这里爱人之人，可以是泛指，即孔子所说的"泛爱众，而亲仁"。董仲舒于是把仁说成是"仁者所以爱人类"。韩愈释为"博爱之谓仁"。爱人首要的前提是把他人当作人来看待，"仁者，人也"。其次是"以他平他谓之和"。我与他、他与他之间是平等的，是应互相尊重的。再次是爱护、关怀、帮助他者，"夫仁者，己欲立而立人，己欲达而达人"[1]。仁人自己站起来了，成功立业了，也帮助他者站起来，成功立业；自己通达、发达了，帮助他者通达发达。

孔子曾希望统治者应爱民、养民、利民、富民、惠民、教民、博施于众。孟子为此，提出了一个具体实施方案：给每一家五亩土地的住宅，四周种桑树，这样 50 岁以上的人就可以有丝棉袄穿了；饲养鸡、狗、猪等，70 岁以上的人都有肉吃了；一家给 100 亩田地，不妨碍他们的生产，一家人就可以吃饱了。如是"仰足以事父母，俯足以畜妻

---

① 《庸也》，《论语集注》卷六，《朱子全书》第 6 册，上海古籍出版社、安徽教育出版社 2002 年版，第 118 页。

子，乐岁终身饱，凶年免于死亡。"① 这是农业社会的生活、生产的理想状态，是仁者爱人的具体体现，是廉士道德节操和人格的落实。

第四，坚持清白高洁的廉洁。廉士、廉吏、廉官都以不贪为戒。古人认为主贪必亡国，臣贪必亡身。贪是人犯罪的起始，万恶的渊薮。一有贪念，便染洁为污，塞智为昏，变恩为惨，变廉为贪，毁了一生。

古人深深体会到贪是人的大敌、国之大敌，所以管子把礼、义、廉、耻，作为国家的四维②。一个国家无礼，社会动乱无序；无义，国家有危险；无廉，国家会倾覆；无耻，国家就灭亡。廉耻关系国家的生死存亡。失廉耻就无所不取，无有不贪。廉洁的基本含义是不苟取，不贪得，所以古人讲："廉者常乐于无求，贪者常忧于不足。"廉洁的人经常以不贪求财富为快乐，贪婪者常常以不能满足财富的贪望为忧愁。人为贪欲所蔽，是没有满足的时候，利欲熏心，欲壑难填，其下场只能是身败名裂。

"廉者，民之表也；贪者，民之贼也。"廉洁清白的官吏，是造福人民的表率；贪污受贿的官吏，是残害人民的盗贼。因此，历代"以不贪为宝"。《左传》记载：宋国有人得到一块美玉，献给子罕。子罕不接受。献玉的人说："玉工看过，这是一块美玉，所以才敢于进献给你。"子罕说："我以不贪为宝，尔以玉为宝。如果把玉给了我，我们两人都丧失了宝物，不如各人保有自己的宝物。"③ 把不贪视为宝物，是人人应该珍惜的，是人人应该遵守的最宝贵的道德价值，宝物是绝不能丢弃的。

做官为吏，清清白白，廉廉洁洁。"两袖清风身欲飘，杖藜随月步长桥。"两袖清风能把身飘起来，意喻一无所有，拄着拐杖随月而行长桥，意喻洁白的月色是人的品格，一路走来，不愧于人民。"清风两袖朝天去，免得闾阎话短长。"为官清廉，囊空如洗，免得被巷里百姓说

---

① 《梁惠王上》，《孟子集注》卷一，《朱子全书》第 6 册，上海古籍出版社、安徽教育出版社 2002 年版，第 258 页。

② 参见《牧民·四维》，《管子校注》卷一，中华书局 2004 年版，第 11 页。

③ 参见《襄公十五年》，《春秋左传注》，中华书局 1981 年版，第 1024 页。

长道短。这便是"以不贪为宝"的具体表现。

贪与荒淫、奢华、豪赌相联系，今则与包二奶、养情人等相关联。廉与节俭相依不离，节俭是养廉的基础，花费无度，入不支出，则贪心生矣，贪心生，则罪恶之手伸矣。"俭则无贪淫之累，故能成其廉。"魏武帝时，"毛玠为东曹掾，典选举，以俭率人，天下之士莫不以廉节自励，虽贵宠之臣，舆服不敢过度"①。唐代宗大历末年，杨绾为相，他"质性贞廉，车服俭朴，居庙堂未数日，人心自化"②。中书令郭子仪，闻绾拜相，坐中音乐减散五分之四。京兆尹黎干，每出入驺从百余，即日减损，唯留十骑。节俭可堵绝靡费，防止生活糜烂。如果领导以身作则，律己俭朴，便能影响官吏百姓。

中国历代政府无不倡廉惩贪。汉元帝时，"贡禹上言：孝文帝时，贵廉洁，贱贪污，贾人赘婿及吏坐赃者皆禁锢，不得为吏。赏善罚恶，不阿亲戚"③。汉代凡犯贪赃罪被劾，或死狱中，或自杀；唐代贪赃犯法官吏都于朝堂决杀；宋代，"故尤严贪墨之罪"。即使遇大赦，"官吏受赃者不原"；元代至元十九年，"敕中外官吏，赃罪轻者决杖，重者处死"④。包拯曾训诫子孙："有犯赃者，不得归本家，死不得葬大茔。"⑤ 古代中国虽没有彻底清除贪赃枉法，贪官污吏仍然不绝，但政府严惩贪赃，试图进行廉政建设，对稳定时局、维护统治有着积极效用和重要价值。

第五，坚守廉明公正的廉正。贾谊《新书·道术》说："兼复无私谓之公，反公为私"；"方直不曲谓之正，反正为邪"。公与私对待，正与邪相对。公正才能廉明，公正廉明才不会偏私，它体现于社会生活各

---

① 顾炎武：《俭约》，《日知录集释》卷十三，岳麓书社 1996 年版，第 487 页。

② 同上。

③ 顾炎武：《贵廉》，《日知录集释》卷十三，岳麓书社 1996 年版，第 492 页。

④ 顾炎武：《除贪》，《日知录集释》卷十三，岳麓书社 1996 年版，第 489—491 页。

⑤ 同上，第 491 页。

个方面：政治、经济、文化、考试、用人、分配、治狱、赏罚、评价等，因此吕坤在《呻吟语·治道》中说："公正二字是撑持世界的，没了这二字，便塌了天。"公正是维持国家和世界的支撑。"夫尚德行者无凶险，务公正者无邪朋，廉者憎贪，信者疾伪。"① 尚德清廉的人憎恨贪污，诚信公正的人厌恶虚伪不真。晏婴说："婴闻之，廉者，政之本也……廉之谓公正。"② 陈子昂说，为什么德凶、正邪、廉贪、信伪相对待？是因为德与凶势不相入，正与邪势不相利，廉与贪势不相售，信与伪势不相和，这种趣向的相反，得不到化解的缘故。

古今中外历史上，清廉公正相辅相成，清廉方能保持公正，公正必是清正廉明，因此，古来公正和廉明并称。这就是说"正以处心，廉以律己"。只有心存公正而不偏私，即使是亲人朋友，也不存私心、偏心，而能秉公办理，并以廉洁、清廉约束自己，克己奉公。

《国语》记载：晋国的赵武和叔向在九原闲游，赵武说："死去的若能得以复活，我们愿意与谁在一起？"叔向说："大概是阳处父吧！"赵武说："夫阳子行廉直于晋国。"③ 阳处父在晋国可算是一个行为清廉正直的人。他们缅怀先贤，学习先贤忠诚、清廉、公正的高贵品德，亦避免他们的不足。《史记》载：起初颜异为"济南亭长，以廉直，稍迁至九卿"④，后因与张汤有郤而被杀。

《汉书》记载：华阴守丞名嘉，他推荐朱云是兼资文武，忠正有智略，可使以六百石秩试守御史大夫。太子少傅匡衡却认为朱云素好勇，数犯法亡命，表示反对。匡衡认为，当今御史大夫贡禹，"洁白廉正，经

---

① 欧阳修：《陈子昂传》，《新唐书》卷一〇七，中华书局 1987 年版，第 4075 页。

② 晏婴：《田无宇胜栾氏高氏欲分其家晏子使致之公第十四》，《晏子春秋·内篇·杂下》，中华书局 1962 年版，第 403 页。

③ 徐元浩：《晋语八》，《国语集解》卷十四，中华书局 2002 年版，第 433 页。

④ 司马迁：《平准书》，《史记》卷三十，《国学基本丛书》本，商务印书馆 1932 年版。

术通明，有伯夷、史鱼之风，海内莫不闻知"①。贡禹廉洁、清白、公正，精通经术，有先贤伯夷、史鱼的气节风格。《后汉书》载：百姓荡涤污秽而清明，形神和顺寂寞，耳目清楚，"嗜欲之原灭，廉正之心生，莫不优游而自得，玉润而金声"②。嗜好耳、目、口、鼻的私欲的源头消灭了，廉明公正思想就会产生，人就活得悠闲自得自由、滋润优美。贪官污吏、非法暴富者，即使积累了大量财富，也是提心吊胆，活得很累的。

清清白白、堂堂正正地做人，心地舒坦、悠然自得地生活，何乐而不为呢！清廉而心地洁白，"心无染者，欲境是仙境；心有系恶，乐境成苦海"。公正无私，才能堂堂做人。"公道达而私门塞矣，公义明而私事息矣。如是，则德厚者进而佞说者止，贪利者退而廉节者起。"③公道与私门、公义与私事、德厚与佞说、贪利与廉节之间，相对相关。荀子在此两相对相关之间，采取了达与塞、明与息、进与止、退与起的不同选择，体现了他的是非观、好恶观、价值观。

第六，始终洁身谨慎的廉谨。《史记》记载：孝文帝时申屠嘉为丞相，"嘉为人廉直，门不受私谒"。孝景帝时，申屠嘉卒，继任丞相"柏至侯许昌、平棘侯薛泽、武强侯庄青翟、高陵侯赵周等，为丞相，皆以列侯继嗣，娖娖廉谨，为丞相备员而已"④。司马迁赞"申屠嘉可谓刚毅守节"⑤。由于申氏的廉明正直，后继的丞相都能清廉谨慎。

修己以清心为要，为官以洁身为要。清心寡欲，不为私欲、私利牵累，而能诚意正心；诚意正心，而能不苟取、不贪，便能洁身自好，不同流合污。洁身自好，就要慎独，即在别人看不见、听不到的情形下，总是十分谨慎和惧怕，尽管很隐蔽、很细微，没有表现和显露出来，君

---

① 司马迁：《朱云传》，《汉书》卷六十七，中华书局1983年版，第2913页。

② 司马彪：《班彪传》附《班固传》，《后汉书》卷四十下，中华书局1973年版，第1368页。

③ 荀况：《君道》，《荀子新注》，中华书局1979年版，第200页。

④ 司马迁：《申屠嘉传》，《史记》卷九十六，《国学基本丛书》本，商务印书馆1932年版。

⑤ 同上。

子独处时所做所想都要十分谨慎。谚语说，苍蝇不叮无缝的蛋，自己若不洁身自好，有了一点私心、私欲，贿赂的罪恶之手就会伸向你，即使在别人看不到、听不到的环境中，也要坚决守得住，保持自身的纯洁。因为若要人不知，除非己莫为，为了受了，总有一天要显露出来的。"尺蚓穿堤能漂一邑，寸烟泄穴致灾千室。"一条小蚯蚓挖穿的小洞能使大堤崩决，淹没城镇；小烟囱的火星会把千家万户变为灰烬。开始虽然接受的是小恩小惠，随后便是大贿大贪了，到头来身败名裂，祸害子孙，子孙就要背负贪污犯后人的恶名，而被人冷眼相看。为子孙后代着想，也要留一个好名声。司马光载：涿郡太守杨震，秉性公正廉洁，子孙经常粗食步行。杨震的亲朋和长者劝杨震为儿孙置办产业，杨不肯。他说："使后世称为清白吏子孙，以此遗之，不亦厚乎！"① 我的后代子孙被世人称为清廉官吏的子孙，将这美名留给子孙，不是很丰厚的遗产吗？因此说，"谨慎，保家之本"。不仅如此，谨慎同样也是保国的重要原则。"祸不入慎家之门"，也不入慎国之门。洁身谨慎于己、于家、于国、于社会都大有裨益。

第七，倡导谦逊知礼的廉让。廉风、廉志、廉士、廉洁、廉正、廉谨落实到行为上表现在与人交往活动中要廉让。孟子认为，人都有辞让之心，"无辞让之心，非人也"，"辞让之心，礼之端也"。它与仁、义、智的恻隐之心、羞恶之心、是非之心一起被称为四德和四端。晏婴说："廉者，政之本也，让者，德之主也……让之谓保德。"② 廉洁是政治的根本，辞让是道德的主使。四端好比人的四肢，把它们扩充起来，就像刚燃烧的火，刚流出的泉水，便可以安定天下。

礼的端始是辞让，礼作为四德、五常之一，具有十分重要的价值和功能，"礼，经国家，定社稷，序民人，利后嗣"③。《礼记·曲礼上》

---

① 司马光：《留下清白给儿孙》，《家范》卷二，内蒙古人民出版社 1999 年版，第 44 页。

② 晏婴：《田无宇胜栾氏高氏欲分其家晏子使致之公第十四》，《晏子春秋·内篇·杂下》，中华书局 1962 年版，第 403 页。

③ 《隐公十一年》，《春秋左传注》，中华书局 1981 年版，第 76 页。

记载：道德仁义，没有礼就不成功；教训正俗，没有礼就不完备；分争辩讼，没有礼就不能决断；君臣上下、父子兄弟，没有礼就不能定位；宦学事师，没有礼就不亲切；班朝治军、莅官行法，没有礼的威仪就不能实行；祷祠祭祀、供给鬼神，没有礼就不虔诚庄敬。

顾炎武《日知录》记载：薛谦光为左补阙时上疏：古来取士，先观察其名行的渊源，考察其在乡里名誉，崇尚礼让以律己，显示节义以标志诚信。今之举人有乖事实，欲称举人，皆称觅举，所谓觅举，指自求的称谓。"夫竞荣者必有争利之心，谦逊者亦无贪贿之累。自非上智，焉能不移？在于中人，理由习俗。若重谨厚之士，则怀禄者必崇德以修名。"① 如果竞荣的人争利之心盛，那么廉让、廉洁之风的道德就不具有，唯有重视谨厚的人、无贪贿赂的人，才是谦逊、廉逊、廉让的人和官吏。

第八，一身清廉知耻的廉耻。清廉者必知耻，知耻者必清廉，知耻是体，清廉是用。耻，《说文解字》："耻，辱也。"有耻辱的意思，也有羞愧的意蕴。孔子的学生有子说："恭近于礼，远耻辱也。"② 恭敬符合礼制，就能免遭耻辱。孟子说："耻之于人大矣。"耻辱对人的关系很大。因此，他说："人不可以无耻，无耻之耻，无耻矣。"③ 人不知羞耻的那种羞耻，真是不知羞耻呵！

《国语》记载：吴越战争，越国战败（公元前494年），忍受奇耻大辱，后经卧薪尝胆，自强不息，十年生聚。越国父老兄弟向越王勾践说："昔者夫差耻吾君于诸侯之国，今越国亦节矣，请报之。"勾践辞谢说：过去战争的失败，不是你们的罪过，是我的罪过，哪里由你们与我共同承担耻辱呢？当决定与吴国决战，勾践召集众将士和百姓宣誓：

① 顾炎武：《名教》，《日知录集释》卷十三，岳麓书社1996年版，第479页。

② 朱熹：《学而》，《论语集注》卷一，《朱子全书》第6册，上海古籍出版社、安徽教育出版社2002年版，第72页。

③ 朱熹：《尽心上》，《孟子集注》卷十三，《朱子全书》第6册，上海古籍出版社、安徽教育出版社2002年版，第427页。

"寡人闻古之贤君，不患其众之不足也，而患其志行之少耻也。"① 我不担心兵力的不足，而忧患士兵们作战的意志和行为不高而寡廉鲜耻。

西汉昭帝始元六年（公元前81年）盐铁会议，大夫与文学展开了论辩。大夫们认为文学把孔子尊奉为圣人，但他治理鲁国不遂，见逐于齐，不用于卫，遇围于匡，困于陈蔡，"困辱不能死，耻也"②。文学认为，孔子生于乱世，国君糊涂昏暗，大臣嫉妒，欺害圣人是愚惑的人，伤毁圣人是狂狡的人，这样的人不是正人君子，"夫何耻之有"。论辩双方针锋相对，大夫批评孔子困辱不死是一种耻辱的事，文学回应说，孔子是被人欺害和伤毁的，有什么耻辱！

管子讲国的四维，把廉耻作为四维中的两维。荀子廉耻连用："偷儒惮事，无廉耻而嗜乎饮食，则可谓恶少者矣。"③ 荀子把儒分为大儒、小儒、俗儒、陋儒、散儒、腐儒、偷儒、雅儒等。偷儒怕事，没有廉洁知耻的思想，而嗜好饮食酒色，是谓恶少。恶少与行为端正朴实、尊敬长者，又好学习、谦虚敏捷的君子相对应。

人有廉耻之心，便会分辨是与非，知道什么可为，什么不可为，"人有耻则能有所不为"④，就知道什么可为。是道德主体对于自身意志的制约、自身行为的约束，由自愧心理所形成的自尊、自信、自律、自制的道德价值。廉耻是对于贪婪、腐败、丑恶、堕落现象的憎恨与对廉洁、清正、善良、完美的追求。它是改恶从善的动力，奋发图强的推力。孟子说："不耻不若人，何若人有。"⑤ 不以赶不上他人为羞耻，又怎样赶上他人呢？这就激励起其赶超他人的志气，积极向上的勇气。

陆九渊专著《人不可以无耻》一文，认为人之所当贵，是知有耻。

---

① 徐元浩：《越语上》，《国语集解》卷二十，中华书局2002年版，第571页。

② 王利器：《大论》，《盐铁论校注》卷十，中华书局1992年版，第605页。

③ 荀况：《修身》，《荀子新注》，中华书局1979年版，第23页。

④ 朱熹：《朱子语类》卷十三，中华书局1986年版。

⑤ 朱熹：《尽心上》，《孟子集注》卷十三，《朱子全书》第6册，上海古籍出版社、安徽教育出版社2002年版，第427页。

"至于甘为不善而不之改者，是无耻也。夫人之患莫大于无耻。人而无耻，果何以为人哉！"① 人的忧患没有比无耻更大的了，人若无耻就与禽兽没有差别，那还是人吗？廉耻是人之为人的根本价值。

正由于人的最大的忧患是无廉耻，所以现今要特别注重倡导廉耻。顾炎武说："廉耻，立人之大节，盖不廉则无所不取，不耻则无所不为。人而如此，则祸败乱亡亦无所不至，况为大臣，而无所不取，无所不为，则天下其有不乱，国家其有不亡者乎。"② 人若无廉耻，就丧失了主体自制、自律能力，肆无忌惮地无所不取、不为，必然导致祸败乱亡；大臣官吏若如此，国家就会灭亡。国家必须重视廉耻教育，使百姓士人有廉耻，天下就会移风易俗。"故士大夫之无耻，是谓国耻。"

做人、治国本乎廉耻，做人无廉耻，就不是人；治国无廉耻，国乱亡。治军亦本于廉耻，若无廉耻，军心涣散，叛变投敌，无所不为，败军之象。《尉缭子》讲："故国必有礼［信］亲爱之义，则可以饥易饱；国必有孝慈廉耻之俗，则可以死易生。古者率民，必先礼信而后爵禄，先廉耻而后刑罚，先亲爱而后律其身。"③ 国家必须讲究礼信亲爱大义，就可以战胜饥困而换来温饱；国家必须具有孝慈廉耻的风气，就可以克服危亡而换来生存。古人带领士兵、人民，必须先以礼义信用教育兵民，然后赏予官爵奉禄；必须先进行廉耻道德教育，然后才用刑罚；必须先亲近爱护兵民，然后才用法纪约束兵民。这样的队伍，驻守时固若金汤，行动时像猛虎离山，就能战无不胜。

廉耻于政治、经济、文化、军事具有重要价值，于个人、民众、社会、国家具有不可或缺的关系。在日常生活交往中，是体现人的道德情操、德性人格、生活作风、价值观念的标志或符号。

---

① 陆九渊：《人不可以无耻》，《陆九渊集》卷三十二，中华书局 1980 年版，第 376 页。

② 顾炎武：《廉耻》，《日知录集释》卷十三，第 482 页。顾炎武引自《五代史·冯道传》。

③ 华陆综：《战威第四》，《尉缭子注译》卷一，中华书局 1929 年版，第 14—15 页。

品行诚信的廉风，贫贱不移的廉志，节操爱民的廉士，清白高洁的廉洁，廉明公正的廉正，洁身谨慎的廉谨，廉逊知礼的廉让，清廉知耻的廉耻，是乃立身之本、立国之本、立世之本，本丧就无立身之地、立国之地、立世之地。治身、治家、治国、治世，唯有遵守上述八方面，才能成功；治政、治经、治文、治军，只有坚守此八方面，才获完善。

（载《中州学刊》2014 年第 6 期）

新儒家哲学与新儒家的超越

　　1988 年笔者在日本东京大学讲学期间，曾受东大中国学会的邀请，作《对中国 80 年代宋明理学研究的分析》（载《中国——社会と文化》第四号 1989 年 6 月），又受日本早稻田大学的邀请，作《我的宋明理学研究》（载《东洋の思想と宗教》第六号 1989 年 6 月）等演讲，对宋明理学研究，做了初步的反思。1990 年 12 月在纪念冯友兰先生诞辰 95 周年的国际学术讨论会的大会上，笔者的演讲对宋明理学的研究，又做了新的探索。

一、从旧三学到新三学

　　中国宋、元、明、清之时，哲学理论思维达到了一个高峰。梁启超在《清代学术概论》中称这个时期的学术为"宋及明之理学"（冯友兰先生称道学），一般人都认为理学可以分为二派成三派，这就是现代沿用的所谓理本论（程朱学派）、心本论（陆王学派）和气本论（张载到王夫之）。南宋之时，朱陆鹅湖之辩，主旨是"为学之方"，陆以自己为"易简工夫"，朱熹为"支离事业"，已显分歧。后来黄宗羲的老师刘宗周把朱陆之异说成是性体与心体之别，而不及理。黄宗羲又从方法上加以区别，认为朱熹"以道问学为主"，陆九渊"以尊德性为宗"，到了 20 世纪的 30 年代，冯友兰作《中国哲学史》，揭出"朱子言性即理，象山言心即理。此一言虽只一字之不同，而实代表二人哲学之重要差异"[①]。冯先生认为，以"道问学"与"尊德性"区分朱陆不妥，因

---

　　① 冯友兰：《中国哲学史》下册，中华书局 1962 年版，第 939 页。

为讲陆不十分注重道问学可，讲朱不注重尊德性则不可，朱陆之学实可分为理学与心学。到了20世纪40年代，便发展出新理学、新心学，新气学虽有个别学者倡导，但影响甚微。笔者从三派均讲理，故称其为绝对理、主体理、客体理。由此关于宋明理学中的学派称谓，其演变大致如下：

程朱——→支离事业——→性体——→道问学——→性即理——→理学——→新理学——→理本论——→绝对论

陆王——→易简工夫——→心体——→尊德性——→心即理——→心学——→新心学——→心本论——→主体论

张王——→气体——→气即理——→气学——→新气学——→气本论——→客体论

诸学派以其所构筑的哲学逻辑结构的形而上学本体的最高范畴为称谓，有其合理性。新理学、新心学、新气学都是接着宋明理学、心学、气学讲的。冯先生说："宋明以后底道学，有理学、心学二派。我们现在所讲之系统，大体上是承接宋明道学中之理学一派。我们说'大体上'，因为在许多点，我们亦有与宋明以来底理学，大不相同之处。我们说'承接'，因为我们是'接着'宋明以来底理学讲底，而不是'照着'宋明以来底理学讲底。因此我们自号我们的系统为新理学。"① 所谓"照着讲"和"接着讲"的区别，就在于一是要说明以前的人对于某一哲学问题是怎么说的；二是要说明自己对于某一哲学问题是怎样想的。自己怎样想，总要以前人怎样说为思想资料，但也总要有所不同。接着讲起码有一半头脑是长在自己头上的，还有一半是长在古人头上的；照着讲则就是长在古人头上了，变成了古人的仆人。接着讲就是一半是仆人，一半是主人。

冯友兰先生对此有一说明，《新理学》的自然观是共相与殊相的关

---

① 冯友兰：《新理学》，《三松堂全集》卷四，河南人民出版社1986年版，第5页。

系，这个问题是程朱理学的主要内容，即理与气的关系问题。程朱理学把整个宇宙一分为二，即一个是形而上的理世界，一个是形而下的器世界。理世界是共相，器世界是殊相，《新理学》接着讲，也是这样说的，只是换了两个名称。它称理世界为"真际"，器世界是"实际"。"真际"比"实际"更广阔，因为"实际"中某一类东西之所以成为某一类东西，就是因为它依照某一类东西之理。"实际"中的某一类东西，就是"实际"中某一理的例证。"真际"比"实际"更根本，这就是程朱理学是"体"，具体事物是"用"的意思。这些意思，程朱理学都已经有了，《新理学》把他们没有讲明确的地方，明确起来。对于程朱理学说气有清、浊之分，《新理学》认为不能这样说，如果这样说，"气"就是一种具体的东西，而不是一切理所借以实现的总的物质基础。程朱理学和《新理学》都主张"理在事先"和"理在事上"，这就是说，在时间上说，理先于具体事物而有；就重要性说，理比具体事物更根本①。照这样看来，《新理学》的形而上学本体论的思维方式、框架、基本路向，是照着程朱理学讲的，这便是有一半头脑长在别人头上的意思，但《新理学》不是完全照着讲，而是在程朱形而上学本体论模式、框架内，又有自己的发挥、自己的解释、自己的创造，这便是接着讲，有一半脑袋是长在自己头上的意思。

每个人在学术道路上都会经历过照着讲、接着讲，如能进而自己讲，便能达到更高境界。尽管接着讲也有自己讲的东西，它是从照着讲到自己讲的中介。自己讲就是自己心里怎样想，就怎样讲，是哲学的创造活动，它是对照着讲和接着讲的超越，这就如禅宗的自做主宰的精神和超佛越祖的气概。只有具备这种精神和气概，才能敢于自己讲。南宗禅德山宣鉴（782—865）说："我先祖见处即不然，这里无祖无佛，达摩是老臊胡，释迦老子是干屎橛，文殊普贤是担屎汉。等觉妙觉是破执凡夫，菩提涅槃是系驴橛，十二分教是鬼神簿，拭疮疣纸。四果三贤、

---

① 参见冯友兰：《三松堂自序》，生活·读书·新知三联书店 1984 年版，第 245—250 页。

初心十地是守古冢鬼，自救不了。"① 这种呵佛骂祖，确有偏颇，但在严密的戒律下，不这样就不能自己讲，讲自己心里的话，讲自己所想的话。

在宋明理学中，王守仁心学相对于程朱道学，是想自己讲的。王守仁也经历了照着程朱讲（去格父亲官署里的竹子），后接着讲（大悟格物致知之旨），最后自己讲（良知之说）的过程。虽然王守仁否定了程朱理形上学本体论，但提出了心形上学本体论。王廷相、王夫之又否定心形上学本体论，而建构气形上学本体论，这是对于程朱"理在气上"的颠倒。然而，就形上学本体论的思维模式、框架来说，三者相同。后来，戴震有见于形而上学本体论的弊端，而要"发狂打破宋儒家中《太极图》"② 的思维模式③。但到 20 世纪 40 年代，不仅有冯友兰接着程朱理学讲，还有熊十力、贺麟先生接着陆王心学讲。"严格说来心与物是不可分的整体，为方便计，分开来说则灵明能思者为心，延扩有形者为物。据此界说，则心物永远平行，而为实体之两面：心是主宰部分，物是工具部分；心为物之体，物为心之用；心为物的本质，物为心的表现。故所谓物者非他，即此心之用具，精神之表现也。"④ 以主宰与工具、体与用、本质与表现来讲心物关系，凸现了精神、意识之作用。之所以说熊十力接着陆王讲，《新唯识论》开宗明义说："今造此论，为欲悟诸究玄学者，令知实体非是离自心外在境界，及非知识所行境界，唯是反求实证相应故。"主张反求内省，明心见性，而继陆王一系。贺麟接着陆王讲，是以陆王心学的"心即理"为主旨，融合西方黑格尔、康德和斯宾诺莎哲学，具有调节程朱和陆王的趋向。在哲学方法上，把中国哲学的传统直觉方法与康德知性分析、黑格尔理性思辨互补，通过"直觉方法可达到'众物之表里精粗无不到'，而'吾心之全

---

① 普济：《五灯会元》卷七，中华书局 1984 年版，第 374 页。

② 段玉裁：《答程易田丈书》，《经韵楼集》卷七。

③ 参见拙著《濂学——周敦颐思想研究》，《宋明理学研究》，中国人民大学出版社 1985 年版，第 106—132 页。

④ 贺麟：《近代唯心论简释》，独立出版社 1944 年版，第 3 页。

体大用无不明'的最高境界"①，对陆王心学做了一些新的诠释，故称为新心学。但相对新理学来说，熊十力虽建构了《新唯识论》思想体系，但贺麟并没有建构新心学的哲学体系，影响大不及新理学。

至于接着张载、王夫之气学讲，张岱年在《事理论·自序》中说："学人之中，述颜戴之旨者，宗陆王之说者，绍程朱之统者，皆已有人。而此编所谈，则与横渠船山之旨为最近。"②《事理论》便是颠倒程朱和《新理学》的"理在事先""理在事上"的说法，主张"理在事中，无离事独存之理"③的气学。然而张先生的《事理论》以及20世纪40年代的其他著作④，都没有发表，亦无影响。

新理学、新心学、新气学在20世纪40年代的文化效应，大不相同。贺麟先生立足于新心学，对新理学批评说："讲程、朱而不能发展至陆、王，必失之支离。讲陆、王而不能回复到程、朱，必失之狂禅。冯先生只注重程、朱理气之说，而忽视程、朱心性之说，且讲程、朱而排斥陆、王，认陆、王之学为形而下之学，为有点'拖泥带水'。"⑤新理学不仅以陆王为形而下之学而排斥陆王，而且未能整体上把握程朱之学，"取旧理学的理气而去其心，而同情于唯物论，真可说是取其糟粕，去其精华"⑥。正因为这种原因（原因之一），在1949年以后，港台新儒家批判新理学。同时，他们失去了借以实现自己思想的依托，怀着花果飘零的心境，沿着贺麟所点明，熊十力"对陆王本心之学，发挥

---

① 贺麟：《近代唯心论简释》，独立出版社1944年版，第109页。

② 《张岱年文集》第一卷，清华大学出版社1989年版。张岱年《事理论·自序》手迹署为民国三十六年八月，即1947年。然而1981年2月《事理论》的重阅后记中说："此篇是1942年春季撰写的。"（《真与善的探索》，齐鲁书社1988年版，第117页）据张先生说，是后写自序之故。

③ 《事理论·附记》，《真与善的探索》，齐鲁书社1988年版，第117页。又说："宋以后哲学中，唯物论表现为唯气论。……到清代，唯气论的潮流乃一发而不可遏。"（《张岱年文集》第219页）

④ 其他如《哲学思维论》《知识论》《品德论》等，结集为《真与善的探索》，于1988年由山东齐鲁书社出版。

⑤ 《当代中国哲学》，胜利出版公司1947年版，第36页。作于1945年8月。

⑥ 王恩洋《新理学评论》，贺麟先生引，载同前书。

为绝对待的本体"① 的心性之学的路向，并融摄西方哲学（如康德哲学），发展完善了新心学。牟宗三说："依明道、象山等所代表之一大系为根据来融摄康德，并借康德之辩解以显自律道德之实义，并近而展示其所涵之全部理境，即道德的形而上学之究极完成。"② 所谓明道、象山所代表的大系，即以《论》《孟》《中庸》《易传》为主的宋明儒之大宗，"较合先秦儒家之本质。伊川、朱子之以《大学》为主则是宋明儒之旁支，对先秦儒家之本质言则为岐出"③。明道、陆、王心学为正宗、大宗，绍中国儒家之真精神，程（程颢）、朱理学为旁支，"别子为宗"，岐出于儒家精神。牟先生自觉弘扬陆王心学之大宗，批判程朱理学和新理学。

如果说 1949 年以后，港台新儒家发展完善了新心学，那么，大陆则主要发展完善了新气学。新气学由于颠倒了新理学和新心学的理事、理气、心物关系，把气作为物质概念而客观存在，理与心作为形而上的客观精神本体的理念和主观精神本体的心意识，是属于第二性的存在。这个颠倒就是把理学、心学中以客观精神本体理念和主观精神本体的心意识为第一性，为头，变为第二性，为脚。这犹如马克思颠倒了黑格尔头足倒立的哲学一样。由于与马克思主义的唯物论有相似之处，因此气学在大陆得到特别重视和关注，不仅在中国哲学史上发掘了未被注意的众多气学思想家，整理出版了他们的著作，撰写了论文，而且构成了气学体系的发展系统，其贡献不可抹杀。

新理学到冯友兰，新心学由熊十力经贺麟到牟宗三，新气学由张岱年提出到大陆 20 世纪 40 年代的发展，其体系均趋完善。任何哲学，其体系完善之际，也便是转型之时。虽然新理学、新心学、新气学都在西方文化的挑战下，吸收西方文化中某些理论观点，改造旧理学、旧心学、旧气学，而开出新来，但新与旧是相对的，新理学、新心学、新气学在当前现代化的冲击下，都有成为旧学的趋势，而需要重新创造。

---

① 《当代中国哲学》，第 13 页。
② 牟宗三：《心体与性体》第一册，正中书局 1968 年版，第 113 页。
③ 同前，第 19 页。

二、新儒学的超越

之所以需要重新创造，这是因为：

第一，新理学、新心学、新气学就其思维模式来说，都属于形而上学本体论哲学传统。就这点而言，并没有超越旧理学、旧心学和旧气学。哲学是对于天地万物的原因或本原的追索，宋明以来旧三学和新三学都在探讨事物的终极根据或原因，并都曾宣称自己找到了答案或寻到了终极解释。它们或以客观精神（理），或以主观精神（心），或以客观物质（气），建构世界终极存在的形上学本体论，解释一切关于世界本原和原因的寻根究底的问题，无论是旧三学，还是新三学，它们所建构的形而上学本体论，总以为它们的解释具有最高的权威性和真理性，最终的正确性和绝对性，以便作为它们整个哲学逻辑结构的基础。理学和气学都曾把世界分为形而上和形而下、共相和殊相两个世界。心学以主体即本体，并不同意这种分法。但随着科学、社会、思维的发展，哲学自身也在不断变化。因此，对哲学上根据和原因的探索，也会不断超越前人，而发展融合为新的学说。

第二，理、心、气作为普遍超越的形上学本体，而这个形上学本体理、气、心或通过"格物""即物"而"穷理"，甚至一物不格，即缺了一物的道理；一书不读，便缺了一书的道理。要求普遍地格物，不可欠缺。或通过"致吾心之良知"于事事物物，事事物物皆得其理矣，吾心之良知，即所谓天理，合心与理为一。或通过形"感觉器官"、神"思维活动"、物"客观对象"三相合，格物与致知"二者相济"，而体认气。历经"涵养与审察""敬与静"，直接体验以培养心性本原，随事体察以发明本心，或经验综合的直观认识，或自我反省的直觉体验（本能的直觉、智的直觉、负的直觉方法）等。一但由"格物"而"穷理"，"致良知"而发明"本心"，"格物致知"相济而体认气，那么由"穷理"所得之"理"，"致良知"所明之"心"，"格致"而获之"气"，便是真理，而且是放之四海而皆准的客观真理。理、心、气便是绝对真实的、至善的、完美的。凡与此形上学本体理、心、气相异的，便是绝对虚假的、邪恶的、丑陋的。这就是说理、心、气作为真、善、美的化身和反对假、恶、丑的护法神，一切与此相异的理论学说，便认为是异端邪说，而加以取缔；一切与此相违的行为，便认为是叛经离道，而加以惩罚。在这种情况下，一方面注重维护先在的所谓真理，而具有保守性、闭锁性和不变性；另一方面，形上学本体理、心、气便具有强烈的排他性、独断性和独裁性，是有我无他、有他无我的。于是在等级专制主义社会里，形上学本体理在与世俗政治伦理相合中，而成为现实政治原则和制度，道德律令和规范，生活方式和日用的支配者、制裁者，这便转变为戴震所批判的"以理杀人"的原因。也只有在这种情况下，理才具有杀人的性质、功能和作用。"所谓理者，同于酷吏之所谓法。酷吏以法杀人，后儒以理杀人，浸浸乎舍法而论理，死矣，更无可救矣。"① 酷吏以法杀人，还有客观法律条文可依，后儒以理杀人，既无客观法律条文可依，又无共同的断案判刑的标准，只是理学家（包括统治者）的个人主观"意见"而已。"是以意见杀人，咸自信为理矣。"② 即使冤狱无计，也都自信是合乎理的，理便在法之上。

理能杀人，形上学气（物）、心在一定条件下，特别是在与权利相结合的情况下，也可能具有杀人的功能③，而他们的排他性、独断性、独裁性，阻碍着科学、文化、思想、社会的进步。

第三，哲学的不断发展，就是哲学的批判精神。所谓哲学批判，从理论意义上说，是对于对象性理论的前提的考察，即对理论前提能否成立以及如何成立中所体现出来的哲学思考的自由精神的考察。理学、心学、气学以及新理学、新心学、新气学既以其形而上学本体理、心、气

---

① 《与某书》，《孟子字义疏证》，中华书局 1962 年版，第 174 页。
② 《与段玉裁论理欲书》，《戴先生遗墨》。《戴东原先生全集》，《安徽丛书》第六期。
③ 颜元认为程朱理学和陆王心学都是"杀人"的学术。"果息王学而朱学独行，不杀人耶！果息朱学而独行王学，不杀人耶！今天下百姓无一士，千里无一贤，朝无政事，野无善俗，生民沦丧，谁执其咎耶？吾每一思斯世斯民，辄为泪下！"（《阅张氏王学质疑评》，《习斋记余》卷六，《颜元集》，中华书局 1987 年版，第 494 页。）

为推至四海皆准的真理①，便缺乏一种哲学反思的自由精神。哲学批判的本质在于不断扬弃和超越已有理论。戴震哲学发挥了批判性功能，他批判的重点从纯粹理性领域而言，是对于程朱理论前提的考察。"盖程子、朱子之学，借阶于老、庄、释氏，故仅以理之一字易其所谓真宰、真空者，而余无所易。"② 并没有就真宰、真空、理的理论前提能否成立进行讨论，换句话说，新理学、新心学、新气学亦没有就理、心、气的理论前提进行考察。虽然当他们在考察别的对象性理论前提时，能发挥哲学批判的功能，如把对形上学道德论的内在矛盾的认识转换为对形上学道德论理论前提的批判，但他们不能把对象化给自然和社会的人的本质及其矛盾转为主体自身的批判，因而便缺乏自身接受批判的自觉。一种理论若丧失了接受批判和自我批判的自觉，也就失去了其生命的活力。

虽然新理学、新心学、新气学各有其特点、性格和路向，但上述三方面却是其共同的缺陷和破绽，随着哲学的发展，其弊端也会越来越显著。从哲学理论形态上说，先在的哲学理论不断被代替、被更新，犹如长江后浪推前浪，后来的不断超越先在的，而使哲学理论日新而日日新。这样哲学的批判必须超越新理学、新心学、新气学，而创造出新的哲学理论形态。

三、和合学的建构

这个哲学理论形态，姑且称之为和合学。所谓和合学，是关于自然、社会诸多要素、现象相互融合，以及在融合过程中吸收各要素的优质成分而合为新事物的学说。

对和合学的定义，兹作如下说明：

---

① 程颢、程颐说："理则天下只是一个理，故推至四海而准，须是质诸天地，考诸三王不易之理。"《河南程氏遗书》卷二上，《二程集》，中华书局1981年版，第38页。

② 《理》，《孟子字义疏证》卷上，中华书局1961年版，第19页。

第一，和合学认为，世界万物都是在运动变化的过程中形成、产生、造就。这就打破了新理学、新心学、新气学对于事物终极性的解释，否定着他们哲学本体论的建构。虽然哲学本体论的建构是对于世界万物终极原因或本原的寻根究底，但世界万物并不存在什么本体，所谓世界万物的本体，只不过是理学家为解释存在和真、善、美的尺度和根据所提供的基本原理，是理学家头脑中的概念。事实上理、心、气等，作为形上学本体，都是一个抽象的概念，如熊十力所说的唯识、心体，冯友兰所说的真际、共相，这些都是没有被验证的。如果肯定某一个哲学本体的存在，就必然承认世界万物有一个极限，有一个开端，也就承认有一个先在的东西或实体的存在，那么，世界万物的无限性、无端性就被否定了。实质上追求形上学本体论，必然坠入先在论的陷阱，或者陷入庄子"有始也者，有未始有始也者，有未始有夫未始有始也者。有有也者，有无也者，有未始有无也者，有未始有夫未始有无也者。俄而有无矣，而未始有无之果孰有孰无也"①的不知主义困境。摆脱这种先在论和不知主义困境，就在于承认世界万物都在自身运动变化中萌芽、发展、成熟、衰亡，再萌芽、发展、成熟、衰亡，以至无穷。正如戴震在《孟子字义疏证·天道》中对道的规定那样，"道，犹行也；气化流行，生生不息，是故谓之道"。这是气化生生，流行不息运动的全过程，而不是对于世界万物终极解释和终极占有的本体。世界万物的运动和人类社会的运动，无时无刻都否定着这种终极的解释，否定着哲学本体论的最高范畴——理、心、气——作为解释和评价一切的价值尺度和终极根据。

如果说世界万物有什么终极的原因或根据的话，那么它只能是不同事物矛盾间的动态平衡。正是这种动态平衡才使事物表现出一定的性质及互相间的联系。譬如当生态系统的各要素处于一种动态平衡之中，它表现为发育良好，组成稳定，能量利用率比较高。食物链与食物网关系也很典型。反之，当平衡的破坏超过了生态系统的自我调节能力，生态

---

① 《齐物论》，《庄子集释》卷一下，中华书局 1961 年版，第 79 页。

系统将瓦解。

原子化合为物质时，也表现为动态平衡的原理。1927 年德国化学家 Heitler 和 London 首先把量子力学理论运用到分子结构中，后来 Pauling 等人加以发展，建立了现代价键理论。如下图：

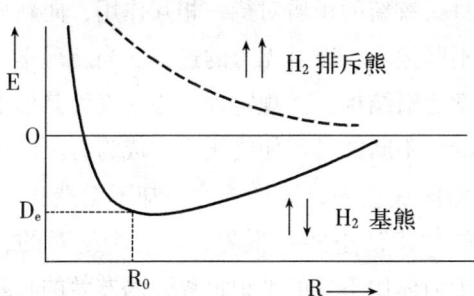

在讨论共价键本质和特点时，Heitler 和 London 用量子力学处理 H 原子形成 H_2 分子的过程，得到 H_2 分子的能量（E）与核间距离（R）的关系曲线。假设 A、B 两个 H 原子的电子自旋相反，当它们互相接近时两个原子轨道发生重叠，核间电子云密度增大，此时整个体系的能量要比两个 H 原子单独存在时低。在核间距离达到平衡距离 R_0 时，体系能量达到最低点。若两个原子核进一步靠近，由于核间库仑斥力逐渐增大又会使体系能量升高，两个 H 原子在动态平衡距离 R_0 处形成稳定的 H_2 分子，也叫作 H_2 分子基态。可见价键理论对共价键本质的说明，证实了动态平衡在物质形成过程中的作用；它的关于成键电子的运动性及其在两核间几率分布规律，为和合学的动态平衡过程和相对性提供论证。

在现代物理学中，宇宙机器的说法已被宇宙动态整体理论所超越。宇宙被理解为各个部分相互联系的宇宙过程的形式。在亚原子水平上，整体各部分间的相互联系和相互作用要比各组成部分本身更为重要。换而言之，这里存在着运动，却没有运动着的物体；存在活动，却没有活动者；这里有舞蹈，却没有舞蹈者。这就是说，存在着事物的运动和变化，却没有运动者和变化者的形而上本体理、气、心；存在着过程，却没有支配过程者的形上学本体。

第二，和合学以为诸多异质要素的对待统一，相互作用，而融合成全新的事物。这种异质要素的对待统一的融合，是一个动态过程。之所以把它看成一个过程，是因为异质要素的对待融合，是一个连续的、反复的、不断的进程，而不是一次或几次就完结的。即使某一特定事物产生了，该事物自身又有新的矛盾对待，相互作用，向新质事物转变，世界就是这样一个不断循环，以至无穷的过程。当新理学、新心学、新气学建构了自身哲学逻辑结构，并规定理、心、气为其形上学本体时，这个连续的、反复的、不断的过程便终止了，成为有限的了。朱熹把世界看作一个"净洁空阔底世界，无形迹，他却不会造作"[1]，没有异质存在的、没有对待的"净洁空阔"世界，是一个绝对的、单质的、单性的世界，犹如熊十力体用不二的唯识世界，冯友兰的真际世界。在这个世界中，按照中国原始辩证思维来看，它不会产生任何东西。因为理、心、气作为单质、单性概念范畴，中国古人称其为"同"，如二女同居，不生孩子；只有异质、异性的男女同居，才能生孩子。所以史伯说："夫和实生物，同则不继。以他平他谓之和，故能丰长而物归之。若以同裨同，尽乃弃矣，故先王以土与金、木、水、火杂以成百物。"[2] 晏婴对"和"有一个解释："清浊、大小、短长、疾徐、哀乐、刚柔、迟速、高下、出入、周疏，以相济也。"[3] 由异质、异性相和相济，而生天地万物："天地合气，万物自生。犹夫妇合气，子自生矣。"[4] 天、夫代表阳，地、妇代表阴，阴阳、正负和合而生事物。男女、雌雄交合而生新一代，是自然生物繁殖的高级形式，它保证了新一代具有父母的双重特征，因而具有更强的适应环境能力，可见有性生殖是生物进化的必然趋势。

原子核外电子排布所遵循的 Pauli（泡利）不相容原理提出，同一原子轨道仅可容纳两个自旋相反的电子，如果以 $+1/2$ 和 $-1/2$ 分

---

① 《理气上》，《朱子语类》卷一，中华书局 1986 年版，第 3 页。

② 《郑语》，《国语》卷一六，《四部丛刊初编》本。

③ 《左传》昭公二十年。

④ 《自然》，《论衡校释》卷十八，商务印书馆 1938 年版，第 775 页。

别表示这两个电子的自旋量子数，那么，这两个电子也可以看作是阴阳。

在基本粒子不断发现过程中，狄拉克的相对论方程说明了物质与反物质之间的基本对称关系。对称意谓每一种粒子都有相应的反粒子，它们质量相同，带相反的电荷。只要有足够的能量，就能产生一对粒子与反粒子，而在相反的湮灭过程中，它们又转化为纯粹的能量。狄拉克所预言的这种粒子对的产生和湮灭，在自然界被发现，并多次被观察到。可见微观世界是以复杂作用方式紧密联系起来的一个系统，在这里相对论代替了绝对论，物质的动态作用只有在大量统计数据基础上才有意义。然而这种复杂的系统内部却包含着奇妙的对立，正与负、排斥与吸收，构成了系统极为诱人的一面。否定着理、心、气形上学本体论的绝对性、单质性，以及独占性、独断性。

依据人类实践活动的异质要素的对待统一，去探索人与世界的关系，人们就会发现世界的两重化（自然世界与人类世界的对待）、人类的两重性（人对自然的超越和自然对人的本原性的对待）、历史的二象性（人们自己创造自己的历史与历史发展的客观规律性的对待）、实践的二重性（人的尺度与物的尺度、合目的性与合规律性、善与真的对待）。世界、人类、历史、实践就是这二重性的和合。

第三，和合学认为，诸多要素在融合过程中，并非杂拌，亦非中体西用、西体中用、中西互为体用或中西为体、中西为用的模式，而是吸收各要素优质成分消化综合，并为各要素优质成分提供得以充分体现的场所和条件。这种综合，正如光具有波粒二象性。德布罗意（Louis Victor de Broglie）对波的概念的提出，使人们不得不接受一个看起来是十分荒谬的事实：任何物体，包括实物微粒，以至运动着的宏观物体（如具有一定能量和一定动量（P）的电子等微观粒子和运动着的垒球、枪弹等宏观物体），都可以按德布罗意（Louis Victor de Broglie）公式：$\lambda = h/P = h/mv$（h 为普朗克常量）来计算波长，也就是任何事物都可以作为波和粒子的共同体而存在。这个综合，使人们最终抛弃了机械的决定论而接受一种相对论。在物理学上最好的事例就是由电子的波粒二象性推出的测不准关系式：$\Delta X \cdot \Delta Px \geq h/2\pi$（$\Delta X$ 为 X 方向电子位置不准确量，ΔPx 为 X 方向电子的分动量测不准量，h 为普朗克常量），这表明微观粒子的运动与宏观物体完全不同，不能同时确定它的位置和动量。经公式计算出电子的运动速度不确定程度约为 $10^7 m/s$，这说明电子在原子核外的运动只存在一种几率分布，而没有确定的轨道。这要求我们采取一种新的综合的世界观。正如弗里乔夫·卡普拉（Fritjot Capra）说的，量子论揭示了宇宙的一种基本性质，它表明我们无法把世界分成独立存在的最小单元。当我们深入物质的内部时，自然界并不是呈现为相互分离的"基本建筑材料"，而是表现为各部分组成整体的各种关系的网络。这种关系中也包括观察者，他构成了观察过程的最后一个环节，任何原子对象的性质都应该理解为这种对象与观察者相互作用的结果。这就是说，经典的能够客观地描述自然的思想不再是正确的，在原子世界中无法把我与世界分割开来，在原子物理学中我们无法在谈论自然的同时也谈论我们自己。

这种综合在自然界以及人类社会是广泛地存在着的。在生态学中，生态系统是生态学的结构和功能单位。每个生态系统都是生物因素和非生物因素组成的开放系统。其中生物因素包括生产者、消费者和分解者，三者都完成特定的生态功能。正是由于生物因素之间以及生物因素与非生物因素的不断的作用，物质才能在生态系统中不断循环，而能量才得以流动，故说生态系统是一个综合的作用系统。生态系统既由互相作用、制约的诸要素所构成，也反作用于各组成要素。生态的良好发育，为其生物成分的最大限度繁盛，非生物条件的平衡提供条件。

和合学具有运动性、平衡性、综合性和相对性的特点。它是一种动态分析的理论结构，这种理论结构具有相对论和对称论的方式，也具有综合论和相济论的方式。理、心、气等本体，是一种静态分析的理论结构，这种理论结构具有绝对论和单称论的方式，也具有同等论和片面论的方式。它既把形上学本体论作为其哲学逻辑结构的起点，又将其作为其哲学逻辑结构终点，因为起点与终点是相互对待排斥的概念，但在中国古代"体用一源，显微无间"①中，这种对立的界限似乎圆通了。朱熹曾经说："且如这个扇子，此物也，便有个扇子底道理。扇子是如此做，合当如此用，此便是形而上之理。"②这里"形而上之理"既是朱熹哲学逻辑结构的起点，亦是其终点。冯友兰在《新理学》中说："程朱说：理是主宰。说理是主宰者，即是说理为事物所必依照而不可逃；某理为某事物所必依照而不可逃。不依照某理者，不能成为某事物。不依照任何理者，不但不能成为任何事物，而且不能成为事物，简直是不成东西。"③譬如"飞机必依照飞机之理，方可成为飞机"④，造飞机的形而上之理本来即有，飞机师是发现其理而造一实际的飞机而已。朱熹和冯友兰一样，其思辨的方法是把具体扇子之理、飞机之理离开扇子、飞机本身，抽象升华为形而上本体之理，扇子、飞机是形而上本体论的变现，世界万物也是这样变现出来的。就此而言，从宋明新儒学到现代新儒学，都没有从根本上超越宋明理学形上学本体论的思维框架。

和合学既是对旧三学，也是对新三学的超越。因为无论是旧三学，还是新三学，当它们建构了形上学本体论，就终止了新的综合，失去了吸收各要素优质成分的动力和创造新事物的生命力。它们不能超越自我本体论的终极解释和终极根据，也不能摆脱自身解释的循环。和合学对旧三学、新三学的超越，旨在打破中国传统哲学的形上学本体论的思维框架，而建构和合学新的哲学理论思维系统。

和合学是中国文化的精髓和生命最完美的体现形式。

原收入拙著《中国近代新学的展开》，台北，东大图书公司，1991年，又载于《冯友兰先生纪念文集》，北京大学出版社1993年。

---

① 《易传序》，《二程集》，中华书局1981年版第689页。
② 《中庸一》，《朱子语类》卷六二，中华书局1986年版，第1496页。
③ 《新理学》，《三松堂全集》卷四，河南人民出版社1986年版，第88页。
④ 同上。

论舜水学的意蕴

——为纪念朱舜水诞辰 *395* 周年而作

朱舜水（1600—1682）名之瑜，字鲁屿，浙江余姚人。他生活在明末清初社会大动乱之际，怀抱经国之大志，穷追圣贤之学术。他传中华之道统，启东瀛之儒流，影响深远。

水户上公源光国（德川光国）在《祭明故征君文恭朱先生文》中说："瘝瘝忧国，老泪沾巾。衡门常杜，箪瓢乐贫。韬光晦迹，德必有邻。天下所仰，众星拱辰。既见既遘，真希世人。"① 给朱舜水以很高的评价。

一、明治维新的思想启蒙者

朱舜水忧国忧民忧天下。当明清嬗代之时，舜水为匡复明室，驱除清兵，他效法申包胥借兵复楚之事，三赴安南（越南），五渡日本，奔走呼号，乞师复仇，一腔至诚，终未有成。

当马士英在南京拥立福王朱由崧为南明王朝时，马氏任命阉党魏忠贤余孽、迫害东林党人的阮大铖为兵部侍郎，此暴露了福王政权的腐败无能。马氏请舜水亲家何东平再三劝说他出任官职，舜水力辞征召，不为高官厚禄所动，耻与马、阮同列。其忠贞正直的情操，不与恶势力合污的品格，昭然彰显。

顺治十六年（永历十三年），郑成功和张煌言会师入长江，朱舜水应郑成功之号召，参与北伐。克瓜州，下镇江，皆亲历行阵，但最终失

---

① 《朱舜水集》附录二，中华书局 1981 年版，第731 页。

师道师说

张立文　卷

败。他审时度势，熟知声势不可敌，失地不可复，败将不可振，与其不得不从清的毁冕裂裳，不如蹈海全节，以保忠义之志，乃东渡日本，并从安东守约之请，留居长崎。

虽定居日本，但忧国忧民之心未泯，每日向南泣血，唯以"邦仇未雪"为憾，不以家破音断为悲。为纪念其深相缔结的知友、直浙兵部左侍郎、舟山守将王翊壮烈牺牲，"每逢八月十五日（王翊殉节于顺治八年，1651 年中秋节），杜门谢客，怆然不乐，终身废中秋赏月"①。舜水的友情、家情、国情，情满云天。

舜水留寓长崎，孤身飘然，四海空囊，不能自支，安东守约以其禄之半奉养先生。后长崎大火，舜水侨屋荡尽，寄居皓台寺庑下，风雨不蔽。守约闻知，即时赴长崎安置。守约曰："我养老师，四方所俱知也。使老师饥死，则我何面目立乎世哉！"② 其情其义，足以动人感天。后应水户藩主德川光国的聘请，移居江户（今东京），礼接郑重，尊为宾师。德川光国常以施政大计、礼乐典章、经史道义请教舜水。舜水亦必援引古义，弥缝规讽，曲尽忠告善道之意。并教授学者，迭迭不倦。"为建学，设四科，阐良知之教，日本于是始有学，国人称为朱夫子。"③ 他在日本讲学授徒，倾注了后半生的心血。由于他诲人不倦，谆谆善诱，因此，朱门弟子，精英辈出，既有日本宰相、水户侯德川光国（源光国）开启日本水户学派，关西硕儒安东省庵（安东守约）开创日本朱子学派（主气派），又有幼师舜水的日本古学派的开山鼻祖山鹿素行，还有一代儒宗伊藤维桢（伊藤仁斋）和名震四方的大儒安积觉（安积澹泊）等。朱舜水堪称为日本教育史上的大家。

朱舜水造就了日本一代人才，开一代之新学风。诚如后藤新平男爵所说："明季征君朱之瑜，邻邦所贡之至琛又至宝也。道义则贯心肝，学术则主王业，不得行怀抱于故国，而却传衣钵于我邦。……烛大义，

---

① 今井弘济、安积觉：《舜水先生行实》，《朱舜水集》附录一，中华书局1981 年版，第 614 页。

② 同上书，第 618 页。

③ 《明遗民所知录传十七朱之瑜》，《朱舜水集》附录一，第 640 页。

阐王道，使东海之日月有光于千载，岂不亦贤乎！之瑜既义不帝秦，坚守鲁连之志，遂来蹈东海，得义公（源光国）之知遇，乃为与湊川之碑不朽千古之人。况于其纯忠尊王之精神，滂溥郁屈，潜默酝酿，可二百年。而遂发为志士勤王之倡议，一转王政复古，乃至翼成维新之大业，以致国运今日之蔚兴，我之所得于之瑜也固大矣！"① 此评贴切适当。水户学派的创始者源光国（德川光国）发扬朱舜水重史、尊史、尚史的思想，并设立彰考馆，以延天下才俊。他还组织编纂《大日本史》，聘朱舜水为顾问。舜水为"开辟日本文明之机"，以《春秋》的微言大义——尊周王，退诸侯，外夷狄和朱子《通鉴纲目》的明正统，立纲常，明鉴戒，著几微为体例。《大日本史》修成后，日本始有一部完善的纪传体的正史。于是，"尊王攘夷""忠君爱国"思想便普遍地输入国民意识之中，并逐渐演变为德川末期王政复古、倒幕维新的思潮。就此而言，朱舜水便成为日本明治维新运动的思想启蒙者。

二、舜水学的内涵

朱舜水思想以"实理实学"为为学宗旨；以经世济民为实践基础；以成性立德为思想规模；以仁义爱民为理想人格；以社会大同为理想目标，构成舜水思想的逻辑结构，为舜水学的内涵主旨。

朱舜水绍承宋儒的"实理实学"的方面，而摈弃其在演变中的流弊。虽然理学的奠基者和集大成者张载、二程、朱熹等在反对佛、道的空虚之学中，都倡"实理实学"②，但元明以来，程朱理学成为官方的

---

① 《朱舜水全集序》，《朱舜水集》附录四，第796页。
② 程颐说："实理者，实见得是，实见得非。"（《河南程氏遗书》卷十五，《二程集》，中华书局1981年版，第147页）二程说："治经，实学也。"（《河南程氏遗书》卷一，第2页）朱熹说："要之，佛氏偏处只是虚其理，理是实理，他却虚了，故于大本不立也。"（《朱子语类》卷一二六）《中庸》："其书始言一理，中散为万事，末复合为一理，放之则弥六合，卷之则退藏于密，其味无穷，皆实学也。"（《中庸章句》）

意识形态，以及士子们为猎取功名利禄的工具，而流为空疏教条式的说教。朱舜水坚持"实理"思想，指出"使后人知为学之道，在于近里着己，有益天下国家，不在乎纯弄虚脾，捕风捉影"①。这种空虚已脱离了现实的"近里着己"，成为一种"捕风捉影"的不着实际、实事、实功的虚学，不仅无益于天下国家，而且反受其害。程朱理学所谓穷尽事事物物之理，而后致知以及齐家治国平天下，亦是一种不计人寿的空言。舜水指出："彼厌平淡而务空虚玄远者，下者心至颠蹶，上者亦终身沦丧已尔，究竟必无所益也。"② 故他以追究切近而非玄远、实有而非空虚为要务。

所谓"实理"，就是指寓于"百姓日用"和"布帛菽粟"中的道理。此中道理，即非空虚玄远之理。舜水说："仲尼之道，如布帛菽粟，诚无诡怪离奇。"③ "吾道之功，如布帛菽粟，衣之即不寒，食之即不饥；非如彼邪道，说玄说妙，说得天花乱坠，千年万年，总来无一人得见。"④ 这里所说道，即道理、原理、学说之义。若指布帛菽粟的道理、原理，无疑是明明白白、平平常常的"现前的道理"。"圣贤要道，止在彝伦日用。"⑤ 理（道）是存在于百姓日用伦常、布帛菽粟之中，又是伦常日用、布帛菽粟所以然之理，此理便是实理，即实实在在的、不离具体器物的理。

既为"实理"，便有功用，理以功用显实，功用以理现用。以实理之功用，如衣有御寒的功用，食有不饥的功用。这不寒、不饥的功用，是以实在效果来呈现的。这种实在的功用，是实理的彰现。它与"说玄说妙"的邪道异趣，就在于邪道虽说得天花乱坠，但毫无实用、功用，无补于国家社会。

由"实理""实用"，必倡"实学"。实理以实学求，实学须实理

---

① 《答奥村庸礼书》，《朱舜水集》卷八，第 274—275 页。
② 《颜子像赞》，《朱舜水集》卷十九，第 561 页。
③ 《谕安东守约规》，《朱舜水集》卷二十，第 578 页。
④ 《答小宅生顺问六十一条》，《朱舜水集》卷十一，第 407 页。
⑤ 《颜子像赞》，《朱舜水集》卷十九，第 561 页。

指。"实理"作为终极的价值观，"实用"便是其表层的价值度量。舜水主张"学务适用"①。他说："为学当有实功，有实用。"② 重在用与功，对于形上学玄妙的追究，已被理学流弊所糟蹋，成为"言高言远""高谈性命"的空疏不切实功、实用之学。舜水所谓实功、实用的内涵，是指"经邦弘化，康济艰难"③ 的事功之学，即经世致用、强国利民之学。这凸现了舜水的为国为民的高度责任意识和忧患意识。

现实的明代社会为什么不能实现"实理实学"？舜水说："大明之党有二：一为道学诸先生，而文章之士之黠者附之，其实踏两船，占望风色，而为进身之地耳。一为科目诸公，本无实学，一旦登第，厌忌群公，高谈性命。"④ 这里两党，是指道学家和科举应试的分野。这种分野并不十分严格，文章之士摇摆于两者之间，科举应试者读"经"读"书"，一心为功名利禄，不及时势实际。"我朝以制义取士，士子祇以功名为心，不务实学，故高贵之文，举世亦无几人。"⑤ 其实，道学家与科举应试者一样，都不务实学，这又是其同。

舜水认为，不务实学，就是抽掉理学乃至孔子儒者之道的灵魂和精神。"儒者之道，振古由今。"⑥ 孔子儒者的学说、原理，本不离实事、实际、实功、实用的"实理实学"。明代学术虚伪，或道学，或科举。道学者俨然如泥塑木雕，"又迂腐不近人情"⑦。科举之士穷年皓首唯以剽窃为工，掇取青紫为志。他们醉心于猎采词作，埋头咕哗，竞标新艳。这也是由士大夫驱使明亡的原因之一⑧。舜水这种学术的检讨和反思，是一种高度民族忧患意识，他冀希重建民族精神家园，但抗清复明的绝望使他把重建民族精神家园的努力贡献于日本，重塑了日本民族精

---

① 安积觉：《明故征君文恭先生碑阴》，《朱舜水集》附录一，第631页。
② 《答小宅生顺问六十一条》，《朱舜水集》卷十一，第406页。
③ 《答林春信问七条》，《朱舜水集》卷十一，第383页。
④ 《答野节问三十一条》，《朱舜水集》卷十一，第390页。
⑤ 《答小宅生顺问六十一条》，《朱舜水集》卷十一，第408页。
⑥ 《谕安东守约规》，《朱舜水集》卷二十，第578页。
⑦ 《答林春信问七条》，《朱舜水集》卷十一，第383页。
⑧ 见《中原阳九述略》，《朱舜水集》卷一，第1—2页。

神的家园。

舜水由"实理实学",进而实现为"经世济民"。他在思考明亡这一文化现象的时候,特别注意"民生"问题,即以人民的生命存在和改善为国家政治经济生活的根本。"士、农、工、商,'国之石民也'。男耕而食,女织而衣,民生之常经也。所谓本根者,如斯而已。而又'壮者以暇日修其孝弟忠信',国何患不治?何患不富?"① 士、农、工、商,是国家经济生活的管理者、参与者、生产者和销售者。人的衣食住行文化依赖于他们去实现,国家民族根据他们的活动而繁荣发展。人类自身的生命存在由于经济活动而获得延续和进步,人的欲望亦由于生产活动而得以满足。因此,士、农、工、商是国家民族的基石和根本。

舜水把士、农、工、商并列起来,并没有以等级规范来限制他们,而是视他们为平等自由的公民。这种并列是对于他们的地位、价值和作用的肯定;这种肯定意蕴着对重农抑商、重士轻工、重义轻利文化现象的否定,提高了工、商的地位,视四民都为国家的"石民"。

舜水经世济民是以士、农、工、商为国家的"石民"(骨干),以男耕女织为生产活动的基本方式,此构成了其实践基础。男耕女织的实施,关系着土地的占有方式。他提出了"弃井田之法,效井田之制"的主张:"井田之法,固后世所万万不能行,而井田之制,沟涂封洫,旱涝蓄泄,制度详尽,则田官所不可不知者也。"② 一方面他否定井田之法的复古、仿古的行为,因为时代毕竟变了,井田之法已不合时宜;另一方面他肯定古代一些促进农业生产的具体的制度。"古者农官,方春即舍于郊,岁内即阅谷种,戒农具。如此勤敏,百姓安得不饶裕!"③以求生产的发展,人民的富裕。

从当时全国的社会生产样态的基本方式来说,仍然以男耕女织作为"民生"的"常经",工商在社会经济中并不占主导地位。因此,保证男耕女织这种民生常经的实施,就成为国家的首务。若破坏了这种"民

---

① 《答野节问三十一条》,《朱舜水集》卷十一,第388页。
② 《答平贺舟翁(平贺勘右卫门)书二首》,《朱舜水集》卷五,第90页。
③ 同上。

生之常经",社会就会发生动乱。所以,他认为明末的农民起义,清的入关,都直接与此民生的常经相联系。"崇祯末年,搢绅罪恶贯盈,百姓痛入骨髓,莫不有'时日曷丧,予及汝偕亡'之心。故流贼至而内外响应,逆房入而迎刃破竹,惑其邪说流言,竟有前途倒戈之势。"① 明末的政治腐败,敲骨吸髓的掠夺,男耕女织的生产样态不能维持,使大量农民成为无田无业的流民,因此他们不得不铤而走险,起而反抗,由此导致了社会的无序。

社会经济环境对于道德、人性有重要的影响。"衣食足而后礼义生,此教化之厚,不可不留意也。"② "富之教之,立可有成。"③ 社会的伦理道德、礼义教化,在一定社会经济条件下,才会发生作用,形成完善的礼义道德环境。这就是说,礼义道德最终根植于社会经济之中。

基于这种思想,舜水主张人性非先天具有,"性成于习",即从后天的习见、习闻、习染中形成。"性非善亦非恶,如此者,中人也。中人之性,习于善则善,习于恶则恶,全借乎问学矣。学之则为善人,为信人;又进而学之,则为君子;又进而学之不已,则为圣人。"④ 社会大多数人的善或恶的人性,是由后天的学与习形成的。譬如初生婴儿,无不爱亲爱兄,乳则喜,威则啼,天性无异。后来由于父母教训,世俗引诱的差异,"习之既久,灵明尽蔽,昏惑奸狡横生,相去遂有万万不侔者"⑤。习以成性,是对于先天人性善或人性恶的否定,给予人后天生活教育环境和学习条件以充分重视,也给予主体人以充足的自主性,以及自我塑造、自我创造人性和历史的责任。

人性之所以有善有恶,是由于"气禀不同"。善者禀气之"清明";恶者禀气之"混浊"。舜水否定了"气禀论",是因为这个理论不能解释诸多历史和现实中的人性问题。如尧舜之民,比屋可封,桀纣之民,

---

① 《中原阳九述略》,《朱舜水集》卷一,第1页。
② 《答平贺舟翁(平贺勘右卫门)书二首》,《朱舜水集》卷一,第90页。
③ 《答安东守约书三十首》,《朱舜水集》卷七,第185页。
④ 《答古市务本问二条》,《朱舜水集》卷十,第379页。
⑤ 《答奥村庸礼问二条》,《朱舜水集》卷十,第377页。

比屋可诛。难道前者之民皆禀清明之气，后者之民皆禀混浊之气？现实生活中有改恶从善，亦有善而变恶，难道说先禀混浊之气而后禀清明之气？或者反之？① 气禀善恶论不能解释历史和现实，便是不合理的，尤其不能作为富贵者性善，贫贱者性恶的根据，而制造社会冲突和无序。

在成性的过程中，舜水强调学与习，在学与习中铸造人性，建立道德。"家有母，学为孝；家有弟，学为友；家有妇，学为和；出而有君上，学为忠慎；有朋友，学为信；无往而非学矣。"② 伦理道德的学习和培养，是从家庭、社会的人际交往实践活动中获得，而不是凭空的道理。在社会人际的交往活动中，仁、义、礼、智、信的社会伦理道德才得以实现，并在实现中获得完善和提高，这是"立德"的根本途径。

在立德中，舜水认为有四个层次或要旨。一是"实"。不实不成，这是立德的基础，犹如屋基。二是"虚"。不虚则自满。谦虚待人处事，虚心向他人及经典学习，这是道德修养的基本态度。三是"勤"。不勤就是懒惰，懒惰将一事无成。勤是修养有成的条件，只有勤于实践，才能不断完善道德情操。四是"恒"。持之以恒，必须有坚强不拔的意志。人无恒心，就会前功尽弃。因此，"恒"是学问修身的第一等重要的事情③。这四者是"立德"的主体修养的必具条件。

与"立德"的四主旨相对应，提出"废学五端"为鉴。"一曰耽嗜曲糵，恒舞酣歌。二曰娆童艳妾，驰骋渔猎。三曰志存乾没，贪得无厌。四曰营营官途，苟求尊显，攀附奥援，趋鹜容悦。五曰朋比匪人，巧中所欲，诱入荒迷，流连丧志。五者皆害学也。"④ 此五端乃立德的大敌，不仅不能"立德"，而且使性情昏蔽，而丧德。

舜水"成性立德"的思想规模，开出"实理实学""经世济民"的实事、实功、实用之学。"实理实学"既是"成性立德"的所以然，又是"成性立德"的修养实践的进程和条件。"经世济民"是"成性立

---

① 见《答奥村庸礼问二条》，《朱舜水集》卷十，第 377 页。
② 《答小宅重治书》，《朱舜水集》卷九，第 298 页。
③ 见《谕五十川刚伯规》，《朱舜水集》卷二十，第 579 页。
④ 《与奥村德辉（奥村兵部）书八首》，《朱舜水集》卷八，第 277 页。

德"的现实交往实践活动的展现，又使"成性立德"在现实交往实践活动中不断获得完善。

三、舜水学的价值理想

"成性立德"以仁义爱民的圣人精神为理想人格。舜水把仁义作为为圣的标准，因而他倡导仁义。"仁者吾心恻隐之微，而施之天下，则足以保四海。"① 以不忍人的仁心，行不忍人的仁政，这样仁便可施行天下，就可以保有天下。"义者万物自然之则，人情天理之公。"② 义是顺万物的自然而然，而不是人为的追求。顺其自然，因时制宜，不失范型，就是义的意蕴。"礼"是仁义的节文，天伦的秩序。"智"是知是知非之心。"信"是如天之有五行，爵之有五等。

舜水以德川光国字子龙而劝诫其行仁义之政。"龙以仁义为德，龙之所以为灵也。……龙非仁义无以为灵，人君非仁义无以为国。"③ 以龙为仁义的象征，以仁义为龙之所以灵的根据。君主以仁义为治国的根本原则，否则便无以治国，使国泰民安。舜水以尧舜为圣人的楷模，即理想人格的代表。"独不闻尧舜之仁，不遍爱人乎？故曰：'为政以德，譬如北辰，居其所而众星共之。'总之，蕴之于躬则为德，设施于事则为政。"④ 倡仁义之道、行仁义之政的圣人，是舜水梦寐所冀盼的理想人格。

仁者必爱人；仁义治国，必爱百姓；爱百姓必利百姓。"治国有道，因民之所利而利之，岂在博施？"⑤ "利民"是"爱民"的具体体现。"爱民"不是信口胡言，而是有实际的实践行动。"仁者爱人，有礼者

---

① 《仁》，《朱舜水集》卷十七，第491页。
② 《义》，《朱舜水集》卷十七，第491页。
③ 《源光国字子龙说》，《朱舜水集》卷十三，第443—444页。
④ 《赤林重政字尊五说》，《朱舜水集》卷十三，第446页。
⑤ 《答野节问三十一条》，《朱舜水集》卷十一，第385页。

敬人。是他人皆当爱，皆当敬也，何言之相戾欤?"①"恭惟圣人之大德，莫重于施仁，仁政之大端，莫先于养老。"② 老有所养，幼有所抚，惠泽百姓，人人安居乐业，这便是仁政所要求。圣人的理想人格，始终与仁义的人道原理相联系，把仁爱精神作为理想人格的必要内涵，这便是仁义爱民的理想人格。

舜水的价值理想包含理想人格和理想社会。其理想社会是大同世界。这种世界大同的理想社会是儒家仁爱精神的开出。大同社会理想初见之于《礼记·礼运》篇。舜水时遭"天崩地裂"、国破家亡之大变，他冀希以《礼运》大同理想为自救救人之良策和自我终极理想之重建。"夫大道之行也，天下为公，选贤与能，讲信修睦。故人不独亲其亲，不独子其子；使老有所终，壮有所用，幼有所长。其不幸不全于天者，皆有所养。男有分，女有归。货恶其弃于地也，不必其藏于己；力恶其不出于身也，不必为己。是故纤慝尽闭，至理聿臻，故外户而不扃，质实而无伪，是谓大同。夫以禹、汤、文、武、周公之治为小康，而以此为大同。"③ 大同理想社会奉行"天下为公"的大道；任人唯能唯贤；与人讲诚信；与邻友好和睦；老吾老以及人之老，幼吾幼以及人之幼；孤寡等都有所养；夜不闭户，路不拾遗；人人诚实而讲礼仪。

舜水所描绘的大同理想的社会蓝图，虽古已有之，但在当时提出是有意义和价值的。特别他是对德川光国的建议，并认为中国在清统治下不能实行大同理想社会，日本容易一些。如果说日本他人不能实行，那么，德川光国容易一些。源光国接受舜水的大同理想社会的思想，以"尊王一统"思想撰写《大日本史》，启迪了明治维新，以致有现代日本的发展。梁启超说："舜水之学不行于中国，是中国的不幸，然而行于日本，也算人类之幸了。"④ 二百年后康有为撰《大同书》，结合《春

---

① 《策问四首·其一》，《朱舜水集》卷十，第 342 页。

② 《元旦贺源光国书八首》，《朱舜水集》卷六，第 114 页。

③ 《元旦贺源光国书八首》，《朱舜水集》卷六，第 113 页。

④ 《两畸儒》，《中国近三百年学术史》，中华书局 1943 年版，第 83 页。

秋公羊》三世说，"托古改制"，掀起戊戌变法维新运动，恰恰以中日甲午战争失败为契机。中日两国的恩恩怨怨，应在舜水的大同社会思想的指导下，得以化解。

以上五个方面，为舜水学之所以为学的意蕴，探究舜水学的深层内涵，虽还是学术研究任务，但舜水学的现代价值和意义，更有现实的价值和意义。舜水学开日本维新之端倪，启中国晚清变法之先声。他所发扬的中日两国人民互爱互敬、平等友好、诚信交往的情谊将永留青史，并指导中日两国人民世世代代友好下去。

（载《中日文化交流的伟大使者——朱舜水研究》，人民出版社 1998年）

礼乐文明与文化自信

　　中华传统礼乐文化是中华民族文化自信、制度自信的体现，是中华文明的标志，是中华文化核心的、首要的价值，也是实现人的道德和培养人格的，使人之所以成为人的一种实践的活动。《礼记·乐记》曰："礼者别宜，乐者敦和。"礼讲分别，乐的核心是和谐。礼乐在中华文化中，是作为制度来规定的，在"二十四史"中，《史记》称"书"，如《礼书》《乐书》。《汉书》称"志"，如《礼乐志》。圣人"象天地而制礼乐，所以通神明，立人伦，正情性，节万事者也"[①]。"志"是记载国家的大礼，是天地万物的位序，是社会礼仪、伦理道德等的总和。礼乐作为国家制度是人人必须遵守的。

一

　　人的任何活动都应该合于礼，合于乐，如果不合礼乐，就不能说是合法、合理的。我曾写过一篇文章，讲服饰文化[②]，服饰是一个民族精神的体现，是一个民族的标志和符号，是这个民族精、气、神的表征，是这个民族所以是这个民族的个性象征。现在我们出国，或者接见外宾，都要求穿"正装"。所谓"正装"，应该是指中华民族的正统服装。西装对于我们中华民族来说，不能说是"正统"服装。我在这篇文章中，就讲我们到底应该怎样穿服装，才是合乎礼。在"二十四史"中，如《后汉书》中《舆服志》记载："夫礼服之兴也，所以报功章德，尊

---

① 《礼乐志》，《汉书》卷二十二，中华书局 1962 年版，第 1027 页。
② 张立文：《民族服饰与民族人文精神》，《河北学刊》2006 年第 4 期。

仁尚贤……非其人不得服其服，所以顺礼也。"① 说明穿衣服是一种国家制度，必须合乎礼。穿西装就不合乎中华民族的礼仪。中华民族几千年来有璀璨的、辉煌的服饰文化。虽自古以来不断沿革，但都是传统服饰文化的传承和发扬，"王者必因前王之礼，顺时施宜，有所损益，即民之心，稍稍制作，至太平而大备"②。"后王"继承、损益"前王"的礼乐文化（包括服饰文化），如唐代的服装既传承又创新，非常漂亮华丽，明清的服装也是如此，即使是民国时期孙中山制定的中山装（前面是五个扣子，寓意五族共和，从中国传统思想来讲是五行——金、木、水、火、土；有四个兜兜，这个不是让你去贪污的，装得多，而是要关爱士农工商、国之四民。《管子》讲"礼义廉耻，国之四维"。每个袖口有三个扣子，是有传统文化内涵的，可以讲是天、地、人。另外，唐装的五个扣子和两个兜兜是讲阴阳五行）也是传承中华民族传统礼乐文化来制定的，可是西装有什么中华民族文化元素和内涵？没有。这是不合乎礼的，照搬、照抄西方服饰，是没有民族文化自觉、文化自信、文化自尊的表现。

程颐说"推本而言，礼只是一个序，乐只是一个和。……天下无一物无礼乐"③。"天下无一物无礼乐"，就是说天下每一事物都渗透着、体现着传统礼乐文化。阿拉伯国家领导人出国，都穿民族服装。服饰作为一个民族精神的体现，民族的标志和符号，是不能丢的。在国际舞台上，人家一看你所穿的服饰就知道你是哪个民族的代表，服饰也代表着一个民族的性格、气质和精神。

二

《荀子·乐论》："乐也者，情之不可变者也；礼也者，理之不可易

---

① 《舆服志上》，《后汉书》卷二九，中华书局 1965 年版，第 3640 页。
② 《礼乐志》，《汉书》卷二二，中华书局 1962 年版，第 1029 页。
③ 《河南程氏遗书》卷十八，中华书局 1981 年版，第 225 页。

者也。"① 礼乐是不可废弃、变易的，礼乐是社会文明的标志，乐的起源是防止纷争，《史记·礼书》载："礼由人起，人生有欲，欲而不得，则不能无忿，忿而无度量则争，争则乱，乱则穷，先王恶其乱，故制礼义以分之。"可见礼乐可以维护宗族安全，社会稳定。礼乐具有不同的功能："乐以治内而为同，礼以修外而为异。同则和亲，异则畏敬。和亲则无怨，畏敬则不争。揖让而天下治者，礼乐之谓也。"② 乐治内而和亲，以移风易俗，礼修外而畏敬，以国治民安。其社会功能可以分为这样的几个方面：

一是经国序民，伦辈定位。《左传》讲："礼，经国家，定社稷，序民人，利后嗣者也。"③ 礼能管理国家，稳定社稷，使老百姓都遵守秩序，又能使后来子孙得利。社会首先要有秩序，古代的礼当然具有等级意识，公、侯、伯、子、男不能相互僭越。这个秩序要求每个人各安其位，各负其责。如果没有秩序天下就乱了，所以中国古代很讲秩序，譬如《周易》卦画，六横是从下到上，代表天、地、人，最上两爻是天，中间两爻是地，最下两爻是人，这是次序，所以《易传》讲"立天之道，曰阴与阳；立地之道，曰柔与刚；立人之道，曰仁与义"。天、地、人三才之道，六个字代表六个爻。比如乾卦，从下到上六爻的秩序分别为初九、九二、九三、九四、九五、上九。有秩序社会才能安定，没有秩序社会就要乱套了。过去一段时间内，人际关系称谓无序，所有人都称同志，父亲是同志，领导是同志，老婆是同志，儿子也是同志，都是同志。到了"文化大革命"，所有人都称师傅。人与人之间就没有了分别。中国古人很聪明、很睿智，将社会上复杂的人际关系归为"五伦"——父子、君臣、夫妇、兄弟、朋友。依据不同的伦辈关系，制定不同的道德规范，以便于遵守执行。当前，应该依据社会变化发展的实际情况，研究概括出最基本的人际关系，搞清楚现在究竟有几伦之后，制定相应的伦理道德，才可具体地去实践。社会秩序与伦辈关系有密切

① 《乐论》，《荀子新注》，中华书局 1979 年版，第 338 页。
② 《礼乐志》，《汉书》卷二二，中华书局 1962 年版，第 1028 页。
③ 《隐公十一年》，《春秋左传注》，中华书局 1981 年版，第 76 页。

联系，最基本的人际关系，要确定下来，比如父亲对儿子应该讲义；母亲对儿子应该讲慈；儿子对父母应该孝敬等等。孔子讲"君君，臣臣，父父，子子"，用现代的话来说，就是当领导的就要像个领导的样子，当父亲就要像个父亲的样子，当儿子就要像个儿子的样子。这个"样子"就是人依据其所处的伦辈所应尽的责任和义务，这样社会有序，就不会乱套。这就是经国序民，伦辈定位。

二是克己复礼，教化正俗。《论语》讲"克己复礼为仁，一日克己复礼，天下归仁焉。为仁由己，而由人乎哉！"人要自身行仁，就要"克己"，简单地讲就是约束自己。"克"字有不同的含义，比如《周易·蒙九二爻辞》"纳妇吉，子克家"，这里的"克"不是克除、去掉，而是"成""能"的含义，有成就、能成家的意思。"克己复礼"，是说要克制自己、约束自己。克制自己什么呢？就是克制自己的欲望。欲望不能膨胀，人的欲望是无底洞，一些人贪了很多钱，觉得还不够，还要贪更多的，以致无穷无尽，结果毁了自己。又如权力欲，有这样的一个现实的例子，一个人原来在一个部门工作，刚开始是一个一般的职工，他追求这个部门领导的女儿，结果与这个领导的女儿结婚了，且得到提拔；之后又认识了比他的丈人更高职务的领导，于是就故技重演，去追更高领导的女儿，结果又成功了，职务又提升了；后来见到更高领导，他又离婚去追求领导的女儿。这说明欲望是没有止境的，这种把结婚作为满足权力欲的工具、手段，而完全不讲基本道德，以牺牲别人的青春和幸福，满足自己的权力欲望的行为最终将毁灭自己。现实中很多人欲望膨胀，最终导致身败名裂。"克己"就是要克制、约束自己的欲望，我们并不是要禁欲，灭人欲，而是说要"克己"，如果说一个社会、一个人一点欲望都没有，那人就没有前进的动力。

怎样"克己"？孔子讲"非礼勿视，非礼勿听，非礼勿言，非礼勿动"。"视"就是"看"，"非礼勿视"就是不要斜视，要正视。"听"就是要听正言，不要听那些拍马屁的话，现在很多人喜欢听歌功颂德的话。"文化大革命"的时候，经济到了破产的边缘，还说莺歌燕舞，形势一片大好。有的人喜欢听奉承、吹捧的话，之后就飘飘然，不知道自己是什么人了。"听"应该听不同的意见。《春秋左传》中记有晏婴与齐景公的一段对话，在讲到和同分别时，"君所谓可而有否焉，臣献其否以成其可；君所谓否而有可焉，臣献其可以去其否"[①]。君主认为是对的，作为大臣，应该指出还有不对的地方，使对的方针政策更加完善；如果君主认为不好的，就应该指出里面还有合理的部分，使方案更完善起来。晏婴认为和与同的区别就在这里，君主应该听从不同的、正确的意见，才能使方案更加完善，不要偏听偏信，不要独断专行。"同"，就是君主说好，他就说好；君主说不好，他就说不好，这就是佞臣。"非礼勿言"，"言"也要正言，不要造谣生事，编造假信息，讲话要负责任。"非礼勿动"，人的行为活动应该符合伦理道德，符合礼的规范。"正视""正听""正言""正动"，如此，就会堂堂正正地做人。

礼乐具有教化的功能，《论语·子路》记载，孔子讲："礼乐不兴，则刑罚不中，刑罚不中，则民无所措手足。"礼乐如果不兴盛，刑罚便不能正确地判别，刑罚判别不得当，百姓就会连手脚都不知道摆在哪里才好。春秋时"礼崩乐坏"，季氏作为大夫，却僭用"八佾舞于庭"，违反了礼乐制度，孔子知道后，说"是可忍也，孰不可忍也"。八佾是天子乐舞，诸侯是六佾乐舞，大夫是四佾乐舞，孔子认为，礼乐制度的破坏，伦理规范的沦丧，刑罚也就不得当了。孔子又讲"不学礼，无以立"，不学礼人就立不起来。《论语·宪问》曰："文之以礼乐，亦可以为成人矣。"遵守礼乐教化，人就可以成为一个人了。《礼记·曲礼》中讲"是故圣人作，为礼以教人，使人以有礼，知自别于禽兽"。以礼教化人，人就知道与禽兽的区别了，这是说人之所以为人，就在于懂得礼，懂得礼仪，做人如果不懂得礼仪、礼貌，那么这个人作为一个人的资格也就不那么完全了。

三是和合心性，培养人格。礼乐能调整人的情绪，陶冶人的情操，健全人的心性。《荀子·乐论》记载："乐中平则民和而不流，乐肃庄

---

① 《昭公二十年》，《春秋左传注》，中华书局1981年版，第1419页。

则民齐而不乱"①，"故先王导之以礼乐而民和睦"②。怎么来调和自己的心性，培养自己的道德情操，完善自己的人格？人都有自己的人格理想，但究竟怎样算是人格理想？佛教要成佛，要成为一个有觉悟的人；道家要成仙，通过修炼成为一个长生不死的人；儒家要成圣，要成为一个道德高尚的人。儒、释、道都有一个理想人格，指出人应该向哪个方向努力，如果一个人没有理想目标的话，那么这个人也就稀里糊涂地过一辈子。人格理想是调节人的心性的一种方法，孟子讲，要"尽心知性知天"，要"尽心"，彻底认识善心，然后体认本"性"，进而"知天"；《周易》中也讲"穷理尽性以至于命"，"穷理"就是要知道事物的本来的性质，才能"尽性"，认识事物的本性，进而才能掌握"命"。"命"就是事物的规律性、必然性。一个人如果认识了天，掌握事物的必然性，那你的心性就会达到一个平衡、和谐、和合的状态。这也是讲每个人都要认识自己，就像雅典德尔斐神庙讲的"认识你自己"。从人类产生到现在几万年，尽管人一直在认识自己，但还是没有认识完，人是一个谜，对于这个谜，我们现在依然在不断地求索。但人心是最基本的求崇对象，人的活动、观念、道德的出发点是人心，就是佛教讲的"一念"，一念恶就是恶，一念善就是善。人往往掌握不了"一念"，比如说贪污，刚一开始肯定很犹豫，如果一念善，坚决不要；或者一念恶，收了，这都是心的一念之间。

《汉书·礼乐志》讲："礼节民心，乐和民声。"礼乐节制、和谐人民的心声，使人改恶向善，消忿而和。荀子讲"导之礼乐"，民众就会很和睦；乐如果中平，民众就会"和而不流"；乐如果比较庄严，民众的道德就会齐一而不会乱。

人之为人，应该有一颗善心，应该具有不忍人之心，见小孩子将要掉进井里，就去救他，孟子讲这并不是为讨好某人，不是要得到某种利益，也不是为了得到名誉，而是出于仁者的一种本然的不忍人之心。现

---

① 《乐论》，《荀子新注》，中华书局1979年版，第335页。
② 同上，第336页。

在有老人摔倒在路上，没有人去扶；孩子被车撞到，没有人去救，比较典型的是南京的彭宇案，这都是我们社会的风气不正，造成人心冷漠。要发扬"老吾老以及人之老，幼吾幼以及人之幼"的道德精髓，改变社会风气，建设人间和谐社会。

四是礼乐善心，感天通神。《礼记·乐记》："礼乐不可斯须去身，致乐以治心。"认为礼乐能够治理人心，荀子《乐论》中也讲到，父子兄弟在一起听音乐时，就会受到一种和亲的感悟；君臣上下在一起听音乐，则莫不和敬；长幼一起听音乐，就会心情愉悦而和顺。古人在吃饭的时候听音乐，可能是有助于促进食欲、帮助消化。过去有一个报道，说奶牛听音乐，产奶就会增加，这也是有一定道理的。当然，有的音乐也会激起人的一种奋斗的情感，比如《十面埋伏》。嵇康在他被迫害致死的时候，奏了一曲《广陵散》，嵇康笑着面对死亡，就像苏格拉底。人的生与死本来就是自然的事情，就像庄子妻子死了，鼓盆而歌，天地与我为一，齐万物，齐生死。音乐能够使一个人的心灵平和、和谐。

现代社会应该加强心理咨询机构的建设，使人有倾诉自己心里苦闷、焦虑的场所，使人的心结解开，让人从苦恼、焦虑中解脱出来。人怎样解脱自己？需要提升道德修养，礼乐也可以使人的品质修养得到升华，《礼记·乐记正义》中讲"乐能感人使善心生矣"。调节人欲，使人向善，符合天理。《汉书·礼乐志》讲"故乐者，圣人之所以感天地，通神灵，安万民，成性类者也"。乐具有感天通神的功能。《周易·乾·文言》讲："夫大人者，与天地合其德，与日月合其明，与四时合其序，与鬼神合其吉凶。"礼乐可以使人与天地、日月、四时、鬼神相合，达到天人合一境界。

礼乐的功能，对于改善我们的心灵，求得心灵的平衡，提升我们的道德，健全我们的人格等等，都有很大的作用。中华民族本来是礼仪之邦，现在我们反而不太讲礼乐，文明礼貌缺失了。礼乐文明应该从细小事做起，这才无愧礼仪之邦的荣誉。中国古代八岁上小学，小学教育的一个重要的内容就是洒扫应对之道，包括待人接物的基本道理和行为。礼就是讲文明，《周易·贲·彖传》讲："文明以止，人文也，观乎天文以察时变，观乎人文以化成天下。"最早把人文与文明联系在一起，没有人文精神，人们的素质不高，就没有礼貌，没有文明的行为。其实，文明就是教化，礼乐也是教化，我们要大力发扬礼乐文化，这是中华文化自信的表现。

回到孔子那里去寻找智慧

一、中华民族的灵魂和根本在中华文化

中国的崛起和中华文化的复兴是相联系的。世界四大文明古国当中，唯有中国五千年的文化一直没有断过。中国的文化像血脉一样不断在流动，不断贯彻于中华民族生存生活的始终。从这一点来看，中国的文化，实际上是中国民族的灵魂所在。

除了五千年来延续不断，能够生生不息之外，中华文化也是团结各个民族的精神力量的体现。中国疆域辽阔，有五十六个民族，也有不同宗教信仰，如新疆很多人信仰伊斯兰教，西藏信仰藏传佛教，云南也有信小乘佛教的。不同的民族，不同的宗教信仰，不同的生活习惯，但中国又是各民族团结的统一国家。这在国外很多人看来，觉得很不可理解。例如苏联解体以后，不同的民族、宗教就分成了很多国家；印度和巴基斯坦原来是一个国家，就是因为宗教信仰不一样，一个信仰印度教，一个信仰伊斯兰教，后来就分裂了，两国还经常有矛盾冲突。

那么，是什么力量把各民族凝聚起来，使他们不分裂？这种力量就是中华文化。不管哪个民族，哪个宗教信仰，都认同中华民族这个文化。中华文化实际上是多元文化的和合。比如我们经常讲炎黄子孙，炎、黄过去是两个部落。从源头来看，中国文化本来是北狄文化、西戎文化、东夷文化、南越文化和中原文化的融合，本来就是多元融合的文化。正因为内在包含了多元文化，所以有凝聚力、向心力和亲和力，各个民族文化都有基因在里面，所以大家都能够认同中华文化。这个在其他国家来看是不可思议的，但是中国是做到了。

一方面，中国的文化是中华五千年延续不断的血脉；另一方面，中

国文化包含五十六个民族，是不同信仰、不同宗教文化的融合。从这两方面来看，中国文化是中华民族的一个根，是灵魂，是精神家园。

二、中国文化对世界的贡献

中国传统文化，不仅可以解决当前中国的现实问题，而且对当前世界的问题也有重要的价值和意义。1988 年，世界各国诺贝尔奖得主在巴黎集会，会上大家一致认为，人类要在 21 世纪生存下去，必须回到二千五百年前中国的孔子那里去寻找智慧。我认为以下几点传统智慧，对解决现代中国和世界的问题最有意义。

第一，孔子讲的"己所不欲，勿施于人"，是处理人与人、国与国关系的基本原则，这已经写进《联合国宪章》了。我不愿意做的，我也不强加给别人。譬如我不希望战争，也不把战争强加给别人。这个原则体现了推己及人的爱，设身处地为他人着想的品格。当前国内、国际的一些冲突、一些矛盾、一些战争都是不应该发生的，都应该以"己所不欲，勿施于人"这个原则来解决。例如美国不希望自己国内发生动乱、战争，但是它却在国外挑起动乱、战争，便是违背了"己所不欲，勿施于人"这个原则。

当然，西方文化同中国文化不一样。西方文化是一元文化，从古希腊到费尔巴哈，都是要追求现象世界背后的"第一性"。西方人大都信奉一元论，比如上帝创造了万物，违反上帝都是不对的。一元论下二元是对立的，如民主和专制。西方总认为他们的自由、民主等政治价值是最好的，想推向世界，把它普世化，却不考虑其他国家的历史、文化、国情，就容易出问题。

第二，以和为贵。人类能够繁衍发展，必须要有一个安定和平的环境。如果一个国家打仗、动乱的话，人民的生命财产都受到破坏，哪里还能够发展？

中国从西周以来，就讲"协和万邦"。当时有很多诸侯国，以现代眼光来看就是国际社会。"五经"中不管《周礼》也好，《诗经》也好，

《周易》也好，都非常强调"和"。孔子讲"和而不同"，有不同的意见没关系，我们可以求同存异，还可以求同化异，通过沟通把不同的意见化掉。《国语·郑语》讲"夫和实生物，同则不继。以他平他谓之和，故能丰长而物生之"。中国文化讲究和合，和实生物，不同的因素、元素和合起来才能产生万物，才能够导致多元文化的融合；"以他平他谓之和"，就是尊重他者。国家与国家、人与人之间，怎么样能够做到和谐？关键就是要平等相待，互相尊重。例如在中美新型大国关系上，强调要相互尊重对方的核心利益。

2013 年美国考古学家在肯尼亚发现明代的铜钱，推测当年郑和下西洋时可能已经到过那里。郑和下西洋，到了很多国家，都是和平外交，给对方很多好的东西，如茶叶、丝绸等，而不是去掠夺它的财产，掠夺它的人口，把它变成殖民地。中国自古以来一直是和平外交，到了现代我们又主动提出和平共处五项原则，和平外交政策是一贯的。现在有些国家提"中国威胁论"，都是出于自己的利益，为了遏制中国，是别有用心的。如日本讲中国威胁论，是为了自己能够修宪，达到军事扩张的目的。

三、贫富差距拉大，仇官仇富如何解决

第三，己欲立而立人，己欲达而达人。自己立起来了，成功立业了，自己的国家独立了，也希望别的人和国家能够独立；自己发达了，通达了，也希望别人能够发达起来。例如现在非洲国家不发达，我们有条件了，就去支持它，帮助它，使它能够发展起来。立人达人，是允许每个国家根据自己的实际来选择自己的发展道路、发展方式，而不是把自己的意愿强加给别人。在经济全球化的情况下，各国间的联系越来越密切，共同发达是很重要的。国家间贫富差距拉大，是世界动乱的原因，一个国家内部如果贫富差距越来越大，也容易导致这个国家的动乱，如"占领华尔街"运动就是出于普通民众对华尔街资本家的不满。

我们国内的发展也很不平衡，社会问题也比较多，例如网络上仇官

仇富情绪，人与人之间的信任缺失等。仇富的观点为什么产生？一个原因是富起来的人，不是真正靠自己劳动，而是采取投机倒把，甚至官商勾结等不正当手段富起来的。富而无道，当然人家就不满意了。另一个原因是富起来的人，炫耀自己的富，开豪华车、穿高级衣服就以为高人一等了，这种凌驾众人之上的思想态度、行为表现，引起了大家的不满。如果是正当赚钱，取之有道，富了之后表现低调的话，也不会有仇恨。如比尔·盖茨那么富，坐飞机还坐经济舱，同别人一样。富人对国家的经济发展有利，他可以对社会做出更大的贡献。比如邵逸夫热心教育，全国各地学校都有他捐建的教学楼、图书馆、礼堂等，邵逸夫去世后很多人纪念他。作为一般老百姓，并不想仇富，如果富起来的人能够有一种"己欲立而立人，己欲达而达人"的精神，回报社会，带动他人共同富裕，这样仇富问题就不会存在了。仇官的原因也是类似的。官员以权谋私，官商勾结，欺压百姓等，这样做的话大家肯定不满意，保定那个孩子撞了人还说"我爸是李刚"，仗势欺人，当然会引起仇官。

第四，中国古人讲"天人合一"，讲"仁民爱物"，讲"民胞物与"，自古以来就注意人与自然和谐，注意生态的平衡。中国古代很强调顺应天时，比如一年二十四节气，每一个节气干什么，过去都有规定的。《吕氏春秋》有"十二纪"，讲了一年十二个月的自然规律，以及人应当如何顺应这一规律。春天万物生长的时候不能砍伐、杀生，这也是人们的共识。北宋的程颐曾经当过皇帝的老师，有一次讲课休息的时候，皇帝年纪还小，就在花园里头，折了树上的嫩枝，程颐批评他说，"万物正在生长的时候，怎么能够把它给掐断，这属于扼杀生命啊"。万物都有生命，佛教讲不仅人有佛性，能够成佛，石头、墙壁也有佛性，也能够成佛。他把石头、墙壁都看成有生命的东西，所以要尊重它，保护它。

古人讲尊重万物，敬畏自然。然而西方思想却是要利用万物，征服自然。这一思想和斗争观点也是一致的。我们过去讲"人定胜天"，说"与天斗、与地斗、与人斗其乐无穷"，这是非常错误的、有害的。改革开放以后，我们过于注重发展经济，忽视了环境保护和生态平衡，结果现在尝到苦头了。

四、道德失落如何补救

第五，中国文化一个很重要的特点就是注重道德。古人讲"仁、义、礼、智、信"，讲"礼义廉耻"，讲"恭、宽、信、敏、惠"，讲忠恕之道。仁就是爱；义就是适宜；礼就是懂礼貌，讲文明；智就是有智慧，能分清是非善恶；信就是讲诚信。现代社会的很多问题，比如食品安全问题，都与道德失落有关系。

现代社会为什么会出现道德失落？这当然有很多的原因，第一是我们缺乏道德教育，从五四运动以来，我们一直向西方学习，引进西方的技术、制度、价值观念，把我们原来一些好的道德传统批判、破坏掉了，所以重建中国的伦理道德非常必要。我呼吁中小学课程当中，道德应该作为必修课。道德课不能只是说教，还应该学礼仪。成年人更要懂得礼仪。

中国古代有各种礼仪。如冠礼，即成人礼，成人礼上长辈会讲：你现在成人了，有社会责任了，不能像孩子一样了，如果你犯罪就要按照法律判刑了。这就是冠礼，成年了，你对社会、对个人都要负责任了。进一步就是婚礼，婚礼就表示你要对家庭——你的对象、父母、孩子负责任了。还有一个是丧礼，亲人死了，寄托哀思，同时要继承父辈的一些好的传统。最后就是祭礼，祭祀祖先，要不断怀念你的先辈。中国文化四大礼，告诉人们一个人的成长过程，怎样对自己负责，对家庭负责，对社会负责。通过这些礼的活动，人有一个对自己的自觉，自我修养的自觉，所以礼的教育也是道德的教育。

现在中国，礼仪的教育特别缺失，我们要注重冠礼；婚礼也不能光穿衣服吃顿饭就完了，应该有教育。另外，为什么要有丧礼？为什么有祭礼？这些东西并不是迷信，孔子讲"慎终追远，民德归厚矣"，丧礼和祭祀，帮助我们思考自己从哪里来，到哪里去，思考生命的意义，并把个人的存在融入到更深厚的文化、历史当中。

道德失落的第二个原因是人私欲的膨胀。人本来就有私欲，有自私观念，过去一句俗话就是"各人自扫门前雪，不管他人瓦上霜"。人性当中，一种是社会性，一种是动物性。前者是善的，后者有恶的成分，这不能避免。人如果不自觉，没有道德的自我约束力，人欲的方面就容易膨胀。

人的欲望不能说完全不好，人因为有生存发展的欲望才努力做事，去创造财富，这是推动个人上进，推动社会前进的动力。但是欲望如果过多膨胀，为了赚更多的钱去造假，那就可能危害公共利益，超出道德、法律的底线。所以人的欲望需要节制。不加以约束的话，任它膨胀，就可能导致道德的失落。道德的失落，不仅破坏国家的形象，而且损害国家的经济，也是一个民族堕落的表现。

怎样重建道德？每个人都要有一种对自己、家庭、社会负责任的态度，自觉加强自身的道德修养。我们国家颁布了很多公民道德规范条例，而为政者的示范作用非常重要。孔子讲"政者正也，子帅以正，孰敢不正？"当官的人首先要正直、端正、清正、廉正。现在很多官员为了自己的利益违反规则，贪污受贿，任人唯亲等，就把风气带坏了。孔子还讲"道之以政，齐之以刑，民免而无耻；道之以德，齐之以礼，有耻且格"。政治应将道德和法治并用。法治是一种他律，如果没有道德自觉，一些犯罪分子出来之后还会再犯，因为内心不知道羞耻。

采访整理：《人民论坛》记者周素丽
推选语

他开创了"和合学"，他将中国哲学强调的整体精神上升到"和"的境界，激发出传统文化解决现实问题的潜力。他始终强调，我们应该建立起属于自己的东西、自己的体系。他的思想正适应了今天的中国社会转型期理论建设和发展的需要。

感　言

　　1984年，我在德国汉堡参加过一个会议，同一些华人接触，当时他们的一番话使我非常感动。他们说，西方有耶稣来拯救世界，把爱给大家，耶稣是他们的精神家园和归属。我们能够同耶稣相比肩的，让我们华人在国外有自信的，就是我们的孔子，孔子是中国文化的代表。然而，我们国内对孔子却持一种批判的、打倒的态度，这让我们心里很难过。如果孔子被打倒了，我们华人就会觉得在思想、文化上抬不起头来了。华人之所以认祖归宗，说到底就是认同中华文化。中华民族的灵魂和根本在中华文化。使中华文化进一步发扬光大，也是我们这一辈人不可推卸的责任。

　　西方从黑格尔直到现代哲学家都认为"中国没有哲学，只有思想"，我认为中国有不同于西方哲学的独具自己特色的哲学概念和逻辑思维，要通过中国哲学自身的发展逻辑来讲述中国哲学的"话题本身"，这便是中国哲学"自己讲""讲自己"。中国哲学只有从"照着"西方哲学讲或"接着"西方哲学讲的框架中脱离出来，才能发现中国哲学的自我，于是我建构了当代中国哲学的和合学理论思维体系。

　　我们做学问要心怀中华民族，关心民族的未来和命运，关注现实问题。哲学是时代精神的精华，现实的自然、社会、人际、心灵、文明实践与交往活动是哲学理论思维的源头活水，必须对宇宙、社会、人生有个深刻的体会，通过哲学思维认识到人类所共同面临的冲突和危机，然后提升为化解之道。

　　人应当有理想，有目标，人生才有意义。比如我为什么会研究"和合学"，就是因为弘扬中国传统文化是我的一个理想，我希望能够通过我的研究，在当前人类共同面临五大冲突与危机的情况下，从五千年中华文化的宝库中寻找化解冲突危机之道。

（载《人民论坛》2014年第03期下）

戴震的精神世界

戴震建构了有别于宋明理学中程朱理学的新理论，故称其为戴学。他在程朱理学成为主导意识形态的统治下，勇敢地提出了"以理杀人"的呐喊。戴震思想的时代价值、精神世界：一是隐患精神，他忧国忧民，忧人心不正，以理祸民；二是求是精神，求是就是一种探索，是主体对客体的再认识，求是与求道一致；三是批判精神，批判是一种反思，是对于哲学理论思维内在逻辑演化的创新；四是包容精神，中华文化既是东、西、南、北、中各民族文化融合的结晶，也是海纳百川的成果，更是对外国优秀文化的吸收；五是道德精神，他对仁、义、礼、智、信等道德做了新的诠释，以提升人的道德素质。

戴震是一位有智慧的思想家，是具有敏锐远见的哲学家，是一位博学、慎思的大学者，他在诸多方面有着卓越的成就。他的思想可以说是博大精深、海纳百川的，在中国历史上、在诸多思想家当中，他可以说是一个承前启后、罕见的天文、地理、算术、考据、文字学家。他的思想不仅对当时的一些思想进行系统总结，而且具有创新性。我在1991年出版的《戴震》中称其为戴学，也可以讲是戴震学，之所以称其为戴学，是因为他建构了一个独立的戴震学派。我们通过戴震思想、生平、逻辑结构、批判精神来探讨清中期的文化思想的动态，以及与此相关宋明理学、乾嘉汉学、近代新学的关系，以明戴震在中国学术史上的地位和作用。根据我的看法，戴震已经构建了有别于宋明理学中程朱理学的新的理论，故称其为"戴学"。

戴学是中华传统文化当中不可分割的组成部分，是中华民族文化发展过程中不可缺的优秀成分。它记载了中华民族清代中期的社会的记忆以及知识精英所思所想的一些重要问题和对中华文化及思想的反思。戴震有贫苦的生活经历及其对社会现实腐败的卓越的洞见,从学理上揭露了当代统治思想及意识形态的腐朽,从理论思维上提出了新的观念、新的思想,开创了新学风。在清代文化恐怖主义文字狱的情景下,他借文字考据训诂来发挥自己的哲学思想,以《孟子字义疏证》的形式来表达自己对神圣不可侵犯的程朱理学的批判。因为康熙曾经把朱熹的思想说成是"亿万世一定之规",以致认为"非朱子之传义不敢言,非朱子之家礼不敢行"。这样的情况下,凡是与程朱理学相异的都被说成是异端邪说,离经叛道。戴震也因为批判程朱,主张"发狂打破宋儒的太极图"和主张"(后儒)以理杀人",被同时代人目为"亘古未有之异端邪说","大为学术人心之害",或被视为"狂生"。在学界也被一些人,如纪昀等所不理解(戴震曾经在纪晓岚家里当过家庭教师)。但是他能坚持自己的观点,自己走自己的路,自己讲自己的学术思想。这与其狂者的性格不无关系,一个学者如果没有狂者性格,也就不可能勇于打破当时的"一定之规"。正因为他具有仁、智、勇的这种不忧、不惑、不惧的性格,也就是孔子讲的"三达德"的性格,在当时才能提出"以理杀人"这样既惊世骇俗,又振聋发聩的主张。这就体现了戴震的社会良知之道。戴震思想的时代价值,他的精神世界,可以从这样几个方面来看:

第一,忧患精神。一个思想家、哲学家,只有深入体认时代的冲突和危机,并且提出化解冲突和危机的理念,才能成为时代的思想者、哲学家。戴震的《孟子字义疏证》是忧患之作,他在临终前一个月,在《与段玉裁书》中说:"仆生平著述最大者,为《孟子字义疏证》一书,此正人心之要。今人无论正邪,尽以意见误名之曰理,而祸斯民。故《疏证》不得不作。"戴震为什么不得不作?他不得不作的原因在哪里?我们可以追究一下。他是为了正当时的人心,也就是说当时人心已经不正。正因为不正,所以他要正。这就可以看出,他是为了对当时主导的统治思想进行批判,由于当时的主导的统治思想,也就是说当时的意识形态的理体学所造成的祸国殃民的一些危害和危机的出现,他忧患的意识、自由的精神促使他不得不作。宋明理学提倡"存天理,灭人欲",

把天理作为衡量宇宙、社会、人生一切思想行为的准则，伦理道德及是非、善恶、贵贱的标准。在唯一的、绝对的、独特的理的统摄下，理度越了国家法律、典章制度，而具有杀人的功能与作用。"其所谓理者，同于酷吏所谓法。酷吏以法杀人，后儒以理杀人，浸浸乎舍法而论理，死矣，更无可救矣。人之死于法，犹有怜之者；死于理，其谁怜之?"所以戴震忧时忧民，为了能够在当时的条件下提出对于当时的统治的意识形态的一些不同意见，他宁可失去自由和人格的独立。这种忧患意识，也就是当时的学者、知识精英对于国家、民族的责任和历史的使命。在今天看来，知识精英应该具有戴震这样的精神，才能对发扬中华民族的文化有所裨益。

第二，求是精神。戴震是考据学大师，乾嘉汉学皖派的代表人物，他和吴派惠栋有异。考据学必须具有广博的知识，所以他 17 岁就注重经典中的字义、制度、名物，加之博闻强识，又好深湛之思，认为"宋儒讥训诂之学，轻语言文字，是犹渡江而弃舟楫，欲登高而无阶梯也"。求义理就是闻道，必须注重语言文字。惠栋和戴震既有其同，考据都是求是之学，治经必以文字、音韵、训诂为基础；也有其异，惠栋之学"凡古必真，凡汉皆好"，戴震认为"不以人蔽己，不以己自蔽"。惠栋治经求其古，戴震是求其是，也就是实事求是，而不是盲目尊汉。从汉到唐，都是"疏不破注"。也就说，汉人的注经，到唐成了作疏，就是对汉人的注作注。这种"疏不破注"的思想，大大束缚了当时人的思想。从这个意义上来看，宋明理学实际上是当时的一种思想解放运动，理学家及其同道打碎了"五经"神圣的光环，还"五经"以本来的面目。戴震进一步从考据和义理相结合层面对古经做了他的一些解释。他站在时代的前沿，以自己的新思想、新观点对经典进行新的阐发。这可以从《孟子字义疏证》等几部书中得到一种印证。求是是在大量材料的基础上，通过分析综合而获得对某一字义、事件的内在联系的必然性的认识，也就是恢复历史的客体与经的本来意义，这就是古。所以，对古的理解，他同惠栋是有区别的。求是就是一种探索，也就是主体对客体再认识。以古为道，对道的体认必须站在当代思想的高度来加以诠释。这就是说求是和求道是一致的，求道也就是求是，即今所谓求真理的精神。

第三，批判精神。哲学是时代精神的体现，体现这个时代精神的哲学就在于能否掌握这个时代中最常见、最基本、最普遍的话题，即对时代的核心话题能否掌握。谁掌握了它，谁就拿到了打开时代精神的钥匙。这就看批判者对于所批判的对象的把握和选择能否准确，既是对批判对象时代精神的理解，也是对批判对象所属时代的精神的阐释。戴震的哲学不是停留在哲学的现象层面，而是深入批判对象的哲学内在理论逻辑结构的层面，从程朱哲学最高范畴——理切入，揭出其哲学逻辑结构、思维方法、世界模式、哲学本质、功能等与释、老相似，也就是同佛教和道教老子相似，只是更换了名称而已。理学的开山宗祖周敦颐的《太极图》来自道士陈抟的《无极图》。戴震认为《太极图》的哲学观点、概念和思维架构是《无极图》的翻版。基于对道学家哲学逻辑结构的本体范畴的道和理，他要"发狂打破宋儒家中的《太极图》，这就为他的批判找到了一个关键的内涵。因而这个批判是非常能中其肯綮的。他认为："道，犹行也；气化流行，生生不息，是故谓之道。"道是天地万物变化中的普遍道理，也是一个不断演化的过程。道由其流行，是自然社会运动变化的过程，由其生生而不息，道是产生万事万物的根源。这就打破了理的本体论的局限。有批判才能反思，有批判才能创新，有批判才能发展。批判就是认识已有的缺点和弊端，以求创新和发展。在当前创新的时代，我们应该发扬戴震这种批判的创新精神。

第四，包容精神。包容是中华文化的特征，正因为中华文化是开放的体系，自古以来中华民族文化就是东、南、西、北、中各民族多元文化的融合，汉以后佛教文化传入，中华文化吸收佛教文化并使之中国化。在西学东渐中国的知识精英们，以包容的态度吸收西方文化。如方中通的《数度衍》、方以智的《物理小识》等多种自然科学的著作，还有利玛窦和徐光启翻译的欧几里得的《几何原本》《乾坤体义》《天学初函》等。在中西学说的碰撞当中，方以智把西学分为两大类，一类是有关自然科学的，他叫"质测"之学；一类是有关神学世界观和方法论的，他叫作"通几"之学。戴震对于西方的态度，与方以智有些相似，主要是学自然科学，而不是神学世界观。于是，他作了《策算》等有关自然科学的一些著作，介绍乘除、开平方等方法，并发扬中国传统算术学的成就，会通中西，以西方数学方法为工具，解决经学史中的算术问题。可见戴震并不株守，主张吸收西方先进科学文化，综合中西，提出"存古法以溯其源，秉新制以究其变"。"中西两法权衡归一"，归一意蕴着"存古法之意，开西法之源"。"存意开源"，就是继承中发展，发展中创新，开西学为中学所用。

中华文化在其发展过程中，一直是开放的。在当代情况下，我们不仅要发扬中华文化，而且也要吸收世界各国各民族优秀文化。这样才能振兴中华，使中华文化能够得到进一步的发扬和繁荣。文化的创造，不是闭门造车，必须是互相交流、对话，甚至是互相碰撞，矛盾冲突，只有在这样的过程当中才能激起思想火花，也只有这样才能使我们的文化能够在海纳百川的情境下创造自己独特的文化。中国文化能够真正登上世界舞台，必须与世界文化相沟通，也就是说在会通中来创造自己的文化，发扬自己的文化，弘扬民族精神，振兴中华民族。戴震的这种思想，也就是他的包容的精神，也是我们今天应该学习的。

第五，道德精神。戴震假《孟子字义疏证》，认为道是普遍存在的，作为处理人与人之间伦理道德的准则、规范，最基本的是仁、义、礼、智。他对仁、义、礼、智都做了诠释。在今天道德失落、物欲横流的情况下，继承戴震的道德精神是具有现实意义的。

一、戴震认为，仁者爱人，克己复礼为仁，视、听、言、动都应该合乎礼。他认为行仁以孝悌为根本，仁是生生之德，是对天地万物及人类自身的生命存在的关怀，即是人求生的欲望和满足自身生命存在的需要并推己及人。仁指无私，"仁也者，言乎其不私也"。二、戴震认为，义是人们的思想行为符合一定的准则、规范。义为宜，为适宜，恰到好处。义是"人之正路也"。朱熹曾经注曰："乃天理之当行，无人欲之邪曲，故曰正路。"戴震认为，义是指"界限分明有序"。"何为义？条理之截然不可乱，其著也。"一切事情都各得其所，符合一定的节度、准则，这就是义，"义得，则百事正"。义是人道的恰如其分，"义者，人道之宜"。从这个解释来说，他与朱熹的解释有些不一样，可以看出，戴震以其独立的见解对当时的仁、义、礼、智做出新的解释。三、戴震认为，礼是典章制度和道德行为，体现了天地之条理与秩序。"由其生生，有自然之条理，观于条理之秩然有序，可以知礼矣。"礼是亲疏上下的分别。四、他认为，智是认识和掌握仁、义、礼等道德规范、准则的能力。智贯通仁、义、礼，以满足天下人的情欲，具备了人与人之间关系的美德。智是指思维主体对于自然社会条理的认识。"人莫大乎智足以择善也；择善，则心之精爽进于神明，于是乎在。"智是人有觉，"人之有觉，通天下德智也"。从这里可以看出，我们今天很多人都是迷而没有觉。社会上很多人，特别是一些被"双规"的人，他们是钱迷、色迷、权迷，起码有"三迷"，而没有觉。作为人，应该有觉。觉才能认识自己，批判自己，也才能够做到"君子终日乾乾，夕惕若厉，无咎"。正因为他们不能反省自己，尽管三令五申，尽管他终日乾乾，但是他不能夕惕若厉，所以不是无咎，而有灾难。五、戴震认为诚就是实。"所谓实者，智仁勇也。实之者，仁也，义也，礼也。"诚就是实行、实在、诚信。对于仁、义、礼、智的实行。从这一意义上讲，戴震是"自诚明""自明诚"的，自诚明是讲主体精神至诚而达到明德，是人的天性；自明诚是由明德而实现诚的道德境界，是后天的教化，天性与教化合一。诚是善与德，"曰善曰德，尽其实之谓诚"。作为一个自诚明、自明诚的人，应具备主体道德的自觉。戴震是道德高尚的人，他的道德精神是值得我们学习的。这种道德精神，体现了戴震对中国传统道德精神的认识和总结，也是对当时的道德腐败的鞭笞和批判。

　　从以上五点精神来看，它们体现了戴震的精神世界具有时代价值，今天我们应该总结他的具有新时代价值的思想，他的《孟子字义疏证》体现了旧学新知的理论价值和现实意义。中华传统文化，在当前来看，确实是中华民族的灵魂和本根，一个民族，如果没有灵魂就会成为行尸走肉，如果这个民族没有它的本根，那么这个民族也就不能长久地存在。魂灵而不断转旧为新、转古为今、转丑为美、转西为中，在转变中而演出中华文化新场面。根深才能枝繁叶茂，果实而美，吐故纳新，生生不息，以璀璨的光华登上世界舞台。我们要继承传统才能有所发展，才能有所创新。从这个意义上讲，我们继承戴震的思想精神，对于当下建设中华民族新文化、新思想、新学风都具有时代价值和现实意义。

（据潘定武博士录音整理成稿）

应以孔子诞辰为中国法定教师节

孔子是儒学的创始人，是中国文化的奠基者之一，也是中国古代乃至是世界上最早的职业教师和最伟大的教育家。他在教育上有四大创造和贡献，一是首开私人讲学之风；二是打破教育上贵贱贫富的等级，提倡"有教无类"，使人人享有受教育的平等权利；三是主张尊师重道；四是提出一系列的教学原则和教学方法，如因材施教、学思并重、举一反三、启发诱导等。正因为如此，他被后人称为"至圣先师""万世师表"。

中国以孔子的诞辰作为教师节有两千五百多年的历史。孔子作古之后的第二年，也就是公元前 478 年人们就在孔子的故里兴建了孔庙，举行了祭孔典礼。唐太宗贞观年间，又下诏全国各州县兴建孔庙，于春、秋二季举行祭典，主祭者为地方首长，朝廷则由皇帝亲临主祭。历史上祭祀孔子的典礼非常隆重，虽然中间朝代更替，但是人们对孔子的崇敬并没有降低。因此，以孔子诞辰为教师节，不但在历史上是有先例的，还可以更好地纪念这位伟大的教育家。

孔子是中国文化的象征符号。近代以来，反对传统、"打倒孔家店"一度成为时髦，这就走了极端，成为历史虚无主义和文化虚无主义。一个不尊重自己传统文化的民族，是没有希望的。任何文化不能横断众流，凭空产生，而是必须有继承，有创造。对于我们这个有五千年文明传统的民族而言，传统是不可能强行割裂的，传统文化也是不可能骤然消失的。因此，把孔子诞辰作为教师节，具有更大的象征意义，既体现出今人对传统文化的理性态度和尊敬程度，也表明今人对传统文化的继承和创造，使中国文化五千年"一以贯之"，这是中华民族恢宏大气自尊自信的表现。

目前尊师重道的情况并不理想，原因是古代的乡校、书院中师生长期共学的情况现在已不复存在，师生之间很难建立起父子般的亲密关系。而且目前的教育以培养专业人才为主，而不是以道德修养、学问知识等共进为主。此外，现在的人们对教育也有些失望，对老师也有些不满，比如教育乱收费、高收费；有些老师，收受礼物，泄露试题等等。因此，我提出，教师节的主题应是"尊师重道"，主要表现为"尊师之道"和"自尊之道"。"尊师之道"主要指尊敬老师，虚心好学，这是社会和学生应该做到的；"自尊之道"主要指老师要自尊自重，成为人之楷模，为人师表，要德才兼备，这是老师应该做到的。

孔子是人道的启迪者，是人类的精神导师。他不仅是中国的，也是世界的。早在古代，孔子的思想就北及朝鲜，东渡日本，南下越南，深刻地铸就了东亚地区的文化性格。中西交通以来，孔子的思想渐及世界各地，而且随着全球化时代的到来，孔子的思想也必将会产生更为广泛而深远的影响。美国出版的《名人年鉴手册》所列出的世界十大思想家中，排在第一位的就是孔子。1988 年，世界各国诺贝尔奖得主曾提出："如果人类要在 21 世纪生存下去，必须回到两千五百年前，去吸取孔子的智慧。"1993 年在芝加哥世界宗教议会大会通过的《走向全球伦理宣言》，把孔子的"己所不欲，勿施于人"作为四条"金规则"的指导思想。目前，已经有很多国家和地区经常采用各种方式纪念孔子，并以孔子诞辰为教师节。比如，联合国教科文组织、美国、中国台湾和香港等国家和地区都把 9 月 28 日定为教师节。

而在孔子诞生的国度，却不能以一个节日的形式来纪念他，来继承和光大他的思想，这是说不过去的。

（载《绿叶》2005 年第 9 期）

建议以孔诞为教师节

9 月 28 日是我国伟大的教育家孔子（前 551—前 479）的诞辰。纪念孔诞，把孔子的生日作为教师节，长期以来一直是有识之士的共识。十一届三中全会以来，随着我国综合实力的不断提高，民族自尊心和自信心的增强，社会各界认同这一主张的人也越来越多。我之所以建议把孔子诞辰作为教师节有以下几方面的考虑：

一、**慎终追远，饮水思源**。慎终追远，饮水思源是中国文化的优良传统。这一优良传统的形成与伟大的思想家、教育家孔子是分不开的。孔子在教育上有三大创造和贡献。1. 春秋时期王官之学衰微，孔子首开私人讲学之风，设杏坛讲学授徒，整理《诗》《书》《礼》《易》《乐》《春秋》六经并以之为教材，以礼、乐、射、御、书、数为教育内容；2. 孔子打破了教育上贵贱贫富的等级，提倡"有教无类"，在教育上实行人人平等的原则；3. 孔子主张尊师重道，提倡不耻下问的学习态度，提倡诲人不倦的教学态度，强调启发诱导的教学方法，这些在今天都是应该提倡的。孔子是中国第一位职业教师，被后人誉为"万世师表"，饮水思源，我们应该纪念孔子。

二、**孔子具有世界美誉**。孔子是世界公认的伟大思想家和教育家，美国的《名人年鉴手册》把孔子排在世界十大思想家之首。1988 年，世界诺贝尔奖得主在巴黎聚会，提出"如果人类要在 21 世纪生存下去，必须回到两千五百年前，去吸取孔子的智慧"。1993 年芝加哥世界宗教大会通过《走向全球伦理宣言》，把孔子的"己所不欲，勿施于人"作为四条"金规则"的指导思想。前不久，联合国教科文组织在中国设立了"孔子奖"。外国人都在景仰和纪念孔子，孔子的故国也应该有相应的举动。

三、以"孔诞"为教师节纪念孔子，有利于维护中国文化的一贯性和中华民族的统一性。世界四大文明古国，只有中国绵延不断，仍保持着勃勃的生机。历史五千年，有政权更迭，有族群迁移，而文化却未曾中断，这是人类文明史的奇迹。香港和澳门的回归除了"一国两制"政策的英明也有重要的文化上的原因。国际政治的历史经验证明，破坏一个民族的文化认同感，是煽动民族分裂的惯用伎俩，而把孔子鲜明地提出来，必然对分裂民族认同感有一定的抑制作用。

四、以"孔诞"为教师节纪念孔子，有助于提高海外华人的自豪感。目前海外华人华侨有几千万，分布在世界各地。他们以自己的勤劳智慧融入到所在地的社会中。但他们怀念故国，依然保有文化上的依恋，有的仍固执地讲着汉语。纪念孔子，无疑会提升海外华人华侨作为中华儿女的自尊心和自豪感，唤醒他们的亲情意识，增强文化上的凝聚力。

五、以孔子诞辰作为教师节具有文化内涵，具有历史依据。对孔子的纪念古已有之。孔子作古第二年，也就是公元前 478 年，人们在孔子的故里兴建了孔庙。唐太宗贞观年间，下诏全国各州县兴建孔庙，春秋两季祭祀。中间虽经过朝代的兴替，但祭祀之礼却绵延不断。从这个意义上讲，中国的"教师节"已经有两千五百年的历史了。9 月 10 日教师节的实施，在社会上起到了一定的尊师重教的作用，但 9 月 10 日在历史上找不到作为教师节的依据，缺乏文化内涵。如果以孔子诞辰作为教师节，不仅有利于以孔子的办学精神和道德情操来激励教育界，同时也赋予教师节重要的历史文化内涵，这无形中也将是一种全民的教育。

（载《人民政协报》2006 年 3 月 4 日）

以孔子诞辰日为教师节的现实意义

孔子是中华民族历史上伟大的教育家、政治家、思想家，把教师节定为孔子诞辰 9 月 28 日，是弘扬中华文化的诉求，是中华民族尊师重教的标志，是提升中国人民文化自觉、文化自尊、文化自信的需要，是振兴中华，实现中国梦的要求。

孔子作为儒家文化的代表，是中华民族传统文化的主干和核心，他已成为中华文化"走出去"的符号，把教师节定于孔子诞辰日，既是对孔子这位世界伟人的纪念，更重要的是绍承中华优秀文化，为中国人民和世界人民服务。

在振兴中华，复兴中华文化的当代，孔子是一个标志性的人物，他对中华民族的政治、思想、教育、文化做出了巨大的贡献，他以自己的生命智慧、智能创造，开启了中华文化新的一页。

孔子是中华民族历史上第一个打破学在官府，第一个创办私学，打开受教育的大门，把教育普及到民间的教育家，他开启了后世私人办学的先河，后来的"精舍""书院"都继承孔子办学的精神和理念。

中华民族历史上孔子打破了教育受严格等级限制的不合理制度，主张"有教无类"，不论贫富贵贱，人人都有受教育的权利，贫民、贩夫、走卒都可以走进学校的大门。孔子弟子三千，在当时人口不多的情况下，三千弟子是一个不小的数字，其间可能含有贫民、贩夫、走卒。

孔子打破教条式、僵化式、念经式的教学方法，创造了根据每个学生的具体实际情况而进行教育的先河，提出了"因材施教""不愤不启，不悱不发""举一隅，不以三隅反，则不复也"等教学理念，这种理念被后来的书院教育所继承，书院教育根据每个学生的智能、体能，各阶段不同情况进行教育，对今天的应试教育有重要的借鉴、启迪作用。

孔子首先把教育和道相联系。教育不是单纯为了获得知识或技术，其目标和宗旨是为了求道。"求道"用今天的话说就是追求真理，或者说是追求做人的最高道理。孔子说："朝闻道，夕死可矣。"孔子的学生颜渊虽然吃着一箪淡饭，喝一瓢水，住在鄙巷里，对此别人都觉得难以忍受，但颜渊却不改其乐，其乐就在于求道。人应该有宽阔的胸怀、远大的理想，这是实现中国梦的精神。

孔子开启了尊师重道的新理路。重道必须尊师。《礼记·学记》中说："师严然后道尊，道尊然后民知敬学。"韩愈在《师说》中讲："古之学者必有师，师者，所以传道、授业、解惑也……道之所存，师之所存也。"传道是教师首要的职责。尊重道，老百姓才知道敬学。人不敬学，是师不严、道不尊的后果。所以柳宗元说："举世不师，故道益离。"中华民族古来之有"天地君亲师"的信仰体系，就是因为师是与道相合一的。孔子所讲的道教、德教，对中华民族文化和历史发展起了重要作用，中国历史上的精英人物，如汉武帝、司马迁、唐太宗、韩愈、范仲淹、文天祥、林则徐等，都是在重道中培育的。尊师重道已成为中华的民族精神的重要方面。在今天仍具有其现实的价值和意义。

孔子教育的重要内容是德教，道德教化不仅限为其教育对象的一些人，而且推到社会教化，促使中华民族被誉为"礼仪之邦"。"礼"就是使每个人知道自己的社会身份，明确社会身份所应负的社会责任和义务以及每个人所应遵循的伦理道德规范以及社会的"公法"。如此，为仁由己，从自我做起，就必须格物、致知、诚意、正心，然后修身，提升自我道德修养、道德情操，才能"克己复礼"，去私欲、私利，正心诚意，一心为公，才能做到齐家、治国、平天下。在当今社会道德缺失的情况下，为加强道德教育，宣传道德模范事迹，德教对提升社会整体道德素质和水准十分重要。

在当前全球化的时代，各民族国家的交往愈来愈频繁，文化交流、对话成为东西方相互了解的平台。中国文化走出去的一个突出的事实是在全球建立了400多所孔子学院和535个孔子讲堂，分布在108个国家

（地区），孔子已成为中华文化标志性符号，在中华文化走向世界的过程中具有重要意义，孔子学院的学生以及广大世界人民通过知道孔子思想精神来了解中国文化，已成为事实。以孔子为核心的儒家思想是中华文化的魂和根，是中国人的安身立命之所。1984 年我在德国汉堡大学时，一位华侨对我说："西方人以他们有耶稣的牺牲精神而自豪，我们是以中华民族有孔子而自豪，孔子可与耶稣比肩。"我听后非常感动，在国内我们体悟不到孔子的伟大，在国外炎黄子孙是以孔子作为安身立命、落叶归根的精神寄托和慰藉。我国在世界范围内宣扬中华文化，重要的一点就是让孔子在全世界得到认同和尊重。为此，我们首先得自身尊重孔子。也就是说，要让别人认同我们的传统文化，我们自己必须认同和重视；要使别人尊重儒家文化，我们自己必须尊重儒家文化；要让世界共享中华优秀文化，自己必须重视自己的优秀文化，深入研究、发掘中华优秀文化宝库，为实现中华梦做出贡献。

以孔子诞辰日作为教师节，使中国教师节既具有深厚的文化内涵，又具有世界的现实意义和价值。

2014 年 2 月

2014 年祭孔大典祭文

惟夏历甲午之年，恭逢先师孔子诞辰 2565 年，谨以香花酒果，佾舞雅乐，敬奠于夫子暨诸圣哲之灵。其辞曰：

天地何来？人类何生？和实生物，同则不继。
阴阳絪缊，五行相杂。万物化醇，恭惟纲纪。

汤武革命，应天顺人。惟德是辅，敬德保民。
水能载覆，民贵君轻。无信不立，去食去兵。

巍巍孔子，圣道昭明。复兴礼乐，挽澜扶倾。
己达达人，博施于民。惟圣之德，万世永馨。

天道刚健，地道柔顺，人道仁义，天下文明。
天文察变，人文化成。诚意正心，修齐治平。

仁爱民本，诚信正义。和合大同，时代价值。
洪惟中华，其命维新。德法互济，至善知止。

势利纷华，不染尤洁。君子九德，进退守正。
礼义为纪，各正性命。经国序民，坤宁乾清。

多重世界，差分融突。和而不同，协和万邦。
和平发展，合作共赢。命运同体，寰宇辉煌。

天人和美，身心和乐。家和则兴，国和则强。
天和人乐，和乐与共。和合世界，幸福永享。

伏惟尚飨！

（《儒风大家》2014 年第 4 期）

旧学新知

论集权与分权

——由朱熹的集权分权说推致

集权与分权是朱熹政治思想重要的价值选择，是依据南宋实际对国家政体和形式所做的体认，是平衡君权、相权、地方权力的一种措施，是维持国家安定、长治久安的需要，是应对近在眉前的增强军事力量以抗金的悲愿。

一

朱熹面临严峻的抗金形势，如何协调中央集权与地方分权就成为当时突出的问题，成为南宋国家生死存亡的关键。

作为掌管中央集权核心权力的君主，其君权的授受和君权的实施都要符合天理。朱熹转变"君权神授"为"天理君权"，君主修德以配天理，修德其要是转变"私天下"的观念，"即转为天下之大公，将一切私底意尽屏去"①。这即是"正君心"，"正君心是大本，其余万事各有一根本"②。修德治国要虚心纳谏，博采众议。反对君主"独断"专行。"今者陛下即位未能旬月，而进退宰执，移易台谏，甚者方骤进而忽退之，皆出于陛下之独断。而大臣不与谋，给舍不及议，正使实出于陛下

---

① 《朱子语类》卷一〇八，中华书局 1986 年版，第 2679 页。

② 同上，第 2678 页。当孝宗即位后，张浚勇对孝宗说："人主之学，以心为本，一心合天，何事不济？所谓天者，天下之公理而已。必兢业自持，使清明在躬，则赏罚举措，无有不当，人心自归，敌仇自服。"（《张浚传》，《宋史》卷三六一，中华书局 1986 年版，第 11307—11308 页）此与朱熹意见一致。

之独断。而其事悉当于理，亦非为治之体，以启将来之弊。"① 君主的专权独断，不仅违反天理，而且祸害后世。

朱熹反对君主专权独断，意蕴着分权的含义。南宋时，内外交困，岌岌可危，金朝不断南犯，人民生命财产不保，地方政权既无重兵，亦无将领，毫无抗金能力，基于这种形势而有集权与分权之争。

宋太祖赵匡胤"黄袍加身"，取代后周幼主，而建立北宋。他有鉴于唐末藩镇割据和五代分裂局面，行"杯酒释兵权"之法，抑制强兵悍将，削弱将领军政，加强禁军，以防拥兵自重，尾大不掉。大力加强中央集权，地方官由中央直接派遣，三年一仕。设置枢府、三司及通判，以分相权和地方长吏之权，宰相作为政府首脑，行使行政权力，对皇权有制约作用，削弱相权，以使政、财、军三权悉归中央，由皇帝节制。这种"强干弱枝"政策的推行，虽防止了地方势力与中央的分庭抗礼及将领的兵变，但却削弱了抵抗外患的实力，使北宋出现了"积贫积弱"的困局，最终导致北宋的灭亡。

南宋承继北宋的政体结构和政策，但金在灭北宋后，继续进攻南宋，南宋偏安政权实乃终日不安。为此，当时抗金名将韩世忠、刘光世、杨沂中、刘锜等据守地方，扩充兵力，成为抗金的主要力量，他们倾向于分权于将帅，而不满于权力过于集中，统得太死。范宗尹建议："太祖收藩镇之权，天下无事百五十年，可谓良法。然国家多难，四方帅守单寡，束手环视，此法之弊。今当稍复藩镇之法，裂河南、江北数十州之地，付以兵权，俾蕃王室。较之弃地夷狄，岂不相远?"② 并建议京畿东西、淮南、湖北等地"并分为镇，授诸将，以镇抚使为名。军兴，听便宜从事"③。尽管赵匡胤收藩镇之权，在当时可谓"良法"，但现在形势变了，国家多难，帅守单寡，已不能有效抵御金兵的侵犯，与其弃地与金，不如付予地方以兵权，稍复藩镇之法，这对于抗金是有利的。所谓稍复藩镇之法，即是将政、财、军分权于地方将帅，增强抗金

---

① 《经筵留身面陈四事札子》，《朱文公文集》卷十四，《四部丛刊》本。
② 《范宗尹传》，《宋史》卷三六二，第 11325 页。
③ 同上。

实力。

季陵虽为范宗尹所荐，但在集权与分权问题上与范宗尹相左。他说："今将帅拥兵自卫，浸成跋扈，苗刘窃发，勤王之师一至，凌轹官吏，莫敢谁何？此将帅之权太盛有以干阳也。"① 认为金人累岁侵扰，灾异所来，"固不足怪"，唯将帅拥兵自重，权太盛而有威胁皇权之嫌，并以张浚"太专、忤旨"。他对高宗说："事有可深虑者四，尚可恃者一。大驾未有驻跸之地，贤人皆无经世之心，兵柄分而将不和，政权去而主益弱……今天下不可谓无兵，刘光世、韩世忠、张俊各招亡命以张军势，各效小劳以报主恩。然胜不相逊，败不相救，大敌一至，人自为谋耳……臣恐自陕以西不知有陛下矣。"② 他以兵权分，将帅不和，主张集权，并以功大盖主，不知有陛下，以动摇皇帝分权的意志。

季陵反对分权的议论，恰合当时投降派秦桧企图削弱地方将帅抗金实力以求和的意愿。张俊攻克亳州，王胜克海州，岳飞克郾城，几获兀术。张浚战胜于长安，韩世忠胜于泇口镇，在诸将所向皆奏捷的大好抗金形势下，而秦桧主和贼心不死，力主诸将班师，而葬送抗金胜利果实。诏岳飞还行在，杨沂中还镇江，刘光世还池州，刘锜还太平等。进而"桧欲尽收诸将兵权，给事中范同献策，桧纳之。密奏召三大将论功行赏，韩世忠、张俊并为枢密使，岳飞为副使，以宣抚司军隶枢密院"③。实乃削夺诸将的兵权，使之不能抗金。绍兴十一年（1141），"兴岳飞之狱，桧使谏官万俟卨论其罪，张俊又诬飞旧将张宪谋反，于是飞及子云俱送大理寺……桧以飞屡言和议失计，且尝奏请定国本，俱与桧大异，必欲杀之"④。岳飞死狱中，子岳云及张宪杀于都市，"天下冤之，闻者流涕"。秦桧杀功臣，破坏抗金，而成为千古罪人，为后世所痛恨。这亦可谓为集权与分权所付出的血的代价。

---

① 《季陵传》，《宋史》卷三七七，第 11646 页。
② 同上，第 11647—11648 页。
③ 《秦桧传》，《宋史》卷四七三，第 13757—13758 页。
④ 同上，第 13758 页。

二

朱熹有鉴于集权与分权的冲突和紧张，思虑首务抗金的需要，必须加强地方将帅财权和兵权，需要一定程度的分权，发挥地方将帅的自主性、能动性；另外也须借鉴唐自安史之乱后藩镇割据的历史教训，以防地方将帅在掌握政、财、军权后的拥兵自重。

朱熹融突而和合集权与分权，两者相待相关，相对互济。"或言：'今之守令亦善。'曰：'却无前代尾大不掉之患。只是州县之权太轻，卒有变故，更支撑不住。'"他的学生说，王安石做相时，"凡州郡兵财，皆括归朝廷，而州县益虚，所以后来之变，天下瓦解，由州郡无兵无财故也"①。州郡无兵无财，以致北宋灭亡。朱熹说，其实"只祖宗（赵匡胤）时，州郡已自轻了"②。譬如淮南盗破高郡，郡守晁仲约以郡无兵财，开城门犒盗使去。富弼欲诛郡守，范文正公说："州郡无兵无财，俾之将何捍拒？今守臣能权宜应变，以全一城之生灵，亦可矣，岂可反以为罪耶！"③ 连盗贼都不能防，何有抗金实力？州郡无兵无财，如此虚弱，分权实不可待了。

朱熹以自己守南康为例。"旧有千人禁军额，某到时才有二百人而已，然岁已自阙供给。本军每年有租米四万六千石，以三万九千来上供，所余者止七千石，仅能赡得三月之粮。三月之外，便用别擘画措置，如斛面、加粮之属。"④ 这样又尽，便向民间借支。高宗数数有指挥下来，必欲招满千人。其实，招满千人不难，问题是没有钱粮，由此，朱熹依自身亲自体验，认为分权实有必要。

首先，关于政权。由于不重地方政权建设，"仁宗朝京西群盗横行破州屠县，无如之何"⑤。已无御盗之力量。朱熹认为，应增强地方权

---

① 《朱子语类》卷一○八，第 2681 页。
② 同上。
③ 同上。
④ 同上，第 2681—2682 页
⑤ 同上，第 2681 页。

力，整顿现有地方政权。"某尝说，不用许多监司。每路只置一人，复刺史之职，正其名曰按察使，令举刺州县官吏。其下却置判官数员以佐之，如转运判官、刑狱判官、农田判官之类。农田专主婚、田，转运专主财赋，刑狱专主盗贼，而刺史总之。稍重诸判官之权，资序视通判，而刺史视太守。"① 刺史名为按察使，总管一路，有集权意蕴。另一方面为防"刺史之权独专"，"又须略重判官之权"。如果判官有事奏闻，刺史不肯发奏，允许"判官自径申御史台、尚书省，以分刺史之权"②。既集权又分权，两者互济互制，使政权得以健全运转。

其次，关于兵权。州郡无财无兵，是造成"天下瓦解"，北宋灭亡的原因之一。朱熹认为，兵权不能悉归中央集权，必须分权以改变州郡无兵的状况。"今州郡无兵无权，先王之制，内有六乡、六遂、都鄙之兵，外有方伯、连帅之兵，内外相维，缓急相制。"③ 内有禁军，外有州郡之兵，内外互相维持、相制。

朱熹认为，无兵无权，国家不保。兵权是国家的根本之一，"本强，则精神折冲；不强，则招殃致凶"④。强本即强军。强军之法，他主张：一是"散京师之兵，却练诸郡之兵"⑤。分权以加强州郡兵的训练，提升兵的素质和战斗力。为此要"汰斥癃老衰弱，招补壮健，足可为用"⑥。兵不在多而在精。"今兵官愈多，兵愈不精。"⑦ 天下之兵虽约有四五十万，皆属羸弱无用之人，不能作战。朱熹赞扬辛弃疾"颇谙晓兵事。云：兵老弱不汰可虑，向在湖南收茶寇，令统领拣人，要一可当十者，押award来便看不得，尽是老弱……为今之计，大段着拣汰"⑧。如果只说要淘汰冗兵，而不去实行，其后果必是凶险的。朱熹曾对张浚讲分

---

① 《朱子语类》卷一一二，第 2731 页。
② 同上。
③ 《朱子语类》卷一一〇，第 2705 页。
④ 同上。
⑤ 同上，第 2707 页。
⑥ 同上，第 2705 页。
⑦ 同上，第 2706 页。
⑧ 同上，第 2705 页。

兵杀敌之势计，因为敌人调兵极难，譬如完颜要犯江南，整整两年，方才调发聚兵将。为吾之计，莫若分几军趋关陕，他必拥兵于关陕；又分军向西京、淮北，他必拥兵于西京、淮北，吾可乘其虚弱处，密拣精锐几万以收山东，敌人首尾相应不及，而吾已据山东，则中原及燕京自不消得大段用力。但张浚说，吾"只受一方之命，此事恐不能主之"①。分权而不能集权，集权又不能分权，两者不能融突和合，而不能成大事，甚至错失良机。

二是更戍法。"每年更戍趱去淮上卫边。谓如福建之兵趱去饶州，饶州之兵趱去衢信，衢信趱去行在，迤逦趱去淮上，今年如此，明年又趱去，则京师全无养兵之费，岂不大好？"② 这样拣兵，以提升将兵素质和战斗力，并可淘汰冗兵。

三是责令郡守注重练兵，以加强地方兵力。"大抵今日之患，又却在于主兵之员多。朝廷虽知其无用，姑存其名。日费国家之财，不可胜计，又刻剥士卒，使士卒困怨于下。若更不变而通之，则其害未艾也。"③ 朝廷虽知冗兵无用，却存其名，不仅费国家之财，而且又刻剥士卒。必须责成郡守，整顿军队，"使之练习士卒，修治器甲，筑固城垒，以为一方之守，岂不隐然有备而可畏"④。这是增强州郡兵权的重要措施，也是有备而抗金的有力保障。

四是择将帅。朱熹既反对"宦官卖统军官职，是今日军政第一义"⑤，又反对任用那些"将官全无意思，只似人家骄子弟了。褒衣博带，谈道理，说诗书，写好字，事发遣。如此，何益于事？"⑥ 买军职得来的人和骄子弟等，既不懂军事，又不会指挥战争，用这样的人，只会坏事。朱熹主张选择将帅要在实践中见其能否，"兵以用而见其强弱，

---

① 《朱子语类》卷一一〇，第 2706 页。
② 《朱子语类》卷一一〇，第 2707 页。趱（zǎn），快走。
③ 《朱子语类》卷一一〇，第 2707 页。
④ 同上。
⑤ 同上，第 2710 页。
⑥ 同上。

将以用而见其能否"①，这是择将帅的关键。或问："诸公论置二大帅以统诸路之帅，如何？"即分权于二大帅。朱熹认为，统帅要归一，需要集权以统一指挥。"不消如此。只是择得一个人了，君相便专意委任他，却使之自择参佐，事便归一。今若更置大帅以监临之，少间必有不相下之意，徒然纷扰。"② 否则就会干扰了其作战的意图和统一指挥的效能，甚至遭致战争的失败。

再次，关于财权。屯田以解财用不足之困。朱熹说："财用不足，皆起于养兵。十分、八分是养兵，其他用度，止在二分之中。"③ 养兵养大多的无用之兵。唐朝时"兵在藩镇，朝廷无甚养兵之费。自本朝罢了藩镇，州郡之财已多归于上"④，州郡就无财养兵。为化解无财无兵的冲突，朱熹主张实行屯田之法。"兵民兼用，各自为屯。彼地沃衍，收谷必多。若做得成，敌人亦不敢窥伺。兵民得利既多，且耕且战，便是金城汤池。兵食既足，可省漕运，民力自苏。"⑤ 州郡之兵，兼负耕种、战斗任务，既解决了养兵无财，亦化解了战争无兵的问题。州郡就固若金汤，金人也不敢窥伺和侵犯。屯田也可以"分而屯之，统帅屯某州，总司屯某州，漕司屯某州，以户部尚书为屯田使，使各考其所屯之多少，以为殿最，则无不可行者"⑥。分屯以加强指导力度，屯田使集中管理。朱熹认为，"迟之十年，其效必著"⑦。

朱熹论述了集权与分权的必要性、重要性，其价值目标在于强军强国，以抗金兵的侵扰，以安百姓的生命财产，以能收复失地。然而朱熹集权与分权相兼，融突和合的主张，并没有被南宋皇帝所采用，南朝皇帝而一味以和议苟安临安，不图进取。

---

① 《朱子语类》卷一一〇，第 2710 页。
② 《朱子语类》卷一一〇，第 2710—2711 页。
③ 同上，第 2708 页。
④ 同上。
⑤ 同上，第 2709 页。
⑥ 同上，第 2709—2710 页。
⑦ 同上，第 2709 页。

三

　　由朱熹集权与分权而推致其源。中华民族从三皇五帝到夏、商、周三代，九州中国境内各民族形成"共识中国"的观念，形成了既集权又分权的"联邦式"的中国。五帝之一的唐尧克明俊德，"协和万邦，黎民于变时雍"①。蔡沈注："万邦，天下诸侯之国也。"② 在尧的统摄下各邦族间做到和谐。《史记·五帝本纪》"协和万邦"作"合和万国"，可见尧是作为"联邦式"的共主。夏桀不德，"诸侯多畔"，商汤修德，"诸侯皆归汤，汤遂率兵，以伐夏桀"③，夏国亡。商朝到纣时，政治腐败，纣好酒淫乐，诛杀大臣，引起诸侯国怨恨。"是时诸侯不期而会盟津者，八百诸侯。诸侯皆曰：纣可伐矣。"④ 伐纣是各诸侯国的共识，而非周武王一人的专断，诸侯国会盟的形式，是"联邦式"的共商的模式，在各诸侯国具有政、财、军权独立的分权情况下，会盟是集中各诸侯国的各种意见，取得共识的有价值的选择，以便以集权的形式而执行。纣王死，"武王持大白旗以麾诸侯，诸侯毕拜武王。武王乃揖诸侯"⑤。各诸侯毕从武王，推武王为共主。周王朝建立后，又进行分封，武王"封功臣谋士，而师尚父为首封，封尚父于营丘曰齐，弟周公旦于曲阜曰鲁，封召公奭于燕，封弟叔鲜于管，弟叔度于蔡，余各以次受封"⑥。周王朝以集权而"兼制天下，立七十一国，姬姓独居五十三人"⑦。分权以分封诸侯，原有诸侯没有取消，又增诸侯国。从总体上说，是集权与分权相融合的联邦。

　　随着时间的推移，诸侯国势力的强大，作为维护联邦式的礼乐文

---

① 《尚书正义》卷二，《十三经注疏》，中华书局 1980 年版，第 119 页。
② 《书经集传》卷一，《四书五经》本，世界书局 1936 年版，第 1 页。
③ 《夏本纪》，《史记》卷二。
④ 《周本纪》，《史记》卷四。
⑤ 同上。
⑥ 同上。
⑦ 《儒效》，《荀子新注》，中华书局 1979 年版，第 87 页。

化、道德行为规范遭到破坏。在"礼崩乐坏"政治环境下，周王朝作为共主的宗主国的势力在削弱，其统摄力、权威力、影响力、认同力逐渐被边缘化，征伐不是天子出，而是诸侯出，甚至大夫出。各诸侯国为争霸主地位和扩大自己的地盘和利益，不断发动兼并战争，以致出现杀人盈野、白骨遍平原的悲惨凄凉的状况。在东周战国时依然有七国，所谓战国七雄。这时集权与分权的平衡被打破，东周王朝已经不能制约七雄。平衡被打破，既加剧了兼并战争的残酷和速度，也提升了人们期望统一、重建平衡、消除战争的努力。

秦国经变法改革，迅速崛起，消灭了东周，统一了六国，结束了集权与分权相融突而和合的"联邦式"政体，把一切权力集中于中央，建立了中央集权的国家。秦建国之初，曾经一场集权与分权之争。秦始皇二十六（公元前 221）年丞相绾等建议："诸侯初破，燕、齐、荆地远，不为置王，毋以填之，请立诸子。"① 遭到廷尉李斯的反对。李斯说："周文王所封子弟同姓甚众，然后属疏远，相攻击如仇雠，诸侯更相诛伐，周天子弗能禁止。今海内赖陛下神灵一统，皆为郡县，诸子功臣，以公赋税重赏赐之。甚足易制，天下无异意，则安宁之术也，置诸侯不便。"② 分封诸侯的结果是同姓子弟相攻如仇敌，诸侯更相诛伐，以郡县制代替分封诸侯，以便天下一统集权。秦始皇同意李斯的意见，他说："天下共苦战斗不休，以有侯王。赖宗庙，天下初定，又复立国，是树兵也，而求宁息，岂不难哉？廷尉议是。"③ 于是分天下为三十六郡。

秦始皇一统中国后，中国的政治体制、经济结构、典章文字、思维方式、价值观念都发生了巨大的变化。于是又展开了一场围绕郡县与分封话题的集权与分权的论争。秦始皇三十四年（前 213）置酒咸阳宫，仆射周青臣歌功颂德说："他时秦地不过千里，赖陛下神灵明圣，平定海内，放逐蛮夷，日月所照，莫不宾服，以诸侯为郡县，人人自安乐，

① 《秦始皇本纪》，《史记》卷六。
② 同上。
③ 同上。

无战争之患，传之万世，自上古不及陛下威德。"① 秦始皇听了很高兴。

博士齐人淳于越持不同意见。他说："臣闻殷周之王千余岁，封子弟功臣，自为枝辅。今陛下有海内，而子弟为匹夫，卒有田常六卿之臣，无辅拂，何以相救哉？事不师古而能长久者，非所闻也。今青臣又面谀，以重陛下之过，非忠臣。"② 于是，秦始皇请大家议论。

丞相李斯马上起来批判淳于越主张分封分权的言辞："五帝不相复，三代不相袭，各以治，非其相反，时变异也。今陛下创大业，建万世之功，固非愚儒所知，且越言乃三代之事，何足法也？异时诸侯并争，厚招游学，今天下已定，法令出一……今诸生不师今而学古，以非当世，惑乱黔首。"③ 时代变了，三代分封诸侯不足法，淳于越等儒生以古非今，是惑乱百姓。

李斯把师古与非今、郡县与分封、集权与分权完全对立起来，以非此即彼的思维方法，把师古、分封、分权就是复古，其必非今、害今，惑乱黔首，破坏一统的社会秩序。其实淳于越是为秦始皇的长治久安的社会秩序安定着想，如朝廷有子弟的辅佐，有危难则有子弟诸侯相助。可是李斯"昧死"以言："古者天下散乱，莫之能一，是以诸侯并作，语皆道古以害今，饰虚言以乱实，人善其所私学，以非上之所建立。今皇帝并有天下，别黑白而定一尊……专主以为名，异取以为高，率群下以造谤，如此弗禁，则主势降乎上，党与成乎下，禁之便。"④ 古代天下之所以动乱，是由于诸侯并作而不能统一。淳于越等道古害今，虚言乱实，造谤反对今所建立的统一的、集权的郡县制，即否定集权的"一尊"，降低和损害君主的权威。

由郡县与分封、分权与集权之争论，而引起了"焚书坑儒"的惨剧。李斯建议："臣请史官非《秦纪》皆烧之，非博士官所职，天下敢有藏《诗》《书》、百家语者，悉诣守尉杂烧之，有敢偶语《诗》《书》

---

① 《秦始皇本纪》，《史记》卷六。
② 同上。
③ 同上。
④ 同上。

者弃市，以古非今者族。吏见知不举者，与同罪。令下三十日不烧，黥为城旦。"① 要烧了人民每家所存的《诗》《书》和百家语，对有敢于偶然讲《诗》《书》的人，处以斩首，对以古非今者诛家族，官吏知而不检举的同罪。秦国自商鞅变法后，其法律是非常严酷的，没有人敢不执行。这是中华民族文化的一次浩劫。

秦始皇之所以名始皇，他是想传至"二世、三世至于万世，传之无穷"②。他真想不到仅传到二世就灭亡了。强秦的速亡，给汉初思想家留下反思的巨大空间。陆贾、贾谊等都在总结、思议这个问题。鉴于秦单一集权而无"枝辅"的教训，刘邦采取集权与分权、郡县与分封相结合的政体。他下诏说："齐，古之建国也，今为郡县，其复以为诸侯。"③ 并封大功臣二十余人。又下诏说：他"与天下之豪士贤大夫共定天下，同安辑之。其有功者上致之王，次为列侯，下乃食邑。而重臣之亲，或为列侯，皆令自置吏，得赋敛，女子公主"④。改集权的郡县制为分权的诸侯，诸侯拥有独立的人权、财权，以至军权。他以为这样做可使天下太平、安定。"前日天下大乱，兵革并起，万民苦殃，朕亲被坚执锐，自帅士卒，犯危难，平暴乱，立诸侯，偃兵息民，天下大安。"⑤ 但是立诸侯的结果，也使诸侯不断反叛，社会动乱。

随着诸侯王势力的坐大，威胁中央集权的汉王朝，晁错为了汉王朝长治久安，而主张削藩。"错又言宜削诸侯事。"⑥遭到一些大臣的反对，晁错的父亲听说后，从颍川赶来，劝晁错不要讲"诸侯之罪过，削其支郡"。但晁错坚持说："不如此，天子不尊，宗庙不安。"⑦ 其父说："刘氏安矣，而晁氏危。"说后饮药自杀。于是吴王濞、胶西王昂、楚王戊、

---

① 《秦始皇本纪》，《史记》卷六。
② 同上。
③ 《高帝纪》《汉书》卷一下，中华书局 1962 年版，第 60 页。
④ 同上，第 78 页。
⑤ 同上，第 62 页。
⑥ 《晁错传》《汉书》卷四十九，第 2299 页。
⑦ 同上，第 2300 页。

赵王遂、济南王辟光、淄川王贤、胶东王雄渠七国借诛晁错为名，举兵反①。景帝虽无奈处死晁错，但并没制止七王之乱。又为集权与分权付出血的代价。

邓先对景帝说：七王以诛错为名，其意不在晁错。"夫晁错患诸侯强大不可制，故请削之，以尊京师，万世之利也。计画始行，卒受大戮，内杜忠臣之口，外为诸侯报仇，臣窃为陛下不取也。"②"景帝喟然长息，曰：'公言善，吾亦恨之。'"③

封建与郡县、集权与分权，孰为利，孰为弊，柳宗元从历史的价值趋势的观点加以总结，认为事物的发生和政治制度的出现，有社会的必然趋势。分封诸侯，"圣王尧、舜、禹、汤、文、武而莫能去之。盖非不欲去之也，势不可也"④，只能因势定制。周有天下，裂土田而瓜分，分封的结果是徒有空名于诸侯之上，诸侯强盛，尾大不掉，以致周的灭亡。柳宗元认为，"秦有天下，裂都会而为之郡邑，废侯卫而为之守宰，据天下之雄图，都六合之上游，报制四海，适于掌握之内，此其所以为得也"⑤。他赞成郡县集权为得。秦的速亡，咎在人怨，不在郡县。汉矫秦弊而继承周的分封，"有叛国而无叛郡，秦制之得，亦以明矣"⑥。尽管汉初郡县与分封并行，朱熹说："贾谊于汉言'众建诸侯而少其力'。其后主父偃窃其说，用之于武帝。"⑦主父偃建议，允许各诸侯国把封地再分封给自己的宗族子弟，以分离、削弱诸侯国的势力，使其无实力与中央集权抗衡，从另一方面说明郡县集权符合时势发展的趋势。

朱熹从集权与分权、郡县与分封相融合的观点出发，认为"柳子厚《封建论》则全以封建为非，胡明仲辈破其说，则专以封建为是。要

---

① 见《景帝纪》，《汉书》卷五，第 142 页。
② 《晁错传》，《汉书》卷四十九，第 2302 页。
③ 同上。
④ 《封建论》，《柳宗元集》卷三，中华书局 1979 年版，第 70 页。
⑤ 同上，第 71 页。
⑥ 同上，第 72 页。
⑦ 《朱子语类》卷一〇八，第 2680 页。

之，天下制度，无全利而无害底道理，但看利害分数如何"①。两者或"全以"或"专以"，以其一为是或为非，是一种非此即彼的思维。其实每一种制度都有其利与害，而看其利害分数的多寡而已。虽然分封根本较牢固，国家可恃，"但今日恐难下手。设使强做得成，亦恐意外另生弊病……此亦难行，使膏粱之子弟不学而居士民上，其为害岂有涯哉！"② 到晋时，"诸王各使之典大藩，捻强兵，相屠相戮，驯致大乱"③。可见"专以"封建的分权为是，这是片面的。

朱熹认为，"全以"郡县为得亦有片面性。"郡县则截然易制，然来来去去，无长久之意，不可恃以为固也……靖康间州县亦有守令要守，而吏民皆散去，无复可恃。然其弊亦不胜其多。"④ 只有把郡县与分封、集权与分权互相协调，融突而和合，以化解两者的弊病。

朱熹以为化解此两者弊病的"源头"在得人。他说："大抵立法必有弊，未有无弊之法，其要只在得人。"⑤ 如果是个贤良的人才，法虽不善，也能做成好事；若不是个贤良的人，法虽善，亦无益于事。因为法、制度是由人去实施的，人的主动性、创造性可以改变法、制度的实际效果。

四

由朱熹集权与分权而推致其流。总观现代政治制度，基本上有五种模式：一是全以集权为体；二是专以分权为体；三是以集权为体，分权为用；四是以分权为体，集权为用；五是集权与分权互体互用，相互协调，融突和合。以此，姑妄言之。

从"全以"集权为体的模式观之，有以父子相承的世袭形式与政

① 《朱子语类》卷一〇八，第 2680 页。
② 同上。
③ 同上，第 2681 页。
④ 《朱子语类》卷一〇八，第 2680 页。
⑤ 同上。

治价值信仰的意识形态相结合的集权政治形态，以对领袖的主体思想的崇拜以维护其集权为体的模式。凡以世袭王权与一定宗教信仰相融合的政教合一的集权为体的模式，在这种政治体制下，一切军权、政权、财权、人事权、外交权归一于中央集权，地方无权。

从"专以"分权为体的模式观之，如早期英联邦模式，各加入英联邦的五十四个成员国国家在政权、军权、财权、人事权、外交权都是独立的，英联邦的宗主国不得干涉，但在国家安全的防卫上，保卫英联邦国家不受侵略上有共同责任和义务，宗主国可以发挥其作用，协调各英联邦国家的关系。

从集权为体、分权为用的模式来看，如多党制和民选的形式，似乎分权与各政党与选民，但能够当选的人，必定具有一定的政治背景、经济背景、出身背景以及个人名望魅力等，一般的民众或穷苦的百姓（如贱民），是根本没有资格和可能当选的。当选者基本上都属于一定党派，体现该党派所代表的一定阶级、阶层的利益。最后通过竞选的形式，多党制而演为集中于两党，两党再集中于一党。在一党独大的情况下，它可以联合其他某些小党，大党可以把自己的意志，加于联合执政的小党。大党产生的最高领导（如总统），就掌握该国军权、财权、政权、人事权、外交权及最终的裁决权。尽管在野的反对党有反对意向，但最终集权于总统。这种民主是形式，是手段，是用，是非体。用为体所用，是体的修饰和门面。以集权为体的一党，可以长期执政，或两党轮流坐庄。他们甚至要把集权为体、分权为用的模式推向世界，其表现的形式是霸权主义、单边主义。充当世界警察，监视监听别国的民众和领袖，试图将自己价值意志强加给别人、别国、别民族，可称谓为价值霸权主义或价值集权主义。他们把这种集权为体、分权为用的模式，说成是符合人类共同利益的制度形态，以建构其超民族国家利益的"天下体系"。其间他们不顾民族国家的社会实际、宗教信仰、价值观念，而强行推至，引起了一些国家和地区的紧张、冲突和动乱。

从分权为体、集权为用的模式来看，在经济全球化、科技一体化、网络普及化、地球村落化的情境下，逐渐形成了各种全球共同体，如各种经合组织共同体、政治组织共同体及各种联盟共同体。一方面全球化使各民族国家的共同利益逐渐增加，出现你中有我、我中有你的利益融合，形成命运共同体形式；另一方面也使各民族国家的价值利益机制和价值规则关系产生紧张和冲突。从经济共同体来说，虽各民族国家社会经济体是独立的、分权的体制，但全球化社会的深化，而孕育出一些跨民族国家的体制形式或管理实体，如 WTO。各民族国家在加入 WTO 的谈判过程中，必须服从、遵照 WTO 所规定的规章、规则和制度，这就是说要符合遵循 WTO 集权的利益，各民族国家要依据 WTO 的规章、规则和制度而修改自己原有的规章、规则和制度，这就是说要牺牲掉分权时原有的一些利益。从政治利益共同体来看，尽管各民族国家依然是全球共同体社会的独立的主体，但以不同的自愿形式被接收入新的国际政治利益实体或组织，譬如欧盟这种政治形态。德国的乌尔里希·贝克说：欧盟"依我们之见，它的统治秩序的核心就在于，它告别了过时的、僵化的国家观念，发展出一种可供选择的关于国家、社会和社会结构的新构想，从而克服了欧洲研究中方法论民族主义的偏向"[①]。这种新构想，既是对欧洲民族主义的克服，也是对各民族国家以自己民族国家为主体的主权观念的挑战。在这种新的政治利益实体或组织的结构中，成员国分权的利益和自我权力主体，在一定程度上必须克服民族中心主义，而让位于共同体政治实体或组织，构成了以分权为体、集权为用的模式。这种政治模式，随着全球化深入发展，超民族国家的公共利益的联系越来越紧密，越来越扩大，就越来越需要一种新的公共组织或机构去协调、平衡和处置，以取得融突而和合的发展。

从集权与分权互体互用、相互协调、融突和合以观，全球化把生存在这个地球上的人与各民族国家捆绑在一起，人类共同面临着越来越严峻的各种冲突与危机。人与自然的冲突越来越严峻，而造成生态危机；人与社会冲突（如战争、动乱、恐怖威胁、贫富不均）越来越突出，

---

① ［德］乌尔里希·贝克等：《世界主义的欧洲：第二次现代性的社会与政治》，华东师范大学出版社 2008 年版，第 72 页。

而造成社会和人文危机；人与人的冲突而带来道德危机；人的心灵的冲突而带来精神和信仰危机；文明之间的冲突而造成价值危机。即使是人类在当前遭遇到的种种冲突和危机，也都可归类于此五大冲突和危机之中。这是全人类、全球所共同面临的、各民族国家无可例外的冲突和危机，它与全球每个人、各个民族国家生命财产等利益息息相关。应对全球所共同面临的冲突和危机，一个国家民族是无法也没有能力来化解的，这就要求有度越民族国家的一种新的国际组织或机构来担负，他们的活动范围不受国界地域的限制，而只思虑某种需要和其地区大众的诉求，这对于某一地区的大众来说，效忠于主权民族国家的意识转换为寄托于度越民族国家的国际组织或机构，这就是集权与分权在另一种形态上体与用的相互转换。

对于各民族国家来说，虽然被纳入某一国际组织，但并没有丧失其主权；既然被纳入某一国际组织和机构，各民族国家已意识到他们有着共同面对的冲突和危机，需要相互合作，共同来化解和应对，以维护共同的利益。而"不是只专注于各自的国家利益，更不应以不合作的方式追求自身利益"①。这就是说，各民族国家不能以自身分权的利益而损害整体国际集权的利益。在当前，联合国仍然担负着维护全球秩序的任务，应对着一些超民族国家的事件，处置着有关全球利益的问题，它的缺失就在于成员国的国家利益与超国家的国际利益发生冲突时，往往便陷于困境或不决，而不能发挥其超民族国家、维护全球公正、正义的效能。如何使集权与分权互为体用、相互协调、融突而和合发展，便可构建一种新的政治制度模式。世人期盼一种通达人和天和，人乐天乐，天、地、人共和乐的和合世界。

五

集权与分权这五种模式，影响着全球人的日常生活，关系着各民族

---

① 入江昭：《全球共同体》，社会科学文献出版社 2009 年版，第 13 页。

师道师说

张立文　卷

国家之间的和平、安全、发展和合作，涉及各度越民族国家的国际组织和机构工作的公平、正义、共赢地开展。

邓小平针对中国的问题，对集权与分权问题做了论述。他说："权力过分集中的现象，就是在加强党的一元化领导的口号下，不适当地、不加分析地把一切权力集中于党委，党委的权力又往往集中于几个书记，特别是集中于第一书记，什么事都要第一书记挂帅、拍板。党的一元化领导，往往因此而变成个人领导。全国各级都不同程度地存在这个问题。权力过分集中于个人或少数人手里，多数办事的人无权决定，少数有权的人负担过重，必然造成官僚主义，必然要犯各种错误，必然要损害各级党和政府的民主生活、集体领导、民主集中制、个人分工负责制等等。

"革命队伍内的家长制作风，除了使个人高度集权以外，还使个人凌驾于组织之上，组织成为个人的工具……不少地方和单位，都有家长式的人物，他们的权力不受限制，别人都要唯命是从，甚至形成对他们的人身依附关系……不论是担任领导工作的党员，或者是普通党员，都应以平等态度互相对待，都平等地享有一切应当享有的权利，履行一切应当履行的义务。上级对下级不能颐指气使，尤其不能让下级办违反党章国法的事情；下级也不应当对上级阿谀奉承，无原则地服从，'尽忠'……当前，也还有一些干部，不把自己看作是人民的公仆，而把自己看作是人民的主人，搞特权，特殊化，引起群众的强烈不满，损害党的威信……搞特权，这是封建主义残余影响尚未肃清的表现。"①

邓小平对集权的社会、思想根源做了深刻的批判，对党内的集权的危害做了透彻的分析，摆正了集权与分权的关系，指出了如何克服集权的措施和方法，说明了分权应有的正确态度和责任及义务，特别讲到所谓"尽忠"，不能"搞成旧社会那种君臣父子关系或帮派关系"。邓小平的集权与分权的论述，对当前仍具有很大的现实价值和意义。

---

① 邓小平：《党和国家领导制度的改革》，《邓小平文选》（1975—1982 年），第 288—291 页。

中国改革开放以来，各方面取得了辉煌的成就，举世瞩目，但不可避免地出现诸多问题，这些问题归根结底都与集权、分权有关。中华民族五千年来，集权分权的思议、论争，一直是政治领域中重要的问题，正确处理集权与分权，摆正其间的联系，融突而和合，关系着中国人民的生命财产的切身利益，关系着中华民族的复兴和未来的发展。因此，集权与分权是当前值得我们深刻反思、深入研究的课题。

（载《哲学动态》2014 年第 8 期）

正义与和合

正义与和合既是中华优秀传统文化的精髓，也是当代时代价值的体现。中华民族自古以降，就崇尚正义与和合，对非正义的价值追求和道德行为深恶痛绝。正义与和合是人之所以为人的基本品质和崇高选择，是主体在行为活动实践中所追求的真、善、美的道德价值，是主体自我尊严维护的道德规范和原则，是群体内聚力的活水和追索实现群体奋进目标的动力①。

一

确立正义与和合的规范、原则的理论前提，必须体认当今世界所遭遇的之所以不正义、不和合的因缘，然后才能从根基上予以化解。目前人类所共同面临的人与社会的冲突和人与人的冲突，这些冲突是造成社会人文危机与道德危机，其中凸显的是利益集团与非利益群体的冲突，金融集团与非金融集团群体的冲突，以及权力集团与人民大众的冲突，这些冲突是造成社会与人际间不公平、不正义、不和合的危机，形成人际分离、社会动乱、生命财产不保的重要原因。

利益集团、金融集团、权力集团三位一体，换言之，政客、政府、富翁、大公司，以权金、权利、利金权相互交易、相互勾结，狼狈为

① 关于正义的标准，自古希腊以来就有论争，善、神、理性、自由、平等、幸福、财富、安全、秩序等随时代的变迁而有不同的标准。有些人认为，当代则以自由、平等、公平、效益为标准。但哈贝马斯认为，这四者只具有相对有效性，正义要求绝对有效性。我认为正义是一种真、善、美的伦理道德价值目标。

奸。纵观当今世界，利益集团是一个复杂的概念。在工具理性膨胀，市场经济、网络经济、影子银行泛滥的情境下，既给非利益群体带来一定的方便，也损害了非利益群体的利益，给社会带来不公平、不和合的后果。利益集团利用自己拥有的无限制的能量，渗透到社会经济、政治、文化、军事、企业各个领域，以实用工具理性使其利益最大化。利益集团通过各种方法，控制所有制各个部门，使所有制的生产、分配、消费、流通都统摄在利益集团之下，在工业、农业、交通、能源、新兴产业（包括文化产业）、金融等领域，形成利益垄断格局。

特别是某些发展中国家，在经济转型过程中，利益集团通过收买、贿赂、威胁等手段，以及勾结权力集团，非法占有各种生产要素，土地、资金而被低价、无偿使用，并通过银行贷款获得市场准入特殊待遇。利益集团利用经济、政治权力腐蚀败坏政府。弗朗西斯·福山说："在华盛顿，利益集团和游说团体的爆炸式增长是惊人的，游说企业的数量从 1971 年的 175 家增加到十年后的大约 2500 家，到了 2009 年，13700 名说客花费约 35 亿美元。通常情况下，利益集团和说客们的作用不是刺激新政策的出台，而是让现有法律更糟。"[①] 甚至获得治外法权。这些利益集团既不从事创造社会财富活动，也不谋有利公共利益的经济活动，反而利用政治经济的特殊权为自己谋取利益，最终侵犯非利益群体的利益，社会贫富差距不断拉大，社会的平等被撕裂，正义被埋葬，和合被破坏，社会陷入不断动乱、战争之中。

经济学家曼库尔·奥尔森"对利益集团政治对经济增长以及最终对民主所造成的不利影响提出了一个最著名的论断。他认为，在和平与稳定的时代，民主国家往往会积聚越来越多的利益集团。这些利益集团非但不从事创造财富的经济活动，反而利用政治制度为自己谋取利益或寻租，这些租金对于集体来说是无益的，对于整体公众来说是有成本的……其结果是随着时间的推移，能量渐渐向寻租活动转移，最终只有

---

① 弗朗西斯·福山：《衰落中的美国》，载美国《外交》双月刊 9/10 月号，《参考消息》2014 年 8 月 22 日转载。弗朗西斯·福山是美国斯坦福大学民主、发展与法治研究中心高级研究员。

被大的冲击如战争或革命终止"①。这便加剧了利益集团与非利益群体的冲突，而与正义、和合相悖。

与正义、和合相悖的形势，突出表现在金融集团与非金融群体的冲突。21世纪是金融资本发展到垄断的世纪，换言之是金融资本的时代。金融资本以形形色色的方式渗透到实体政治、经济、文化、军事、环保等各个领域，使其方方面面金融化，它无处不在，无所不占，统统网罗在自己的幕下，加速了与非金融群体的冲突。这个冲突体现在资源占有和财富分配制度的不公平上。托马斯·皮凯蒂认为，"2008年开始的金融危机的真正原因是由于美国财富分配制度的不公。冷战结束后，自由市场经济让高收入人群收入的增加远远超出了经济的增长速度……美国财富分配的不平等才是导致美国经济和金融系统脆弱的最重要原因"②。金融集团既可以使资本增值，也可以使经济破产；既可以制约资本的自由放任，也可以加强全球范围合作，加强金融透明度和市场调节。金融集团这种两面性，在不同时期扮演不同角色，起着不同作用。

金融集团制约政治，收买政府，操纵竞选，支配意识形态，真可谓"衙门八字开，无钱莫进来"。虽说"钱不是万能，但无钱却万万不能"。中国晋代鲁褒写过一篇《钱神论》，他认为世人以钱为神宝，"钱之所在，危可使安，死可使活。钱之所去，贵可使贱，生可使杀。是故忿诤辩讼，非钱不胜。孤弱幽滞，非钱不拔。怨仇嫌恨，非钱不解……钱能转祸为福，因败而成"③。他改子夏讲的"死生有命，富贵在天"为"死生无命，富贵在钱"。社会把有钱与无钱分为两个不平等阶层，有钱可使鬼推磨，无钱穷困待死，是为两重天。贫富差距无限扩大，导致财富不平等加大。

在当今世界，"即使不发生信贷泡沫，在工资上涨缓慢的背景下，

---

① 参见弗朗西斯·福山：《衰落中的美国》，载美国《外交》双月刊9/10月号所转引，《参考消息》2014年8月22日转载。

② 应强：《用数据勾画财富不平等历史——专访〈21世纪资本论〉作者皮凯蒂》，《参考消息》2014年6月12日。托马斯·皮凯蒂（1971—?）。

③ 见严可均辑《全晋文》卷一一三。

货币宽松也会导致资产价格大幅度上涨。这种政策会拉大贫富之间的差距，使得财富更加集中到富人手中"①，其结果必然会激化金融集团与非金融群体的冲突，酿成金融危机。特别是主权财富资金不断膨胀以及对经济、政治命脉的掌控，而形成对财富的寡头垄断，仍将是埋下新一轮金融危机的定时炸弹。

虽然美国金融监管机构颁布了"沃尔克规则"，旨在使吸收储蓄的金融机构回归其原本角色，重新承担起吸收存款、发放贷款等"效用银行"的功能，而不走向"赌博银行"、不支持实体经济的发展之路，为金融市场增加多重风险②。但这个规则能否起到监管金融资本和金融寡头违规活动，还有待审视。

无论是利益集团，还是金融集团，都需要权力集团的支撑或开绿灯，否则利益集团的利益最大化和金融集团的金钱游戏横行和金融庞大化就会遭到打击，因此利益集团、金融集团必然与权力集团构成联盟。

权力集团是集一个国家政治、经济、文化、军事、外交、法律、制度、环保、意识形态的规则、原理的制定者、实施者于一身的集团，这些规则、原理的制定者首先是贯彻、实行权力集团的利益，他们只重权力利益，而罔顾人民大众。弗朗西斯·福山认为："美国又重新'世袭化'了……政客们通常不会把工作岗位回报给家族成员，而是代表这些家族做坏事，从利益集团手中拿钱，从游说集团手中拿好处，从而确保他们的孩子能够上名校。"③ 其实权力集团对拿过钱和好处的对象，都会以各种方式加以回报，或以不同形式大开方便之门，或以短缺经济方面加以惠顾，或在派驻各国大使上首先考虑等。"世袭化"的政治制

---

① 福田慎一：《发达国家面临无法回避的增长极限》，《经济学人》周刊 8 月 19 日第 1 期，《参考消息》以《西方发达国家面临增长极限》为题，于 2014 年 8 月 22 日转载。

② 参见窦海阳：《美国金融监管机构颁布"沃尔克规则"》，《光明日报》 2014 年 9 月 21 日。

③ 弗朗西斯·福山：《衰落中的美国》，载美国《外交》双月刊 9/10 月号，《参考消息》2014 年 8 月 22 日转载。

度，就无可避免地形成"一朝天子，一朝臣"的政治格局，权力集团就国家重要部门的官职给予自己党派或观点、立场一致的精英分子，而不会给予真正代表广大人民大众利益的党派和精英分子。这种"世袭化"政治权力结构，已远离人民大众的利益，其间冲突也逐渐加深、激化，以致出现各种形式的抗议活动或动乱状况。

正如弗朗西斯·福山所说的"美国的政治制度已经随着时间的推移走向衰败，因为传统的制衡制度越来越根深蒂固，越来越僵化。在政治两极化的背景下，这种权力分散的制度越来越难以代表大多数的利益，使利益集团和社会组织的观点获得过多的表达"①。在这种情境下，权力集团与利益集团、金融集团的联盟更紧密，换言之，其勾结更广泛、更深层化，而与非利益群体、非金融群体、人民大众冲突也更尖锐、更深刻，这就戕害了社会正义、公平、和合的价值秩序。②

再者，全球化与民族主义的冲突在某些地区趋于激化。全球化在商业、金融、技术互相紧密渗透，你中有我、我中有你的命运共同体以及互联网快捷的跨越界限的沟通下，使得传统的国界被模糊或淡化。但全球化所带来的冲突与上述三大冲突结聚，刺激了民族主义的升温，加上一些地区破坏正义、和合的动乱和战争，制造了大量的难民与移民，强化了民族主义的国界意识，领土、主权的认同感将是持久的，其所造成的动乱对于正义、和合的威胁也将是持久的。愿正义、和合的巨舰顺利驶过错综复杂的暗礁，人们将翘首以待。

二

化解当前所面临的正义、和合上述种种情境，究其产生的元根源，是与人的本性相关。首先，是"人不为己，天诛地灭"的为己之私性的膨胀，物欲的横流，贪婪的无厌，以致丧失人之为人的最基本的人性

---

① 弗朗西斯·福山：《衰落中的美国》，载美国《外交》双月刊 9/10 月号，《参考消息》2014 年 8 月 22 转载。

② 上述观点获得著名经济学家杜厚文教授的帮助。

与品质，而与禽兽无甚分别。孟子虽讲人与禽兽的差分只有"几希"，而是以此箴告人不要沦溺为禽兽。荀子认为人与动植的基本区别是义，他说"水火有气而无生，草木有生而无知，禽兽有知而无义，人有气、有生、有知，亦且有义，故最为天下贵"①。如果说水火、草木、禽兽只具有物性、自然性的话，那么人则具有人性、社会性。作为人性和社会性的义，蕴含道德理性。尽管人的力气不如牛，走路不如马，但是人能合群，合群又有分工，分工合作，而达和合，"义，故义以分则和"②。和合而力强，力强而胜物，这样人性而化物性，人的物性消而德性长，社会性长而自然性消。

人性、社会性长而凸显人的珍贵性、价值性。"天地之生，人为贵。"人之所以贵，是因为"人者，其天地之德，阴阳之交，鬼神之会，五行之秀气也"③。人是天地、阴阳、鬼神、五行的德秀之气的和合交会，所以"惟人也，得其秀而最灵"④，最具聪明智慧。其珍贵性、价值性体现为道德性，"恻隐、羞恶、恭敬、是非，唯人有之，而禽兽所无也。人之形色足以率其仁、义、礼、智之性者，亦唯人则然，而禽兽不然也"⑤。四德四端的道德理性唯有人所具，构成人存在的和合性与合理性。

人的和合性与合理性需要人的自主性来体现。唯有爱人，"泛爱众"，博爱大众，尊重人，人的自主性才得确立。博爱是由主体出发而施于客体活动或行动之中的一种情感，它并不蕴含着既定的功利目的和特有的条件。"君子学道则爱人。"学道爱人是人的自我觉醒和自我肯定，亦是人的自我尊重与相互尊重人的主体意志。"政之所兴，在顺民

---

① 《王制》，《荀子新注》，中华书局 1979 年版，第 127 页。

② 同上。

③ 《礼运》，《礼记正义》卷二十二，《十三经注疏》本，中华书局 1980 年版，第 1423 页。

④ 周敦颐：《太极图说》，《周子全书》卷二，《万有文库》本，商务印书馆 1937 年版，第 19 页。

⑤ 王夫之：《孟子·告子上》，《读四书大全说》卷十，中华书局 1975 年版。

心；政之所废，在逆民心。"① 顺逆人民意志、愿望，是国家兴衰、存亡的根本。

人的珍贵性、价值性、和合性、合理性、自主性，造就了人的公平性、互尊性、正义性，然而人的利己性、贪婪性、物欲性，却形成了社会政治、经济、权利的不平性、冲突性、不义性和垄断性，使三大冲突严重失控。

人的珍贵性，所想望在和合性，在于追求善。善的价值是社会、人际、心灵所普遍期盼的。社会政治善就施德政，而公平、正义；经济善就施诚信，而无假冒伪劣；人际善就行仁爱，而无杀人奸淫；心灵善就具不忍人之心，而无害人之心。善是人之所以为人的责任和义务，是人性应具的本质。孟子主张性善，人性向善。"人性之善也，犹水之就下也。"② 人的善性犹水的往下流一样，是自然的，而非外加的。荀子与孟子相对，主张性恶。"人之性恶，其善者伪也。"③ 人性是恶的，善是后天的人为。荀子之人为，是讲人性贪图私利，顺着这种本性，就会出现互相争夺而丧失辞让；人性有忌妒憎恨心，顺着这种心性，就会伤害忠信；人性喜好声色，顺着人性的这种喜好，就会产生淫乱，而礼仪制度和道德规范便荡然无存。这样便破坏了社会的安定和正义，以及社会秩序与和合。

《左传》认为，"善不可失，恶不可长"④。要以农民除草绝根的精神去恶，使善得到发扬，"彰善瘅恶"，造就为善的道德风气。孔子对季康子说："子为政，焉用杀？子欲善而民善矣，君子之德风，小人之德草，草上之风，必偃。"⑤ 你从善政治理国家，人民亦会从善，领导

① 管子：《牧民》，《管子校注》卷一，中华书局 2004 年版，第 13 页。
② 《告子上》，《孟子集注》卷十一，《朱子全书》第 6 册，上海古籍出版社、安徽教育出版社 2002 年版，第 395 页。
③ 《性恶》，《荀子新注》，中华书局 1979 年版，第 389 页。
④ 《左传》隐公六年，《春秋左传注》，中华书局 1981 年版，第 50 页。
⑤ 《颜渊》，《论语集注》卷十二，《朱子全书》第 6 册，上海古籍出版社、安徽教育出版社 2002 年版，第 174 页。

人的政风、德风是改变社会风气的引领者。孟子认为，应"尊德乐义"，士人穷困时不失义，发达时不离道；得意时惠泽善于百姓，不得意时，修身养性。这就是说"穷则独善其身，达则兼善天下"①。从穷到达，从独善到兼善，从个体到群体，从殊相到共相，形成社会互惠体系和程序正义的雏形。

三

利益集团、金融集团、权力集团与非利益群体、非金融群体、人民大众的冲突，其元根源的追究已明，如何化解其间的冲突和危机，依据和合学的价值原理，建构社会正义结构。罗尔斯为实现社会正义，曾提出"完善的程序正义""不完善的程序正义"及"纯粹的程序正义"三种，以便建立一种伦理关怀的有效的社会正义体系，但事实上并没有带来财富、权力不平等、不自由现象的消除，"尤其是给那些最少受惠的社会成员带来补偿利益"②。换言之，没有给社会弱势群体以利益。因此，罗尔斯《正义论》受到各方面的挑战。

中华传统文化中对义、正义的诠释与西方有异。"正利而为谓之事，正义而为谓之行。"③ 为正当的利益去做，这称谓事业；为正义而做，这叫作德行。正义的行为是符合道德的。杨倞注："苟非正义，则谓之奸邪。"正义与奸邪相对，奸邪便是非正义的行为。为正当利益去做的事业，是为道，亦是符合正义的行为。荀子认为，一般庸俗的人，以富利为崇高，是没有正义精神的。"不学问，无正义，以富利为隆，是俗人者也。"④ 正义是需要人通过后天学习而获得的思想，而不是先验的。

---

① 《尽心上》，《孟子集注》卷十三，《朱子全书》第 6 册，上海古籍出版社、安徽教育出版社 2002 年版，第 428 页。

② 罗尔斯：《正义论》，何怀宏、何包钢、廖申白译，中国社会科学出版社 1998 年版，第 14 页。

③ 《正名》，《荀子新注》，中华书局 1979 年版，第 367 页。

④ 《儒效》，《荀子新注》，中华书局 1979 年版，第 105 页。

从文字学上说，汉许慎《说文解字》："正，是也。从止，一以上。"饶炯《说文解字部首订》："正，下云是也。是，下说直也，义即相当无偏之谓……《书》云：'无偏无党，王道荡荡；无党无偏，王道平平；无反无侧，王道正直。'亦是意也。"正就是正，正是无偏无党、无反无侧的正道、直道、中道。郝懿行《尔雅义疏·释诂下》："《考工记·韗人》注：'正，直也。'《文选·东京赋》注：'正，中也。'中、直皆是之义也。"正中、正直、公正符合正义伦理道德规范的价值标准。如孔子说："晋文公谲而不正，齐桓公正而不谲。"① 晋文公好耍权术阴谋而不公正，齐桓公公正而不使诡诈手段，体现了正义原则。

义为宜、适宜。《释名·释言语》："义，宜也。裁制事物使合适也。"《尚书·康诰》："用其义刑义杀。"孔传："义，宜也。用旧法典刑宜于时世者以刑杀。"裁制事物使之合适、合情、合理，便意蕴着公平、公正。《孔子家语·执辔》记载，"以之道则国治，以之德则国安，以之仁则国和，以之圣则国平，以之礼则国安，以之义则国义"。王肃注："义，平也，刑罚当罪则国平。"罪依法得到公平、公正的裁决，而无偏无党，这是合宜的。

正与义，其义有重合之处。既明正义之义，又以往已明和合之义，怎样建构正义与和合，以化解当代三大冲突和危机？

首先，积善成德。改造人性中的物性、自然性，以及其中所蕴含的利己性、贪婪性、物欲性。荀子说："积善成德，而神明自得，圣心备焉。"② 坚持不懈地做善事，养成高尚的道德，自然达到神明的智慧，就具备了圣人的精神境界。善被普遍地认为是正义的价值标准或原则。

正义之正，便具有善的意思。《礼记·士冠礼》记载："三加曰，以岁之正，以月之令，咸加尔服。"郑玄注："正，犹善也。"正义之义，亦犹善。《诗·大雅·文王》："宣昭义问，有虞殷自天。"毛传："义，善。"中国传统文化所谓正义之举，如洪迈《容斋随笔》卷八记

---

① 《宪问》，《论语集注》卷七，《朱子全书》第6册，上海古籍出版社、安徽教育出版社2002年版，第191页。

② 《劝学》，《荀子新注》，中华书局1979年版，第5页。

载："与众共之曰义，义仓、义社、义田、义学、义役、义井之类是也。"从事公益性的事业称为义举，民间称之为做善事。

义举和善事都属无私的、不计报酬的，出于一种善心、良心、正心、公心或不忍人之心。"今人乍见孺子将入于井，皆有怵惕恻隐之心，非所以内交于孺子之父母也，非所以要誉于乡党朋友也，非恶其声而然也。由是观之，无恻隐之心，非人也。"① 这种不忍人的恻隐之心，即具有高尚道德情操的仁义之心，是人所应有的人性品德。孟子说："大舜有大焉，善与人同，舍己从人，乐取于人以为善……取诸人以为善，是与人为善者也。故君子莫大乎与人为善。"② 朱熹诠释说："善与人同，公天下之善而不为私也。"偕同别人一起行善，这是公天下之善的最高尚纯洁的德行，其推己及人、及物、及社会，即使社会私欲膨胀、物欲横流，仍要坚守廉明公正的廉正，清白高洁的廉洁，清廉知耻的廉耻，树立"澄清天下之志"，使社会的污泥浊水得以澄清，正义之风得以横扫腐败贪污的歪风，和合之华得以弘扬中华道德精髓。

其次，建设诚信。正义之正，义含诚实、诚信。朱骏声《说文通训定声》："正，假借为诚。"《管子·心术下》："正心在中不可匿。"俞樾评议："正心者，诚心也。《论语·述而篇》：'正唯弟子不能学也。'郑注曰：'鲁读正为诚。'是正与诚古得通用。诚心在中，则自不可得匿矣。"正与诚通，正便具诚义。"诚者，天之道也；诚之者，人之道也。诚者不勉而中，不思而得，从容中道，圣人也。诚之者，择善而固执之者也。"③ 诚是形上的天道，达到诚是人道，具备真实无妄的人，不用努力就可以获得中道，不用思考就能晓得中道。从容中道，便能无过不及，不偏不倚，意蕴着正义原则。"义者，宜也，断决得中也。"④ 判

① 《公孙丑上》，《孟子集注》卷三，《朱子全书》第 6 册，上海古籍出版社、安徽教育出版社 2002 年版，第 289 页。

② 同上，第 291 页。

③ 《中庸章句》，《朱子全书》第 6 册，上海古籍出版社、安徽教育出版社 2002 年版，第 48 页。

④ 《情性》，《白虎通德论》卷三，《百子全书》本，浙江人民出版社 1984 年版。

断、裁决事物皆能公正、恰到好处，便是得中。从容与中道符合，便达圣人境界。朱熹说："未至于圣，则不能无人欲之私，而其为德不能皆实，故未能不思而得，则必择善，然后可以明善，未能不勉而中，则必固执，然后可以诚身，此则所谓人之道也。"① 诚的真实无妄，就是不欺骗、不虚伪、不作假、不冒牌、不坑人，而讲真诚、诚意、真心、真言、真行、真实。现今世界未至诚，充塞着贪心、嗔心、痴心、謟心、诳心、嫉心、害心、私心等，以致行为不端，品德不善，谋利害义，邪气弥漫，诚信沦丧。诚信是为人的根本，是一切道德价值的基石，是人文化成的利器，是真、善、美的和合。

再次，义无不和。义是一种中道、公正、适宜的决断、裁制，以使之达到和合的标准。在私欲、私利充塞世界的情境下，如何融突义与利，成为重要问题。儒家并不简单排斥利，而是肯定正当的利和欲望。孔子说："富而可求也，虽执鞭之士，吾亦为之。"② 富贵如果可以求得，虽身为贱役，吾亦去做。荀子说："义与利者，人之所两有也。虽尧舜不能去民之欲利，然而能使其欲利不克其好义也。"③ 董仲舒认为利以养体，义以养心，两者各有功效。

据此，两者并非绝对对立，而可以和，古人认为，义的和处便是利，"利者，义之和也"④。利物、利他，各得其分或各得其所之利，便是和。朱熹说："义之和，只是中节。盖义有个分至，如亲其亲，长其长，则是义之和。"⑤ 凡一切事务处理得合宜，都符合一定的节度，无

---

① 《中庸章句》，《朱子全书》第 6 册，上海古籍出版社、安徽教育出版社 2002 年版，第 48 页。

② 《述而》，《论语集注》卷四，《朱子全书》第 6 册，上海古籍出版社、安徽教育出版社 2002 年版，第 123 页。

③ 《大略》，《荀子新注》，中华书局 1979 年版，第 456 页。

④ 《左传》襄公九年，《春秋左传注》，中华书局 1981 年版，第 965 页；另见《周易·文言传》，《朱子全书》第 1 册，作"利物足以和义"，上海古籍出版社、安徽教育出版社 2002 年版，第 146 页。

⑤ 《朱子语类》卷六十八，中华书局 1986 年版，第 1704 页。

过无不及的中，这便是义与利的和处。"义则无不和，和则无不利矣。"① 然而，小人只理会得利，把利者义之和，从中间半截处做，遗了上面一截义，便落入唯利，而坏了"利者义之和"。"义之和只是中节"，符合正义和合的原则。

第四，舍生取义。孟子说："生我所欲也，义亦我所欲也。二者不可兼得，舍生而取义者也。"② 生命是我欲要的，义也是我所欲要的，如果两者不能兼有，就牺牲生命而要义。因为我有比生命更欲要的，这就是义。义是人要走的正路，放弃正路而不走，放失了善心而不去找回来，悲哀得很呀！正路犹正义之路，正义比生命更可贵。若违反正义，就会失败。"多行不义，必自毙。"③ 正义是道德价值的标准，"苟非德义，则必有祸"④。行动没有德义，必遭祸殃。孔子说："君子之于天下也，无适也，无莫也，义之与比。"⑤ 康有为解释说："言君子于天下之事之人，无所以必偏往，无所以必禁绝，但于义之合宜者，则亲附而从之。盖非从人也，从公理也，从事宜也。事宜者，其地与人合宜，其时与人合宜，则施之恰当。"⑥ 于义合宜，其地其时与人合宜，实施恰当，这便是从事宜。"从公理"蕴含着从正义之义。

第五，正义社会。建立天下之人之事都从公理的正义社会，其所以可能，是因为中华民族人人都具有一种不忍人的善心，一种四德四端的道德本性，建立在此基础上的正义观念，是建立正义社会的坚固的支柱。荀子说："义之所在，不倾于权，不顾其利，举国而与之不为改视，重死持义而不桡，是士君子之勇也。"⑦ 正义社会不屈服于权势，不顾

---

① 《朱子语类》卷六十八，中华书局 1986 年版，第 1705 页。
② 《告子上》，《孟子集注》卷十一，《朱子全书》第 6 册，上海古籍出版社、安徽教育出版社 2002 年版，第 404 页。
③ 《左传》隐公元年，《春秋左传注》，中华书局 1981 年版，第 12 页。
④ 《左传》昭公二十八年，《春秋左传注》，中华书局 1981 年版，第 1493 页。
⑤ 《里仁》，《论语集注》卷二，《朱子全书》第 6 册，上海古籍出版社、安徽教育出版社 2002 年版，第 95 页。
⑥ 《论语集注》卷四，中华书局 1984 年版，第 50 页。
⑦ 《荣辱》，《荀子新注》，中华书局 1979 年版，第 39 页。

虑于利益，坚持正义原则而不改变，虽然爱重生命，也要坚持正义而不屈从，这是君子的品德。若能如此，正义社会建设就可能实现。

正义社会亦是和合社会，和合社会是正义的社会、美善的社会、包容的社会、道德的社会，是太和、中和、保和的社会。"乾道变化，各正性命，保合太和，乃利贞，首出庶物，万国咸宁。"① 天道世界不断变化，万物各正其性命，才能保合太和，有利于正道，万物开始生长，万国都安宁太平。和合社会是多元冲突融合而和合的社会。当今世界冲突不断，其出路与导向，唯有对话、谈判、互利、合作、共赢；唯有和生、和处、和立、和达、和爱，而达和合社会。1993 年在美国芝加哥召开的世界宗教议会大会发布的《全球伦理普世宣言》中，制定了四条"金规则"：不要杀人，即要尊重生命；不要偷盗，即要诚实公平；不要撒谎，即言行应该诚实；不要奸淫，即要彼此尊重，相亲相爱。为着人类的正义、自由、公正、和平及文明的延续、地球的保护、善心的发扬、邪恶的消除，一个正义和合的美好世界将要呈现。如此，当今世界利益集团、金融集团、权力集团与非利益、非金融群体及人民大众的冲突也可以得以化解。

---

① 《周易·象传》上，《朱子全书》第 1 册，上海古籍出版社、安徽教育出版社 2002 年版，第 90 页。

旧学新知
——《朱熹大辞典》前言

《尚书》云:"若升高必自下,若陟遐必自迩。"如要登高山必从山下开始,如要登远山必从近处起步。犹如《老子》所说:"九层之台,起于累土。千里之行,始于足下。"《朱熹大辞典》作为体认其朱熹思想的入门,了解其学术品格的阶梯,认识其核心话题的价值,领会其伦理道德的意义,觉解其经学哲学的精华,理解其政治经济的措施,认知其为人为学的亮节,可起自下、自迩、累土、足下的功效。

一

《朱熹大辞典》是自古迄今有关朱熹和朱熹思想的最全面、最系统的辞典性著作,是"致广大而尽精微"的作品,是中国古代哲学与朱熹研究标志性和里程碑式的成果,体现了国内外朱熹研究的前沿水平。

朱熹是尧、舜、禹、汤、文、武、周公、孔、孟几千年来中华文明薪火的传承者,是理学的集大成者,是中华文化主要代表人物之一。朱子学被东亚一些国家尊奉为意识形态,在古代世界文化思想中,具有崇高的地位和广泛的影响。

中华民族是一个爱智慧的民族,是富于理论思维的民族,在人类文明流淌的历史长河中,中华文明以其生生不息的不间断性、独具特色的形象性、生命智慧的创新性,而屹立于世界文化学术之林。正由于中华文明日新、日日新,才能"不创前未有,焉传后无穷"。只有开拓创造出前所未有的学术文化,才能不断流传而无穷无尽。这是中华文明之所以度越古希腊文明、印度文明、巴比伦文明、埃及文明而不间断的关键所在。

　　朱熹在其生命的体验、坎坷的经历、求道的实践、心灵的觉解中，凝练成扣人心弦、激动人情、启迪人生、化解冲突、追求和合的诸多话语、箴言、警句、诗词。尽管时代屡迁，但像闪光的金子，不减其辉煌。在当前可化旧为新、化死为活、化丑为美、化恶为善，即化腐朽为神奇。"旧学商量加邃密，新知培养转深沉。"转旧学为新知，探邃密为深沉，这是《朱熹大辞典》编纂、撰写的宗旨。

　　《朱熹大辞典》所汇集的词汇、话语、警句、箴言，是其深邃思想的呈现，错综情感的流出，道德情操的显示，人格魅力的表露，高尚胸怀的信息，语言精华的浓缩，包容心境的澄明。其间蕴含着像大海的广阔雄壮，像泉水的细润清醇，像波澜的起伏多姿，像狂潮的奔腾直泻。它不仅仅是供读者参考的工具性的辞典，更重要的是供人"吾日三省吾身"的武器，是"夕惕若厉"的解剖刀，是贪、嗔、痴的清洁剂，是化解郁闷、焦虑、烦恼、忧愁、痛苦的和合力，是培育伦理道德的教科书，是造就人生价值理想的土壤。若如是观之，虽为工具，则超越工具的价值；虽为辞典，则度越辞典的意义。如此，则众多参与编写的学者的心血，就没有白费了。

二

　　朝鲜古代学者奇大升就《朱文公文集》的"闳博无涯"，卷帙浩大，指出"学者观之，有惶然骇然之叹"（奇大升：《定州刊〈朱子书节要〉跋》，《日本刻版李退溪全集》（上）；首尔，李退溪研究会版，第417页）。因此，李朝朱子学大家李退溪编纂《朱子书节要》，"以资讲论玩绎之益"，选取其切要、精粹，便于学者学习和领会其要义。这是仅就《朱文公文集》而言，加之《朱子语类》及补遗等，更有使人惶然骇然之感。《朱熹大辞典》分门别类，或生平事迹，或同道及弟子后学，或思想体系，或朱熹学说传播与研究，或现当代研究等，析其名义，发其旨趣，溯流寻源，推明物理，脉络分明，贯串浃洽。于是朱熹的"彻人心，洞天理，达群哲，会百圣，粹乎洙泗伊洛之绪"（陈淳：《论朱子》，《北溪字义·补遗》，中华书局1983年版，第74页）显然。

洞悉天理，这是朱熹思想哲学的核心话题，是其政治、经济、哲学、经学、美学、道德、教育等的理论基础和出发点。理（天理）在朱熹的思想逻辑体系中，是形而上本体，"且如万一山河大地都陷了，毕竟理却只在这里"（《朱子语类》卷一，中华书局1986年）。理是亘古至今，长存不灭的，超越人物生灭的无限。理是天地万物的本源和根据，"宇宙之间，一理而已。天得之而为天，地得之而为地，而凡生于天地之间者，又各得之以为性"（《读大纪》，《朱文公文集》卷七十）。天、地、人及其性，都以理为所以然者，以理为终极的根源。

由此，政治为天理政治，变以往"君权神授"为"天理君权"，革"天授君权"为"理授君权"，但他不完全否定天威，仍以天威来劝诫、约束君威、君权，使之不过分膨胀，滥用权力，腐朽败德，进而提出修德主张，修德的要旨在于"正君心"，这是大本，大本正，才可以正百官、正天下。朱熹认为，由于君主的心术不正，致使南宋不能富国强兵。他寄希望于君心正，去私为公，弃奢为俭，除腐倡廉，慎独好善，近君子而远小人，尚贤使能，虚心纳谏，才能治理好国家。

关于国家形式的政体，朱熹主张集权与分权并行。宋有鉴于唐的藩镇、五代十国的割据及地方将领权重而尾大不掉的情况，赵匡胤全力使权力集中于君主一身，建立了统一的中央集权政治。到了南宋时，由于金朝不断侵扰，地方既无重兵，亦无将领，抗金无力，而有集权与分权之争。朱熹认为，应在集权的原则下，分权于地方，以利地方自保和增强抗金实力。

所谓政治，在朱熹的心目中，是国家的"号令"与刑罚及其相互之间的关系，两者相辅相成，不可偏废。如何保持"天理君权"国家的长治久安？一方面要为政以德，修德感人。政是为治之具，刑是辅治之法，德礼是所以为治的根本，而德又是礼的根本。另一方面，任贤使能，远嬖近直，君主往往出于一念之间的私心、私欲，而用小人。"求其适己而不求其正己，取其可爱而不取其可畏。"（《己酉拟上封事》，

《朱文公文集》卷十二）这是君主的失职和过错。如果君主周围、政权机构核心之中，都是刚明公正、不谋私利的忠直贤相和贤士，那么，就会主威立，国势强，纲维举，刑政清，民力裕，军政修，人民就能安身立命，国家就会长治久安。

经济是政治的基础，富国强兵，无经济的发展，就不能实现。朱熹认为，民富，君主就不致独贫；民贫，君主也不能独富。他从天理之公、君民一体出发，批评夺民之财，而富其君，制止君主对百姓的厚敛。主张省赋恤民，蠲减税钱，除夏秋正税外，其他名目的苛捐杂税统统取消；宁可过于予民，不可过于取民。

国家要务本节用，所谓务本，民生之本在农，农业生产是社会生存和人的生命延续的先决条件。生民之本，足食为先，民以食为天。因此，他主张不误农时，兴修水利，改良土壤，保护耕牛，奖励开荒，减免租税，多种经营，增加产量。同时必须节用，裁减军用，削减宗室和官吏俸禄，才能化解赋重民困的局面。朱熹指出，"古者刻剥之法，本朝皆备"（《朱子语类》卷一百一十）。民在重税下，已无法生活，国家危亡将至。

国家政治、经济要受"无形之手"的支配，这只无形之手就是其哲学思想，换言之，即其价值观。朱熹被后人誉为"致广大，尽精微，综罗百代"的思想家、哲学家。他和合儒、道、佛三教，建构了理（太极、道、天理）→气（阴阳）→物（五行、事物）→理的哲学逻辑结构。它是中国哲学范畴在一定社会经济、政治、思维结构情形下所构筑的相对稳定的融突而和合的体系或结合方式，是哲学逻辑内在各层次、要素、部分之间互相冲突、融合而和合的表现形式。尽管作为其哲学形上学的核心范畴理是无造作、无计度、无情意的，是一个纯然绝对、净洁空阔的世界，但不能真正脱离逻辑结构的关系。

因为理作为净洁空阔的世界，必须落实在一个"实体"上，这个"实体"便是气，气是理的挂搭处、安顿处、附着处，由气使其哲学逻辑结构而展开聚散、造作、发育流行等活动。并由气与理的冲突、融合以及气自身动静变化及理气的"理一分殊"运动，使朱熹哲学逻辑结构具有生气勃勃的生命力和辩证思维，和合为万象世界，称为物的世界。

理（太极、道、天理）是朱熹哲学逻辑结构的本体，或称根底。"熹窃谓天地生物，本乎一源，人与禽兽草木之生，莫不具有此理。"（《延平答问》，《朱子遗书》，京都，中文出版社1975年）"本乎一源"的源，即是理，是万物的根底。

理与气、与物既不离，又不杂。从不离说，一方面体认理，必须通过"格物穷理"或"即物穷理"，使物与理之间保持沟通、会通，消除其间的闭塞；另一方面，人人有一太极，物物有一太极，人与物中都蕴含着理，人物不离理。从不杂说，净洁空阔世界的理，超越人与物。"理者，所谓形而上者也。"（《答江德功》，《朱文公文集》卷四十四）形上的理是无形无影的，人与物是形而下者，是有情有状的。理在逻辑上是先在的、超越的，是无所不在、无处不有的。

形而上的理，依傍气而化生万物。在化生万物以后，如何由物而体认形而上的理，即由物返归理，朱熹提出了格物、致知、知觉、心思、知行等范畴，开展其哲学逻辑结构的体认活动。

朱熹冲决了唐以来"疏不破注"的网罗，敢于改经补经，而作格物致知补传。明言格物致知，在即物穷理。人心有知，天下的万物莫不有理。理有未穷，是因为知有未尽。"即物穷理"而到极尽处，众物的表里精粗无不到，吾心的大用就明白了。格物而获致知的途径是"合内外之理"的过程，即主体人心（内）与客体事物（外）的融合。

格物的目标是穷天理、明人伦、讲圣言、通世故，并不是存心于一草一木之间。穷理是涵养本源的功夫，持敬是穷理的根本。"致知"的致是推致的意思，即推致我心的知识，以达到全知。格物致知，并不是把天下所有的万物都格到，都知了，即使有一二件事不知道，可以通过类推的方法，亦可"识得他破"，"通将去"。类推是由近而远，逐渐理会；由浅入深，层层而进；由粗到精，无所不尽。这样理会多了，便能"自然脱然有悟处"，即对理的觉悟。

持敬作为穷理的根本，穷理的要旨在读书，读书的方法贵于循序而进，达于致精微。致精微的根本在于居敬持志，只有居敬，才能穷理。

格物致知，即物穷理，均蕴含着知与行的关系。程颐认为"涵养须用敬，进学则在致知"。朱熹认为，程颐是把知与行作"两脚说"。只要把知行分先后，那么，必知先行后。譬如人走路，只有知路如何走，才会走到目的地。知得才能行得，行必依赖于知。若论知行轻重，当以力行为重，即知轻行重。这是从知的成果上说的，注重践行。朱熹之所以注重践行，是对于《尚书》思想的继承。"《书》曰：'知之非艰，行之惟艰。'工夫全在行上。"（《朱子语类》卷十三）行是明理之终，是检验知的真不真的标准。必待行之皆是，而后验其知至。

朱熹既体认到知行互相区别，知先行后，知轻行重，又认识到知行互相依赖、互相促进。"知行常相须，如目无足不行，足无目不见。"（《朱子语类》卷九）相须，即互相联结、依赖。

格物、即物，物从哪里来？气作为理的"生物之具"，是不可或缺的。"气里面动底是阳，静底是阴。又分做五气，又散为万物。"（《朱子语类》卷三）此散字是"理一分殊"的分的意思。理一的"一"是其哲学逻辑结构的形上本体理，是万殊、阴阳形而上的根据。凡事物都具有对待性的两端，其内与外也具有相对性。"统言阴阳，只是两端，而阴中自分阴阳，阳中亦有阴阳。'乾道成男，坤道成女'，男虽属阳，而不可谓其无阴；女虽属阴，亦不可谓其无阳。人身，气属阳，而气有阴阳；血属阴，而血有阴阳。"（《朱子语类》卷九十四）阴中有阳，阳中有阴；阴中有阴阳，阳中有阴阳；男女中各自有阴阳。这就构成对待的普遍性、无限性。

阳为动，阴为静，由阴阳的普遍性、无限性，便以动静亦具有普遍性、无限性。朱熹说："动静无端，阴阳无始。今以太极观之，虽曰动而生阳，毕竟未动之前须静，静之前又须是动。推而上之，何自见其端与始。"（同上）否定运动与静止有端始，而把其看作无限的过程，动静具有相关性、循环性。一些人之所以认为动静有端始，是一种割裂动静的思维作怪，是人认知上的局限所致。

朱熹从动静普遍性、无限性出发，提出了运动的化与变两种形态：

"化是渐化，变是顿变，似少不同。曰：如此等字，自是难说。变者，化之渐；化者，变之成，固是如此。"（《朱子语类》卷七十一）渐化是月变、日变、时变，不被人觉知的、不显著的变化；是渐渐消磨去，如树木渐长，不是突然变化；是无痕迹的变化，是一种逐渐积累的过程。由这些规定，可知其所谓渐化，犹当今所说的量变。渐化在一定限度内，事物还保持其原有的性质、内涵和形态，但渐化超出了一定限度，就会引起质变，朱熹称之为顿变。它是一种倏忽的、突然的顿变；是显著的、有头面可见的变；顿变是渐化的截断。

朱熹的政治、经济、哲学思想，其理论思维的源头活水是经学，其诠释的依傍文本主要是"四书"和"五经"。宋代经学超越汉唐，变革古训，而开出新学风。宋儒以无畏精神，解放思想，冲决"五经"神圣不可侵犯的网罗，破除"家法""师法"的迷信，直接孔孟，以唤回儒学的真精神；朱熹以理体学新思维、以"六经注我"的方法重新诠释经典，重开生命智慧，重建性命道德，重构精神家园；他以"为生民立命"的担当精神，通经致用，道器一源，理一分殊，体现了宋学经典诠释的真精神。

朱熹以毕生心血注解和研究"四书"（《大学》《中庸》《论语》《孟子》），并及"易学""书学""诗学""礼学""春秋学""孝经学"等。"四书"之名始于南宋淳熙年间，为朱熹所首创。中国哲学是一开放的体系，每一新学术思潮的出现，思维形态的转生，与其相应的是其所依傍的经典诠释文本的变换。理学思潮的核心话题是理、气、心、性；其人文语境是纲常和价值理想的重建；其诠释文本是"四书"，这是理学理论思维形态建构的支撑。

朱熹对《论语》创造性的诠释，表现为无处不以理、天理来解读其义理。如释"仁"为"爱之理"；释"礼"为"天理之节文"；释"朝闻道"的"道"为"事物当然之理"；释"吾道一以贯之"为"圣人之心，浑然一理"；释"君子喻于义"的"义"为"天理之所宜"；释"性与天道"为"其实一理也"等等。他把《论语》中的重要概念，都依据自己的理体学思想予以解读，体现了理学的时代精神，但并不一定符合《论语》文本的原意，而是赋予《论语》以适应时代的价值，变《论语》为朱熹时代的《论语》,《论语》成为发挥朱熹理体学思想的《论语》。

朱熹继承二程尊孟思想,对司马光的《疑孟》、李觏的《常语》和郑厚的《艺圃折中》,逐条予以辨正。他认为孟子乃是与尧、舜、禹、汤、文、武、周公、孔子相当的人,以批驳以往诽孟的种种言论。认为无"六经"则不可,而孟子尤不可无。孟子辟杨墨,距诐行,放淫辞,使邪说不作,明正道,使尧、舜、禹、汤、文、武、周、孔之业不坠,强调孟子在道统中的地位与价值。

朱熹自谓"我平生精力,尽在此书(《大学》)","某于《大学》用工甚多"。(《朱子语类》卷十四)据载,他去世前三天仍在改《大学·诚意章》注。他之所以这样注重《大学》,是认为其是人之为学的"大坯模",是"修身治人的规模"。《大学》的三纲领、八条目不仅概括了修己治人之道,明明德、亲民,止于至善。从内圣的格致、诚意、正心,通过修身,而开出外王的齐、治、平。这是朱熹理体学建构所不可或缺的基石。

朱熹认为《中庸》的作者为子思。他之所以推崇《中庸》,是忧道学之失传,程朱继孔孟之道统,揭出"人心惟危,道心惟微,惟精唯一,允执厥中"十六字心传,为尧、舜、禹、汤至孔孟的"传授心法",作为理学"内圣"的要旨,以发明道统。他对《中庸》的分章,是其依理体学理论思维的体认和诠释。

"四书"的编成,使理学学术思潮的理论体系有了依傍经典文本的支撑,使理学思潮在世的发展有了合理性的依据。

朱熹于"四书"用心最多,但对其他经典亦赋予精心的诠释。他是宋易的集大成者,于《易》撰《周易本义》和《易学启蒙》,深入钻研《易经》后,剥去其圣人之言的光环,确定其为卜筮之书的性质。他以理体学为指导,融合义理、图书、象数、卜筮之学,认为易有两义,一是变易,二是交易。此两义都以阴阳为着眼点。从阴阳的理说,是所以阴阳的形上之体;从阴阳的事说,是形而下之用。

"尚书学",朱熹无专著,然辨伪《古文尚书》为晚出,孔安国的

《尚书传》，亦恐是魏晋人所作。他筚路蓝缕，开明清辨伪之端，并指导其学生蔡沈撰《书集传》。

朱熹从20岁开始研究《诗经》，到48岁撰成《诗集传》。他始宗《诗序》，后弃《诗序》。认为《诗序》为后人妄意推想诗人的美刺，不是古人作的。所以不能以《诗序》为证来诠释、理解《诗》的本义。他把诗定义为"诗者，人心之感物而形于言之余也"（《诗集传序》，《诗集传》卷首，上海世界书局，1936）。是"感物道情，吟咏情性"的流出，于是他否定孔子"诗三百篇，思无邪"的教条，认为并非都无邪，有善，亦有淫邪、淫奔之诗。这是宋代掀起"疑经改经"的思想解放运动的表征，标志着中国传统经典解释由汉学向宋学的转化。

"礼学"方面，朱熹重礼，早年作《祭礼》《家礼》，晚年撰《仪礼经传通解》，未完成而卒，由其学生续成。他以《周礼》为纲领，认为"《周礼》规模皆是周公作"，"大纲却是周公意思"。（《朱子语类》卷八十六）《仪礼》不是古人预先作的，它是在人的交往活动中逐渐积累丰富起来，圣人加以筛选和改进，而编成《仪礼》一书。他认为《礼记》要兼《仪礼》来读，《仪礼》载其事，《礼记》只发明其理。读《礼记》而不读《仪礼》，许多礼皆无安着的地方。他从义理层面释《礼记》，以体现理体学的理论思维生命的源泉。

朱熹阐述《春秋》大义，认为体认圣人意蕴，如果在一字一辞之间求褒贬所在，则是舍本求末，其大义就在于明道正谊，尊王贱霸，内诸夏，外夷狄，这是《春秋》的大旨，亦是天理所至。他批评一些人以自己的利欲之心诠释《春秋》，测度圣人之意，是一种巧说曲解，不符合《春秋》大义本旨。他认为圣人此书之作，是为了遏人欲于横流。遏人欲，是为了存天理。《春秋》三传，《左传》是史学，《公羊传》《穀梁传》为经学，史学记事详，讲道理差；《公》《穀》于义理上有功，于记事上多误。

朱熹释经，重义理，但并不排斥章句训诂之学。他兼综汉宋，开诠释经典之新风；经传二分，通经求理。"分"以直接体贴经文意蕴，而不受传的束缚，才能体认经文本身的义理。"通"以敞开门户，在互相沟通、交感中，探赜索隐，钩深致远，以求索其理。朱熹诠释经学的指导思想、思维方式、诠释方法、逻辑结构，对经学发展具有重要价值和巨大影响。

三

朱熹形上学的理是天地万物的根据，依陈淳的解释是"泛言天地间人物公共的理"。性是"在我的理"，是受于天，为我所有。性从生从心，是人生来就具是理于吾心的，这是从字源上说的。具是理于吾心的性，即是人的本性、本质。

朱熹继承二程"性即理也"，认为这是"颠扑不破"的真理。性是理在不同环境、语境下所表现的不同形态，理在心唤作性，在事唤作理。心、性、天、命，都是"一理也"。性与理一样，具有形而上性。"性是形而上者"，"形而上者全是天理"（《朱子语类》卷五），具有度越形器的性质；性是普遍存在的，性无所不有，无处不在，无人无物不具有性，无性便不成其为某人某物，所以说天下没有性外之物；性无形影不可见，这是因为理无形，所以性亦无形，由于性具有寂然至无的性质，因而性是不动的。不动是指性是未发的状态，情是已发状态。

人物之生，同得天地之理为性，因此有人性与物性，两者既同又异，人与物同具知觉运动，如饥食渴饮等；其异是在于人具有仁、义、礼、智的道德性，是物所不具备的。朱熹继承张载、二程的天地之性与气质之性论，而又超越张、程。他认为天地之性是专指理而言，是至善的，完美无缺的；气质之性是指理与气杂而言的，并非专指气讲的，因而气质之性有善有恶。此两性既相互对待，又互相融合。天地之性又称天命之性、本然之性。天命之性，若无气质，便无安顿处，犹如水与器皿，水必有盛水的器皿来安顿。同理，气质之性若无天命之性，气质之性就无所成。

性具于心，天命之性与气质之性同道心与人心相联系、相对应。道心是指出于天理或性命之正的心。"道心者，兼得理在里面，惟精而无杂,唯一是始终不变,乃能允执厥中。"(《朱子语类》卷七十八)它与天地之性却是至善的。人心出于"形气之私",所谓"形气之私",是指饥求饱、寒求衣之类。若以此为私,圣人也要饥饱寒衣,岂非圣人也为私?于是朱熹做了两方面的修正:一是人心不全是不好的,圣人与普通人的分别在于"圣人不以人心为主,而以道心为主"(同上),普通人以人心为主;二是圣人既具有人心,是否也有人欲?若以人心为人欲,圣人也有人欲之私了。"人心,人欲也,此语有病,虽上智不能无此,岂可谓全不是?"(同上)"人欲也未便是不好。"(同上)在一定限度内肯定人欲的合理性、必要性。

朱熹继承张载"心统性情"说,心之所以能统性情,是因为性情皆出于心,所以心能统御性情。他认为心通贯未发与已发。未发是人的思虑未接事物,已发是思虑已与事物接触、相交,无论未发、已发,都是一种心的思虑状态,不越于心之外,心贯未发、已发的动静。面对心的未发寂然不动的性之静,心的已发感而遂通的情之动,如何体认未发、已发?朱熹融合道南学派与湖湘学派,对先涵养后察识与先察识后涵养做了反思,最后回归程颐的"涵养须用敬,进学则在致知"的理论思维,在心统性情、心有体用、性情未发已发体认中,建构了以心贯未发已发、体用、性情的逻辑结构,标志着其既度越道南一派,又意蕴度越程颐的和合纵贯与横摄系统的气魄。

朱熹从理体学的天命与气质之性、道心与人心的心性论出发,探讨了天理与人欲问题,为重建伦理道德、维护社会等级秩序提供了理论依据。他总结古今诸家理欲之争的得失,阐发了"存天理,灭人欲"的主张。认为天理就是纲常,即君臣、父子、兄弟、夫妇、朋友五伦与仁、义、礼、智、信五常。天理既是五常,未有不善的。当心未有思虑之萌的未发时,心中浑是天理,无一丝人欲之杂,这是心的本然。人欲之私之所以有,是因为人生来所禀受的气质有清浊、偏正的不同,物欲有浅深、厚薄的差别,是生而具有的;人有耳、目、鼻、口的欲望,而不能克己,终于丧失了天理,这是被私欲所蔽的结果。

天理与人欲既对待又融合。从对待而言,蕴含着公私、是非的分野，即天理之公、之是；人欲之私、之非。其关系形态是一方战胜一方、一方克服一方和互相消长，天理少则人欲多，人欲少则天理多，最终达到"革尽人欲，复尽天理"（《朱子语类》卷十三）。从融合而言，"盖缘这个天理，须有个安顿处，才安顿得不恰好，便有人欲出来"（同上）。人欲是从天理里面做出来的。两者相互依存，共处一个和合体中，因此"人欲中自有天理"（同上）。两者互相包容，界限难分。

天理人欲之辩与义利之辩相关。朱熹以义为天理之所宜，是指"合当"，即应当、当做之义。天理所当做的，便合乎义；义是心之制，事之宜，以义理之心的价值裁制万事，是人心所固有的仁义之心。利是人情之所欲，是小人只计较对自己有利或无利，而不顾义理价值；利是人欲之私，即指满足自己人欲的自私自利。

朱熹分利为公利与私利，为天下正大的道理去谋利，即为天下国家、社会谋利，这是公利，此利即是义。如作为地方官吏，实行奖励生产，开荒救灾，薄赋轻徭，增加国家财政收入等措施，这种重利就是为公谋利，而不为私利。但作为人自身的道德修养而言，应重义轻利，决不为私谋利。事无大小，都要分清义利、善恶、是非，这关系着政治清浊、好坏，国家兴衰、存亡。

朱熹为提升人的道德情操，而将此贯彻到教育的实践之中。他积极从事教育活动，每到一地，整顿县学、州学。他创办同安县学、寒泉精舍、武夷精舍、竹林精舍、考亭书堂等，恢复白鹿洞书院、岳麓书院，制定学规，编撰教材，培养出一大批学者。

朱熹教育的宗旨、目标、内涵，体现在其《白鹿洞书院揭示》中的规定："父子有亲，君臣有义，夫妇有别，长幼有序，朋友有信，为五教之目；博学之，审问之，谨思之，明辨之，笃行之，右为学之序；言忠信，行笃敬，惩忿窒欲，迁善改过，右修身之要；正其义不谋其利，明其道不计其功，右处事之要；己所不欲，勿施于人，行有不得，反求诸己，右接人之要。"（《白鹿洞书院揭示》，《朱文公文集》卷七十四）教育的根本目的，在于明五伦，这是圣人教人的"定本"。以此复求圣人之意，以明性命道德之归，重建伦理道德的需要；以纠正忘本逐末、怀利去义之学；从修身、处事、接人之要的教育中，提升道德情操，以改变风俗日敝、人才日衰的情况；以存天理、灭人欲，诚意正心，培养圣人之德。

朱熹把教育按照年龄、心理及理解能力，分为小学与大学两个阶段。八岁入小学，教以洒扫、应对、进退之节，礼、乐、射、御、书、数之文；大学为十五岁以后，教以穷理、修身、齐家、治国、平天下的道理，培养对国家有用的德才兼备的人才。

朱熹思想在南宋末至元，其理论思维价值逐渐为人所认知，元朝科举取士，钦定《四书章句集注》为考试内容和标准答案，并作为官方意识形态，以后传播到朝鲜半岛及日本、越南等国，亦渐次成为其官方哲学。在朝鲜，从高丽末的安珦（1243—1306）随忠烈王赴元大都，得到新刊《朱子全书》，回国后在国子监教授程朱道学始，到李朝以朱子学为官方意识形态，出现一大批著名的朱子学的大家，并分为主理派、主气派、折中派和求实派等（参见拙著：《李退溪思想世界·绪论》第23页，人民出版社2013年修订本），可谓群星灿烂；日本朱子学传入较早，1211年日本僧侣俊芿回国时带回《四书章句集注》初刻本，在"五山十刹"时期，以僧侣为主体的汉文学讲授，同时研讨朱子学，促使日本朱子学的影响扩大，后出现一大批著名朱子学家，1603年以后，朱子学被德川幕府奉为"官学"。就其师承关系，可分为京师、海西、海南、大阪、宽政、水户等朱子学派。越南也曾以朱子学为官方意识形态。（参见《国际儒藏·序二》，华夏出版社、中国人民大学出版社，2010）

朱子学在其与传播所在国的传统文化的融合中，发展为朝鲜朱子学、日本朱子学、越南朱子学，并各具特色，五彩纷华。

附记，《朱熹大辞典·前言》中"我平生力精力尽在此书"，打字错误，改正为："我平生精力，尽在此书"。《前言》以此为准。

（载《杭州师范大学学报·社会科学版》2014年第6期，发表时该题为《旧学新知——朱熹思想及其价值综论》）

恐惧与价值
——宗教缘起与价值信仰

宗教如何缘起，是由于有限与无限的主体能力与愿望的冲突，生与死的此岸世界与彼岸世界的冲突，命与运的必然性与偶然性的冲突，科学与宗教的实验理性与超验理性的冲突，在此种种冲突的威胁面前，人们迷惑而不能化解，而产生恐惧，而祈求某一神灵化解威胁和恐惧以求得解脱，于是便有宗教信仰的缘起。儒教把化解礼崩乐坏威胁的恐惧的途径归之于慎独。以人人皆能成圣为解脱，是人文型精神化的宗教；佛教是对人生种种痛苦威胁的恐惧，以众生皆能成佛、通达阿弥陀佛净土为解脱；基督教所面临的威胁是对于人所思所为都是恶，再次受到上帝惩罚的恐惧，以通达天国为精神家园；道教是对于人生短命、死亡、污骨威胁的恐惧，以求长生不死、肉体飞升、得道成仙。各宗教所敬畏信仰的，说到底都是对于一种价值理念的信仰。当前人类面临的是对于自然、社会、人际、心灵、文明危机灾难威胁的恐惧，和合学的和生、和处、和立、和达、和爱五大原则为其提供了化解的方式，从而通达天人共和乐的价值理想的和合世界。

宗教究竟是什么？宗教如何缘起？众说纷纭、莫衷一是。康德以宗教意味着道德，费希特把宗教视作一种科学，黑格尔则把宗教看作不受强制的自由，费尔巴哈就把宗教看成自我之爱，建立于人的所有情感、欲望以及行为基础上的这种情感，乃是人的存在与自私心的满足——正是人类的这种病态的心灵，才是所有宗教与一切痛苦的根源①。把宗教与痛苦的根源归结为病态心灵。20世纪以来，人们从各个层面揭示宗

---

① ［美］J. M. 肯尼迪：《东方宗教与哲学》，董平译，浙江人民出版社1988年版，第5页。

教现象，如心理学的、生理学的、经济学的、社会学的、语言学的、艺术学的等等，可见说明宗教究竟是什么及其缘起是多么复杂和困难。

一、冲突与宗教

宗教是人的敬畏和崇拜，敬畏和崇拜的宗教是人，自从苏格拉底提示人"认识你自己"以来，二千多年来人仍未认识完自己。犹如人对属人的宗教认识一样，也未完结，并永远未完结。

之所以未完结，是由于一是有限与无限的冲突。人的能力与愿望相比，人的能力是有限的，尽管人借助于科技的力量，可以上天下地，人的能力所参与的空间愈来愈广阔，但仍然不能控制天灾人祸。人的愿望是无限的，海阔天空的想象，一切美好的愿望，幸福的祈求，精神的安抚，需要度越现实时空内的痛苦、疾病和焦虑，就把自身力量所不能实现的愿望寄托于某一外在的度越力量之上，以求得到外在度越力量的帮助。同时，人们往往把现世的痛苦、疾病、焦虑的原因，或归结为自身行为不善的邪恶而带来的报应，或某种度越力量对人的惩罚，为要化解现世的痛苦、疾病、焦虑，而产生对某一度越力量的敬畏和崇拜。宗教是"人对超越于他自身的力量的信仰，他力图依靠这个力量满足情感的需要，获得生活的稳定性，他把这种信仰表现在崇拜和服务的行为之中"①。

二是生与死的冲突。人生最大的话题是生与死，如何生？生为什么？如何死，死了到哪里去？这些问题一直困扰着人们，有为酒色财气而活，有为救国救民而活，有为卖国求荣而活，有为实现不朽而活。然而人生苦短，譬如朝露。在这短短的人生历程中，有的人好事做尽，也有人坏事做绝。做好事者高扬人的道德善性，做坏事者膨胀人的邪心恶性。人们在潜意识的冥冥中，总希望做好事能得到余庆，做坏事者能得

---

① ［英］约翰·希克：《宗教之解释——人类对超越者的回应》，王志成译，四川人民出版社 1998 年版，第 19 页。

到祸殃。在这种情境下，人们就产生对"掌管宇宙和人类具有道德关系的神圣精神和意志的信仰"[1]。以此来获得生命的价值和意义，对如何生，生为什么做出回应。

人们为了打破人生苦短，希望假外在度越力量，以获得长生，延续生命的大限。或肉体生命直接飞升到彼岸的另一世界，或肉体生命死后进入彼岸世界。不管是直接飞升，还是死后进入彼岸世界，都是一种希望永恒继续生命的诉求。只要进入彼岸世界，就能永生。尽管是另一种形式的生，转死为生，但仍然是生的存在方式。这便是对任何死，死后到哪里去的一种回应。

三是命与运的冲突。命是异在于主体而存在的一种必然性，主体对于必然之命往往是无可奈何的，因而对主体人来说具有一定的神秘性、不可见性。命作为一种度越的外在力量，冥冥之中对主体人的生存状态，如贫富贵贱、生死康病、成败得失、吉凶祸福、悲欢苦乐等，构成支配作用。"道之将兴也欤，命也；道之将废也欤，命也。"[2] 道的兴与废受冥冥之中命的支配，主体自我力量的价值、功能、作用被置于度越力量之下。命导向人们敬畏崇拜某种支配、决定主体人生存状态的度越力量，以求人的贫富贵贱、吉凶祸福、生死康病以永保富贵、福吉、生康，改善贫贱、祸凶、死病的状态等。在人的主体自我力量不足的情境下，便求助于外在度越力量。《牛津英语词典》（1971版）载："就人来讲，认为某种更高的看不见的力量主宰着他的命运，值得自己服从、敬畏和崇拜。"这便是宗教的缘起之一。

命运的运，是指人的生命主体在创造与其赖以存在情境的互动中，所构成的生存状态和生命历程的智慧。运便是一种机运、机遇、遇运、时运，它具有偶然性。人们凭借自己的高见卓识，而唯变所适地掌握机遇、时运，以改变贫富贵贱、吉凶祸福、成败得失的生存状态。孔子和孟子曾把主体自由的原因、根据归结为形而上超验的必然之命，荀子对

---

① ［英］约翰·希克：《宗教之解释——人类对超越者的回应》，王志成译，四川人民出版社1998年版，第19页。

② 《宪问》，《论语集注》卷七。

命做了新解，认为"节遇谓之命"①。把命规定为主体人在现实生活中偶然的遭遇或境遇，这就把命从形而上超验必然之命转变为现实生活的境遇。这里所谓的命，实与运相当。这是"所以能之在人者谓之能"的，是主体人所具有的掌握机遇、境遇、时运的能力。这样形而上超验的必然之命与形而下经验的偶然之运就存在冲突。尽管前者可导致宗教敬畏和信仰的缘起，后者可导致主体精神的自由。然而，机遇、境遇、时运虽曾被还原为现实的实然状态，但也有主体人能力所不及的，主体人自我所不能控制的状况；主体人所安身的境遇，也非主体人所能自我选择。譬如主体人不能掌握与选择自己出生在富家或贫家、农村与城市，自己的死是正常而死或非正常而亡。这便导致敬畏信仰有一冥冥中的度越力量主宰着人的生死、贫富、贵贱、吉凶、祸福，这也是对宗教为什么缘起的一种回应。

四是科学与宗教的冲突。人们往往误认为科学会消解宗教的力量，科学愈发达宗教愈式微。其实科学与宗教涉及不同的两个领域，简言之，大体上以科学属自然物质领域，宗教是心灵精神领域。即科学是以实证方式把握经验世界，是可以通过实验反复证明的；宗教是以信仰方式把握超验世界，以及由超验观外化为理念与实践。这种超验世界观所外化的理念，与科学差分，它是不能证实的，也是不能证伪的。尽管如此，但不是不存在，也不是无意义的。正因为科学与宗教属于两个不同的领域，所以一些大科学家在科学领域遵循经验世界实验证明，在宗教领域信仰超验世界的神灵，以获得精神的慰藉。在人们的精神心理领域，在中国上古时代，无论战争，还是筑城，事先都进行严肃的占卜仪式，以预测战争的胜败，筑城的吉凶。这就是说，人们在做某一事情之前，惧怕失败凶险，在心理上总希望知道这件事的行为的结果，祈求神灵的启示，以便选择。基于这种状况，信仰是人的特殊价值的需要，是满足心灵的精神家园的需要。

有限与无限的主体能力与愿望的冲突，生与死的此岸世界与彼岸世

---

① 梁启雄：《正名》，《荀子简释》，古籍出版社1957年版，第310页。

师道师说

张立文 卷

界的冲突，命与运的必然性与偶然性的冲突，科学与宗教的实验理性与超验理性的冲突，在此种种冲突和威胁面前，人们迷惑，迷惑而不能化解，不能化解而产生恐惧，由恐惧而祈求某一神灵的化解或解脱，而产生对某一神灵的敬畏，由敬畏而虔诚崇拜，这便有宗教的缘起。

二、恐惧与缘起

宗教的缘起，尽管有种种原因和条件，种种冲突和融合，但宗教作为属人的世界，或属人世界的宗教，是人心灵世界的精神现象，心灵世界的恐惧得不到化解安抚，灵魂世界的痛苦得不到温馨家园，这是宗教之所以缘起的原因之一。

人类面临严重冲突和威胁而产生的恐惧，各大宗教都有所思议。尽管各大宗教对所面临冲突威胁的恐惧有所不同，然恐惧是百虑而一致的，各宗教所开出的教主、教义、经典、教仪有所分殊，但作为一种对属人的宗教信仰而言，是殊途同归的。

孔子是儒家的创立者，儒家后又称儒学、儒教。孔子所面临时代的严重威胁是对"礼崩乐坏"的恐惧。他对季氏"八佾舞于庭，是可忍也，孰不可忍也"①。季氏作为大夫，按照当时宗法等级名分所规定的礼乐典章制度，大夫只能四佾舞于庭，但季氏僭越用天子的礼乐，这就威胁着礼乐制度的维护和贯彻。孔子恐惧这种破坏礼乐制度的行为会威胁社会安定，于是发出"是可忍，孰不可忍"的慨叹。在"礼崩乐坏"的情境下，君不君，臣不臣，子不子，以至子弑父，臣弑君，打破了君臣、父子等最基本的伦理道德规范的底线，而使社会发生动乱。在意识形态领域，亦面临天的信仰失落，天的权威性的迷失，导致疑天、怨天、以至咒天、骂天等思想观念的出现，严重威胁着精神世界的终极信仰。

在面临这种"礼崩乐坏"冲突威胁所产生的恐惧情境下，儒教所提

---

① 《八佾》，《论语集注》卷二。

出的化解这种威胁恐惧的方法和途径，是指向内在的修身养性的功夫。"是故君子戒慎乎其所不睹，恐惧乎其所不闻。莫见乎隐，莫显乎微。故君子慎其独也。"① 在别人看不见的情境下，要很谨慎；在别人听不到的情境下，要很恐惧，唯恐违道，即违背礼乐制度、伦理规范等。尽管内心的私念、邪念很隐蔽，但没有不表现出来的；尽管内心的私念、邪念很细微，但也没有不显露出来的。君子对于违道的恐惧，儒教把这种化解的方法和途径归之于"慎独"。

儒教把化解人所面临威胁的违道恐惧，归之于形而下人自身在独处的情境下其所做所思都十分谨慎，而不违道。这里虽然尊重主体人的自我慎独功夫的修身养性的道德理性的力量，但只局限于化解恐惧的方法和途径，而没有给出化解威胁恐惧的终极关切的形而上出路和价值目标；没有给予每个主体所祈求通过与自身切身利益相关的价值理想境界的自我选择的权利和主动性；没有预设启示每个人普遍的宗教敬畏心理的方便法门和途径；没有把人道提升到天道的敬畏和信仰上，以及把儒教的宗教仪式转变为百姓日常的礼乐仪式上，从而淡化了其宗教性的制度性，削弱了其神圣性和权威性，消解了其拯救陷溺于严重威胁恐惧中度越人们力量的坚强性和可靠性。

儒教由于没有像佛教、基督教、道教那样成为制度化的宗教，以永续性的制度化来凝聚、激发、巩固人们的宗教情感，以及崇拜、信仰、皈依的宗教意识，以制度化的力量维系广大信众。儒教在制度化缺失的情境下，是只能给人们提供一种精神性的安身立命的精神家园，使众生获得一种道德精神层面的精神化慰藉性的宗教。

我们之所以说儒教作为一种精神化的宗教，是因为儒教有救济陷溺于严重威胁恐惧中灵魂的宗教性资源，它与犹太教徒的《托拉》、伊斯兰教的《古兰经》、基督教徒的《登山宝训》、印度教的《薄伽梵歌》及佛陀的教导一样，儒教孔子也有其"金规则"。如"己所不欲，勿施于人"，"我不欲人之加诸我也，吾亦欲无加诸人"，"己欲立而立人，

---

① 《中庸章句》第一章。

己欲达而达人"，"君子和而不同"，"泛爱众，而亲仁"等等，每个人都应恭敬地、包容地、人道地、诚实地、正直地、仁爱地待人，人也会这样地待你，这些金规则都具有普适性，它是每个受恐惧灵魂的救济药方，也是对每个生命的尊重的关怀。儒教具有这种终极关切和灵魂救济的内在度越的品格和功能，说明儒教自身已具有精神化宗教智慧（或称其为人文宗教）。正因为如此，香港以儒教为世界六大宗教之一，印度尼西亚亦以儒教为宗教，信仰、敬畏、皈依儒教成为一些地区的现实。

如果说儒教是对于所做所思违道威胁的恐惧，那么，佛教是对现实人生种种痛苦威胁的恐惧。佛教的创立者是乔达摩·悉达多，他是净饭王的太子。据载悉达多出宫郊游，他看见农民赤身裸体在烈日下大汗淋漓地耕种的劳苦；老人白头伛背、拄杖羸步的愁苦；病人身瘦腹大、喘息呻吟、骨消肉竭、颜貌痿黄、举身战掉、不能自持的痛苦；以及死人的惨苦。生老病死的种种痛苦的威胁，在每个人生命存在流程中是普遍存在的，不可避免的。悉达多在此人生种种痛苦威胁的刺激下，系念于怀，端坐思维，有所感悟，为寻求众生解脱痛苦逼迫之道，便萌生离宫出家的念头。

人除了生理生命流程中生老病死四苦外，还有人在现实社会交往生活中所造作和感受到的种种痛苦的威胁，如"爱别离苦"。人生在世，相亲相爱，但不能长相守，或生离死别，或骨肉分离，或惨遭横祸，爱的不能拥有，憎却偏不去，实乃人间痛苦。与其相对的是"怨憎会苦"。"悲莫悲兮生别离"，换来的是"不是冤家不聚头"，两相冰炭的人，却冤家路窄，低头不见抬头见，如影随形，不能自主。如婆媳失和，夫妇情变，利害冲突，人所憎恶的事纠缠不休，使人苦恼万分。再为"求不得苦"。凡人都有欲望和需求，人在现实生活中许多欲求都落空，即使一个欲求获得了，还有第二、三的欲求，欲求无穷无尽，人之一生是在求不得中自找痛苦。另为"五取蕴苦"。五蕴有译为五阴或五聚，是指色、受、想、行、识。色指物质现象，如人的肉体之苦；受指人的由感官生起的苦、乐、喜、忧等情感或感受的苦；想是指人的思想概念活动之苦；行指人的意志活动所造作诸业、因果报应的苦；识指意识的苦。前七苦不断地渗透于五蕴之中，五蕴又取（执着贪爱）聚众苦于身心，也是众苦的根源。

在八苦中前四苦是生理的、肉体的、自然的，后四苦是精神的、心理的、社会的。人作为生命存在不能逃避此八苦，它错综复杂，交织一起，随人的一生而走完全过程。人生痛苦，无穷无尽，二苦、三苦、四苦、五苦、八苦、十苦、一百一十种苦，苦海无边。在痛苦的逼迫威胁下，而产生对痛苦的恐惧。这便是佛教"四圣谛"中的苦谛。

如果说苦谛是果，那么，第二谛集谛为因。集即诸苦的集合、聚集或生起苦的原因、根源。苦之所以生起、聚集，是"渴（爱）"造成来世与后世，它与强烈的贪欲相缠结，即由欲望、贪婪、爱着生起一切痛苦和使得生死相续不断的原因。这苦的根源"渴爱"依"受"而生起，"受"又依"触"而生起，辗转相依，构成十二缘生观。十二缘生又称十二缘起，即无明、行、识、名色、六处（六入）、触、受、爱、取、有、生、老死①。"渴（爱）"的核心是从无明生起的虚妄我见，我见是一种见惑，见惑外还有思惑。思惑是指贪、嗔、痴三慢、疑等迷执世间生物而起的惑，其中以贪、嗔、痴烦恼为三根、三毒、三障、三火。由此而导致人的身、口、意的恶行之业，由业而生苦果。

四圣谛的第三谛是灭谛，即熄灭苦和烦恼逼迫威胁的恐惧。灭与涅槃异名同实。"译名涅槃，正名为灭。"② 涅槃，梵文的意思是"火的熄灭或风的吹散状态"。通过修道，彻底解脱人生无穷烦恼和痛苦，即彻底断灭一切苦及其根源无明，从而指出化解、熄灭种种对痛苦恐惧的出路或终极理想境界，即进入涅槃境界或极乐净土世界。

如何熄灭由苦和烦恼逼迫威胁的恐惧？如何进入涅槃世界？其熄灭之方、进入之道是什么？这就是四圣谛中的道谛。道以通为义，即能通于涅槃，永断众生的苦、集，证悟得涅槃的圣贤境界，为道圣谛。道谛分正道和助道。正道是指"八正道"，即正见、正思维、正语、正业、

---

① 参见于凌波：《简明佛教概论》，东大图书公司 1991 年版，第 416—417 页。
② 《华严大疏钞》卷五十二。

正命、正精进、正念、正定。"八正道"又可归入戒、定、慧三学。"助道品"包括"八正道",另有四念住、四正勤、四神足、五根、五力、七菩提分,合称"七科三十七助道品",这便是修道证灭,通达涅槃的道路。

苦、集、灭、道四谛,苦、集为世间法,苦为果,集为因,二者为迷的因果。灭、道为出世间法,灭为果,道为因,二者为悟的因果。即当知苦谛涅槃的悟果,当修道谛涅槃的悟因。苦、集、灭、道四谛是佛教对人在生存世界、意义世界、可能世界的关切,以实现解脱、度越现实人生在生存世界中的种种痛苦的恐惧,通过修持而达永断苦、集,修道而证得意义世界的成佛觉悟,从而通达可能世界的涅槃境界或阿弥陀佛净土(西方极乐世界)的理想之境。这便是佛教设计的解脱痛苦恐惧的终极出路及精神家园。这样便由苦因集聚而生出对苦果的恐惧,通过修道的过程,熄灭苦集的一切痛苦恐惧,从而通达价值理想的极乐世界,从而唤起对佛教的敬畏和信仰。

如果说佛教所面临的威胁是对于痛苦逼迫的恐惧,那么基督教所面临的威胁是对于人所思所为都是恶的恐惧。耶和华见人在地上的罪恶很大,终日所思的尽都是恶。耶和华就后悔造人在地上,心中忧伤。耶和华说:"我要将所造的人和走兽并昆虫,以及空中的飞鸟,都从地上除灭,因为我造他们后悔了。"耶和华接着说:"世界在神面前败坏,地上充满是强暴。神观看世界,见是败坏了,凡有血气的人,在地上都败坏了行为。神就对挪亚说,凡有血气的人,他的尽头已经来到我面前,因为地上充满了他们的强暴,我要把他们和地一并毁灭。"① 于是耶和华使洪水泛滥在地上,毁灭天下,凡地上有血肉的动物,如飞鸟、牲畜、走兽、爬虫,以及所有的人都死了。唯有神以为是义人的挪亚,耶和华要他造一方舟,带上他的家属和活物的一公一母进入方舟,而活了下来。人在"毁灭天下"威胁的逼迫下,会产生对再犯罪恶和强暴的

---

① 《创世纪》第六章,《旧约全书》,第 6 页,中国基督教协会印发。凡称呼神的地方,也可称上帝。

恐惧，假使再犯罪恶和强暴，就会得到耶和华神的惩罚，因而产生对神的敬畏。

作为众生的父母的亚当和夏娃，耶和华神吩咐他们说："伊甸园中各种树上的果子，都可以随意吃，只有善恶树上的果子，你们不可吃。但夏娃在蛇的引诱下，他们不听耶和华神的话，吃了善恶树上的果子，这就犯了罪①。现在被耶和华神看见地上的人所思所为都是恶和强暴，便得到更强烈的惩罚，以至毁灭天下，这不能不使人觉得面临更大的威胁，而产生对再犯罪带来毁灭天下的恐惧。若要化解不再犯罪而带来毁灭天下的恐惧，就要像挪亚那样做一位义人。"不可杀人、不可奸淫、不可偷盗、不可作假、见证陷害人、不可贪恋人的房屋，也不可贪恋人的妻子、仆婢、牛驴，并他一切所有的。"② 否则神就要以雷轰、闪电、角声、山上冒烟来警示人们，"因为神降临是要试验你们，叫你们时常敬畏他，不致犯罪"③。要敬拜耶和华神，服从他，照他的话去做。"经上记着说：'要爱人如己。'你们若全守这至尊的律法，才是好的。但你们若按外貌待人，便是犯罪。"④ 你们中间谁是有智慧、有见识的呢？有智慧应显出他的善行来，"唯独从上头来的智慧，先是清洁，后是和平，温良柔顺，满有怜悯，多结善果，没有偏见，没有假冒，并使人和平的，是用和平所栽种的义果"⑤。这就给人启示化解产生恐惧的途径，而不再犯罪、强暴、败坏。其所思所为便是善思善行，从而结出善果、义果。否则就要受到审判。在一个白色大宝座前，展开一卷生命册。"死了的人都凭着这些案卷所记载的，照他们所行的受审判。于是海交出其中的死人，死亡和阴间也交出其中的死人，他们都照各人所行的受

---

① 《提摩太前书》第三章记载："先造的是亚当，后造的是夏娃，且不是亚当被引诱，乃是女人被引诱，陷在罪里。"（《新约全书》，第 278 页，中国基督教协会印发）

② 《出埃及记》第二十章，《旧约全书》，第 91 页。

③ 同上注。

④ 《雅各书》第二章，《新约全书》，第 306 页。

⑤ 《雅各书》第三章，《新约全书》，第 307 页。

审判，死亡和阴间也被扔在火湖里，这火湖就是第二次的死，若有人的名字没记在生命册上，他就被扔在火湖里"①，照各人所行而得到报应。

基督教对人面临毁灭天下威胁而产生对于再犯罪的恐惧，便给予恐惧的心灵以关怀、慰藉。人们通过忏悔、赎罪，便可以救赎自己的灵魂。譬如"要爱你们的仇敌，为那逼迫你们的祷告，这样就可以做你们天父的儿子"②。神拯救人的实在性，就在于从有罪的我转向服从神的旨意。这样，"主站在我旁边，加给我力量，使福音被我尽都传明，叫外邦人都听见，我也从狮子口里被救出来。主必救我脱离诸般的凶恶，也必救我进他的天国"③。天国是神（上帝）的地方，是基督教所设计的终极理想境界，是最美好的精神家园。

由恐惧而信仰，由威胁而敬畏，由敬畏、信仰而皈依，这是儒教、基督教、佛教的缘起，亦是道教的缘起。所谓道教④是指以黄帝、老子信仰为主，统摄传统神鬼巫术、方技术数和民间多元崇拜，以道家学说为理论支撑，以佛教宗教形式为参照系，以长生不死、肉体飞升的成仙为标的，以通达神仙世界为终极关切的宗教团体。

道教是求长生不死、肉体飞升、得道成仙的宗教。道教的长生不死，并非是佛教的"灵魂不死"，佛教的"神不灭"论；是讲人死，神离形体而不灭，进入六道轮回。道教主张肉体成仙，神形不离。如果说佛教追求来生，以苦海红尘否定今生，那么，道教是重今生，讲贵生（包括肉体生命）。

道教的缘起，是由于人们对生命苦短的恐惧，对死亡的恐惧，对死后污骨的恐惧，而产生一种"贵生"的敬畏之情，以求无限延长人的生命的永恒性。依据黄帝、老子的"长生久视"之道，人的生命可以度越自身的有限性和短暂性，而与道和合得到永生。得道成仙，给人以

---

① 《启示录》第二十章，《新约全书》，第 350 页。
② 《马太福音》第五章，《新约全书》，第 6 页。
③ 《提摩太后书》第四章，《新约全书》，第 286 页。
④ 什么是道教，以日本学者的回答为主归纳，有 13 种规定。参见［日］福井康顺、山崎宏等监修：《道教》第一卷，古籍出版社 1990 年版，第 3—5 页。

精神的慰藉，抚平对短命、死亡、污骨的恐惧，敬畏黄老的长生之道，启示终极的神仙世界的精神家园，而产生对道教的信仰。

得道成仙、长生久视何以可能？葛洪认为：其一，自然禀神仙之气，"按仙经以为诸得仙者，皆其受命偶值神仙之气，自然所禀。故胞胎之中，已含信道之性，及其有识，则心好其事，必遭明师而得其法，不然，则不信不求，求亦不得也"①。人在母亲的胞胎之中，就自然地禀有道性，这就是说，信道之性的道性，就具有神仙之气，这是可能得道成仙的根据，犹佛教的众生皆有佛性，都具有成佛的根据一样。即使生来就自然具有这种成仙的可能性，也需要主体人自己去求信道，才能成仙。其二，命属生星好仙道。"命之修短，实由所值，受气结胎，各有星宿。天道无为，任物自然，无亲无疏、无彼无此也。命属生星，则其人必好仙道，好仙道者，求之亦必得也。"②人生与一定的星宿相匹配，这种匹配并非命定的，天道无为，无亲疏、无彼此之别，而是任其自然的，命属生星的人好仙道，就具有成仙的可能性，求仙成仙。其三，仙可学致。"仙之可学致，如黍稷之可播种得，甚炳然耳。然未有不耕而获嘉禾，未有不勤而获长生度世也。"③仙可以通过勤学苦练而成，这就不受先天胞胎中就禀有神仙之气和星宿的限制，人只要依靠后天的学习，就可以成仙，这就从更广泛的意义上敞开了成仙的大门，人人都可以得道成仙，犹如播禾苗收获嘉谷，需要勤耕细作，成仙也需要付出艰苦的修炼功夫或服食金丹而成功。

各宗教虽开出的化解威胁恐惧、敬畏信仰的路向有异，其所以恐惧、敬畏、信仰的类型、性质、内涵亦差分，但都给出化解度越的进路、方法（功夫），以及终极关切的价值理想境界。换言之，都开出由现实生存世界所面临威胁而引起对某某的恐惧、敬畏、信仰，而进入如何实现人生价值的意义世界。各宗教开示人们以不同方法途径，提升人格理想、道德情操，转恶为善、增强爱心，使恐惧、敬畏、信仰的灵魂

---

① 《辨问》，《抱朴子内篇校释》卷十二，中华书局 1980 年版，第 205 页。
② 《塞难》，《抱朴子内篇校释》卷七，第 124 页。
③ 《勤求》，《抱朴子内篇校释》卷十四，第 237 页。

得以修复，便可升华到可能世界，即形而上的乐园天国、西方极乐世界、神仙世界的终极关切。

三、价值与信仰

各宗教所开示的价值理想境界，终极关切、精神家园，是思维着的最终极、最完美的价值理想，是价值理想的理想，是精神理念的理念，人们在价值理想的理想，在精神理念的理念中并非一定是崇拜、信仰某一偶像，而是敬畏、崇拜、信仰某一看不见、摸不着、虚拟的神灵，它是一种价值理念载体的体现者，这种"在者"，烘托了"在"（价值理念），并为实践这种价值理念而热情奔放、奋不顾身。假如说是对某一神灵的敬畏、崇拜、信仰，毋宁说是对一种价值理念的敬畏、崇拜、信仰。一切宗教的教义、经典、教规、教仪、教团，其实都是其价值理念的体现和贯彻，为实现其价值理念服务。因此，归根到底，一切信仰（包括宗教信仰），都是对其价值理念的信仰。由于各宗教的价值理念的差分，于是开出不同的宗教和信仰体系。

各宗教的价值理念，犹如一只无形的手，它支配和制约着个人、团体、国家、宗教的价值判断、价值评价、价值标准、价值导向、价值选择，以及其思维方法、伦理道德、行为方式、教规教义的实践和贯彻。这是因为价值理念是属人的宗教解释、理解、把握价值生存世界、价值意义世界和价值可能世界的一种基本方式，是各宗教政治、经济、文化、制度的核心，离了这个核心，就无所谓各宗教政治、经济、文化、制度的灵魂及其生命的动力。围绕人类所面临各种逼迫威胁所造作的各种恐惧的解脱，是在各宗教价值理念指导下完成的。从这个意义上说，宗教是人类面临某种威胁的恐惧的反思，就是恐惧以自己为对象而思，即恐惧的所当然的所以然的反思，以恐惧为对象而思的思想，是一种价值思想的思想，即价值理念。简言之，宗教是人类面临某种恐惧而反思的价值理念的敬畏、崇拜、信仰系统。

当代人类面临严峻的威胁，是对于病的恐惧。这种恐惧虽由多种因素造成，但主要来自病态的自然、病态的社会、病态的人际、病态的心灵、病态的文明。这种病态已不是个别性的、地域性的、短暂性的现象，而是全球性的、深刻性的、持续性的现象。由自然病态而带来严重的生态危机、环境污染、空气变暖、资源缺失、疾病肆虐，人的生存环境愈来愈恶化，自然灾害不断。自然病态必然严重损害人的健康，人也成为病态的人；由社会病态而产生社会危机，贫富不均、动乱战争、贩毒吸毒、恐怖活动、假冒伪劣、谋财害命等现象连续不断，直接危害人们的生命和财产安全；由心灵病态而产生精神危机和信仰危机，自我主体在各种内外压力下，不能排除各种冲突，苦闷、焦虑、紧张、烦躁、忧愁、郁闷等，挥之不去，以致自我了断；由人际病态而产生道德危机，在各种利益冲突下，人情淡薄，爱心为金钱所充塞，重利轻义，寡廉鲜耻，贪污盗窃，不择手段，心德、身德、家德、医德、学德、师德、民德、国德等，都受不道德病毒的污染，而发生病变；由文明病态而带来价值危机，一百多年来文明病态的历史表明，文明病态的病毒是生物利己主义、极端个人主义和全球霸权主义的生存型病毒，它加剧了文明病态和价值危机，文明病毒的流行，亦污染和加重了其他病态的发展。

五大病态和危机，直接地威胁人类身心的生存环境、意义环境和可能环境的健康。在这种威胁的逼迫下，人人恐惧自然、社会、人际、心灵、文明生病，人亦恐惧自己身心生病，因此，人人都祈求自己身心健康，也必然祈求自然、社会、心灵、人际、文明的健康。

如何消除五大病态和危机的威胁，化解对于病态和危机的恐惧？首先人类必须觉悟，假如人类仍然处于迷途之中，照老样子污染环境，破坏环境；社会贫富扩大，制造动乱战争；心灵无处安顿，信仰缺失；人际紧张，道德失落；文明不和，疾病不断，那么，人类命运就会受到严重威胁，人类的生命智慧就会枯萎，人类的毁灭就不是一句空言，世界的末日就可能到来。

人类基于对此恐惧的威胁，除自觉觉悟而不继续自迷之外，必须思议化解恐惧的价值理念、方法和途径，在当代可落实到和合学上。和合学的和生原理。和实生物，尊重生命，自然、社会、人际、党派、民族、国家、宗教，都是融突和合的生命体，都有其生存的权利，唯有和生才是保障、保护、养育各生命体的唯一途径。和合学的和处原理。和而不同，和平共处，各生命体的不同差分冲突，应该导向和合，即和平与合作，而不应该导向你死我活地杀戮生命。和合学和立原理。"己欲立而立人"，共立共荣，立己立人。每个生命体都可"自作主宰"地依据自己的意愿、实际方式，自己走自己的道路。和合学的和达原理。"己欲达而达人"，共达共富，达己达人。世界各国、各地区贫富差距的拉大，这是世界不安全的祸根，人类必须走向共同发达、共同富裕的道路。和合学的和爱原理，"泛爱众"，"兼相爱"，爱是各宗教所共同追求的原则与价值，和爱是各个文明主体平等对话，互相尊重、理解、谅解，消除偏见、误解的价值基础，和爱像甘露，润泽人人，是人类所以生生不息之源泉。

和生、和处、和立、和达、和爱五大原理、原则，是化解五大病态和危机的威胁，解脱其恐惧的效用的方法和途径，以建设人类所殷切希望的自然健康、社会健康、心灵健康、人际健康、文明健康的世界，以通达人和天和、人乐天乐的天人和乐的形而上和合可能世界，即和合学的终极理想境界、精神家园。

如果说宗教信仰归根到底是信仰某种价值理念的话，那么，和合学作为一种新的价值理念，可以为各宗教价值理念共同互相对话、交流，以及互相借鉴、吸收，提供一种可能。和合学融突而和合的价值理念可以丰富、发展各宗教的价值理念。各宗教可以在融突和合中各想其想，想人所想，想想与共，世界和合。"各想其想"。各宗教各有其价值理念，并以其价值理念观照自然、社会、人生，而开出不同的宗教。各宗教各想其想，其所思所想都有其内外根据和合理性。"想人所想"。要"以他平他谓之和"地互相尊重，以同情的、平等的心态、方式理解他者宗教的价值理念，不能因为与他者宗教价值理念不同，而排斥他者宗教的价值理念，尊重他者宗教价值理念，就是尊重自己宗教的价值理念。"想想与共"。各宗教的价值理念通过以他平他地对话、互动、交流，面对全人类共同面临的五大病态和危机的威胁及其恐惧，可以取得某些最低限度的共认，如 1993 年美国芝加哥世界宗教议会通过《走向全球化伦理宣言》，其中提出不可杀人、不可偷窃、不可撒谎、不可奸淫，是各宗教所共同认同的"金规则"。可见，各宗教并不是只有冲突，各宗教的价值理念有其共同性，这便是想想与共。"世界和合"。各宗教可以融突而和合地和平共处，共同为化解人类所面临病态和危机的恐惧做出回应，提出化解之道。互相尊重，共同合作。因为尊重他者宗教的信仰自由和权利，就是尊重自我宗教的信仰自由和权利。我们既不要把某一价值理念作为一种意识形态，强人接受，也不要将其作为一种身份象征，而加以漠视。天和人和、天乐人乐、天人共和乐的和合世界的价值理念，是化解人类面临五大冲突和危机威胁恐惧的武器，是人人所期盼的维系情感的社区，是精神慰藉的乐园，是享受温馨的家园，是和乐、幸福、和爱、富裕的和合价值理想世界。

（载《探索与争鸣》2014 年第 8 期）

心灵与安顿

民族的心灵就是民族的精神，一个没有心灵的民族就会走向灭亡；一个没有精神的民族就会走向没落。柏拉图曾把心灵分为理性、欲望、激情三部分。由于对此三部分的各方面冲突没有保持"和合"状态，而带来种种心灵复杂的冲突和危机。"尚和合"是化解此冲突和危机的最佳理念和方法。

一、知足、知止、知觉

当下，观乎天下以察时变，心灵的冲突和危机：一是欲望和现实的矛盾，二是期望与情感的冲突，三是自利与他利的冲突，四是个人与公共的冲突等。作为一个有形体的人，衣、食、住、行、用，这是维持生命存在的基本需要，对于这种需要的欲望并不是完全不好。中国古人说："食色性也。"这是人类的本性。正因为人有欲望，所以有梦想；有欲望，所以要改造世界，去创造财富，使国家得到发展。从这个意义上说，欲望是一种推动社会发展的内在驱动力，也是人类改造自身、促进个性成长的原动力。欲望之心是人身内躁动的一种力量，古人说，"哀莫大于心死"。老子否定有欲望，他认为"五色令人目盲，五音令人耳聋，五味令人口爽，驰骋畋猎令人心发狂，难得之货令人行妨"。五色、五音、五味等欲望损害人的身心。因此，老子主张无欲，"我无欲而民自朴"。我想老子的话，也太绝对了一点。作为一个人来说，要吃、要穿、要饮，有可能的话要吃得好一点，住得好一点，这样就有一种欲望，有欲望就要靠自己去努力、去创造，以达到目的，实现人生价值。这对于推动社会进步是有利的。

欲望却不能膨胀，欲望过度地释放，就会出轨，造成损害、破坏，无论是禁欲主义把欲望看作洪水猛兽，还是纵欲主义放纵情欲，尽情享乐，都是对欲望的误导、误解。在上述冲突危机不能化解的情况下，就会发生争夺，以致战争。人的欲望膨胀而不受控制，那他为满足欲望就要付出代价。据说印度人为了捕捉猴子，做了一个木笼子，木笼子里放着猴子喜欢吃的食物，猴子就把手伸到木笼子里去抓这个食物，抓不到就放手的话，就可以逃走，不放手的话这个猴子就会被逮到。猴子之所以不放手，是被要吃这个食物的欲望所支配。人当然比猴子聪明，但是很多人明明知道贪污受贿是犯罪的，还要用手去抓这个贿赂而不放手，这就是鬼迷心窍，心灵被钱财的贿赂所迷，知法犯法，去贪污贿赂，那不就被逮住了吗？所以就成了双规。有些人总觉得自己一个人做的事别人不知道，古人说：若要人不知，除非己莫为。

欲望蒙住了眼睛，也蒙住了理智。一个人在任何时候、任何情况下，要牢记慎独。《中庸》说："是故君子戒慎乎其所不睹，恐惧乎其所不闻，莫见乎隐，莫显乎微，故君子慎其独也。"是说在人家看不到、听不到的情况下，自己也要十分谨慎、惧怕违背道德、法律。尽管隐蔽不暴露，细微不明显，也要慎独，修身养性，不去做犯罪的事情。在任何情况下，不要有贪欲之心，一旦有了贪欲之心，就被魔鬼缠住了不能脱身。普希金写了一篇小说《渔夫与金鱼的故事》，渔夫得到一条金鱼，金鱼是很有灵气的宝贝，渔夫家里很穷，有一个破木盆，一座破房子。渔夫的老婆起初的欲望，只希望有一只新木盆。渔夫的老婆说：金鱼啊！你是不是给我一个新木盆？金鱼就给她一个新木盆。新木盆得到了，渔夫的老婆说：金鱼啊！你是不是给我一座好的房子？金鱼就给她一座好的房子。她不满足。她说：你能不能给我好的衣服？金鱼就给她华丽的衣服。她还不满足，她说：我要做女皇。她就当了女皇，有很多人伺候她。她说她要当海上女霸王，她就当了海霸王。当渔夫的老婆做了海霸王以后，她要金鱼当她的奴仆。金鱼就不可忍受了。渔夫的老婆又回到了破木屋中和破木盆旁。这是对于人性中贪欲的真实写照，贪欲是一个无底洞，永远没有满足的时候。

欲望既是社会发展的一种动力，又是一种破坏社会和谐的力量。《红楼梦》描写甄士隐穷困潦倒，又投人不着，心中悔恨。在街上遇见一个跛足道人，口内念着《好了歌》："世人都晓神仙好，惟有功名忘不了！古今将相在何方？荒冢一堆草没了。世人都晓神仙好，只有金银忘不了！终朝只恨聚无多，及到多时眼闭了。世人都晓神仙好，只有娇妻忘不了！君生日日说恩情，君死又随人去了。世人都晓神仙好，只有儿孙忘不了！痴心父母古来多，孝顺儿孙谁见了？"这可谓当今现实社会的真实写照，对人的贪欲之心，有入木三分的刻画。

当前社会，一个人特别是领导，起码要过三个关，金钱关、美女关、权力关。如果是一个清心寡欲、道德高尚、心灵健康的人，这三关过得去。为什么很多人闯不过去？很多官员贪污受贿，走上了犯罪道路。一些贪官，养情人，包二奶。供养情人就得有钱，有好房子，工资不够花，就去贪，这是很可悲的。人的权力越大，他的胆子就越大，所以讲绝对的权力，就导致绝对的腐败是有一定道理的。绝对权力造成一些人无所顾忌，肆无忌惮，无视国法而走向犯罪。

如何过三关？一是知足。老子说："祸莫大于不知足，咎莫大于欲得。"人之所以有灾祸、有罪过，是由于不知足和贪欲之心。据说，佛教的僧鞋前露五趾，后露脚跟，提醒人时时看穿：贪、嗔、痴、恶见、疑、慢六烦恼，只有低下头来，才能看得穿。看穿六根本烦恼，便可解脱贪欲、贪爱，而不非分获取；解脱损害他人和憎恶不好环境的心理；觉悟愚痴迷暗，转无明为明，认清贪欲的危害；慢是傲慢自负，自以为是，以致不顾国法，必须灭除；不要犹豫狐疑；要纠正知见不正。如果对贪欲有正见，就能知足，而获得快乐。《增广贤文》说："知足常乐，终身不辱。"知足心灵和合、和谐而常乐不辱。

二是知止。为人处世，适可而止。《增广贤文》说："知止常止，终身不耻。"这是一种和合心灵以理智控制、掌握自己欲望和行为，而达到中和的操守，以实现人生价值。公元前494年吴王夫差亲自统率大军攻打越国，越国战败。越王勾践和范蠡到吴国服役，夫差出门让勾践牵马，回来替夫差更衣、脱靴，以羞辱勾践。勾践回越国后，卧薪尝胆，在范蠡和文种的辅佐下，很快使越国恢复了元气，获得了发展，范蠡事越王勾践，苦身勠力，与勾践深谋，二十余年，竟灭吴，报会稽之耻，并称霸诸侯。范蠡为上将军。《史记·越王勾践世家》记载："范蠡以为大名之下，难以久居，且勾践为人，可与同患，难与处安，为书辞勾践曰：'臣闻主忧臣劳，主辱臣死。昔者君王辱于会稽，所以不死，为此事也。今既以雪耻，臣请从会稽之诛。'勾践曰：'孤将与子分国而有之，不然，将加诛于子。'范蠡曰：'君行令，臣行意。'"范蠡放弃权力，甚至对"分国而有"也不屑一顾，终于乘舟浮海以行，终不返，做到急流勇退。范蠡到了齐国，改姓埋名，自谓鸱夷子皮，苦身勠力治产，成为大富翁。齐人听说范蠡是贤人，请他担任国相。他自谓久受尊名，不祥，归还相印，尽散其财产，到了陶地，又致赀累巨万，成为大富翁，天下谓其陶朱公。范蠡屡次知止，而终身不耻。范蠡在齐的时候曾写信给其好友文种："飞鸟尽，良弓藏，狡兔死，走狗烹。"劝文种退隐，文种虽见信称病不上朝，仍被勾践所杀。不知止，进一步前途凶险；知止常止，退一步海阔天空。四川青城山有联曰："事在人为，休言万般皆是命。境由心造，退后一步自然宽。"心造和合之境，自然海阔天空。

三是知觉。觉与迷相对，财迷、色迷、权迷，人为迷套牢，为迷执着，而不能解脱。人只有抛却色、声、香、味、触、法六尘的迷惑，才能获得涅槃解脱。四川宝光寺布袋和尚诗："手把青秧插满田，低头便见水中天。心地清净方为道，退步原来是向前。"这清净心已超脱了尘世的种种烦恼和牵累。《增一阿含经》说："若有弟子得正解脱，其心寂静，所作已作，更无可作，所办已办，更无余事。犹如巨石，风吹不动，色、声、香、味，美妙诸触，乃至一切可意、不可意法，皆难动摇，如斯行者，其心坚固，常生解脱。"便达涅槃境界，也便是觉悟的境界。

知足、知止、知觉，是闯三关之方之道，既达到灭去贪、嗔、痴、慢、疑诸烦恼，身无恶行，意无恶念，身心寂静之域，又达心灵和合之境。

二、养心莫善于寡欲

知足、知止、知觉的三知，是对贪欲之心的控制，不能让贪欲的心的野马任意狂奔。柏拉图曾以"灵魂劣马"作比喻，御马人只有与理性马一起才能战胜贪欲的劣马。这就是说人自身（御马人）修身养性，提高道德情操，也需要外在法制，即古代所谓的礼法，双管齐下。

首先是养心。其主旨是求心态和合，心理和谐。中国传统文化讲养心，或讲修身养性，其本身就包含了养心的内容。

古代儒家讲"不动心"，佛教讲你不能被外在的物质所引诱。不动心即是对于外在名利、地位、财富的酒色财气不动心，心不动，心就能定、静、安。富贵利禄死后是带不走的，名却可以留下来，所以一些人最重名和功业。战国时公孙丑问孟子：如果齐国请你去当宰相，你可以实行你的主张，小则可以成霸业，大则可以成王业，如果遇到这种情况，你动心吗？孟子说：我四十岁以后就不动心了。孔子讲四十而不惑，不会被外在的事物、物质、名利所引诱，所迷惑，所以孟子讲我四十以后就不动心了。

公孙丑再问：不动心有什么方法吗？孟子说：比如说北宫黝，用刀去刺他的肌肤，他动都不动。戳他的眼睛，眼睛眨都不眨，这就是不动心。意思是说，对外在的富贵利禄的刺激、引诱，他已不屑一顾，眼睛不眨，心也不动，这才叫作不动心。孟子说的不动心，不仅是一股无所畏惧的盛气，而且是一种对正义的把握和体认，是集义所生的至大至刚的"浩然之气"。

养心是积善集义，与道义相合一的过程，以保持内心世界的和合。养心不仅是道德理性的培养和体认，而且是"求放心"的过程，孟子说："学问之道无他，求其放心而已矣。"

孟子认为人心本来是善良的，但是你把善良的本心放出去了，"求放心"就是把那放失的善心找回来。比如家里鸡、鸭、羊走失了，人都晓得把它找回来。失去善良的本心找不回来，就会做出很多坏事。把善心找回来，这就是"求放心"。

人的良心、善心的丧失，既有外在物质所引诱的原因，也有内心欲望、私欲、贪心的原因。由于贪欲之心的滋长，就会做出违反良心、善心的事来。假米、假鸡蛋、注水肉等等，甚至卖假药害人，这就丧失了天理良心，危害人、社会、国家。现在食品安全问题大家都很担心，它关系人每天吃的蔬菜等等，为什么要讲求放心，其意义就在这里。孟子说："养心莫善于寡欲。"人的贪欲心的多少直接影响善良心的保存多少，培养善心的最好方法是寡欲。贪欲心的膨胀会扭曲人性，破坏心灵的宁静、平衡、和谐。

其次是中和。主要是求心灵的宁静、平衡、和谐。《中庸》说："喜怒哀乐之未发谓之中，发而皆中节谓之和。中也者，天下之大本也；和也者，天下之达道也。致中和，天地位焉，万物育焉。"人都有喜、怒、哀、乐、爱、恶、欲七情，七情是人自然具有的，是人的本性。这种情感在没有发出来的时候，它是不偏不倚，没有过头，没有达不到，也没有偏向性，处在一种寂静的状态的，这就是中。喜、怒、哀、乐情感发出来的时候，符合一定的节度，符合礼义，没有乖戾违礼，这就是和。中和的情感心灵是天下的根本和天下古今所共同遵循的道德。把中和推而极之，天地定位，万物发育。守至静之中，而无偏倚，自谨独精和，没有差缪，极其和合。真正做到中和，因为人和天地是相通的，"天地万物本吾一体"，心怀天地万物，心还有什么苦恼？还有什么想不开、放不下的呢？

保持中和的状态，人的心灵就比较平衡、平和、和合。其实，中和、中庸，是一个"度"，即标准和尺度。过头了则超过了度，达不到则不及标准。比如一个人的喜、怒、哀、乐情感发出来，如果快乐到了极点，就会物极必反，转变为悲哀，即乐极生悲，有大笑笑死的，有大哭哭死的。亚里士多德以中和为中道，他认为在痛苦中反应过度会变成鲁莽，不及变成怯懦，做人做事，要保持中道。

人生在世，总会遇到挫折、困难或批判、打击，会出现心动或是不动的情形。动心就会发生郁闷、苦恼、焦虑等哀、怒、悲情绪，比如白领的工作压力大；离婚感情受伤害；家里穷困，生活压力大等等冲突。

面对这些冲突时保持心理的平衡，心灵的和合、和谐，才能享有生活，才不会犯病。黑格尔说："凡一切人间的事物，财富、荣誉、权利，甚至快乐、痛苦等，皆有其确定的尺度，超过这个尺度，就会招致毁灭。"这就是说要保持中和的和合心态。

儒家认为，中和既要"合乎时宜"，又要随时变通。孔子有一天向公明贾打听公叔文子的为人，孔子说：听说公叔文子不说话、不笑、不取，是这样吗？公明贾回答说：他该说才说，人不厌其话；高兴时才笑，人不讨厌其笑；该拿的时候才拿，所以人不讨厌他的取。孔子听了很赞叹。合乎时宜，随时变通，这便是中道，合乎中和之道，中和使内外和合，以通达和合心灵世界的目标。

再次是乐道。心灵是一个厚德载物的包容、宽阔、宏大的世界，不可局限在小己之内，要开放心扉，把目光转向自然、社会、世界，眼界、心界开阔，人心与天地同流，与世界的人交往，就不会有焦虑、苦闷等心灵冲突了。治疗化解心灵病态，培养乐道精神，保持心灵和乐，这是要旨。孔子就非常赞叹他的学生颜渊，他说颜渊是一个贤人，为什么呢？因为他吃着一筐饭，喝着一瓢水，住在陋巷里头。这种情况，别人都不能忍受，可是颜渊不改其乐，所以是贤人。颜渊为什么不改其乐呢？他的快乐从哪儿来呢？那就是他在追求一种道，追求一种比物质享受更高的精神享受。人的快乐，不在于物质享受，而在于精神享受。他在追求最高精神享受的时候，他的生命充满了求道的快乐，醉心于求道的幸福，忘掉物质生活的穷困，心里就平衡、和谐了。孔子认为人之道，不管外在压力如何，要孜孜以求乐道。他说自己，发愤忘食，乐以忘忧，而不知老之将至。孔子求道，道赋予他享受快乐，把忧愁都忘掉了，也不知道老年将到了。《论语》载：孔子曰："饭疏食饮水，曲肱而枕之，乐亦在其中矣。"子贡曰："贫而无谄，富而无骄。"《吕氏春秋》载："穷亦乐，达亦乐，所乐非穷达也，道得于此，则穷达一也。"一个人有崇高的精神修养，他就可以超越所遇到的一切打击、一切困难、一切穷困等等，心灵和合，这便是"孔颜之乐"的乐道精神。

《周易·说卦传》说："和顺于道德而理于义，穷理尽性以至于命。"宋明理学家发挥了这个观点，格物穷理，了解事物的性质，掌握它的规律性。这样就能够做到掌握自己的命运，也就是说能够从天地万物本吾一体之道的高度来看待人生，来抚平自己的心灵。这就是一种真正乐道的精神。

如何才是真正的快乐？齐宣王在雪宫接见了孟子，齐宣王问孟子：有道德的贤人有这种快乐吗？孟子回答说：有的。如果觉得不快乐的话，那么说明对王有意见，这是不对的。如果说一个君王，自己快乐，而不同他的百姓一同享受，这也是不对的。乐应该是怎么样呢？"乐民之乐"，以老百姓的快乐作为自己的快乐，这样老百姓也会以君主的快乐作为自己的快乐。"民亦乐其乐"，如果你以老百姓的忧愁为忧愁，老百姓也会以君王的忧愁为忧愁，与天下的老百姓同乐同忧，这样天下的老百姓都会归服于你。这才是真正的快乐，这才是真正的乐道的精神。孟子问齐宣王：一个人独自欣赏音乐而获得快乐，与别人一起欣赏音乐而获得快乐，究竟哪一个更快乐？齐宣王说：当然和别人一起更快乐。孟子说：与少数人欣赏音乐而获得快乐，跟多数人欣赏音乐而获得快乐，究竟哪一种更快乐？齐宣王说：当然与多数人一起欣赏音乐更快乐。如果我们怀抱这样一个心胸，来看待心灵问题，我们就不会以自己的苦闷为苦闷，以自己的郁闷为郁闷，以自己的焦虑为焦虑。人们可以看开一点，把自己的心态放开，与大家一起快乐。把个人的忧乐融入大众和天下，在这个胸怀底下，人们还有什么值得自己想不开的呢？哪里还有个人心灵世界的孤独、焦虑呢？孔子讲，"仁者寿"，仁者有一种乐道的精神，所以他能够长寿。如果说你天天郁闷，天天想不开，天天苦恼，没有病也会生病。人身和合则康，心灵和合则安。

又次是坐忘。老子、庄子、儒家，都寻求一种物我两忘的修养境界，忘掉一切酒色财气、金钱、美女、权力等外在引诱和牵累；忘掉内在的贪、嗔、痴、不正见等恶念、我见和我执。这便需要堕肢体。因为人的肢体有各种欲望，眼、耳、鼻、舌、身就生色、声、香、味、触的欲望，心灵世界就会为物欲所伤害，度越生理的过度需求，而做到心和心乐。另要做到黜聪明，不要聪明反被聪明误，不要仅凭人的感官的感觉，而堕入各种纷纭复杂的是非论争之中不能自拔。怎样做到堕肢体、黜聪明？要旨是心灵世界的虚静：一要心静，即有一颗洁净之心；二是欲静，即少私寡欲；三是知静，冷静理智；四是情静，亲情友情；五是意静，尽心知性知天。如此，人的心灵世界虚怀若谷，厚德载物，天地万物虽纷纭繁多，心像大地一样，什么都能容纳。老子讲"上善若水"，水是软性的、包容性的，能海纳百川，有容乃大。包容一切，才能成就大海般的心灵世界。若心地狭小，不仅不能包容万物，而且也不能取得心灵的和谐。《庄子》讲养猴子的老人，他分橡实给猴子，朝三暮四，早上三个，晚上四个，猴子很不满意，都发怒了。后改为朝四暮三，猴子很高兴。其实朝三暮四、朝四暮三，都是七个橡实，没有变化，但猴子却因此而喜怒，猴子的一喜一怒，是猴子心理作用的缘故。心态会被外在的利益所引诱、所控制，坐忘能超越外在的种种引诱和迷惑，而达到觉悟、心悟、情悟，营造一个洁净空阔的和合心灵境界。

最后是爱心。人有爱心，才能抚平你的痛苦和烦恼；以爱心化解你的忧愁和郁闷；以爱心温暖你的孤独和冷漠；以爱心解开你的心结、心病；以爱心安慰你的烦躁和紧张；以爱心救赎你的错误和过错，以爱心拯救你的自杀和杀人。只有爱心才能使你的和合心灵世界和乐无穷无尽。

三、心灵的和合安顿

中华民族心灵的和合安顿，最终与信仰相联系，信仰是人特殊的价值需要。就身体而言，工作一天非常累，到了家里，有一个温馨的家，这个温馨的家使身体得到放松，使精神得到恢复，并有一种安全感。我们的心灵或灵魂也应该有一个温馨的家，这个家在哪里？中国人有一种寻根的情结，即认祖归宗、落叶归根的思想和慎终追远的意识，它与祭祀天、敬畏天联系在一起，也就是孔子讲的"畏天命"。中国人几千年来祭祀祖宗，崇拜祖宗，修家谱、立家规等，都是为人的灵魂安顿寻求和合去处。这便是温馨的和合精神家园。

黑格尔在《哲学史讲演录》中说："一提到希腊这个名字，在有教养的欧洲人心中，尤其是在我们德国人心中，自然会引起一种家园之感。"欧洲以希腊精神为精神家园，是对于希腊精神文化的一种认同，并以其为精神支柱、情感的寄托和心灵的归宿。

心灵的归宿和安顿，是终极关切的精神家园。在当今人类共同面临人与自然冲突而产生的生态危机，人与社会冲突而产生的社会人文危机，人与人冲突而产生的道德危机，人的心灵冲突而产生的精神信仰危机，各文明之间的冲突而产生的价值危机等五大冲突和危机的情境下，灵魂安顿的精神家园尤显需要，为化解人类面临的共同冲突和危机，需要弘扬中华尚和合的理论思维与时代价值。中华和合学文化是中华民族的心和魂，根和体，一个无心的民族，就会走向神衰体亡，心强才能力壮；一个无魂的民族，就会成为行尸走肉，魂灵才有睿智；一个无根的民族，就会枝枯叶黄，根深才能叶茂；一个无体的民族，就会任人欺凌，体健才能强盛。中华和合文化是中华民族的首要价值理想，它亘古至今，生生不息，是中华民族共有的精神家园、终极关切。它以其悠久、博大、包容、精深的内涵，持久的民族凝聚力、向心力、亲和力，唤起民族的归属感、家园感、安顿感、安全感、认同感、亲情感、幸福感。这就是中华民族和合学文化的博大精深和光辉灿烂所在，也是我们中国人所认同的一个灵魂安顿的场所、落脚的地方，这就是我们死了到哪里去的终极的归宿地，这便是天和地和人和、天乐地乐人乐、天地人共和乐的和合之境。

中华民族的礼教是与西方不同的宗教教育，中华民族是多元宗教的国家，在儒、释、道三教外，还有基督教、天主教、伊斯兰教（回教）等相互共同依存。佛是觉悟的人，菩萨是觉悟的"有情"，道教是修炼有成的仙人，儒教是道德高尚的圣人，都讲究内在超越，是一种人间性宗教，不是超自然的宗教。中华民族文化中的诸神，如雷神、山神、门神、灶神、土地爷等，都不是西方外超越的上帝，而具有中华民族宗教的独特性。中华民族以多元宗教、多元信仰，形成中华民族性格的开放性，文化的包容性，而具有极强的民族文化的凝聚力，以至国家不分裂，这就是信仰的力量所营造的和合共同精神家园。

我们今天能培养出大思想家吗

　　人类历史经历了农业、工业、信息三次大的革命，在农业、工业革命时代诞生了像老子、孔子、柏拉图、亚里士多德、卡尔·马克思、马克斯·韦伯等一批大思想家。在当前信息时代，培养出大思想家，这是时代的呼唤。大思想家应如何冲决网络的网罗？怎样才能算是信息时代的大思想家？其应具备哪些内涵、特质和标准？如何才能培养成大思想家？信息时代的大思想家应具有怀疑、批判、反思、追究的精神。我们能培养出大思想家的思议，转中华文明为信息文明，为培养大思想家营造生态环境及制度保障。

一、时代呼唤大思想家

　　我们的时代到底有没有比肩孔子、柏拉图的大思想家？时代呼唤大思想家。"千红万紫安排著，只待新雷第一声。"这第一声究竟是什么情况，我们充满期待。人类文明大体上经历了农业革命、工业革命，现在进入了信息革命的新阶段。农业革命是对渔猎文明的颠覆，开创了人类思想的"轴心期"。从古希腊来考察，这次我到希腊罗德岛，我们住在离爱琴海不到两百米的地方，当我坐在海边的时候，仰观星空，蓝天白云，朵朵云彩飘过；俯察海水，清澈见底，鱼儿在自由嬉戏；远望真可谓海水共长天一色。我思议为什么泰勒斯讲水是世界的本原，因为希腊是一个岛国，放眼都是海水。因此，泰勒斯讲，大地浮在海水上，就像木头浮在水上，水是万物产生的根源，一切都是水，最后回归水，万物虽多变，但实体如一。早上，我们去看日出，一个火红的太阳，仿佛从海底跳出来一样，金光四射。我联想到赫拉克利特，赫拉克利特说世界的本原就是一团永恒的活火，火产生一切，一切统一于火，火换成万物，万物换成火，黄金可以换成货物，货物可以换成黄金。泰勒斯和赫拉克利特把世界的本原说成是火与水，每一个到希腊的人都能亲身体悟到他们的思想。从泰勒斯和赫拉克利特的思想中可以看出，西方哲学把一个事物作为世界的本原，犹如巴门尼德说："存在即是一。"中国的思想不一样，中国也讲金、木、水、火、土，但并不是把金、木、水、火、土独立看成世界万物的本原。中国主张"和实生物，同则不继"。中国人认为，金、木、水、火、土，杂合在一起而成天下万物。东西方的思维方式确实是两个路向，西方的思想是追求一，从泰勒斯、赫拉克利特到柏拉图再到费尔巴哈都追求第一性；中国思想讲究多元，金、木、水、火、土，互相冲突、融合成天下万物。西方文明主张一，具有独断性和排他性，发展成二元对立的思维；中华文明主张多元，具有宽容性和包容性，发展成多元的、和合的思维。农业革命造就了西方的苏格拉底、柏拉图、亚里士多德等大思想家。而在中国，出现了老子和孔子等大思想家。老子的思想追求自然，"人法地，地法天，天法道，道法自然"，自然而然，人道应该效法天道。老子讲："天道损有余而补不足，人道损不足以奉有余。"老子主张尊重天道，主张自然的小国寡民。孔子注重人道，讲仁、爱、礼。孔子退朝，得知马厩失火，孔子问：伤人乎？不问马。在马的价值比人的价钱高的时代，表示了对人的尊重。孔老开出两个路向，孔子的思想是自强不息的，讲阳刚，道家思想讲阴柔；孔子的思想是尊阳贵刚，老子的思想是尊阴贵柔。这是中国农业革命社会开出的两个路向。轴心期的希腊与中国也开出思维形态的两种路向。

到了工业革命时期，工业革命是对农业文明衣、食、住、行、用的颠覆。工业革命破坏了农业文明的宁静、恬淡和朴实，法国米勒的画中，表现了农民对工业革命的恐惧、失望和怨恨。工业革命后出现了以大思想家马克思和马克斯·韦伯为代表的思想家群。马克思的《资本论》第四卷《剩余价值学术史》，是马克思全部经济理论的基石，第一次发现并阐明利润、利息、地租是剩余价值转化的形态。他从剩余劳动创造的剩余价值揭露资本主义的本质和资本主义的剥削。马克思根据剩余价值的理论揭露资本主义的产生、发展和消亡的规律，揭露资本主义的不合理性和走向灭亡的必然性。但是马克斯·韦伯却论证资本主义剥削的合理性。一次重大革命后，必然要寻求一种思想的支撑，来论证制度的合理性和合法性。在《新教伦理和资本主义精神》中，马克斯·韦伯引用了富兰克林的"时间就是金钱"，"切记，金钱具有滋生繁衍性，金钱可以生金钱"，这是合理的，"从牛身上榨油"，"从人身上刮钱"，只要干得合法，赚钱就是职业道德和能力的结果和表现。这种伦理是至高之善，尽量赚钱，规避一切本能享受，并不违反上帝的意志，只要合理和合法，就是无可厚非的。马克斯·韦伯的《新教伦理和资本主义精神》指出与资本主义发展相关的一是从人身上榨钱，一是苦行僧精神。以这种精神来看资本主义的积累和发展，不是恶而是善，符合上帝的意志，符合一个人在世应尽的责任。卡尔·马克思和马克斯·韦伯正好从两个侧面论证资本主义，一个论证资本主义的剥削及其必然灭亡，一个论证资本主义存在的合法性和合理性。从这两个层面，可以看到，尽管工业革命有很多大思想家，但是他们两个是当之无愧的大思想家。

信息革命时代，能不能出大思想家呢？能不能出现新雷第一声？我想这个问题是值得探讨的，也是值得期待的，更是时代的呼唤。

信息革命虽不采取暴力的形式，但比农业革命和工业革命更深入，更迅速，也更加深刻，它具有极强的影响力，进入了无孔不入的阶段，全面改变了人类在世的方式，如人的生活方式、交往方式、写作方式、恋爱方式、思维方式、购物方式，甚至偷盗方式，改变了人类的各个方面，它对于军事的、政治的、经济的、文化的、制度的、生态的影响力已无处不在，这在过去是不可能的。一切都需要在信息革命的视野下，重新审视、重新思议，以确定自己的合理性。网络世界是一个虚拟世界，柏拉图的理想国世界，奥古斯丁的上帝之城，莱布尼茨的单子世界，朱熹的净洁空阔世界，王阳明的太虚世界，《红楼梦》的太虚幻境，都是虚拟的空间。虚拟世界把不现实的变成现实，不可能的变成可能。太虚虚幻不再在梦中实现，而是在电脑中和手机上实现，把原来的梦，变成现实的可能。在这种情况下，信息革命改变了我们生活的一切。

第一，从时空观而言，过去远隔千山万水，见面非常困难。如今在网络上可以互相见面和交谈，以至拥抱、接吻，完全突破了原来的时空观。时空观念的突破，意味着一个新的思想的诞生的可能和预期。我们可以看到，整个人类变成了太空船上的一员，时空的观念已经不是原来的观念。从解释学上来看，过去我们认为再现古人的原貌不可能，如今我们可以再现过去的状态。这对解释学说是很大的冲击。时空观的变化，预示着思想革命的到来。

第二，从价值观来看，过去的价值观受到挑战，原来我们所认同的道德、伦理、审美、生态、政治、经济、文化、制度、观念，在信息革命时代都受到冲击。中国人讲的"大同世界"，是农业革命时代所构建的价值理想。在信息革命时代，大同世界的价值理想受到了挑战和颠覆。工业革命产生的资本主义价值观念如自由、民主和人权，在信息革命时代也受到了挑战。互联网时代我们可以在电脑、手机上对社会问题、学说问题等自由发言，意味着每个人在信息上代表个体，实现了自由权。在虚拟的空间内，每个人的民主权利、自由权利和人之为人的权利都受到一定的保障，不受贵贱、上下、等级的制约。在现实层面的电脑、手机上得以实现，已非完全意义的价值理想，由此，资本主义所缔造的价值理想也受到了挑战。从这个意义上说，信息革命深入各个层面，而且改变了原来的价值观念。

第三，从军事观来看，现在是网络攻击战、信息战、激光战，不是面对面厮杀和对抗，而是通过信息控制、制导。信息战争要么破坏对方的网络，使对方信息网络陷于瘫痪；要么破解对方信息，改变其信息，而为我所用。从这个意义上讲，将来不再是人打仗，而是机器人打仗。信息和科技改变了战争的方式，使得它同第二次世界大战时的情况不同了。

第四，从语言上看，语言文字方式也在改变。文字语言的变革，预示着新思想的时代的到来，预示着新时代的新学风、新范式、新思维的诞生。例如五四运动时期的白话文的出现，预示当时思想开启新的面貌。今天的信息革命带来语言冲击，网络语言不断涌现、革新，新思想必随之而生。

信息革命改变了人的衣、食、住、行、用各个方面，从这个意义上看，信息革命时代应该有大的思想家来论证信息革命。应该由什么样的理论来支撑？需要什么样的思想来论证？文明方式的大转变必然出现新的大思想家。尽管现在还不敢说已出现大思想家，但新的时代必然有大思想家来建构新的理论体系、道德体系和价值体系来论证信息革命的合理性和合法性。信息时代一定会出现像孔子、老子、卡尔·马克思、马克斯·韦伯那样的代表着一个时代的杰出的大思想家。

二、大思想家应自觉冲决网络的网罗

在信息爆炸的时代，人们忙于上网搜索资料时，所面临的是纷繁复杂的形形色色的信息，你需要去鉴别、选择，即使你有心，也没有时间去思考，更没有时间去概括，提出独立的创见，更不会深入思考当代社会存在的矛盾冲突，提出化解冲突的思想理念。思想被信息所淹没，被浩瀚的信息边缘化了。在这样的情况下，人们的思想贫乏。我们要正视信息革命、信息爆炸带来的对思想的控制。

今天的我们，都成为信息过剩的牺牲品，而思想者的思想也趋于式微，思想被信息所异化，产生对信息的依赖感。人本来要控制手机和电脑，但现在反而被手机和电脑所控制，在工具技术理性的支配下，被异化，人变成了信息的奴隶，就不可能突破限制来思考问题。虽然在工业革命时期，也存在这样的问题，但是信息时代尤甚。工业革命时代，人是机器。信息革命时代，人是信息的工具。

在信息时代，人们通过互联网，想知道什么只要一点鼠标就可以马上得到，便捷的生活方式让人们懒得思考问题，在信息工具电脑、手机不断智能化，人们追求时尚的科技产品而不是精神思想产品的时代，思想也被工具化、商品化，导致思想的贫乏。

现在一流人才被吸引去搞信息的、军事的、政治的、经济的、文化产业的工程，而思想被边缘化，一定程度上被忽视了，影响了人们对思想的创新。特别是中学文理分科，很少有一流人才从事人文科学。在唐代，一流的知识分子被佛教所吸引，出了很多的宗教学家，同时也出了一批杰出的诗人。当时考进士必须考诗，不会写诗就考不上进士。唐代有那么灿烂的文化，却没有出现一流的哲学家。韩愈、柳宗元其文学成就超过其思想成就。如今我们一流的知识分子都去搞信息技术了，却没有一流知识分子搞思想。哲学被认为是无用之学，哲学系招生第一志愿的不多，这也限制了大思想家的出现。从客观上，造成了思想的边缘化和贫乏的不良状态。

此外还有社会的环境问题，思想创新比技术创新要难，真正的思想创新往往会面临如履薄冰、如临深渊的情境，其与政治有着千丝万缕的联系，以至于很多人不敢创新。比如，中国历史上佛教怎么中国化？经过若干年的过程，佛教找到了中国化的切入点，与中国文化的心性之学相结合，也就实现了中国化的道路。思想创新比技术创新的风险大，思想创新要困难得多，要真正成为思想家，应该突破这样的状况，当然还有浮躁的文化心理。现在都忙着拿课题，不能安静思考当前人类面临的重大问题，更没有自觉创造自己的思想体系的意识。这几个方面限制了思想的创新，也限制了这个时代出大思想家。

三、如何才算是大思想家

怎样才能算是大思想家呢？我认为应该具备这样一些内涵、特质和标准：

一是"非取法至高之境，不能开独造之域"。大思想家必须具有独创性。过去我们常常说，我们应接着西方讲或者照着西方讲，这不能算独创。接着讲是一半头脑长在自己头上，一半头脑长在别人头上。照着讲是两个肩膀上的头都是别人的。思想家必须具有独创性，要有独立的思想体系。没有独立的思想体系，怎么能算思想家、哲学家呢？怎样的体系算是思想体系呢？我认为，必须有属于自己的独特的一套概念体系、实践体系、价值体系、道德体系，而统摄为逻辑体系，即金岳霖所说："哲学是概念的游戏。"这些概念构成逻辑结构，其中有核心的话题，进而衍生出一套概念体系，这样才算是有独创性的大思想家。如果总是套用老一套的思想概念，没有超越前人的解释，不能算独创，也就无法算是思想家了。站在至高之境，能够开独创之域，才算思想家。

二是"高山仰止疑无路，曲径通幽别有天"。大思想家应对世界有一个"穷理尽性以至于命"的体认。穷尽世界所存在各种现象的道理，认识其本性，即事物的本质，从而掌握其必然性的规律。我们说贴近现实的现实，不是错综复杂的事实的存在论的观念，而是本质论的观念。掌握现实，即掌握社会的本质，现实是动态的，在展开过程中表现为必然性东西，这就是"以至于命"。掌握时代精神的核心，说白了，即怎么样能够把握现实社会的冲突，并从现实社会的冲突中认识和提炼社会的本质。我在和合学中，曾经把人类共同面对的冲突概括为五个方面：人与自然的冲突造成生态危机；人与社会的冲突造成社会和人文危机；人与人之间的冲突造成道德危机；人与心灵的冲突造成信仰和精神危机；不同文明冲突造成价值危机。现在大的思想家所处的时代不是冯友兰的那个时代，他作《新理学》的时候，正是中国处于亡国亡种的抗战时期。熊十力的《新唯识论》，均是在抗战时期写作的。马一浮在抗战时随浙江大学转移途中，讲《泰和会语》和《宜山会语》，他对学生讲，一定要发扬张载的"为天地立心，为生民立命，为往圣继绝学，为万世开太平"的精神，年轻人应有这样的志气，振兴中华。虽然与现在情况不一样，现在是信息革命的时代，但张载四句教的精神应予继承，以"为万世开太平"的胸怀，思考问题，不局限于一个地域，也不局限于一个国家的问题，而是要思考全人类的问题，应该思考全人类面临的危机的化解之道，这样才能把握现实的本质，否则不能建构具有普遍意义的思想体系和价值观念。从这个意义上看，我们讲从现实出发，实质是从现实本质出发，从人类本质出发，从世界本质出发思考问题，这样才有可能成为大思想家。

三是"学似海收天下水，性如桂奈月中寒"。性如月中桂树，高洁自守，不怕孤清凄冷，而去"认识你自己"。人类处于迷途之中，未能清醒认识自己的使命和责任，当今一些人处于网络迷途之中，没有认识自己，既没有认识人是什么，也没有认识到世界是什么，更没有认识到人类未来究竟是什么。我们既要知道过去，也要知道现在，更要知道未来。一个大思想家，如果光知道过去，不行；光知道现在，也不行；必须要知道未来。只有知道过去、现在和未来，你的思想才能进入普遍的意义和价值中。如果不具有这一点，那么就不可能被世人所普遍认同，也就不可能被流传。大思想家的思想和学说必须具有生命力、凝聚力和影响力，对"认识你自己"具有真正的把握。我不主张把政治家、军事家、经济家、艺术家、影视明星纳入思想家的范畴，他们有思想，但够不上大思想家的标准。大思想家的思想有延续性、传承性、普适性，知道未来，其思想就具有超越性、不朽性，就像我们今天依然要学习老子和孔子，虽然老子和孔子的思想产生于农耕文明，但是具有普遍的价值，它超越了时空，对今天依然有指导意义。

四是"欲尽出寻那可得，三千世界本无穷"。要寻得信息革命时代的大思想家，必须是度越以往照着讲、接着讲的思维定式，必须破除照猫画虎式、秉承衣钵式的思想桎梏，而要独具匠心式的"自己讲""讲自己"。"讲述自己"要直面信息革命时代的"话题本身"，讲述自己对"话题本身"的发明、创造、体贴与印证。"面对话题本身"，是信息革命时代大思想家所必须遵循的操作程序的指南和本真的叙事方式，这是信息时代大思想家应具有的特质。

四、如何才能培养成大思想家

大思想家不是命定的，也不是想成为大思想家就能成的。他是时代的创造，也是命与运的和合。如何才能成为大思想家呢？

第一，大思想家必须具有怀疑精神。凡是古今中外大思想家无不具有怀疑精神，它意味着思想家应对古今中外现有的原理和原则，抱有怀疑的态度。朱熹说，读书只有从有疑到无疑，学问才有长进。做学问，一定要有疑问。没有怀疑，就不可能把别人的东西内化成自己的东西。陈献章说："学贵有疑，小疑有小进，大疑有大进，疑者觉悟之机也。"疑就是敢于重新审察固有的定论、原则、理念，这是一种自我文化的自觉和觉醒，不悟只能陈陈相因、墨守成规。如果照着讲或者接着讲，不可能有独立思考的能力，也就不可能创造出新的思想体系。思想产生于有疑，能疑胜于能思。李贽说学问无疑乃是最大疾病。朱熹之所以成为理学大家，王阳明之所以成为心学大家，就是因为对前人的说法有不同的看法，并提出怀疑。王阳明本来很相信朱熹的格物穷理，他格父亲官邸里的竹子，追究竹子的理，他苦思冥想了多日，没有格出竹子的理来，对朱熹的思想产生了怀疑。继而王阳明读了很多书，通过自己的思考，得出心无外物、心外无理、心外无事的体认，建构了自己的心学体系。怀疑就是觉悟，就是学术自觉，如果没有学术的自觉，不可能有思想的创造。魏源说："疑乃悟之父。"真正有觉悟就在于从怀疑始，这是根本。一个大思想家一定要有怀疑精神，如果没有怀疑精神，根本谈不上创造，更谈不上有独立的见解、理论和思维体系。这是大思想家必备的条件。

第二，大思想家必须具有批判精神。批判精神即意味着敢于挑战权威，遇到任何事情，有清晰的头脑和问题意识，能挑战已学的知识，在权威面前，没有失去自我。只有这样，才能进行理论思维的创造。恩尼斯讲，批判的思维是对于相信什么，做什么决断进行言之有据的反省的思维。中国古人中那些真正能建构自己的思想体系的，基本是能反省的人。《周易》讲君子自强不息，曾子说吾日三省吾身。不断反省自己，实际是对自己和前人思想的批判。《吕氏春秋》中讲，"物固莫不有长，莫不有短，人亦然。故善学者，假人之长以补其短"。人只有在反省中才能知道自己的短处和别人的长处，才能吸收别人的长处来弥补自己的短处。批判思维还意味着我们应该提倡错位思维和反向思维，这比正面看问题要清晰一些。批判精神也是互相交流和互相融合、互相探讨的互动过程，是一种"以他平他"的承认他者、尊重他者的平等对话、交流、互补、合作的过程。不要把批判意识看成报私仇，上纲上线，这是过去搞大批判造成的后遗症。宋明理学家批判佛教，掌握了佛教的思想，才去批判佛教；张载尽究佛老之说，程颢出入佛教几十年，这样才是真正做学术批判，这才是促进学术繁荣的动力，体现学术生命力的所在。

第三，大思想家必须具有反思精神。我把哲学理解为动词。Philosophy，爱智慧，首先哲学是在追求"智"，追求真知，是真知之爱。对一种思想的反思，它是思想的动，不是思想的停止。如果哲学是时代精神的精华，那么这种精华是一种神动，是动态的、前进的、进步的。从本质意义上看，哲学是反思，是对一种思想的思想的反思。对这种思想的思想的反思，是思动，是不断发展的，永远在途中的。就像驿站一样，不断接力下去，它不是静态的、固化了的精神生成物。反思是人殊胜地把思想反过来而思，这反过来而思就是追根究底的思，是以思想的思想而思，这个以思想的思想而反思的思想，就是大思想所具有的思想的特质。只有具有反思的精神，才能够推动思想不断发展，推动思想家不断创新。如果思想家没有反思精神，那么生命力就枯竭了。从这个意义上讲，反思是一个动态的过程，哲学也是一个动态的过程，不断创造的过程。从哲学思想本身看，建构的思想体系完善了，那么其思想也就终结了。朱熹建构理学之后，其思想的生命力就终止了。所以戴震批判说"理能杀人"。理固然不能杀人，它是一个概念，但是这个本体与政治势力和意识形态结合后，就具有杀人的功能。如果把哲学思想体系看作本质主义或实体主义的东西，就很可能像朱熹的理那样，具有杀人的功能。任何理论当它固定化，丧失自己的生命力后，就可能向其反方向发展。朱熹说，读书不可就纸上求义理，反过来就自身身上去推究，中国古人提倡反过来推究，即反求诸己，自我审察，把义理看得分晓。这是超越前人的而成为大思想家的重要思维方法。

第四，大思想家必须具有追究精神。思想家必须有一种打破砂锅问到底的追究精神。"问渠那得清如许？为有源头活水来"，只有追究到那个源头活水，大思想家才是原创型的，而不是模仿型的。陆九渊小时候问父亲，天之上何物？"天地何所穷际？"他的父亲笑而不答，陆九渊并没有把这个问题放下，他废寝忘食探求这个问题。北宋邵雍和程颐在一起，曾探讨六极之内究竟何物，追究天地万物到底安在何处。如桌子安在地上，大地又安在什么之上。这种追究事物本源、根源的思想，这种"思之弗得，弗措也"的不追究到底决不罢休的精神，是一种原创精神。如果思想家没有这种追究的精神，就不可能成为大思想家。从这一点来说，对于信息时代的大思想家，应该起码具有这些基本精神，以此来预见信息时代的大思想家的出现，迎接大思想家的出场。

五、我们能培养出大思想家的思议

中华民族自古以来以其开放的胸怀，思想的睿智，绍承融突而和合东、西、南、北、中的炎、黄、尧、舜、孔、老文化，勇敢面对现实种种错综复杂的冲突，凝练成化解社会冲突的理论思维、价值理念、文化战略、伦理道德、审美情趣、哲学宗教体系，屹立于世界文化之巅。

自古文明多悲剧，当世界其他文明古国只留下让人凭吊的"文明的碎片"时，唯有中华文明以其海纳百川的态势和绵延不间断的特质，显示了中华文明的理论体系、逻辑思维、精神家园的辉煌、博大和智慧。当人们追究中华文明为什么获得如此辉煌成就和形成"天地万物本吾一体""体用一源""理一分殊"的特质之际，体认到中华民族是智慧的故乡、哲学的家园、善思的疆土。智慧创造了文明古国，哲学营造了精神乐土，善思创造了四大发明，正是这种基本精神理念，使中华民族在历次世界性的挑战中，不屈不挠，与时偕行，为人类文明贡献了老子、孔子、朱子、阳明子等一系列大思想家，为人类思想增添了《周易》《论语》《孙子兵法》《道德经》《传习录》等一大批经典的创新力作。面对当下信息革命的挑战，中华民族思想家有责任继承中华民族善思传统，弘扬创新精神，度越信息网络给人带来的种种困扰，给思想造成的种种桎梏。以全球的眼光、人类的意识、哲学的智慧，吃准信息时代精神的精华，抓准信息时代的冲突，会通中西古今思想成果，提出化解信息革命时代种种冲突的理念，建构信息革命时代化解之道的理论思维体系，以及天和、地和、人和、天乐、地乐、人乐的天地人共和乐的和合之境的价值理想、安身立命之域。为信息文明谱写更加灿烂的思想篇章。这是中华民族能培养出大思想家的文化底蕴。

为此，必须营造培养大思想家的生态环境，改变人们思想中重理轻文、重技术轻人文的观念，真正做到自然科学与人文社会科学"四个一样"。自各国院士制度建立以来，都包括自然科学和人文社会科学的院士。当前国内只有自然科学和工程的院士，而无人文社会科学的院士，唯有自然科学的一级教授，而无人文社会科学的一级教授，这在客观上不能不造成对人文社会科学的忽视，也在一定程度上削弱了吸引一流人才来研究人文社会科学的凝聚力，只有改变这种状况，认真贯彻"四个一样"，使自然科学家与人文社会科学家享有同样的地位，才能培养出与信息时代相对应的大思想家。

必须营造有利于培养信息时代大思想家的制度保障。大思想家不仅需要长期的、艰苦的、忍得住寂寞孤独的"三年不窥园"式的努力奋斗，而且需要有定、静、安、虑，而后有得的探赜索隐、钩深致远的思议。在当前物欲横流的情境下，容易形成浮躁、赶潮流、快速出成果的不良学风，因为只有为此，才能通过职称评定、获得课题申报的通过，以及各种合格考核的通过。这不仅干扰了从事思想创新的"致广大而尽精微"的思考，而且有碍"尊德性而道问学"精神的笃行。大思想家要有颜渊的"一箪食，一瓢饮，居陋巷，人不堪其忧，而他不改其乐"的求道精神，孜孜求索信息时代的思想基础、理论思维支撑、化解之道，才能造就思想家。

信息革命为人类带来信息文明，也定为人类创造富裕、幸福、快乐、美好的生活，为人类创造没有杀人、说谎、偷盗、奸淫的"万物并育而不相害，道并行而不相悖"的和平、合作、双赢的和生、和处、和立、和达、和爱的和合世界。

（载《探索与争鸣》2013 年第 1 期）

中国哲学方法论的新建构
——关于中国哲学范畴的逻辑结构

如何根据中国哲学的实际，自己讲自己的中国哲学，如何突破西风斯雨两军对战的哲学研究方法，讲中国自己的哲学研究方法，讲中国哲学话题故事，讲中国哲学性质、特点、内涵、神韵，是中国哲学研究者的历史使命。

一、人文话境

解构"文化大革命"的思维定式和方法，突破长期以来"照着讲"的教条和框框，度越西方强势社会科学、人文科学的原理、原则、规律的束缚和窒息，重建符合中国哲学独特哲学思维和别具风格的中国哲学及其研究方法，是时代的诉求和需要。因而，我否定了传统西方哲学史教科书中"四大块式"（自然观、认识论、方法论、历史观）肢解哲学家哲学思想的做法，也不满于传统中国哲学史教科书既照着西方讲而又"列传式"开中药铺的体例框架。所以，我在 1981 年出版的《朱熹思想研究》的前言中认为，这种研究，"往往于整个哲学体系内在的逻辑联系注意不够，而只有深入揭示某一哲学体系的内在逻辑结构或联系，才能如实地反映该哲学体系的本来面目"。于是我提出了研究中国哲学的新方法论，否定了日丹诺夫《在关于亚历山大洛夫著〈西欧哲学史〉一书讨论会上的发言》中提出"两个对子"（唯物主义与唯心主义对立、辩证法与形而上学的对立）的方法，以及代表进步阶级＝唯物主义＝辩证法，反动阶级＝唯心主义＝形而上学的公式。在《朱熹思想研究》中写了《朱熹哲学的逻辑结构》一章。

然而在 1983 年的"清除精神污染"的运动中，《朱熹思想研究》

被作为精神污染的著作遭到批判。《中国社会科学》发表了署名学谦的《评〈朱熹思想研究〉》（1983 年第 4 期）的长文。该文批判《朱熹思想研究》在唯物主义与唯心主义这两个概念上产生了偏差，什么偏差呢？是有了与"恩格斯当年批判过的施达克的观点可以说是异曲同工"。这就是《朱熹思想研究》与施达克的《路德维希·费尔巴哈》的观点，同样犯了严重错误，混淆了唯物主义与唯心主义哲学的党性原则。所以恩格斯写了《路德维希·费尔巴哈和德国古典哲学的终结》一书，提出全部哲学的最高问题和划分唯物主义与唯心主义的标准。《朱熹思想研究》既与施达克"异曲同工"，又发生在恩格斯批判施达克之后，无疑可扣上"反马克思主义"的帽子。于是批判说："这不仅关系到个人的学风、道德、名誉，更关系到人民的利益。恩格斯告诉我们'马克思认为自己的最好的东西对工人来说也还不够好，他认为给工人提供不是最好的东西，那就是犯罪'。"锋芒所指，就是《朱熹思想研究》是犯罪！

面对这样的批判，我不能不做出回应，辄思有阐述中国哲学逻辑结构论的必要，适蒙香港中文大学新亚书院院长金耀基教授和哲学系主任刘述先教授的邀请，担任 1984 年"新亚书院龚雪因先生访问学人讲席"，遂系统地阐述了中国哲学逻辑结构论，把中国哲学研究的方法论做深入的分析，写了《中国哲学逻辑结构论》。

二、何谓中国哲学逻辑结构

所谓中国哲学逻辑结构，是指研究中国哲学范畴的逻辑发展及诸范畴间的内在联系，是中国哲学范畴在一定社会经济、政治、思维结构背景下所构筑的相对稳定的逻辑理论形态。思维在一定社会经济、政治氛围中，既把相互联系的要素组合为一个整体，同样也把意识的对象分解为它们的要素。分析和综合既有差异，而又互相依存、互相渗透、互相过渡。两者冲突融合，形成一个相对稳定的融合方式。这便是思维体系的逻辑结构。

哲学作为一种理论思维形态，是凭借概念、范畴等逻辑结构的形式。概念是信息元在思维中的类，它是现生存世界中事物元素的类别，体现意义世界中的真实追求，呈现逻辑世界（可能世界）中的正当原则。范畴是概念的类，是概念整合的虚拟化事物。任何范畴要满足两方面要求：一是在体认上显现事物类别形态间的关系网络；二是在实践上体现意义主体对价值的追求。

中国哲学逻辑结构的所谓逻辑，既指作为逻辑思维的基本形式的范畴，亦指范畴自身矛盾运动及其互相之间的联系。逻辑是研究思维形式、方法和规则的学问，可以用逻辑范畴以及其间的关系来表示。哲学范畴与各具体科学的范畴不同：一是哲学范畴是高层次和深层次的概括；二是哲学范畴是互相联系的统一整体；三是哲学范畴是思维活动的最基本的支点。哲学逻辑结构的结构，是指逻辑结构，是一种意识结构。它是客体存在结构、结构层次关系及结构"同时态"与"历时态"的整体表现，是事物内在诸要素运动形式以及各要素间相对稳定的排列顺序或结合方式的反映。

依据中国哲学逻辑结构的规定，包括三层含义：

一是一个民族的理论思维，一个时代的哲学思潮或一个哲学家的哲学体系，总是通过一系列哲学范畴来表现的，是由诸多互相联系、互相作用的哲学范畴间的逻辑顺序或结合方式构成的，并从整体的逻辑结构上，确定诸范畴在一个时代思潮或哲学体系中的地位、功能、性质和作用。就此而言，中国哲学史，就是由哲学范畴构成的发展的逻辑结构的历史。

二是中国哲学范畴的逻辑发展，既把人类认识客观世界的进程作为自己形成的积累的进程，又把自然和社会的历史发展进程作为自己产生形成的依据，它是上述两个历史发展进程在思维中的结晶，是一定时期时代精神的精华的体现。

三是中国哲学逻辑结构是在一定社会经济结构、政治结构、思维结构背景下的逻辑体系或理论形态。所谓经济结构，是指一定社会的所有制、分配、流通、管理结构和管理机构的设置以及调节杠杆的结构。所谓政治结构是指一定社会的国家政权、阶级、政党体制、结构等。思维结构是指哲学范畴及其联结的方式。中国哲学逻辑结构总是与一定政治、经济、思维结构相联系，从而建构一定的逻辑体系和理论形态。

《中国哲学逻辑结构论》根据源远流长的中国哲学思想的沃土，既依傍又转生《北溪字义》《孟子字义疏证》等中国哲学概念（范畴）专著的传统，并根据现代对哲学范畴的诠释，建构了中国哲学逻辑结构系统。中华民族在五千年理论思维发展过程中，形成了具有自己民族特色的哲学概念、范畴，而不同于西方哲学概念、范畴，但不能因此说中国没有哲学概念、范畴。

三、中国哲学逻辑结构的系统与内在根据

中国哲学逻辑结构根据中国哲学范畴自身的内涵、性质、特点、作用，度越国内外传统和现代的范畴分类法，率先提出象性范畴、实性范畴、虚性范畴三类，并构成三类范畴上下左右互相贯通的逻辑结构。

象性范畴：包括象象（象形）、象实、象虚三方面互相联系、互相作用的范畴。象象范畴有：五行（金、木、水、火、土）、天；象实范畴有：气；象虚范畴有：道（无）、仁、数等。它是指以某种事物结构模拟世界多样性融合模型。

实性范畴：包括实象、实实（实体）、实虚三方面互相联系、互相作用的范畴。实象范畴有：天人、形神、宇宙；实实范畴有：道器、有无、理气、心物、一二、动静、变化、知行、能所、格物致知；实虚范畴有：性情、阴阳等等。它是指反映某类事物本质关系的实体性或本体性范畴。

虚性范畴：包括虚象、虚实、虚虚（虚体）三方面互相联系、互相作用的范畴。虚象范畴有：刚柔、健顺；虚实范畴有：形而上、形而下；虚虚范畴有：体用。它是指那种以凝缩的形式把握事物一般规定性的思维模型。

中国哲学逻辑结构三类范畴之间，互相贯通。其间每个范畴对于比它高一级的范畴来说是内容，对于比它低一级的范畴来说是形式。它们

互相贯通，互相渗透，促使哲学范畴的发展。在这个贯通中，便有一些贯通始终的范畴，如五行、天、气、仁、道、无、理、阴阳等，它们在中国哲学逻辑结构的演变中，被用作诠释自然现象到诠释社会现象，以及思维现象，都能体现某一时代的哲学逻辑结构的特色。我们把这种范畴称为"元创范畴"。"元创范畴"不仅主动担负起联系各哲学逻辑结构的纽带作用，而且成为化生新范畴的源头活水。"元创范畴"既具有贯通性品格，又具有动态性与稳定性冲突融合的特色。

中国哲学逻辑结构系统，既不是哲学家思辨的独撰，也不是千古的心传，而是中国哲学历史的发展和中国哲学内在逻辑的体现。表现在以下三个方面：

一是整体的和谐性。中国哲学在开始研究客观宇宙自然（天道）的时候，亦下功夫探索主体社会人生（人道），而把两者作整体的思考，与西方哲学有别。这种整体的思考，从形式到内容都是和谐的、圆融的。《易传》说："观乎天文，以察时变；观乎人文，以化成天下。"《说卦传》把"天文""人文"诠释为天道和人道，并赋予它具体内涵，"立天之道，曰阴与阳；立地之道，曰柔与刚；立人之道，曰仁与义"，构成了宇宙本体与社会伦理观一体化的逻辑结构。在天、地、人整体和谐系统中，道是弥纶三者的中介，使三者互相协调。董仲舒把三者贯通起来，这便是王道。"三画者，天、地与人也，而连其中者，通其道也。取天地与人之中以为贯而参通之，非王者孰能当是！"（《春秋繁露·王道通三》）构成了整体和谐的格局和思维方式，影响、支配着中国社会结构和意识结构，这便构成了中国哲学逻辑系统的内在根据。

二是传统的延续性。中国传统哲学范畴，不是静态，而是动态结构。它的自变化系统和自转换系统，使范畴的产生、演变、发展以及革故鼎新的代谢、转换，都处于有效的进程之中。透视中国传统哲学范畴在这一动态过程中所具有的不同活动类型，笔者用"同心圆扩大型"来表示。这是因为中国哲学范畴在时间上具有延续性，表现为环环相串；在空间上具有广袤性，表现为环环展开，两者的融合和谐，便构成以"同心圆"为逻辑起点，依串而环环扩大。时空上的环环相串和环环展开的融合，既把诸范畴排列组合成有机整体系统，又把各范畴自身构成整体系统。它是从平面的视域观照哲学范畴的动态发展，呈现为"同心圆"的状态；若从时间和空间的立体视域来观照其动态的发展，则呈现为"螺旋式上升型"模式。"同心圆扩大型"与"螺旋式上升型"模式的融突和合，构成了中国传统范畴的延续系统。

三是结构的有序性。结构在中国哲学范畴逻辑结构中，具有自我调节作用。它具有两方面含义：①是指范畴排列在时间上与空间上的有序性；②是指范畴排列的逻辑次序的有序性。《周易·序卦传》可视为人们对有序性的自觉；《周易·系辞上传》："天尊地卑，乾坤定矣。卑高以陈，贵贱位矣。"体现了哲学范畴自身或范畴结构系统"定位"的状态。即使从六十四卦的卦象来看，也是互相联结、互相作用的融突和合结构。

四、中国哲学逻辑结构的范畴诠释学

中国哲学逻辑结构的范畴诠释，主旨是揭示哲学范畴内在本质、特征及其关系，沟通"历史范畴"与"现实范畴"（相对于以往历史的现实），使"历史范畴"更具连续性，"现实范畴"更具动力性。范畴诠释学作为一种思维方法或工具，它用一种说明释义原典的方法去理解自然和社会、人生现实，蕴含着人类在一定历史条件下，对某些形式、时间、地点出现的有关原典解释问题或范畴诠释问题的反思。

要把握中国哲学逻辑结构中的范畴，需要有具体、义理、真实三层次的句法、语义、网状、时代、历史、统一等六层面的诠释，以揭示哲学范畴的本义、义理蕴含和整体本质。

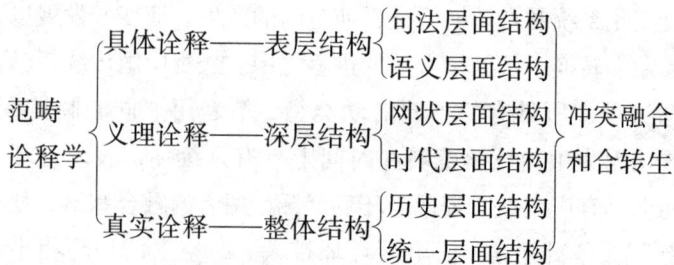

$$
范畴诠释学
\begin{cases}
具体诠释——表层结构
\begin{cases}
句法层面结构 \\
语义层面结构
\end{cases} \\
义理诠释——深层结构
\begin{cases}
网状层面结构 \\
时代层面结构
\end{cases}
\begin{matrix} 冲突融合 \\ 和合转生 \end{matrix} \\
真实诠释——整体结构
\begin{cases}
历史层面结构 \\
统一层面结构
\end{cases}
\end{cases}
$$

第一层次的具体诠释，是指一般具有固定面结构形式，亦即按照其思想逻辑范畴的资料、文本，作原原本本的实事求是的诠释，力求如实地显现范畴固有含义。表层结构的具体诠释，是指客观地再现思想逻辑结构概念、范畴的本义，这就需要对哲学家的言论、著作作句法层面结构和语义层面结构的诠释。

第二层次的义理诠释，是指一般具有横断面的结构形式，它是指把哲学范畴置于其一定的历史环境中，从一定历史时代的整体思潮中，从整体哲学思想的网状联系中，从时代精神和多向结构中，深一层地揭示范畴的内容。所谓深层结构的义理诠释，是指从整体思想的逻辑结构，即范畴之网和时代思潮之网中，再现哲学家哲学逻辑结构中范畴的义理蕴含。从宏观的整体来观照微观的局部范畴的义理，这就需要对哲学范畴作网状层面结构和时代层面结构的诠释。

第三层的真实诠释，是指一般具有纵断面或横断面与纵断面相结合的结构形式。随着历史的淘汰和材料、文本出土的发现，便能更全面、清晰地呈现哲学范畴的本质含义；历史的发展，也清洗掉避讳、隐私等障蔽，使范畴的本来面目更明白地呈现出来。所谓深层结构的真实诠释，是指从历史的发展演变的联结中，掌握范畴演变的必然趋向，以验证概念范畴的本质意蕴，从时代与历史、历史与逻辑的融突统一中，深层地揭示哲学范畴的整体本质，这就需要对哲学范畴作历史层面结构和统一层面结构的诠释。

中国哲学范畴经此三层次六层面的诠释，有可能贴近诠释文本的本义和文本作者的本意。

五、中西哲学范畴逻辑结构之比较

中西都有一套渊源于各自民族历史文化传统的思维模式，如果说在哲学的初期阶段，古希腊罗马的哲学范畴体系和中国先秦的哲学范畴体系已差分，那么，随着哲学范畴的发展，中西哲学范畴体系的思维模式的差别愈显明显，便逐渐形成西方型的思维模式和中国型的思维模式。

中西哲学范畴结构的特点：其一，中国哲学理论思维有"字义疏证"的逻辑传统，没有"形式逻辑"工具（如亚里士多德《工具论》）系统，"字义疏证"是范畴结构分析，"形式逻辑"是谓词结构分析。其二，中国传统思维受《周易》影响，易学思维模式实质上是象数化的义理思维，重象的数序结构及其义理和合。西方思维模式至今仍受《几何原本》的影响，本质上是谓词公理化演绎思维模式。中国传统思维通过类象递归，没有"归纳问题"，西方谓词演绎思维模式，至今没有摆脱"归纳困境"。其三，中国语言文字属表意符号系统，形声字占很大比重，比喻是最佳的论证方式。比喻的精湛奇妙，标志着思维认知的深化。西方语言文字属表音符号系统，文字形象本身不能引发想象，语言声音也不能赋予意象，只有意向性。

中西哲学范畴结构思维模式的比较可概括如下：从思维模式类型而言，中哲为范畴逻辑结构意象思维，西哲为谓词逻辑结构演绎思维；从思维核心运算而言，中哲为意象递归和合，西哲为公理化演绎；从思维基本单元而言，中哲为意象化范畴，西哲为意向性谓词；从思维符号系统来说，中文为表意符号系统，西文为表音符号系统；从思维论证方法来说，中哲经典诠释，模拟譬喻，西哲修辞辩证，公理推论；从思维经典依据来说，中哲为《周易》《老子》《庄子》等，西哲为《工具论》《几何原本》等。

（2005 年在台湾元智大学的演讲稿）

徽学的界定及其研究方法

徽学研究首要的问题是徽学是什么以及徽学研究的方法。徽学是指以徽州社会、经济、文化、思想、艺术、科技、工艺等为研究对象的、具有徽州特色的一种理念和学说的总和。徽学作为"学",它是一种能正确地、合理地呈现客观社会历史文化和现实文化的系统知识的学问、学理和学说。研究徽学必须有合理的、科学的方法,学科的研究方法之完善程度在一定意义上体现着该学科的成熟程度。

徽学研究可以采取进化论的历史方法、理学的历史方法、社会学的历史方法、功能论的历史方法,以及解释学的历史方法、统计学的历史方法等。徽州文书要想进入徽学的关系网络结构,可以采取逻辑结构的方法,进行三个层次的分析,即象性的分析、实性的分析和虚性的分析。

徽学作为新学科,是 20 世纪 80 年代以后才出现的。作为一个学科来说目前它还处在幼年时代,有许多问题有待解决和完善。首要的问题是徽学是什么以及徽学研究的方法。

一些学者把徽学定义为"一门专以徽州历史为研究对象的综合性学科",是"以徽州历史文化为研究对象的地方史学",亦有学者认为,徽学是"自徽州文书发现以来,一个以研究徽州历史文化为对象的新学科"。这些定义有它一定的合理性,但亦存在缺点:一是研究对象过于狭窄。以徽学为"徽州历史文化"或"地方史学",凸显了其史学意蕴而忽视了作为徽学重要内涵的哲学、自然科学、文学、艺术、工艺、社会学、人类学、经济学、伦理学、语言学等等众多学科意蕴。仅就新安理学代表人物朱熹来说,他在论著中屡屡署名新安,自认为是新安人。朱熹是中国学术史上"致广大,尽精微,综罗百代"的伟大哲学家、思想家、教育家，是孔子之后儒学发展史上里程碑式的人物。他的思想学说（简称朱子学）远播海外，在 13 世纪以后成为朝鲜、日本、越南等国的官方意识形态，成为有世界影响的学问。二是把徽学定义为"以徽州历史文化为对象的新学科"，这个定义仅揭示了徽学研究的对象问题，而没有揭示这个对象的本质、本性及其特色。一般来说，研究的对象是呈现的、在场的，对象的本质、本性等是隐藏的、不在场的。譬如说，什么是徽学？我们可以指着徽州的历史文化说，这就是徽学，但没有进而追问徽学是什么，即揭示徽学的本质、本性及特色。

我认为，所谓徽学，是指以徽州社会、经济、文化、思想、艺术、科技、工艺等为研究对象的、具有徽州特色的一种理念和学说的总和。徽学作为"学"，它是一种能正确地、合理地呈现客观社会历史文化和现实文化的系统知识的学问、学理和学说。这种学问、学理和学说不仅仅是对历史文化等的平面的表象的叙述，而且必须是对历史文化等立体的透视，即其历史现实合理性的事实中所透露出来的一种理念、学说和精神。如果不做这一层研究，徽学也就不称其为徽学了。

徽学必须具有徽州的特色或特征。这里所说的特色和特征，是指徽学的本质、本性的呈现，或它所体现出来的那种理念或精神。徽学的特色或特征有：以义统利的义利观、公私兼顾的公私观、民富国强的家国观、遵守契约的诚信观、贾而好儒的人才观、冲突融合的和合观等。这是徽州各项事业之所以兴旺发达的精神支柱和生命力之所在，也是徽学之所以能走向全国和世界的根据所在。

研究徽学必须有合理的、科学的方法，学科的研究方法之完善程度在一定意义上体现着该学科的成熟程度；一种学科理论的创新，往往以方法的创新为先导。没有方法的创新，就不能打破旧的理论思维方法、运思的理路及其框架，陷入"祖宗之法不可变"的老套子之中，就不可能有理论的创新。因此，徽学研究方法的创新，是徽学研究水平提高和走向世界的保证。

徽学研究可以采取进化论的历史方法、心理学的历史方法、社会学的历史方法、功能论的历史方法，以及解释学的历史方法、统计学的历史方法等。我在 1981 年提出逻辑结构的方法，亦可以作为研究徽学的一种方法。

徽学博大精深，涉及自然科学、社会科学和人文科学的各个学科及交叉学科。如何体认和把握徽学的本质、本性及特色，就具有相当的难度，若方法得当，就会迎刃而解，否则会陷入云雾中，愈体认愈糊涂。我们并不否认徽学之所以会成为一门新学科，其根本原因还是大量徽州文书的发现。确实，徽州文书的发现，推动了徽学研究的发展。但需要明确的是：徽州文书并不等于徽学。

徽州文书要想进入徽学的关系网络结构，可以采取逻辑结构的方法，进行三个层次的分析，即象性的分析、实性的分析和虚性的分析。

象性分析是指对于客体对象的现象的模拟，或对于事物形象的描写，即写象。象性分析从思维方法而言，属于直觉的知性思维。人们重视观察和直接经验，它通过直观的初级的比较、区别、概括、类推等，进行分析的思维活动，将感性材料制作为知情概念。对徽州文书若作象性分析，必须首先分辨其真伪、年代、发现地点、所属宗族、家族和人；其次分析文书所属类别：如土地、财产、赋役、商业、宗族、教育、科举、会社、官府等，以获得对文书的直接的、经验的、感性的体认。

实性分析是指事物的本质或本来状态。它不仅仅从某种具有固定形体的东西中或某种特殊的东西中去寻找这种本质，而且从事物内在关系网络中，探讨事物之所以存在的原因和根据。若对徽州文书作实性的分析，就是在象性分析的基础上，对徽州文书作理性的、思辨的分析，深入徽州文书现象的背后，揭示其所隐蔽的人与自然、人与社会、人与人的关系，以及其间的生产关系、阶级关系、伦理关系、宗族关系、价值关系等，进而揭示这种种关系的性质、特征、功能，以及这种种关系的社会价值、作用、影响；再深入揭示这种种关系的整体有机结构的本质、真相。这样徽州文书的实质就被解开了。

最后，还需要对徽州文书作虚性的分析。所谓虚性分析是指实性分析所揭示的种种关系所体现的那种隐蔽的、不在场的理念、精神的抽象和提升。它是讲人们的思维不再局限于事物的本质或基础是什么，而是要揭示象性和实性分析的内在联系，以便构成一定的整体结构。虚性分析使人们对徽州文书的体认深入到徽州文书与整个当时社会典章制度、意识形态、风俗习惯、伦理道德、心理结构、思维方式、价值观念等方面的联系，而构成具有徽州特色的徽州学，进而总结、凝练为徽学的理念、精神和学说。这样，对徽学的整体便会有一个明确的体认和把握。

经这三层次的分析，徽州文书才真正进入徽学的关系网络结构，才真正成为徽学的重要文献和基础工程。从这个意义上来说，当前徽学研究方法的创新，比之发现一件新的徽州文书更重要，其对于徽学研究的发展和徽学研究新局面的开拓，更具有现实的意义和价值。

（载《光明日报》2000 年 9 月 12 日）

伦理危机与人类未来

如何清除社会的污泥浊水、歪风邪气、贪赃枉法、贿赂公行、寡廉鲜耻的腐败现象，建设一个公平正义、廉政爱民、诚实守信、廉洁奉公、文明遵礼、和平幸福的未来社会？

一、树立正确的价值观

世界万物的原理，充满着矛盾冲突。当今自然资源的有限性、生态的脆弱性与人类消费的疯狂性、欲望的无限性，使人与自然之间、国与国之间面临严重的冲突，环境污染、争地夺资、疾病肆虐、臭氧空洞、气候变暖、物种加速消失、自然灾害加剧，生态危机威胁着每个人的生命存在；社会资源的有限性及其分配的不均性，社会制度的差异性及其发展的多样性，宗教信仰的特殊性及其价值观念的差异性，社会强势与弱势群体的不和谐性，单极与多极世界的不协调性，冷战时二元对抗思维蜕变为民族性、宗教性、区域性战争和动乱，人道主义灾难加剧；恐怖活动猖獗，贩毒吸毒、谋财害命、假冒伪劣，危害着人民的生命财产安全，社会腐败、钱权交易、贿赂公行、金融危机、贪污盗窃，威胁着国家民族的兴衰存亡，以及国际社会的和平发展。

由于个人功利要求的不合理性、满足功利要求资源和手段的有限性、功利成果享有的不公平性，当个人欲望无限性与社会公共利益的规范性发生冲突时，便加剧人与人、人与社会的矛盾，便出现寡廉鲜耻、重利轻义、作伪造假、道德失落、行为失范、人性泯灭、人情淡薄，伦理道德危机越来越严重。

凡此种种，都与人的荣辱观、是非观、善恶观、廉耻观等价值观相关，而廉耻观又蕴含着荣辱观、是非观与善恶观、道德观。从廉耻观而言，当前反腐倡廉具有重要价值与现实意义，它关系民族的治乱兴衰、国家的生死存亡、个人的身家性命，无论是政治界、经济界、文化界、军事界，还是教育界、科技界、学术界，都应引起高度重视，一点也马虎不得，特别是各级领导干部，身负振兴民族、建设国家、发展社会的重任，应具有"富贵不能淫，贫贱不能移，威武不能屈"的大丈夫精神，这是一身正气、廉洁奉公、不贪不淫、不移不屈的精神。

二、加强伦理道德权威

人类要加强自然生态道德文明、社会人文道德文明、人际伦理道德文明、心灵精神道德文明、文明间价值道德文明建设伦理道德终极宗旨和目标，便是和合。人一旦被抛入这个世界，人的生命就与衣、食、住、行的自然生态环境发生互相交往的活动与冲突；与社会结构的经济、政治、文化、制度、军事、法律等领域的物质、信息、能量的互动中发生冲突；与他人集团因各种需要、利益、权力的占有分配关系发生冲突；人的心灵、文明间也会发生各种性质、形式复杂的冲突。冲突是有序的打破、平衡的失衡、和谐的失和、合作的破坏、协调的失控，会导致社会动乱、人际斗争、心灵郁闷、文明紧张。这就需要寻找人的安身立命之所、人性大爱之处、心灵净土、文明乐园，以获得人的生命存在与自然生态、社会、人际、心灵、文明间和平合作，以求得冲突的化解。

伦理的"伦"的本义是辈、类的意思，"理"是条理、道理。伦理是指人与自然、社会、人际、心灵、文明间道德规范关系的原理的和合。道的初义是人所走的道路，引申为道理、原则，"德"甲骨文表示循道路行走而前视，后引申为直心。道德就是协调、和谐伦理所蕴含的五种道德规范关系冲突、融合而和合的原则的总和。人类要加强自然生态道德文明、社会人文道德文明、人际伦理道德文明、心灵精神道德文明、文明间价值道德文明建设。

人类未来的伦理道德责任和前景，需智能创新和贯彻实践的有：

　　生态伦理道德。高科技突飞猛进，人类活动超越了陆地，下海洋地壳，上九天揽月，构成全球性、太空性的生态冲突和危机。天、地、人之间这种全方位的伦理道德互动交往关系，应按照这种和合原理：天、地、人内外不二的公正原理，这是天人交泰的道德基础和伦理前提；物我一体的无私原理，这是人类与天地万物生态利贞的道德之当然和伦理之所当然；责利圆融的平等原理，天、地、人互相尊重地互渗、互补、互利、互惠，以实践天、地、人平等交合。如此，一是必须智能创新地实现"道法自然"原则，老子说："我有三宝，持而宝之：一曰慈，二曰俭，三曰不敢为天下先。"慈是爱心和同情心，是人与自然生态友好和谐相处的动力；俭是含藏培蓄，不肆为、不奢靡，尊重自然资源；不敢为天下先指谦逊礼让，人类对自然生态也要讲求文明。二是"天地合德"原则。人类与自然天地、日月、四时等屈伸往来高度的和谐、有序、平衡，这是人类与自然生态并育而不相害，并行而不相悖，互相日新其德，生生不息。三是至诚尽性原则。人道与天道、地道的和合，这是天、地、人的本性，"天地万物本吾一体"。人因明致诚，因诚致明，所以天人合一。至诚真实无妄的本然之性，能尽人之性，尽物之性，就可以赞天地的化育，可以与天地相参。此三原则体现了和合生存世界的道德价值。生态伦理道德人文化成，天人同伦，物我同乐。

　　社会伦理道德。全面实现人类生存世界的人与自然生态的伦理道德的和合，必须同时实现人类意义世界的人与人、人与社会的伦理道德和合，并在价值规范上规矩（尺度、标准）一致，人类才是一个伦理道德自觉、自尊、自律的和合体，才能公正、无私、平等地与自然生态进行和合化的道德交往，才能在自然、合德、诚明的生态伦理原则下，呈现人类与自然生态的融突和合。

　　伦理道德渗透社会的各个领域，人是社会的分子，人与人构成社会结构。其间的冲突基本上是利益与需要的冲突。利益与需要又是分层次的，如生命、个体、群体、民族、世界、宇宙的利益与需要是不同的。协调、平衡、和谐这六个层次不同的利益与需要，要遵照：一是社会正义规则。这是指一种公正的道理和价值取向。荀子认为崇尚财富和功利而不讲正义，是低俗的人。约翰·罗尔斯的《正义论》，是以社会基本结构的正义为最高理想，以正义的合理性为基本视角，是一种义务论的伦理。罗纳德·德沃金（Ronald Dworkin）是以权利为基础建构正义论。迈克尔·瓦尔策（Michale Walzer）以共同理解的社会意义为基础的正义论，其关键是社会的善和利益分配。二是社会公平规则。它是衡量社会发展在满足人的基本权利和需求，以及实现人的和立、和达所达到的水平的尺度。在当代是人的经济状况、政治地位、人格尊严以及生存、教育、发展权的公平，社会政治、经济、文化、法律、劳动、分配等参与、运用、享受的公平。三是社会中庸规则。社会的正义、公平规则在贯彻实施过程中，要不偏不倚，无过无不及。不偏向、不偏私，不倚仗、不执着，允执厥中，中是天下的正道；不过头、不发烧，庸是天下的定理，是一种度和标准。唯有如此，才能实现社会正义、公平规则。四是社会仁爱规则。社会正义、公平、中庸规则的运行机制，除有赖外在的法律、礼制的维护、协调、保障外，还需要内在的仁爱之心的恕道的外推及人及物。每一个人、家庭、民族、种族、国家、社会、人类，要自我生存、发展、实现、完善，就需要满足两个条件：自己的自主性充分发挥，收拾精神，自做主宰，又要自我反省，约束冲动，做到自由与自律的融突和合。主体的依他性系统要明确，既要依靠他人，又要博施济众，做到依他与利他的融突和合。

心灵伦理道德。生态伦理道德、社会伦理道德的各种原理、规则，最终都归宗于心灵伦理道德主体，经此主体的自我运用、约束机制，转心灵为生态和社会伦理道德。道德是以规范原则、理想的方式指导人的动机与行为的实践精神活动。心灵伦理道德活动，一般是指知、情、意活动。伦理道德认知活动是指人对伦理道德对象的观念把握，即对于伦理道德对象的刺激发生心灵感应，经整理、综合而产生新知的过程。它是将对象道德化，使之纳入善与恶、正当与不正当、应该与不应该的框架，并以理想为依据的价值取向。伦理道德情感活动是人对内在需要、动机和外在行为、状态的价值性情感体认机制，并以好恶、喜怒、爱憎等形式表现自己。伦理道德意志活动是指人为了履行伦理道德义务而进行的确定目标，支配和调节自己行为的活动。伦理道德意志的自主、自觉、自律、自制的过程，即意志自我磨炼、修养、自省的过程。

人心灵的痛苦、郁闷、烦恼、孤独、焦虑、忧愁，在伦理道德知、情、意实践精神活动中得以协调、和谐。心灵伦理道德认知活动的主客统一规则、实践规则、价值规则；情感活动的中和规则、仁慈规则、善恶规则；意志活动的自主规则、自律规则、自尊规则，是完善心灵伦理道德的真、善、美的诸规则。

加强伦理道德的权威性，营造人类未来优美的伦理道德社会、文化、传播、学术氛围，弘扬中华传统"礼仪之邦"文明现象，提升炎黄子孙的伦理道德节操、德性品格，诚信礼让、廉洁奉公的精神。

三、加强依法治国建设

人类未来可以超越治理与被治二元模式，转中华民族德治仁政与礼法圆融为民主、自由、平等的德治与法治。

伦理道德与依法治国，其对象是人，以及由人组成的团体、党派、国家、社会，无人哪有道德？哪有法治？德治与法治如人之两脚，鸟之两翼，虽有左右的差分，但不可或缺。

春秋时期，孔子面临"礼崩乐坏"的社会乱局，如何化解乱局，孔子主张以德治国，他说："为政以德，譬如北辰，居其所而众星共之。"以仁德来治理国家，好像天上北斗星，众星围绕怀抱着它。为什么要行仁德之政？他认为："道之以政，齐之以刑，民免而不耻；道之以德，齐之以礼，有耻且格。"用政令法律来引导老百姓，用刑罚来规范整齐百姓，百姓可以免于犯罪，但没有羞耻心。用道德教化引导百姓，用礼制来规范整齐百姓，百姓有羞耻感，就会自觉地约束自己不道德、违法的行为发生。这就是说，法律刑罚是他律的，是外在加给人的条例，而不是出于内心的自觉；道德礼制的引导，能启发人的道德自觉、自律，就会自觉地遵守法律，不会犯法。但孔子并没有排斥政刑、法治，而是主张德主刑辅，即其宽猛相济思想的贯彻，以为法治刑罚的实施必须受礼乐的制约，"礼乐不兴则刑罚不中"。荀子重礼法，"法者，治之端也"，是最重要的治国的方法。

韩非是法术之道的集大成者，主张"以道为常，以法为本"。在常道的指导下，以法为根本。法是著于图籍的法律条文，由官府施行，公布于百姓。治理必须有法术赏罚，法是衡量犯法不犯法的尺度，具有工具性价值。法又是强国的药方，"明法者强，慢法者弱，强弱如是其明矣"。国强是由于法治，国弱是由于轻慢法。家有常业饥荒年不会饥饿，国有常法虽危险不会亡国，法是国家的生命线。

中华民族的刑法从三代以来就已产生，如夏代的禹刑、商代的汤刑、周代的九刑。以后历代官修正史如《汉书》《晋书》《魏书》《隋书》《新唐书》《旧唐书》《旧五代史》《宋史》《辽史》《金史》《元史》《明史》都修有《刑法志》，记载各朝法律思想总纲、具体条目、立法司法等方面内容，形成中华民族法律制度。"自魏文侯以李悝为师，造《法经》六篇，至汉萧何定加三篇，总谓《九章律》，而律之根荄已见。曹魏作《新律》十八篇，晋贾充增损汉魏，为二十篇。北齐后周或并苞其类，或因革其名，所谓十二篇云者，裁正于唐，而长孙无忌等十九人，承诏制疏，勒成一代之典，防范甚详，节目甚简，虽总归之唐可也。"叙述了法律制度化的过程。

中华民族法律制度，继承礼法圆融、王霸相杂、德法并行、政刑相兼传统，如汉律、晋《泰始律》有"刑宽禁简"的特点。《北齐律》有以"适理得情"为指导的特色，其重罪十条的六、七、八、九是讲不道、不敬、不孝、不义，把伦理道德列为重罪。隋代《开皇律》形成法典的体例。《唐律疏议》由长孙无忌等总结前代刑法，提出"德礼为政教之本，刑罚为政教之用"的思想。本用即体用关系，以德礼为量刑罚的根据，以宽简仁惠为断狱行刑的原则。无论是德治，抑或法治，其对象都是治理人，都是要人改过从善、遵纪守法，以求社会安定、和谐。在实施德治与法治过程中，被分为治者与被治者。在古代中国，上自皇帝下至各级官吏为治者，在现代有各级政府及其官员；老百姓或人民是被治者或被管理者。人类未来可以超越这种二元模式，转中华民族德治仁政与礼法圆融为民主、自由、平等的德治与法治。

四、加强民本转民主建设

加强反腐倡廉的力度，转仁政为廉政政府、爱民政府、现代政府；转德治为民主政治、平等政治、法治政治。

民族兴衰，关键在人；国家振兴，关乎人才；治国之要，吏治先行；社会和谐，政风为首。惩治吏治腐败，是因为"吏者，民之本纲者也，故圣人治吏不治民"。倡导吏政清明廉洁、公正无私、诚实守信、勤政爱民，加强反腐倡廉的力度，转仁政为廉政政府、爱民政府、现代政府；转德治为民主政治、平等政治、法治政治。

仁政德治与民本思想紧密联系，水能载舟，亦能覆舟。无水舟不能运行，无民官吏就不存在。如何转传统民本为民主，自晚明以来民权思想诞生，如顾炎武、黄宗羲等，以天下为天下人的天下，非一人的天下。天下以人为主，君为客，主客关系是对以君为主的颠覆，开启了转民本为民主的路径。"五四"运动前后有关此问题的论争，使认知有所深入：其一，民本思想本质上表现为仁政措施体现了人民利益，富国裕民，安身立命，现代民主强调提升人民在社会政治生活中的地位，在物质生活富裕的前提下，让人民有更多的时间和精力参政、议政，从事民主政治生活，从这个意义上说，民本思想是现代民主思想的基础；其二，民本思想是民主思想的前提，体现民本思想的仁政，是在反对暴政，实行爱民、惠民、尊民，"己所不欲，勿施于人"，与现代民主相会通，由民本而通向民主；其三，传统礼法圆融、德法并行、政刑相兼与现代民主与法治相结合，在目标上有一致之处，撇去传统礼法圆融中的不符合现代需要的因素，转德法并行、政刑相兼为现代民主与法治建设；其四，传统德治仁政思想所发展出来的科举考试制度，不管贫富贵贱，平等、公正地通过考试，选拔德才兼备的人才，来管理国家，建立世界上最早的文官制度，这与现代民主制度公务员通过考试选拔，来管理国家有相同之处。这就是转民本为民主为什么可能的因缘。

转民本为民主，建设中国式的现代民主意识，主要包括主权在民意识、法制主体意识、参政议政意识、民主价值意识。主权在民意识，即人民当家做主，一切国家民族事务由人民做主决定，一切背离人民意志、愿望的事都是不合理、不合法的，人民的权利至高无上；法制主体意识，民主的法制化、法制的民主化，不断深入，互相推进，转法制客体为主体，转他律为自律；参政议政意识，积极参与对各级政府人员的选举权与被选举权，尊重自己的选举权与被选举权；民主价值意识，是公民对民主的一种最基本的价值趋向与态度，是公民维护自己民主权利过程所产生的价值理念。从价值视域反思民主，以利于加强民主建设。

五、加强公仆意识建设

公仆意识是指执掌政权的人要正确认识自己的身份，柏拉图把公仆叫作"法律执勤"者。

坚守廉风、廉志、廉士、廉洁、廉正、廉谨、廉让、廉耻，与加强伦理道德、依法治国、民本转民主建设不可分，亦与加强公仆意识紧密联系。公仆意识是指执掌政权的人要正确认识自己的身份，摆正自己的位置，不是人民的老爷，而是为人民服务的勤务员。柏拉图把公仆叫作"法律执勤"者，他关系国家的盛衰。在经济全球化、市场经济负面影响下，重利轻义、拜金主义情境中，公仆意识受到污染，它关系着国家民族的动乱危亡，因此加强公仆意识建设就显得特别重要。

如何提升广大干部的公仆意识？一是加强公仆意识教育。树立正确的世界观、人生观、价值观，继承发扬中国传统勤政敬业、廉明公正、诚实守信、无私奉公、服务大众的精神。二是完善制度，健全机制。以制度规范广大干部的选举、任免、升迁、弹劾等制度化、法律化，使尚贤任能机制得以完善，以避免任人唯亲。三是加强监察制度，完善舆论监督。提升监察制度和各监督机构的权威性，充分发挥互联网、报纸、电台等各种媒体的监督作用和功能。四是建立群众品评广大干部的制度。群众的眼睛是雪亮的，干部不论大小高低，都要置于群众监督之下，定期制度化地对干部进行品评，以提高各级干部全心全意为人民服务的公仆意识，振兴中华民族的责任意识和使命意识。

加强此四方面建设，从宏观意义上是为了化解人类所共同面临的人与自然冲突所造成的生态危机，人与社会冲突所带来的社会危机，人与人冲突所构成的道德危机，人的心灵的冲突所造成的精神信仰危机，文明之间冲突所构成的价值危机。从微观意义上是为了化解环境污染的加剧、社会动乱、恐怖活动、假冒伪劣、金权交易、贿赂公行、金融危机、贪污盗窃、寡廉鲜耻等现象，以建构一个人人品行诚信、贫贱不移、节操爱民、清白高洁、廉明公正、洁身谨慎、廉逊知礼、清廉知耻的文明社会，使人人能够享受到人乐天乐、人和天和的净洁世界的幸福生活，这也是人类所期盼的真、善、美的未来生活。

（载《人民论坛》2013 年 01 月号上）

思想理解

《诠释与建构——陈淳与朱子学》序

看了张加才博士的《诠释与建构——陈淳与朱子学》一书，不禁想起辛弃疾《青玉案·元夕》词句："众里寻他千百度，蓦然回首，那人却在灯火阑珊处。"无论是古人，还是今人，治学总是很艰苦的。有时苦思冥想，总不明其理；时或搜肠刮肚，而不得头绪。然日积月累，豁然贯通，终有所成。这也是"富有之谓大业"的一种意思。

一

哲学是最要求概念的清晰性、确定性的，但哲学这个概念本身是最不确定的。两千多年来，"什么是哲学"这一问题，一直纠缠着哲学家。每个哲学家或哲学学派都以自己的方式回答着这同一个问题，但答案却各异其趣。真是此亦一是非，彼亦一是非。究竟是"哲学"本身就是一个说不清、道不明的问题，抑或两千年来哲学家的智慧欠缺，不足以诠释？我想问题在于哲学所应指的领域的不确定性以及哲学家价值观念的差异性。在这样的情况下，想确定中国哲学的"合法性"问题，不仅力不从心，而且吃力不讨好。因此我主张走出中国哲学的危机，超越中国哲学的合法性问题。

我之所以这样主张，也有一点基于两千多年来有关"什么是哲学"，至今仍然"仁者见之谓之仁，知者见之谓之知"的原因。在这种形势下，来解决中国哲学的合法性问题似乎不太现实：第一，关于"什么是合法的"，两千年来，像走马灯一样的形形色色的哲学中，哪一个是合乎"法"的？第二，这个"法"又是什么"法"？是古希腊之法，抑或古罗马之法？是理性主义之法，抑或非理性主义之法？是唯心主义之法，抑或唯物主义之法？是结构主义之法，抑或解构主义之法等等。第三，中国哲学的合法性问题，是去合哪个"法"？是去合利玛窦（1552—1610）的"中国哲学"之法，抑或去合黑格尔（1770—1831）之法？是去合纪·鲍狄埃（Guillaume Pauthier）《中国哲学史大纲》（1844 年）①之法，抑或去合德里达"中国没有哲学，只有思想"之法？第四，"人为自然立法"，"为天地立心，为生民立命"。"法"是人制定的，各家有各家的"法"，中国古代就有"家法"和"师法"，而各是其所是。"法"即使制定出来了，也可"与时偕行"，不断修改，而非铁板钉钉，永远不变。

鉴于此情，我曾提出中国哲学"自己讲""讲自己"。"自己讲""讲自己"，首先，是怎样讲。是"照着"西方哲学讲，以西方哲学为真哲学，照着西方哲学讲中国哲学，抑或根据中国哲学的实际存在面貌讲中国自己的哲学？其次，是讲什么。要么可以西洋所谓哲学名之者，选出而叙述之；要么中国古有六艺，后有九流，大抵皆哲学范围所摄而讲之；要么讲述中国自己对"话题本身"的重新发现，讲述中国哲学自己对时代冲突的艺术化解，讲述中国哲学自己对时代危机的义理解决，讲述中国哲学自己对"形而上者之谓道"的赤诚追求。再次，是如何讲。是两耳不闻窗外事，闭门只造中国车地讲，抑或放眼世界，海纳百川地汇聚千家之思想，而后融突和合为新中国哲学？

二

古今中外，大凡新思维、新哲学的"转生"，都非"闭门造车"出来，而是"出入"中外各种哲学思想的结晶。在五千多年中华民族文化、哲学的发生、发展过程中，经历了两次外来文化、哲学的巨大冲击和洗礼。1 世纪时，印度佛教文化、哲学的传入；16 世纪以来西方文

---

① ［法］雅克·布罗斯：《发现中国》，山东画报出版社 2002 年版，第 216 页。

化、哲学的涌入，都对中华民族的文化、哲学产生了里程碑式的作用和影响。

佛教入中土以后，经历了依附、发展、鼎盛、消融时期。汉至魏晋佛教依附于汉之方术（道术）和魏晋玄学。佛教作为外来的宗教与本土的儒道文化构成既冲突又融合的态势，在"弃亲""捐妻""不孝""无后"等问题上形成了紧张氛围。然东晋般若学依玄学而开显为"六家七宗"，玄学的"有无本末"与般若学的"空""有"连类，故有僧肇的《肇论》依般若学而论玄学。玄佛合流，相互标榜。

南北朝时，佛教得以发展。虽有"沙门应否敬王""神灭不灭""夷夏""化胡"等问题的激烈论争，但名僧与命官进一步合流。如果说汉魏之际，安世高系小乘佛教所翻译的《安般守意经》《阴持入经》，一以中国道家、神仙家的吐纳之术比附呼吸守意；一以"四大"连类"五行""五戒"连类"五常"，"元气"即"五行"即"五阴"（五蕴），那么支娄迦谶系大乘佛教把《般若波罗蜜经》译为《大明度无极经》（支谦译），是依《老子》"知常曰明"格义"般若"为"大明"，"复归于无极"连类"波罗蜜"为"度无极"。到了南北朝时涅槃学流行，梁宝亮《涅槃集解》探讨"佛性"问题，有欲与中国传统儒家心性之学连接之处。

隋唐时，佛教鼎盛，儒、释、道三教，佛教独占鳌头，佛教不仅在经济上"十分天下之财，而佛有其七八"①，在民间思想信仰上"民间佛经，多于六经数十百倍"②。佛盛儒衰、道衰佛盛，外来印度佛教文化、哲学这时在中国成为强势文化、哲学，中国本土儒、道文化、哲学反沦为弱势文化、哲学。其实，梁武帝在天监三年（504 年）下诏宣布佛教为"正道"，儒、道二教为"邪"，开佛教"独尊"之先河，已取得强势地位。佛教愈是强势，愈要求融入中国本土文化、哲学，以便取而代之，于是天台、华严、禅宗不断中国化，从印度佛教转变为中国化

---

① 《辛替否传》，《旧唐书》卷一〇一，中华书局 1987 年版，第 3158 页。
② 《经籍志四》，《隋书》卷三十五，中华书局 1982 年版，第 1099 页。

的佛教，佛教得到了新发展、新繁荣。相反，佛教在其本土印度八九世纪便逐渐衰败，到 14 世纪几乎湮灭。

在佛教强势文化、哲学的挤压下，本土传统的儒、道文化、哲学确实面临极大的挑战，儒道文化危机凸显。虽然唐朝政府对儒、释、道三教采取兼容并蓄的方针，试图进行文化、哲学的整合，但由于兼容并蓄的文化、哲学整合方法，受其背后价值观的支配，就像一只无形的手制约着兼容并蓄的落实，因此终唐之世，兼容并蓄方法无大收效。

鉴于此情，一些具有儒家思想的知识精英，出于"匹夫有责"的担当感，要求改革时弊，振兴古道（韩愈作《原道》），出现了以复兴儒学之道为主旨的古文运动。韩愈与柳宗元虽在复兴儒学之道这一点上并无大的分歧，但在如何复兴儒学之道的方法和理路上大异其趣。韩愈不仅仍着眼于佛教伦常、费财、夷狄、伤风败俗等说烂了的老问题，而且主张采取简单、粗暴、激烈的排斥方法。他说："不塞不流，不止不行。人其人，火其书，庐其居，明先王之道以道之，鳏寡、孤独、废疾者有养也，其亦庶乎其可也。"[1] 经过"文化大革命"的人，都非常熟悉不塞不流、不止不行、不破不立等话语，而且是不折不扣地按此去"破四旧""横扫一切牛鬼蛇神"的。这种非此即彼的对立二分思维，便把人们的思想行为导向非理智的片面。韩愈为了破佛教，便要勒令所有僧侣还俗，焚烧一切佛教经论文本，把寺院都改为民居。这种偏激的活动，并没有挽儒学于将倒之狂澜，亦未能从形而上层面斥佛教之弊病。朱熹分析说："盖韩公之学见于《原道》者，虽有以识夫大用之流行，而于本然之全体，则疑其有所未睹。且于日用之间，亦未见其有以存养省察，而体之于身也。是以虽其所以自任者不为不重，而其平生用力深处，终不离乎文字言语之工，至其好乐之私，则又未能卓然有以自拔于流俗，所与游者不过一时之文士，其于僧道则亦仅得毛千、畅观、灵惠之流耳。是其身心内外，所立所资，不越乎此，亦何所据以为息邪

---

① 《原道》，《韩昌黎集》卷十一，《基本国学丛书》本，商务印书馆 1958 年版。

距诐之本，而充其所以自任之心乎？"① 朱熹探究了韩愈反佛之所以在
"本然之全体"上有所未睹的原因：一是只关注文字言语之工，而忽视
形而上理论的求索和日用之间的存养省察；二是没有自觉超越流俗的意
识，在与文士、僧道交游中，不是去探讨佛教学说，入佛学之垒，而见
其瑕瑜，他不研究佛学，自不能"息邪距诐"；三是视域狭窄，身心内
外，不能包容佛道，吐纳佛道，而在一个更高的平台上超拔儒学于危机
之中。朱熹的批评，可谓中其肯綮。

柳宗元复兴儒学的理论与韩愈迥异，他入佛而主张"统合儒释"。
他在回答韩愈指责他"不斥浮图"时说："浮图诚有不可斥者，往往与
《易》《论语》合，诚乐之，其于性情奭然，不与孔子异道。"② 柳宗元
认为，韩愈谴责佛教只是"其迹"，而非其本，"退之忿其外而遗其中，
是知石而不知韫玉也"③。这种只及外表皮毛而不涉内在本质的指斥，
对于儒学的复兴重建确无太大的意义，它不能开出儒学的新生面。

三

宋明时期是佛学被理学消融期。朱熹对韩愈的批评并非无的放矢，
他在体验韩愈批佛的教训的时候，接受了柳宗元的"统合儒释"的主
张，为自己设计了复兴儒学，重建儒学价值理想之路。其实，出入佛
教，而后返诸六经，是有成就的理学家的共识，也是他们共同的心路历
程。宋明理学的开山宗主周敦颐，一反宋初三先生和李觏简单化批佛的
做法，而受道士陈抟的《无极图》于穆修，并受教于释教的寿涯、慧
南等。理学的奠基者，他们并不是拒斥佛道二教，而是深入探究佛道思
想。张载会见范仲淹时，范氏劝张载读《中庸》。张载"读其书，虽爱
之，犹未以为足也，于是又访诸释老之书，累年尽究其说，知无所得，

---

① 《与孟尚书》，《昌黎先生集考异》卷五，上海古籍出版社1985年版，第71
页。

② 《送僧浩初序》，《柳宗元集》卷二十五，中华书局1979年版，第673页。

③ 同上，第674页。

反而求之六经"①。"尽究其说"，可见其对佛学、道学研究之深刻，而非一知半解。程颢亦"泛滥于诸家，出入于老、释者几十年，返求诸《六经》而后得之"②。出入老释几十年，而非一时一年，长期学习道、释，对道释思想学说的把握体认，而非只知其外而不知其里。理学集大成者朱熹讲自己的治学历程："熹天资鲁钝，自幼记问言语不能及人，以先君子之余诲，颇知有意于为己之学，而未得其处。盖出入于释、老者十余年。近岁以来，获亲有道，始知所向之大方。"③ 绍兴十八年（1148 年），朱熹到临安（今杭州）去参加会试，他的行李中没有带一本六经和《语》《孟》，只带了一本宗杲和尚的《大慧语录》，竟中进士。

鉴于从唐到宋的这样的史实，我们可以追究体认：为什么唐与宋初几百年不能把儒、释、道三教兼容并蓄的文化整合方法落实下来？为什么在唐代没有实现中国理论思维形态的转变？为什么韩愈不能建构起如苏辙所批评的"自形而上者，愈所不知也"的形而上学理论体系？为什么韩愈为护道而拒斥外来文化、哲学及与儒学相异的思想，却不能收"息邪距诐"之效？为什么张载、二程等实现了中国理论思维形态的"转生"，开创了理学的新学风、新思维？为什么两宋学术成为中国学术的"造极期"？为什么出入释道累年，而后返诸六经为理学家所认同？这些诘难，是试图把古今中外的文化、哲学和各家各派及其学者自我都放置在同一个平台上，以开展自由的、平等的对话。在这些诘难中，我们似乎可以体悟出这样几点：

第一，宋明理学家具有"为天地立心，为生民立命，为往圣继绝学，为万世开太平"的宏大的气魄、宽广的心胸、久远的视野。为天地、为生民、为往圣、为万世，而不是为一人一时、一家一派，因此，能海纳百川，有容乃大，而不会只局限于儒教，对佛、道二教取绝对拒斥的态度；也不先在地在思想上存在对佛、道的偏见，抱着批佛、道的

---

① 吕大临：《横渠先生行状》，《张载集》，中华书局 1978 年版，第 381 页。
② 《明道先生行状》，《二程集》，中华书局 1981 年版，第 638 页。
③ 《答江元适》，《朱文公文集》卷三十八，《四部丛刊初编》本。

心态去研究出入佛、道，而是出于真诚的求知的需要，这样才能获得真知识。张载是读《中庸》而觉犹未足，才去累年尽究佛、老之说的；程颢为求知而广泛地博览群书，出入释、老几十年；朱熹体识到为己之学有未得其处，而出入释、老。其赴进士考试，只带《大慧语录》在身边。他们都是出于为满足强烈的求知欲望，而反复出入——尽究佛老学说的。"出入——尽究"四字说明他们对佛老之学不是只知其外，而不知其里；只知其"石"，而不知其"韫玉"的。他们对佛老之学都有很深的造诣，而后返诸六经。这就是说，他们"出入——尽究"佛老之学是在与六经等儒家学说作比较中，获得新体贴、新体验的。在比较中，他们才深刻地体验到儒学的优缺，佛老的短长。在儒、释、道三教对话、互动中取长补短，融突和合，从而转生为新儒学的理学，实现了从隋唐以来儒、释、道三教之学向理学理论思维形态的转变，并实实在在地落实了三教兼容并蓄的文化整合方法。

第二，两宋理学家、思想家在宋王朝"佑文"氛围中，喷发出儒学新生命智慧。他们破除对五经的迷信，冲破五经为圣人之言的种种神圣的光环和权威。质疑《五经》句句为真理的陈词滥调，推倒汉唐以来的"家法"和"师法"。把"疏不破注""讳言服、郑非"，转变为"舍传求经""疑经改经"。把汉唐的"我注六经"的章句训诂之学转换为"六经注我"的义理之学，使人们的思想从烦琐的、僵化的、教条化的经学桎梏下解放出来。欧阳修著《易童子问》，以《易传》非孔子圣人之言；朱熹以《周易》为卜筮之书，《诗经》三百篇非"思无邪"，而是讲男女之事，《尚书》为历史文告等，还五经以历史本来面目。这不仅为重新诠释五经等经典文本开出了广阔的解释空间，而且为"六经注我"的义理之学荡涤了思想障碍，从而挽救了长期以来注疏训诂之学使儒学生命智慧枯萎的危机，并为理学核心话题之理、气、心、性找到了新的解释文本的经典依据，他们从《礼记》中找出《大学》《中庸》两篇，与《论语》《孟子》合成四书，并抬高四书的地位，使之成为五经之上，而合称四书五经。这种依傍解释经典文本的重新选择，蕴含着先前理论思维形态的终结，新理论思维形态的转生。它说明先前理论思维形态所依傍解释的经典文本已不适合于新理论思维的需要。这就是说，随着理学新理论思维形态的"核心话题"的转变，它所依傍解释的经典文本也必随之而变易①。这是中国哲学理论思维形态转生的具有标志性的两方面，缺一均很难构成新哲学理论思维形态的转生。

第三，理学家出入佛、道，是为了融突和合儒、释、道，落实从唐至宋初所倡导的兼容并蓄的文化整合方法。要兼容并蓄三教，必须出入三教，对三教有深入的研究和体悟，才能豁然贯通三教，于是程颢体认出："吾学虽有所受，天理二字却是自家体贴出来。"②"天理"二字，其实在《庄子》书中和《礼记·乐记》中均已有记载，程颢不会不知道，为什么程颢说是他"自家体贴出来"？显然是他对"天理"这个古老的传统范畴加以重新理解、诠释。这种重新理解、诠释，是一种文本的再创造，范畴的再发现，理论体系的新构建。所以，程颢敢于声称"天理"二字是自家体贴出来。这个"自家体贴"不仅落实了三百多年来的兼容并蓄的文化整合方法，而且实现了中国哲学理论思维形态的转生，开创了宋明理学的理论新时代。

"天理"（理）作为儒、释、道三教兼容并蓄、融突和合的新哲学概念、范畴，它蕴含了三家哲学精神。二程说："释氏多言定，圣人便言止。"定与止有相通之处。《大学》说："知止而后有定，定而后能静，静而后能安，安而后能虑，虑而后能得。"儒释会通，以辨儒释同异。二程引《周易·艮卦》解止的意义："艮其止，止其所也。言随其所止而止之。"③后来陆九渊用佛教的破"我执""无我"，破"法执""无物"的思想来解释《周易·艮卦》卦辞。据《语录》记载："复斋看伊川《易传》解'艮其背'，问某：'伊川说得如何？'某云：'说得鹘突'。遂命某说，某云：'艮其背，不获其身，无我'；'行其庭，不

---

① 为什么要变？请参见张立文主编：《中国学术通史·宋元明卷》，人民出版社 2004 年版。

② 《河南程氏外书》卷十二，《二程集》，中华书局 1981 年版，第 424 页。

③ 《河南程氏遗书》卷十八，中华书局 1981 年版，第 201 页。

见其人，无物'。"① 陆氏则儒释圆融，以佛释《易》。陆王心学和佛教禅宗都讲"本心"，顿悟和无我之境，虽话语一致或相似，但内涵仍异趣。

理学家吸收华严宗的"理事无碍""一多相摄"及佛教的"月印万川"之喻，以阐述"理一分殊"思想。杜顺在解释事理圆融观说："夫事理两门圆融一际者，复有二门：一者心真如门，二者心生灭门。心真如门者是理，心生灭门者是事，即谓空有二见，自在圆融。"② 朱熹说："伊川说得好，曰'理一分殊'，合天地万物而言，只是一个理；及在人，则又各自有一个理。"③ "理一"是总合天地万物之理的"一般道理""一般水"，分开来，每个事物都有一个理，其用不同。"释氏云：'一月普现一切水，一切水月一月摄。'这是那释氏也窥见得这些道理。"④ 也可以说是朱熹窥得那释氏的道理。"理一"不生不灭，不增不减，无差别相，但能随事物而生，随缘而有。

宋明理学中无论是程朱道学（理学）、陆王心学，抑或张（载）王（夫之）气学、胡宏性学，都受佛教的洗礼，都吸收佛、道哲学思想。佛教为理学的"核心话题"理、气、心、性的体用论、体认论、价值论、工夫论提供了丰富的思想资源和实践经验。如果不是儒、释、道三教长期融突和合而营造了宽松的、平等的对话，互动的学术文化氛围，作为新儒学的理学是不可能转生的。从这个意义上说，没有佛道之学也就没有宋明理学⑤，或者说，没有佛道之学就没有宋明学术的"造极"。

四

佛教对宋明理学的影响，不仅是思维观念上的、内心生活上的，而

---

① 《语录上》，《陆九渊集》卷三十四，中华书局 1980 年版，第 419 页。

② 《华严五教止观》，《续藏经》第一辑第二编第七函第五册。

③ 《朱子语类》卷一，中华书局 1986 年版，第 2 页。

④ 《朱子语类》卷十八，中华书局 1986 年版，第 399 页。

⑤ 参见张立文：《佛教与宋明理学的和合人文精神》，载《中日佛教学术会议论文集》，中国社会科学院出版社 1997 年版，第 417—429 页。

且是价值理想上的、行为方式上的，同时也是文体形式上的和概念分析上的。宋明哲学家、思想家仿照佛教"语录"体裁，使宋明"语录体"大肆流行。佛教对概念、范畴的深入剖析、细致分梳，也使中国固有概念、范畴解释学更趋发展。朱熹病中默诵四书，对四书中的概念、范畴以绝句的形式，加以解释，如天、学、心、意、致知、中庸、人心道心、命、性、道、情、谨独、静、体用、鬼神、仁、知天命、一贯、居敬、博约、克己、九思、求放心、存心、良知、闻知等。朱熹对"天"的解释是："气体苍苍故曰天，其中有理是为乾。推原气禀由无极，只此一图传圣心。"① 对"中庸"解释说："过兼不及总非中，离却平常不是庸。二字莫将容易看，只斯为道用无穷。"② 后朱子门人程端蒙（1143—1191）撰《性理字训》（《小学字训》），就命、性、心、情等三十个范畴做了简要解释，得到朱熹的赞扬。陈淳（1159—1217）继承朱熹之学，特别对朱子的概念、范畴，潜心研究。他对于经书中的要义，如身心性命之端，理义道德之旨，与夫阴阳鬼神之微妙，儒术异流之同异，纲举目张，条分缕析，因流溯源，从末探本，触类引申，贯穿洞达，而撰成《北溪字义》（有称《北溪先生性理字义》《北溪先生字义详讲》），把中国对于哲学概念、范畴的研究推向高水平。

五

历史是一面镜子，可与今日之鉴。今与古之唐宋，虽情景迥异，然面临重建中国哲学的历史重任则有相似之处。昔日之儒、释、道三教兼容并蓄，转换为今日之中国传统文化、哲学，西方文化、哲学和马列文化、哲学的融突和合。古之哲学家，由于无仔细的学科分类，因此，他们均兼通文、史、哲、政、经；今之学科分类过细，学人只知本学科，对其他学科完全外行；即使是本学科，也只知其一，不知其二。如知中

---

① 《训蒙绝句·天》，《朱熹外集》卷一，《朱熹集》，四川教育出版社 1996 年版，第 5727 页。

② 同上书，第 5730 页。

国哲学的（有的也只知其皮毛）不知西方哲学、马列哲学；知西方哲学的不知中国哲学；知马列哲学的不知中国哲学等等。这离宋明理学家"尽究"佛道之学的差距远矣，这样如何肩负重建中国哲学的重任？

蹈韩愈"人其人，火其书，庐其居"的覆辙对待外来文化、哲学，不是出路：走"文化大革命""破四旧""横扫一切牛鬼蛇神"的老路，是死路一条；唯一的金光大道是走宋明理学家"出入——尽究"释老之途。换言之，即要虔诚地、真心实意地、不抱任何偏见地去累年"尽究"中国哲学、西方哲学、马列哲学。理解中、西、马哲学的真含义，把握其真精神，只有这样，中、西、马哲学才能真正地、平等地互动、对话，在互动的融突和合中转生。

隋唐时期，在外来佛教强势文化、哲学的冲击下，传统儒教也几乎陷于失语态势，但儒、释、道互动，并没有出现强势文化、哲学吃掉弱势的儒教文化、哲学，相反地，儒教文化、哲学在不断地吸收佛教文化、哲学的同时，既体认到儒教文化、哲学自身的不足，又明确了"统合儒释"的方向。儒教文化、哲学在佛教"话语霸权"情境中，像韩愈那样试图用卫护儒教话语和思想的纯洁性，挽救儒教主体精神的失落、缺位的危机，不仅收效甚微，甚至面临杀头的危险。相反，较为认同柳宗元开放的、"统合"的方式。虽然"统合"可能带来一些学者"阳儒阴释"的批评和讽刺，后来有的学者还把"阳儒阴释"这顶帽子扣在三教融突而转生的宋明理学和合体头上，它亦不能损害宋明理学是中国的儒学，只不过是新儒学而非旧儒学而已。

当今中国文化、哲学面临中、西、马的互动、对话，我们应该持开放的、真诚的、理解的心态，接纳各种文化、哲学，大可不必以强势文化、哲学的普遍性来压抑弱势文化、哲学的特殊性；也不可以弱势文化、哲学的地域性、特殊性来拒斥强势文化、哲学的普遍性，使古今中外文化、哲学，特别是中、西、马文化、哲学在融突和合中各展风姿，竞放异彩，而后获得转生。这转生的和合体（如新生儿）可能被指摘为"阳中阴西""不中不西""不西不马"的"四不像"，但只要这种转生的和合体，是有益于中华民族的民族精神的建设和发扬的；有益于中华民族现代的价值观念、理论思维、伦理道德、终极关怀的建设所需求的；有益于中华民族社会政治、经济、科技、文化繁荣发展的；有益于人类所共同面临的严峻冲突和危机的化解和协调的；有益于在经济全球化、文化多元化、网络普及化中，中华民族文化、哲学长久持续发展的，我们便可以不去纠缠于失语或不失语，缺位或不缺位，以至于合法或不合法等问题；我们便可以解除种种历史的、政治的、思想的包袱和重担；我们便可以消除与五个"有益于"相违的种种情结、偏见、教条和误解，营造一个鸢飞戾天、鱼跃于渊的学术自由创新的空间。我所构建的"和合学"理论思维体系，是试图按这五个"有益于"去实现的。尽管"和合学"还是"在途中"，但可以"在途中"与各文化、哲学思想、体系互动、对话，并在融突和合中而走向真善美。

六

张加才博士研究哲学范畴有年，他从陈淳的《北溪字义》切入，不仅梳理了陈淳的哲学思想体系，而且阐发了陈淳从朱子门人转变为朱子学传人的心路历程和原因。张加才博士认为，陈淳的"辨析字义"被视为北溪的"心法"，《北溪字义》便是此"心法"的突出表现，思辨精神的结晶，义理之学标志性的成果。陈淳指出训诂之学是"得一字之义"而未必知其味，义理之学是求字的意蕴、义理，如知得"敬滋味"等。"字义"本义为字词的意义，而它实指基本概念、范畴的意蕴。陈淳也不否定训诂之学，因此对于"字义"的把握和分析能较为贴近本真。

张加才博士认为《北溪字义》对范畴的分析，有其自身特点：一是注重范畴的界限和联系；二是竖观、横观的交错关系；三是范畴整体结构的逻辑次序。通过这样深入剖析，不仅彰显了《北溪字义》思辨精神的形而上性，而且是中国自古至朱熹等范畴研究成果的集大成。这些分析表现了张加才博士的扎实功底和独创见解。而最能体现张加才博士功底的是他对于《北溪字义》版本源流的考证，以及对于国内外各种版本的收集、对勘和校注。这没有甘坐冷板凳的精神是很难完成的，它与今天一些急功近利的浮躁之作形成了显明的对照。通过他的《北溪字义集校》，可以窥见他用心之细，用力之大，用思之深，这都是目前所仅见的。我们应该对张加才博士为学术界，特别是为中国哲学研究提供了一个最完善的、最完备的文本，表示一种敬意。

陈淳是朱子学传人中具有重要地位的、有创见的哲学家，是应该有学者去研究的，这对于深入体认朱子学学派的演变、发展有着重要意义。过去由于种种内因和外缘，没有予以足够的重视。特别是对于陈淳以"字义"的形式，来概括地简述中国哲学概念、范畴的演变、发展所作的贡献，也未予以关注。研究《北溪字义》，对于中国哲学概念、范畴的发展，具有理论价值和现实意义。

苏轼说："旧书不厌百回读，熟读深思子自知。"温故而知新也。

是为序。

于中国人民大学孔子研究院

2004 年 7 月 20 日

《以史证易——杨万里易学思想研究》序

　　"旧书不厌百回读，熟读深思子自知。"曾华东博士是向士陵教授的第一位弟子，他好学勤思、探赜索隐、手披目视，心惟其义。在论文答辩时，我作为答辩委员会主席曾认真阅读了他的博士论文《杨万里易学哲学研究》。在答辩过程中，曾华东博士逐个认真回答了评委的提问，甚至个别诘难，表现了对自身论文的透彻把握和面对问题的条分缕析、成熟思考。在做总结性发言的开场白时，我不由得当着众多评委的面连说了两遍："写得不错，写得不错。"

　　今天，华东又将他改定后的书稿《杨万里易学思想研究》寄我，嘱我为之序。思索再三，我以为他的书稿又见厚实，诚比他的博士论文又更见功底，其思想的深刻性、学术的发掘之深似又不可同日而语。宋明理学本是个常讲常新的话题，它经儒、释、道的融突和合开出了儒学的新生面。尤其是宋代道学家大多借《易经》阐发新儒学，发生在南宋已见分流，到了杨万里易学又似乎别开蹊径。杨万里易学"以史证经"，实则是一次向儒学的道本回归与重构。杨万里与朱陆，甚至朱震的指归路径不同，朱熹经理归道，陆九渊以心达道，杨万里论气指道，其间突出地"以史证经"为转圜，故我说"杨万里易学又别开蹊径"。

　　"以史证经"虽不始于杨万里，但杨万里极其能事"以史证经"，其易学贯彻于"易者，圣人通变之书"，立场鲜明地扬弃佛老的"举而捐之于空虚者"，认为他们"是乱天下者也"①。理学家都是反对佛老的"空""无"为本，杨万里易学似可归结于更为"明体达用"的理论本旨。我在《帛书〈周易〉浅说》里就曾提到："杨万里《诚斋易传》，以史事

---

① 以上引语见《诚斋易传自序》。

师道师说

张立文　卷

解易……是讲和的。"杨万里易学哲学的和合是"体"和"用"的融突和合，恐怕正是他的这个方法论原则决定了杨万里哲学本体论以气为本。换言之，在杨万里看来只有气本论原则更能感通"体""用"的和合。

这当然是"仁者见之谓之仁，知者见之谓之知"，但杨万里和合的方法不是无可借鉴的。我认为，杨万里易学哲学是在理、气、心之间游移，最后才认定一个气本的总原则。《杨万里易学思想研究》论著指出：杨万里用宋以前的所有历史案例，直达史前传说。因此，杨万里用力深厚，力创一宗是不言而喻的。问题是杨万里在用一个个史案解析《易经》的时候，有没有去自觉建立一种哲学上的理论架构。该论著先从杨万里文学家的角色转换，再从《诚斋易传》义理逐项梳理，然后转向对其哲学思想的辨析。尤其是杨万里哲学思想的辨析，以杨万里"元"论为逻辑起点，通过"有无论"、太极之辩，最终概括出杨万里哲学的气学性质。这样杨万里哲学体系的线索被清晰地勾画出来，无疑为学术界了解南宋理学的分流做了一项有益的工作。

我曾在我的《周易思想研究》一书中讲到"尽管明清以来，'六经皆史'说颇为流行。王守仁曾说：'以事言谓之史，以道言谓之经，事即道，道即事，《春秋》亦经，五经亦史。''《易》是庖牺氏之史，《书》是尧舜以下之史，《礼》《乐》是三代之史。'① 章学诚则认为'六经皆先王之政典也'②，政典即史。龚自珍也说：'夫六经者，周史之宗子也。《易》也者，卜筮之史也；《书》也者，记言之史也；《春秋》也者，记动之史也……'③ 但它毕竟是一部经编纂者初步整理、概括、排比，并寓有作者思想的筮书，是供占筮用的。"④ 诚然，《六宗一主》没有让杨万里易学陷入泥潭，又揭示出了《诚斋易传》以大量的"以史证易"使《易经》成功脱巫。《六宗一主》作者指出："杨万里没说过'六经皆史'的话，但他认为：'《易》，六经之首种也。天谷之，

---

① 《传习录上·王文成公全书》卷一。
② 《文史通义·易教》。
③ 《古史钩沈论二》，《龚自珍全集》，中华书局1959年版，第21页。
④ 《周易思想研究》，湖北人民出版社1980年版，第23页。

羲播之，文王芽之，周公、仲尼申拆之.'① 他知道《易》为六经之首的地位和来源，也知道《易》与史的对待。"因此，《六宗一主》一书还认为，杨万里作为史事宗的代表并不完全在于《诚斋易传》的"以史证易"，而是在还原《周易》为一部政治历史教科书的同时，凸显了《周易》的诸如：一、天人一体的思维，也可以说是"究天人之际"的整体的思维；二、通变思维；三、"天下同归而殊途，一致而百虑"的思维；四、忧患意识的经世思维。因此在最后，杨万里易学对其哲学的本体境界做了追根究底的寻源，"周子所谓无极者，非无极也，无声无臭之至也"②。从《诚斋易传》开篇的"故周子曰：元亨诚之通，利贞诚之复。复者何？复其元而已"③ 到《诚斋易传》末了的"周子所谓无极者……"实则是杨万里易学的一种宏观的理论架构。《六宗一主》讲清了"复其元"的"元"是气之元，而"无极"也是"无声无臭之至"的气，这就统一了作为杨万里易学气本论的哲学品格。

《六宗一主》以大量的史料、较详密的论证，提出了一些发人深省的新观点。如："以史证易"是杨万里改造《周易》并使之脱巫的主要手段，是方法论又是目标论；杨氏建立了一个史易互动的易学体系和"以历史为基础"的哲学系统的论述；杨万里哲学是在南宋气学走低的历史环境中，坚持丰富和发展了气学的论说；杨万里"安民而厚生"观点的提出是当时不可多见的民生观和理论的创新等。还值得一提的是该书的《杨万里哲学的诗化》一章。华东博士集中对其思想性最强的《朝天续集》诗集展开了艺术与思想交融的探讨，这无疑避免了在讨论杨万里思想时只关注大谈杨万里文学的不足。华东君嘱我以序，有感而发，是为序。

于中国人民大学哲学系

2007 年

---

① 《诚斋集》卷九十五（《庸言十八》），第 245 页。
② 《诚斋易传·系辞上》。
③ 《诚斋易传·乾·元亨利贞》。

《张璁论文集》序

　　嘉靖初年的"大礼议"之争，是影响明中期政治、经济、文化、思想变革中的大事，也是震惊朝野上下舆论评议的热点。以内阁首辅杨廷和为首与以新进进士张璁为首的两派，就"继统"与"继嗣"，"皇考"与"皇叔父"等问题展开论争。论争双方虽皆引经据典，高论"古礼"，奉遵"祖训"，但其理解和诠释却有天壤之别。

　　理解和诠释的差分，归根到底是由于价值观的殊异。价值观问题，是文化、政治、经济、思想的核心话题，是社会文明发展的动力和成果。它构成了人的价值选择、价值评价、价值判断的依据和取向，以及人的行为选择、行为方式的最基本动力源。一切价值问题，本质上是人的问题，并围绕人而展开，作为人类在实践交往活动中所建构的各种方式和成果总和的文化，其内核的灵魂是价值，体现为文化价值、思想价值、意义价值等。于是在体认、理解、诠释古人的行为、事功以及文本的是非正谬等问题上，无论是当时人，还是现代人，都受潜在的价值观的支配，形成了对同一对象或事件截然不同的价值评价和价值选择，采取殊异、差分的价值取向和价值行为，这种分歧，在历史上也是屡见不鲜的。

　　至于现代人对于古代人物和历史事件的评价，由于时间和空间的差距和社会环境、人文语境的变迁，与现代已是两个不同的时空世界和价值世界。这里所说的时空世界不是单纯的物理时空世界，而是指文化时空世界。由于现代人生活交往活动在现代文化时空世界和价值世界之中，不知不觉地接受了现代思维价值的影响，而成为人的潜意识，形成了一种"前见""前识"。当人们面对古代某一事件和某人的思想或文本时，往往不自觉地把已有"前见""前识"透视到价值评价的对象之中，这就是为什么一千个人眼中有一千个哈姆雷特的原因所在。

在张璁"大礼议"的价值评价中，自明清以来，其说纷纭，莫衷一是，或褒或贬，或是或非，或奸或忠，或君子或小人，或公正公平，或愤懑怨恨，为人为事，评价各异。特别是由于张、杨两派在价值观念上的分野：一以王阳明心学为理论思维主旨；一以程朱理学为理论思维主旨，"大礼议"的论争有了理论思维的支撑，便导致了"大礼议"论争陷入二元对立的思维模式之中，就出现了非此即彼的状态，以至于嘉靖皇帝动用中央集权的君主专制的行政手段，来压服一方。压服便不是心服，心中的怨恨不敢向皇帝发泄，而只能倾泻在张璁等人身上，张璁也只能替嘉靖受过了。

但是私怨不是历史事实，仇恨也不能完全篡改历史，虽然谎言重复三次就会变成事实，然还有历史的公正在。当人们冷静下来后，历史事件经一段时空冷却，价值理性渐渐化解了价值情绪，而显露出历史价值的一些真实方面，这就是《明史·张璁传》为什么较之前人价值评价较为理性的原因所在，也是李贽《张璁传》及其他学者较能公正对待的缘由。当然还有一些程朱理学家的继承者仍然坚持杨廷和派的原有价值观，这也是很自然的。

对于历史人物功过的评价和其行为活动是非的判断及其为人道德善恶的论定，要看这样几个方面：

一是立体以审其大节。立体就是立本。本既是国之大本，也是立身之根本。为政办事是以国为本、以民为本，还是以利为本、以私为本？以国为本、以民为本，就是为公、为义。为国谋利、为民谋利，就是公利、民利，就是公和义。以私利为本，损公肥私，就是不公、不义。张璁是"大礼议"中的一个新进进士、小小芝麻官，面对的杨廷和是三朝元老、拥立嘉靖的功臣，满朝高官都为他所控制的强势派。张璁在朝既无派无党，亦无权无人，孤身一人上书，实乃鸡蛋碰石头之举。为私保官，在杨廷和派的说项下可以升迁，然而他为的是理，是公，是国，是民，因而不怕艰难险阻，不顾身家性命，在"大礼议"中坚持己见，独树一帜，凸显了他的勇气和大气。

二是观用以察其言行。体是本，是大本、根本，用相对于体来说是末，是辅体佐本的担载者，为国、为民、为公、为义的实施者。故无末本不显，无末体不彰。他言行一致，"大礼议"成，即行辞官；他秉公直言，数次被罢黜。他敢于在太岁头上动土，清理勋戚庄田 528 处，57400 余顷，分别还给业主，以解民困和土地兼并；撤除镇守太监，时东厂、西厂，结党营私，草菅人命。他惩办首恶，裁减锦衣卫旗校工役 148000 余人，朝野称快，利国、利政、利民。如此改革，荆棘载途，不仅结怨于权贵，而且不顾东、西厂和锦衣卫的报复。为私矣！为公矣！为国矣！为身矣！功过、是非、善恶辨矣！

三是律自以检其实效。张璁深悉民苦，他屡上疏："为治之道莫先于爱民，愿治之君必严于赃禁。民为邦之本，财者民之心。近来中外交结，贪墨成风，推厥所原，实在内阁。"他自入内阁后，严内阁禁约，规定各衙门事务议于公朝，不得谋于私室，如有侯门投送私书，馈送财物者，则缉事衙门应即访捕拿问。不许地方向京官送礼输财，敢违犯者，依律治罪，赃物入官。他前后首辅费宏、杨一清、夏言的去位，都涉赃私。张璁秉政之日，政敌虽多，然无一纸弹劾贪墨之事。他几次罢黜致仕，两袖清风，大类寒儒，一箧衣物书籍自随。一心奉公，光照日月。与后者名为"贤相"，出京之日，大车几百辆，弥月不辍，方舟而下，连数百艘，于文忠如何也！真乃天壤之别，可资比较。

以此来评价历史人物历史事件，可以超越一些人的价值囿见、偏见，而贴近人物的真面目和历史的真面相。

《论文集》虽想尽量收集现代人的论著，但限于能力，未能遍收。在 20 世纪 80 年代以后之论文，无论其褒其贬，其是其非，均加采集，以利百家争鸣。我们相信，张璁的改革思想在当今还是有其价值和意义的。

是为序。

于中国人民大学孔子研究院、国学研究院
2009 年 3 月 26 日

《中华新二十四孝》序

无法抑制激动的泪花，无法抹去心灵的感受，她将永远遗留在我的心里！

新二十四孝的榜样事迹，这是民族的希望，这是社会的荣幸，这是道德的灵魂，这是人性的完善。中华民族由此而挺立在道德的至高点。

孝是中华民族伦理道德文化的首要价值，从一定意义上说，中华民族是在孝文化中孕育、成长、发展、壮大的。由孝文化开出中华民族精神和文化精神，它滋润着中华文化的宇宙、社会、人生、价值、审美观的各个领域，意蕴着经济、政治、哲学、教育、民俗、宗教、艺术的诸多文化内涵，而成为一个奠基性的文化核心观念。

德国哲学家黑格尔在《历史哲学》中，把中国的国家特性看作是"客观的家庭孝敬"。孙中山则认为："《孝经》所讲孝字，几乎无所不包，无所不至，现在世界中最文明的国家，讲到孝字，还没有像中国讲到这么完全，所以孝字更是不能不要的。"[1]

中华孝文化源远流长，纵贯三千多年，金文已见孝字。《尔雅·释训》："善父母为孝。"孝行西周，尊祖敬宗，有孝有德。孔子以其生命智慧，奠基孝道理论，提出以敬作为孝道的本质内涵，体现对父母的人格尊重和精神慰藉；入孝出悌，以敬兄敬长的精神协调家庭和社会的诸多关系；孝敬要符合礼，对父母生、死、祭祀都要依礼仪尽孝；以"几谏"原则，和谐父母与子女关系。曾子则把孝道推至塞乎天地、衡于四海、放之东南西北海皆准的普遍道理。无论是居处不庄、事君不忠、莅

---

[1] 《民族主义第六讲》，《三民主义》，《孙中山全集》第一册，三民公司出版1928年版，第89页。

官不敬，还是朋友不信、战陈无勇，非孝也。《大戴礼记·曾子大孝》载："断一树，杀一兽，不以其时，非孝也。"把环保的观念提升到孝的高度，要像孝敬父母一样对待自然生物，体现中华仁民爱物的崇高道德精神，可谓是世界第一爱护生物的环保主义者。

《孝经》把孝道作为一种经典固定下来，成为人人必须遵守的道德规范和行为原则，汉代以"孝治天下"，孝道被纲常化、政治化、绝对化、神秘化，以"举孝廉"为选拔官吏的标准，成为指导治国安邦的理论基础。

宋明理学家为重建伦理道德和价值理想，大倡孝道，以明天理。百行莫大于孝，大力褒奖卧冰、割股、刲肝等孝行，孝道深入人心和社会生活各层面，元初编成《二十四孝》，使孝道教育通俗化、大众化、感人化，影响深远。

朱明王朝将孝道作为"风化之本""帝王之先务"，古今之通义。把敬天、忠君、孝亲三维作为立人道必备条件。无论是荐举、科举、选官都离不开孝，孝被大力推行。清帝曾颁"圣谕"，敕令全国广为宣讲孝道。

近现代以来，孝道文化虽遭批判，犹一颗明珠落在泥水中，它的光亮被遮蔽，但只要倒掉泥水，清除污泥，明珠就会重放其璀璨的道德光辉。

当前社会道德规范的一些"失范"现象，虽是社会生活中的个案，但对社会生活危害很大，对社会心理冲击强烈。我们虽然有了《公民道德建设实施纲要》，提出了社会公德规范、职业道德规范和家庭美德规范，但如何实施，实施的规范榜样如何，需要落实，以便引领社会公德、职业道德、家庭美德的实施。

榜样的力量是无穷的，《中华新二十四孝》道德榜样震撼人心的事迹和崇高道德精神，就会在社会上激发起无数人的"百善孝为先"的道德人性，成为清扫社会种种道德"失范"的无穷无尽的力量。

道德精神力量，是国家的文化"软实力"，是民族精神的"和实力"。道德的终极目的，是追求心灵和静、家庭和美、社会和达、国家和处、世界和谐、文明和合。

　　道德的"和实力"，必将成为中华民族大繁荣大发展的巨大精神动力。

　　是为序。

于中国人民大学孔子研究院

2011 年 12 月 18 日

《普门张氏第十一次重修家乘》序

  家乘者，原春秋晋国史书名《乘》，故称史籍为史乘，后人撰作家谱，袭用家乘之称，义为家族之史也。

  千枝万叶，源自一树。长江奔流，唯有一源。海纳百川，殊途同归。一族之人，各自其父，推至其身，父其其父，祖其其祖，祖祖其祖祖，祖祖其祖祖，同吾高高祖也。虽有亲疏之别，远近之分，贫富之殊，贵贱之差，然自其高高祖观之，皆吾子子孙孙，无有分别也。同族之人，当以兼爱之义敦睦亲疏之别，思以乐会之情弥合远近之分，要以共富之议化解贫富之殊，倡以平等之思和谐贵贱之差。族人之间，各派之际，应以和生和处、和立和达，营造宗族和爱，人间和谐。

  中华认祖归宗，慎终追远，民族之性也；敬其所尊，爱其所爱，以他平他，老吾老以及人之老，幼吾幼以及人之幼，民族之德也。其性其德，宗心聚矣，国心齐矣，族心凝矣，其力无穷，其量无尽，可下海捉鳖，可上天揽月。宗谱之义大矣。

  自六世太师文忠公创纂普门张氏家乘之始，距今五百有年，其间仁风和畅，重修相续。家乘之修，当缅怀先祖，继承传统，发扬先祖持身特廉、疾恶如仇之正义精神，排除万难、厉行改革之革新精神，革除世弊、不怕险阻之无畏精神，兴办书院、培养人才之重道精神。如此，无愧于祖宗，无愧于族人，无愧于当世。绳绳继继，生生不息。

公元 2012 年岁次壬辰孟春月

二派二十世孙立文谨撰

《天地人和——儒家君子思想研究》序

"不积跬步，无以至千里；不积小流，无以成江海。"李长泰博士潜心学研，兀兀穷年，探赜索隐，进境日深。近年来，在积跬步、积小流的基础上，发表多篇有学术水准的论文，并出版学术专著多部，获得学术界的好评。

君子是中国古代对品德高尚和才能卓越的人的通称。孔子说："君子道者三，我无能焉；仁者不忧，知者不惑，勇者不惧。"① 君子的才德有三项：仁德的人不忧愁，智慧的人不迷惑，勇敢的人不畏惧。智、仁、勇三达德是君子之道的内涵和价值。

君子之所以要必备这三种基本才德，邢昺解释说："仁者乐天知命，内省不疚，故不忧也；知者明于事，故不惑；勇者折冲御侮，故不惧。"乐天知命之仁，具有道德形而上境界的意蕴。以仁为核心，构成"三达德"互相联系结构。

孔子自谦没有做到"三达德"，从父子、君臣、兄弟、朋友的伦理关系而言，也自谦没有做到。《中庸》记载："君子之道四，丘未能一焉。所求乎子，以事父，未能也；所求乎臣，以事君，未能也；所求乎弟，以事兄，未能也；所求乎朋友，先施三，未能也。"从所求乎子、臣、弟、朋友的角度来讲侍奉父、君、兄的道德，以及对于朋友所要求的，应自己先去做。侍父孝，侍君忠，侍兄悌，朋友信，这样做离忠恕之道就不远了。

孔子自以为没有做到君子之道，但认为子产有君子之道。"子谓子

---

① 见《论语·宪问》，据统计在《论语》中君子107见，其中12见指居上位的人，94见指才德高尚的人，有一处特指孔子。

产，有君子之道四焉：其行己也恭，其事上也敬，其养民也惠，其使民也义。"① 他的行为态度庄严恭敬，侍奉君上严肃尊敬，教养百姓有恩惠，差使百姓合理适当、不违农时，便能修身尽礼，惠民而田畴能生殖。

君子作为孔子的理想人格，他做了多方面、多层次的论述，除从智、仁、勇三达德的精神，侍奉君父的伦理道德关系，关怀百姓的生活疾苦，以及自己的道德修养等外，还从政治管理、道德品质、如何做人、如何处世、注重践行、三忍、三忧、三愆等，凸显君子的精神风貌，并从君子与小人的对待中，彰显君子的道德情操、价值观念、审美情趣、人格魅力。

君子如何治理国家政事？孔子认为"尊五美，屏四恶，斯可以从政矣！"② 所谓五美是指君子给人以恩惠，而不花费；劳动百姓，而不引起怨恨；有欲望而不贪婪；安泰矜持而不骄傲；威严而不凶猛。惠而不费，是因为因民之所利而利之；劳而不怨，是因为选择可以劳动的时间、情况去劳动他们；欲而不贪，自己希望仁德就得到仁德，又贪什么？君子不论人的多少、势力的大小，从不怠慢，这不就是安泰矜持而不骄傲吗？君子衣冠整洁，目不斜视，庄严而使人望而生畏，这不是威严而不凶猛吗？

为政四恶是指不教育就加以杀戮，叫作虐；不事先通告却突然要看成果，叫作暴；开始懈怠，突然限期，叫作贼；在应有支付上吝啬，叫作小家子气。

五种美政与四种恶政，是为国家政治治理的价值标准，亦是其政事是非的价值尺度，更是君子在从事国家治理中应遵循的行为准则。

君子的道德修养，首要在立本，"君子务本，本立而道生。孝弟也者，其为仁之本与"③。君子致力于仁为修养的根本，根本树立了，立身社会、为人处世的正道就产生出来了。孝敬父母，尊爱兄长，就是人

---

① 《论语·公冶长》，朱熹：《四书章句集注》，中华书局1983年版，第79页。
② 《论语·尧曰》，朱熹：《四书章句集注》，中华书局1983年版，第194页。
③ 《论语·学而》，朱熹：《四书章句集注》，中华书局1983年版，第48页。

的根本！

仁作为人的根本，是不能违背丢弃的。"君子去仁，恶乎成名？君子无终食之间违仁，造次必于是，颠沛必于是。"① 仁之所以为人的根本，是因为仁是统摄人的一切行为活动、思想情感的价值指向，是人人内在心意识所自然具有的"不忍人之心"，而不是外在的天命之性。

仁人是道德高尚的人，这是君子的道德人品。"君子求诸己"，严于律己，有问题从自我检查起；小人人品较差，往往推脱责任，责怪别人。因此，君子与小人在价值观、道德观、审美观、处世观、人生观上有了差分、冲突。

在义利的价值观上，"君子喻于义，小人喻于利"。儒家以义为安身立命之所在，以义为重，"子曰：君子之于天下也，无适也，无莫也，义之与比"②。君子对于天下的各种事情，既没有一定要怎样去做，也没有一定不要怎样去做，只要求怎样做合乎义的标准，这是君子应该做的。

孔子虽然反对小人的唯利是图，但他并不是不要利。利有公利私利之别，利天下、利国家百姓，使国家富足，"富而可求也，虽执鞭之士，吾亦为之"。孟子劝梁惠王要与民同乐、同利，不要把个人私利放在国家利益之上。宋明理学家虽讲"存天理，灭人欲"，但亦将利明确区别为公利与私利，为公谋利即是天理。

"子曰：君子周而不比，小人比而不周。"③ 有德行的君子忠诚守信地普遍对待人们，而不为私利互相勾结，小人为私利偏袒勾结，而不守道义，普遍地厚待人们。为公利就能周遍，为私利就会偏党。公私义利之辨，孔子和儒家道德价值观、是非观是泾渭分明的。

君子小人义利、周比之辨，既是人的道德品质、价值取向，亦是人

---

① 《论语·里仁》，朱熹：《四书章句集注》，中华书局 1983 年版，第 70 页。

② 以上见《论语·里仁》，朱熹：《四书章句集注》，中华书局 1983 年版，第73、71 页。

③ 《论语·为政》，朱熹：《四书章句集注》，中华书局 1983 年版，第 57 页。

的为人处世态度、标准的呈现。"子曰：君子和而不同，小人同而不和。"①"和而不同"与"君子群而不党""周而不比"，在义理意蕴上有相似之处；"同而不和"与"比而不周"，党同伐异之义相互联系。这里的"同"就是追求"一"、一律，即否定多元、多样、多极，不同、不一、差分。然而"声一无听，色一无文，味一无果，物一不讲"②。五声、五色杂合，然后是可听的美声和文饰五彩缤纷；五味、众物集合，然后享受美味、美物。"一"是单一、单边，从而导向独断、独裁，排斥不同意见或排斥异己。

"和而不同"的前提是承认不同，即有差分、有冲突、有危机，然后对不同的各方通过互相交流、对话、谈判、协调、化解、融合等方法，最后达到和、和合的境界。这也是君子的精神境界。

君子有崇高的道德境界，在为人处理上"成人之美，不成人之恶，小人反是"③。这是为人为善的心理和待人之道，体现人的道德品质善恶与否。君子对人不求全责备。孔子引周公的话，作为他待人之道。"周公谓鲁公曰：君子不施其亲，不使大臣怨乎不以。故旧无大故，则不弃也。无求备于一人。"④ 不要怠慢亲族，不要抛弃老臣、老部下、老朋友，只要他们不发生严重的过失，就应该善待他们，使他们体验到温情。

孔子认为，不求全责备并非是无原则的，而是有是非标准的。"子贡曰：'君子亦有恶乎？'子曰：'有恶，恶称人之恶者，恶居下流而讪上者，恶勇而无礼者，恶果敢而窒者。'曰：'赐也，亦有恶乎？''恶徼以为知者，恶不孙以为勇者，恶讦以为直者。'"⑤孔子是有爱恶思想感情的人，他有四恶：厌恶讲别人坏话的人，厌恶处下位而毁谤上位的人，厌恶勇敢而不懂礼节的人，厌恶专断而固执的人。子贡讲自己也有

---

① 《论语·子路》，朱熹：《四书章句集注》，中华书局 1983 年版，第 147 页。
② 《郑语》，《国语集解》，中华书局 2002 年版，第 472 页。
③ 《论语·颜渊》，朱熹：《四书章句集注》，中华书局 1983 年版，第 137 页。
④ 《论语·微子》，朱熹：《四书章句集注》，中华书局 1983 年版，第 187 页。
⑤ 《论语·阳货》，朱熹：《四书章句集注》，中华书局 1983 年版，第 182 页。

三恶：我厌恶抄袭别人成果而自以为聪明的人，厌恶不谦逊而自以为勇敢的人，厌恶爱揭别人隐私而自以为直率的人。孔子和子贡的爱恶价值观，在揭露人性之恶的同时，激发人们对人性之恶的体认，去厌恶之行，而营造优良的社会环境、人际关系，建构幸福、和合的世界。在这种世界中四海之内，皆是相亲相爱的兄弟。

君子的学问思辨，要落实到笃行，孔子重实践的行。"子曰：君子欲讷于言而敏于行。"① 说话谨慎迟缓，做事勤劳敏捷。为什么"讷于言"？一是"古者言之不出，耻躬之不逮也"②，谨慎说话是羞耻于自己做不到；二是"君子耻其言而过其行"③，耻于言过其行，以说得多做得少为羞耻。

孔子认为考察人、选拔人，应听其言，观其行。"子曰：君子不以言举人，不以人废言。"④ 不因为有人讲了动听而漂亮的话就推举他，也不因为有人有缺点错误，就否定他所讲的话，意谓人无全人，他所讲的话有正确方面，是应吸取的。当今之世，会说奉承话，会拍马屁的人，官运亨通，忠诚老实的人却被冷落，故有人叹世态炎凉。正如孔子所说："巧言令色，鲜矣仁"⑤ 啊！

人的行为活动，必须遵守礼的原则。孔子对他儿子伯鱼说，"不学礼无以立"，要在社会上立脚，必须学礼、遵礼。"一日克己复礼，天下归仁"，其具体途径是非礼勿视、听、言、动。孔子认为只有依此去实行，就能克己复礼为仁。

孔子要求君子有形而上的道义价值理想和理想人格。"子曰：君子有三畏：畏天命，畏大人，畏圣人之言。小人不知天命而不畏也，狎大

---

① 《论语·里仁》，朱熹：《四书章句集注》，中华书局 1983 年版，第 74 页。
② 同上。
③ 《论语·宪问》，朱熹：《四书章句集注》，中华书局 1983 年版，第 156 页。
④ 《论语·卫灵公》，朱熹：《四书章句集注》，中华书局 1983 年版，第 166页。
⑤ 《论语·学而》，朱熹：《四书章句集注》，中华书局 1983 年版，第 48 页。

人，侮圣人之言。"① 敬畏天命，天命是既超越又内在的形而上者，"天命之谓性"，性内在于人的本性。大人、圣人是才德卓越的理想人格，是人所终生追求的越凡入圣的目标。虽小人不怕天，不怕大人，轻侮圣人，但也不能因此说小人没有某种形而上的宗教意识。

孔子要求君子在形而下的日用生活、视听言动、起居行止、色貌问思等方面，都要符合礼的规范。"子曰：君子有九思：视思明，听思聪，色思温，貌思恭，言思忠，事思敬，疑思问，忿思难，见得思义。"② 看要思考看明白了没有，听要思考听清楚了没有，脸色要思考温和了没有，容貌态度要考虑是否恭敬，说话要思考是否忠诚，做事要思考是否严肃认真，有疑问要考虑怎样向人请教，发怒要考虑是否会引起后患，看到能得到什么要考虑是否合理。这一系列的思议，把人的行为活动的方方面面都做了仔细的合乎礼的规定，但也束缚了人的思想行为活动的自由。

正由于孔子把人的言行举止的规范规定得很具体，使人易于遵守实行，并渗透到每个人的日常生活之中，其普遍化、大众化的影响力就越强烈，就越深刻。

孔子还根据君子不同年龄阶段，指出应警惕的问题。"子曰：君子有三戒：少之时，血气未定，戒之在色；及其壮也，血气方刚，戒之在斗；及其老也，血气既衰，戒之在得。"③ 少年时代，血气未稳定，要警戒贪恋美色。壮年时代，血气正旺盛，要警惕争强好斗。老年时代，血气衰弱，要警惕贪婪，以保持晚节。孔子此言，是其人生经验的深切总结。年轻时，纵欲，耗尽精血，性命不保；壮年时，在竞争场上拼杀，亦可能拼得头破血流，一败涂地；年老时，不要最后捞一把，以致身败名裂。前车之鉴，不能不引以为戒。不色、不斗、不贪，涂鸦自己幸福美满一生。

君子是儒家的理想人格，其终极要求是"己所不欲，勿施于人"

---

① 《论语·季氏》，朱熹：《四书章句集注》，中华书局1983年版，第172页。
② 同上，第173页。
③ 同上，第172页。

和"己欲立而立人，己欲达而达人"。自己不愿要的，不施于别人；自己独立了建功立业，也要让别人独立、发展；自己发达、通达了，也要让别人发达、通达，而不是阻止他人、他国的独立、发展，制裁他人、他国的发达、通达。这是违背君子品德的。

1914年11月5日，梁启超曾以"君子"为题，在清华大学演讲，他举《周易》乾坤二卦的《大象》，"天行健，君子以自强不息"，"地势坤，君子以厚德载物"。以此提要钩玄，讲君子应自励犹天之强，运行不息；君子接物犹地之博，无所不载。他勉励学生，为师为友，相磋相磨，吸收新文明，改良我社会，促进我政治，崇德修学，勉为真君子。之后，清华便以"自强不息，厚德载物"为校训。

此八字体现了中华民族的民族精神，也体现了君子的真精神。今日若人人成为真君子，则国强民富指日可待，则国家幸甚，民族幸甚！

李长泰博士全面系统梳理各家各派君子思想，并追根溯源，纵横探赜，钩深致远，诠释阐发，发人之未发，见人之未见，为中国君子思想的探索做出了贡献，祈盼李长泰博士再接再厉，有更多高水平学术著作问世。

是为序。

于中国人民大学孔子研究院
2012年4月8日

《幸福奥义》序

"常将有日思无日，莫待无时想有时。"人生苦短，譬如朝露，花开花落，来日无多。唯有居有日而忧患无日之紧迫，不待到无时而后悔虚度了年华。饶贵民以"君子终日乾乾"的精神，以亲历生命智慧的体悟，以率性智能创造的卓识，以修道独立思议的睿智，从事于探赜索隐的学术之路，钩深致远的哲学反思。他纵贯中西古今之学思，横摄儒、释、道三教之义理，以超人的毅力撰成《人生三论》之后，又立诚修辞地撰成《幸福奥义》一书。

幸福是人人所期盼，人人所欲获得的。然幸福是什么，如何获得幸福，则见仁见智，莫衷一是。它像广袤的天空，即使是月明星稀的夜晚，也数不尽那璀璨的星星。又何必去追究每个人哪是幸福，哪是不幸的感受呢？

据载：一位女士买到了渴望很久的漂亮的车子，心里很是满足，幸福感油然而生。但当她听说与她交往密切的朋友买到更高档的车子，她的幸福感突然跌落，回家后便与老公发脾气。她的老公在单位刚得到提拔，心情很好，觉得很幸运，当听说自己的一位同学比他得到更高的提拔，想想自己样样比那位同学强，原来的幸福感降到了谷底，回家后心里也有一肚子气，两人说不了几句就吵了起来，温馨幸福的家顷刻变成口水战场。惚兮恍兮，恍兮惚兮，哪是有幸，哪是有福！

幸福，是实存的东西。虽有积极幸福、中道幸福、消极幸福；或宏观幸福、中观幸福、微观幸福等等，但幸福在现实世界、现实生活、现实人群中是可感受、可体验、可获得的。弗兰西斯·培根（Francis Bacon，1561—1626）说："一个人也可以通过不断做出细小的努力来达到幸福，这就是不断地增进美德。"

对此惚兮恍兮、恍兮惚兮的人生重大话题，饶贵民以其敢于盗天火的精神，为人们谋福祉的情怀，从幸福之相、幸福之理、幸福之在、幸福之学、幸福之道等层面，做出了发前人所未发的回应，见前人所未见的诠释。

　　拜读此书，获益匪浅，启发良多。无论读者自己，还是家人、朋友、民众都可得到一些体悟、一些觉解、一些宁静。以我粗浅而不成理的体贴，此书所隐现作者的心情意蕴、现实悲愿、义理诉说，凸现了一种独有的特色：

　　首先，"清风明月本无价，近山遥水皆有情"。幸福这个词与清风明月一样本无价，因人把自己的情感赋予近山远水和清风明月，所以山水风月也有了生命价值。犹如张载所说的"为天地立心"。天地本无心，人以自己之心为天地立心，体现人对天地自然的情爱。

　　在这追财求富、物欲横流的时代，像清风明月一样的净洁世界，异化为藏垢纳污的病毒世界，幸福作为人们神圣的追求，异化为现实丑陋的活动。幸福作为"人类寻找自我心灵慰藉的一方灵药"，必须度越被污染了的幸福表象。

　　幸福是有情，幸福是有爱，饶贵民以深沉的情爱，爱世界、爱社会、爱生活、爱幸福。人们如何在巨大的幸福迷宫中找到幸福的路径？唯有生活世界，是安顿幸福的载体，于是爱生活世界，无异于爱幸福世界。此书视生活为四维度：

　　一是主日常生活的庸常世界。海德格尔所说的"沉沦"，即在日常生活中常人被抹平个性，失去本真，跌落于常人的常驻状态。沉沦导致人人的异化，使人最初的善良被烦躁、烦神所遮蔽。尽管异化的最高形式是每个人都期望自己成为万众瞩目的英雄，但又不能不接受日常生活的庸常世界的考量，而庸常世界中的日常生活，才是真正意义上的幸福载体。

　　二是主道德生活的伦理世界。亚里士多德认为："人的善就是合于德性而生成的灵魂的现实活动。"幸福，在伦理世界其终极的标准是合乎德行。在人被异化为物化商品符号的世界中，唯有从我执、法执的酒色财气迷惑中度脱出来，功德圆满，才能缔造真幸福。

三是主真理生活的本真世界。撇却种种现象世界，体认形而上本质世界。在这里庸常世界或伦理世界都可视为形而下世界。形而下世界是可凭经验体认的世界，它所获得的幸福是经验生活的感受，而不是形而上心灵本真的感受。真理生活的本真世界，不受物化世界的牵累，不受表象世界的迷惑，而是由不惑而进境知天命的幸福境界。

四是主智慧生活的艺术世界。艺术世界是人所追求的圆融无碍的华严境界，亦是人所独有的为人此在的创造；艺术世界是人类心灵智慧度越形相的形式的显现，亦铭刻着人们对自己觉解和体贴的深度；艺术世界往往领时代精神的风骚，亦常常变社会文明的动力；艺术世界是人类智慧生活的精神活动，亦是人类温馨的、优美的、幸福的精神家园。艺术世界作为人的心灵、智慧的投资，只能领悟和意会。它像神奇的幸福美梦，令人回味无穷。

十字打开这四个世界的幸福门径，以通达人和天和、人乐天乐、天人共和乐的和合幸福世界。

其次，"四面湖山归眼底，万家忧乐到心头"。有情才有幸，有爱才有福，有情无爱，哪有幸福？千言万语，形形色色的幸福话题；纷纭复杂，悠悠乐乐的幸福形相，尽收眼底，归依心头。湖山忧乐附丽于心，幸福不离心。欲望满足的幸福、美满生活的幸福、事业成功的幸福、发明创新的幸福、大难不死的幸福等。幸福，都是心的受容、感受、体验、觉解，从这个意义上说，幸福在心中，心外无幸福。

随时、随性、随遇、随缘、随喜，唯乃随心。心乐而乐、心喜而喜、心幸而幸、心福而福。心存幸福，随时而幸福，随性而幸福，随遇而幸福，随缘而幸福，随喜而幸福，无处不幸福，无时不幸福。

幸福并不拒斥外在的时、性、遇、缘、喜的震荡、刺激而使人的感觉器官发生感应，传递于大脑神经元，使"心之官则思"的心做出是否幸福的判断，赋予时、性、遇、缘、喜的幸福感受和体悟。

从欲望满足的幸福而言，如饶贵民所述：每个人的生命，如同一列载满欲望的列车，欲望是它前进的动力，但如果将欲望视为人生进步的燃料而不断积储的话，这列人生之车就会一直处于"超载"运行之中，因为人一旦有了欲望，为了实现这个欲望，就会一直迫使理性为自己进行策划，全部身心也就陷入了"痛苦"之中。在叔本华看来，人的欲望被满足的那一刹那就是幸福。如果第一个欲望得到了满足，而第二个欲望还没被设想出来，那时人就陷入了"无聊"的状态之中。一旦这个人的第二个欲望产生出来，他就重新陷入了精神的痛苦之中，他的理性又忙于为实现他的第二个欲望而筹划。所以，人生就如同一列来回摆渡的列车，在痛苦和无聊之间摆动。欲望无所穷至，幸福只在心中。

无论是第一、第二个欲望，还是接连不断的欲望的产生，以及迫使理性为设计欲望和实现欲望而策划，并由此而陷入痛苦与无聊、幸福与不幸之中，归根到底是心所开出的。欲望、痛苦、无聊，无误是心的受容、感受、体验和觉解。这就是"万家忧乐到心头"的写照。换言之，万事幸福开心中。

再次，"出没波涛三万里，笑谈今古几千年"。溯古观今，几万年来，欲望与人类诞生同步。人为了维持生命的延续，就有衣、食、色的欲望，"食色，性也。""今夫狌狌形笑亦二足而无毛也。然而君子啜其羹，食其胾。故人之所以为人者，非特以其二足而无毛也，以其有辨也。"荀子以人为二足无毛的动物，但已与禽兽相分别。这个分别就在于"禽兽有父子而无父子之亲，有牝牡而无男女之别，故人道莫不有辨"。有辨乃是社会道德的觉醒。以道制欲，少私寡欲，人心惟危，道心惟微，人心效法道心，道心制节人心。

幸福既是形而上之道，也是形而下之器。它渗透于生存世界，滋润于意义世界，逻辑于可能世界。几千年来一直为人们所关注、所论辩、所反思、所追求。上至皇帝大臣，中至学者士子，下至庶民贱人，都期盼幸福，上至几千年，下至几千年，内而中华民族，外而世界各国，追求幸福，此心同也，此理同也。

正如饶贵民所说，我们每个人都要承受时空天秤重量的评估，人在时空中行走，铸造了生命的历史和人类的历史，乞丐王孙，金屋湮灭，沧海桑田，社会变迁，都在时空中呈现。个体生命，因承受不了太多时空世事的重担，而有不幸福的感叹，又因圆满挑起时空事务重担，而有幸福的愉悦，幸福在时空中转换。福兮祸之所伏，祸兮福之所倚。

幸福在时空中流淌，探索中外古今幸福的真谛，唤起人的好奇心理。于是古今中外无论是苏格拉底、柏拉图、亚里士多德、叔本华、弗洛伊德，还是孔子、颜渊、老子、庄子、华严宗、禅宗、朱熹、王守仁等等，都对幸福发出了心声。这种心声虽由不同的人发出，由不同的乐器奏响，犹如交响乐，却和合成一曲美轮美奂、无与伦比的神妙的乐曲。

无论是古希腊的哲人，还是中国的智者，都是求真知的爱智的人。在他们的视域里，幸福也是一种智慧之学，它与自然、社会、人生和光同尘。幸福是对自然生生不息之理的体贴，是对社会运行规则、伦理道德的把握，是对人生立德、立功、立言的实现。各幸其幸，各福其福。美人之幸，美人之福，幸福与共，才是真幸福。

苏格拉底把知识看成构成幸福的中介，人对知识掌握和运用，转知成智，获内在幸福。孔颜之乐，是乃幸福之乐。一天，齐宣王在满是亭台楼阁、风景优美的雪宫接见孟子，他问孟子："有道德的贤人也有这种快乐和幸福吗？"

孟子回答说："作为一国的君主而不同他的百姓一同享受快乐和幸福，是不对的。只有以百姓的快乐为快乐，以百姓的幸福为幸福，百姓才会以国君的快乐和幸福为自己的快乐和幸福。"与民同乐，与民同幸福，这才是真快乐，真幸福。

融突而和合古今中外儒、释、道、耶的幸福观，乃是该书的特色。

第四，"云开世外三千界，时邀明月一弹琴"。幸福就像哲学，一千个人眼中就有一千个哈姆雷特，说不清，道不明。一言以蔽之，幸福是指度越自然、社会、人生种种形相、无形相的我执、法执的融突而和合的心灵享受。

度越尘世的世外三千界，而领略到"苍松翠柏真佳客，明月清风是故人"的意境。物我相融、民胞物与，以至常邀明月共弹琴，是乃天地万物与我一体的境界。在这个境界中，"山间日月自来去，天际浮云无是非"，远离世俗是非，自由自在地享受快乐和幸福。这才是幸福的真谛。

自然界的苍松翠柏、清风明月都成为人类座上的贵宾。既然要像接待贵宾一样对待自然人物，那么，人和自然、社会、人际，以至心灵还有什么事值得纷争，脱离尘世物欲的干扰，共弹琴瑟，奏响人类幸福之乐。

这演奏的幸福之曲，使人类心灵得到净化，也使山水风月得到净化。常邀明月共弹琴，透示出幸福永恒的魅力，是心灵幸福所能达到的最高境界。这是人的生命幸福的灵性投入，这是幸福之道的"大和至乐"之境。

饶贵民以关怀人类现实的悲情，以培养人类幸福的爱情，以创造人类福祉的温情，而撰著《幸福奥义》，其意可赞，其志可歌。

"有梅无雪不精神，有雪无诗俗了人。"梅花白雪，相映成趣，向雪吟诗，意蕴高雅。若不圆融梅、雪、诗三者，便俗而无韵了。《幸福奥义》将人类现实的悲情、幸福的爱情、福祉的温情三者和合，而使幸福有情的高歌响彻星空。

这是受《幸福奥义》启发后的一些浅薄的感想。

是为序。

于中国人民大学孔子研究院

2012 年 8 月 15 日

《吕大临理学思想研究》序

"千淘万漉虽辛苦，吹尽狂沙始到金。"大凡要取得事业的成功，都要历尽千辛万苦，在无数沙粒中发现真金。陈海红博士曾在斗室勤写作，方知字字皆辛苦。他深思力作，夜以继日，终于撰成《吕大临理学思想研究》一书。

吕大临思想留给人们诸多疑惑：他亲炙关学张载，张载逝世后，又师事二程，并成为程门四大弟子之一，被《宋史》称为"程门四先生"。那么，他的思想定位究竟是关学，抑或洛学？是张载的气体学，抑或是二程的理体学？究竟归属于哪一哲学理论思维？是否建构了自己创新的形而上理论思维体系？如何还吕大临思想的真面相？这些问题一直使人挥之不去。陈海红博士将其置于时代的大背景、大思潮中，细密梳理、纵横比照、深入分析、探赜致远，终于解开谜团，做出了相当精彩的回应。

从宏观的体现时代精神精华的理学哲学思潮而言，理体学（或称道体学）正处于开创奠基时期。邵雍、周敦颐、吕大忠、吕大防、吕大钧、张载、程颢、程颐、吕大临、王安石等，为同时代的人，他们从各个层面为理体学的开创和奠基都做出了不同程度的贡献。邵雍图书学、周敦颐的濂学、吕氏兄弟的吕学、张载的关学、二程的洛学、王安石的新学，以及三苏的蜀学，各呈异彩，璀璨缤纷。此其间思想哲学界从"疏不破注"桎梏下解放出来，各自发挥义理之学，喷发出思维创新的火花。

再者，理体学（道体学）还没有形成统一化、固定化的认同标准，也没有树立起形上的一定之规，各个学派也在创立形成之中。这期间学术开放，无有"师法""家法"。学派互相交流、对话、论辩频繁，他们互相吸收、渗透、补充、完善。慕名而互相师事，也不被视有违师道，反而表现出一种追求真理的虔诚心情和吾爱吾师但吾更爱真理的精神。在这种学术思想大环境下，吕大临改换门庭，并不奇怪，相反表现出他在追求真理过程中，以包容的心境博采群议；以开放的态度受容观点，唯有如此，才能融突不同学派观点，和合创新。

从微观的各哲学理论思维在智能创造过程中，未定型的唯变所适性而言，宋明理学家在求真的过程中，都曾出入佛道二教，或几十年，或"尽究其说"，然后返诸"六经"。他们在批判佛道思想的同时，也吸收佛道思想资源，而使宋明理学成为中国哲学发展的高峰，以致有人称宋明理学为"阳儒阴释"。对待被理学家目为异端的佛道思想尚且如此，则对待理学家内部各派思想的论辩，其实也是一种互相理解、吸收的有效形式。由于受容、吸收他者思想的消化程度不同，圆融各派学术思想之内的深度有异，因此遗留的问题也差分。陈海红博士在论文中讲到，正如朱熹对吕大临的评价中说，吕氏天分极高，可叹其英年早逝，"吕与叔惜乎寿不永！如天假之年，必所见又别。程子称其深潜缜密，可见他资质好，又能涵养。某若只如吕年，亦不见得到此田地矣"①。朱熹一方面赞扬吕大临思维深潜缜密，另一方面又叹惜其死得早，其思想未能完善，而有诸多缺失，若能天假之年，所见又别，便能有自己卓识之见。特别是不能弥合圆融张载与二程之间的不同观念，构成其自己的系统思维逻辑结构，是吕大临的遗憾。

令人困惑的是吕大临理论思维的归属，他在关学与洛学中都具有重要地位，既是关中"蓝田四贤"之一，是关学创始者张载的高足，又是"程门四先生"之一，是洛学创始者二程的弟子。在关学与洛学中都具有重要地位。陈海红博士在论文中梳理了吕大临的从学经历。蓝田吕氏为书香世家，吕大临兄弟六人，五人皆中进士。长兄吕大忠，年长大临二十岁，吕大防和吕大钧分别年长大临十二、十三岁，大钧和张载为同科进士。吕氏兄弟家居时，常常互相"切磋论道考礼"，关中言

---

① 《朱子语类》卷一〇一，中华书局 1986 年版，第 2560 页。

《礼》学者，皆推吕氏。大临在这样学术浓厚的环境中长大，受家学影响根深蒂固，他在31岁师事张载之前，27岁中进士，并曾撰《老子注》，学术已有一定造诣。此时的大忠、大防、大钧、大临"蓝田四贤"在学术界已有一定影响，可与蜀学三苏（苏洵、苏轼、苏辙）比肩。这是吕大临与其兄自我求索的"吕学"期，是为吕大临学思第一阶段。

宋神宗熙宁三年（1070），大临31岁，张载移疾归居横渠镇，大临兄弟服膺张载关学，遂执弟子礼，并推动了关学在关中的传播和发展。受张载气化思想的影响，对《周易》《礼记》等作系统研究和注解。大临38岁时，张载逝世，大临撰《横渠先生行状》，是为大临学思的第二阶段。

神宗元丰二年（1079），大临40岁，慕名二程洛学思想，入洛师事二程。次年陪同程颐西行关中，与程颐探讨"有体而无用"问题，后又探讨"中和""已发未发"问题，直至哲宗元祐七年（1092）大临逝世，年53岁。是为第三阶段。

吕大临学思由吕学、关学而洛学，如何融突而和合三学，需要尽精微地反思，才能探赜索隐地有所体认，需要天假其年地求索，才能钩深致远地融突和合。正如朱熹慨叹：可惜死得早，"若有寿，必煞进"①。吕大临有可能建构起其有特色的理论思维体系。

吕大临的思维演变过程，不能简单地归属于关学，也不能简单地归属于洛学，而是和光同尘于两者之间；既不能简单地归属于气体学，也不能简单地归属理体学，因为其对理气心性都有论述。从整体而言，其哲学理论思维的核心话题理气心性，认同于理学哲学思潮的核心话题，其理论思维所依傍的诠释文本主要是"四书"，亦与理学哲学思维所依傍的经典文本同，又其所师事张载、二程都是理学哲学理论思维的奠基者，就此而言，吕大临为理学（或称道学、新儒学）思想家是无疑的。

吕大临虽未能圆融地融突和合三学，但并不是说他无智能创造地提

---

① 《朱子语类》卷一○一，第2557页。

出他的独特观点。他不仅在理气之思、心性之辨和知行一致等方面有他自己的陈述，而且在长期的思索和教学《中庸》中，有所体认。他认为"中"为不偏不倚，是天地之大本。"所谓中者，性与天道也。谓之有物，则不得于言，谓之无物，则必有事焉。"[①] 中是性与天道，这就把中提升到形而上本体的高度。宋明理学家，有以性为本体，有以道（理）为本体，为性体学或道体学（理体学），而吕大临以中为本体。

中既是性和天道，也是本心。"情之未发，乃其本心，元无过与不及，所谓'物皆然，心为甚'，所取准则以为中者，本心而已。由是而出，无有不合，故谓之和。非中不立，非和不行，所出所由，未尝离此大本根也。达道，众所出入之道。极吾中以尽天地之中，极吾和以尽天地之和，天地以此立，化育亦以此行。"[②] 这是吕大临对《中庸》第一章中和大本达道的解说。天、地、人的心与物都符合于中的标准，这就是本心。由此而出都相符合，这就是和。天、地、人非中不立，非和不行，都不能离中这个本根，和的达道是众的出入通道，天地以中和而位立，万物以中和而化育。中和是天地万物之所以位立和化育的根据，或谓大本根。

吕大临从中为天地万物"大本根"出发，逻辑地认为："中者，道之所由出。"立即遭到程颐的批评："此语有病。"

吕大临分辩说："所谓'天命之谓性，率性之谓道'，又曰'中者天下之大本，和者天下之达道'，则性与道，大本与达道，岂有二乎？"从二者的同而言，不容有二名；从其异而言，不可混而为一，道是从中出来的，换言之，道是由中派生出来的。

程颐认为："中即道也。若谓道出于中，则道在中外，别为一物矣。"中就是道，如果说道出于中，那就是说道在中外，另外为一物，分中与道为二了。

吕大临说："既云率性之谓道，则循性而行莫非道。此非性中别有

---

① 《礼记解·中庸第三十一》，《蓝田吕氏遗著辑校》，中华书局 1993 年版，第 273 页。

② 同上。

道也，中即性也。"这是大临"中者，性与天道"思想的进一步论证。

程颐批评说："中即性也，此语极未安……中既不可谓之性，则道何从称出于中?"①

从程颐与吕大临关于中的论争中可以得知：一是吕大临试图以中为天地之形而上根据的大本根，与性与天道同为形而上天地万物的依据，而"和者，天下之达道"的"道"，是从中出来的。程颐从天理（理、道）为形而上天地万物的依据出发，批评吕大临中为道的所由出和中即性说，是极有弊病的。二是虽然吕大临在其哲学理论思维演变过程中讲过"天下通一气，万物通一理"的思想，但终究通过对《中庸》的诠释体认，建构了以中为大本根的哲学理论思维逻辑结构，而与其师程颐理论思维出现分歧。从《论中书》中可以看出，吕大临并不因为程颐的批评而放弃或改变自己的观点。三是从程颐与吕大临在理（道）与中的分歧而言，吕大临虽师事张载和程颐，而不能简单地将其哲学理论思维归属于洛学的理体学，或简单地归属于关学的气体学。以中为大本根的中体学才是吕大临哲学理论思维的紧要处、独特处。但他对中之大本根未能展开充分论述，这是其缺陷。

当前学术界对吕大临理学思想研究的专著比较少见，陈海红博士根据自己研读原著，精心梳理，仔细分析，探其源流，纵横比较，索隐思想，中其肯綮。大凡其诠释的理气之学、心性之学、践履之学、逻辑结构，都能发前人所未发，见前人所未见，为吕大临思想研究做出了贡献。

是为序。

于中国人民大学国学研究院
2012 年 9 月 16 日

---

① 以上引言均见《论中书》，《蓝田吕氏遗著辑校》，第 495—496 页。

《仁者宇宙心》序

"天命之谓性，率性之谓道，修道之谓教。"故吾国学人治学，"犹骨象玉石切磋琢磨也"，必在"戒慎乎其所不睹，恐惧乎其所不闻"的切问近思中，卓以自立。高予远教授禀先圣"古之学者为己"之教诲，切己砥砺，"如切如磋，如琢如磨"，以求"尽己"。

己者，"古之学者为己"之己也，这是千百年来中国儒学精神命脉所寄。故中国儒学精神之正宗乃是"自己讲，讲自己"。当然这一"己"是"明明德"之己，是破"我执"之己，是"以天下为己任"之己，是"仁者，浑然万物一体"之己，是"盖天地万物本吾一体"之己，这个"己"是"自己讲，讲自己"的核心所在。

己者，人类精神洪流中之"己"也；群中之"己"也；当下现实生活中，面对种种异质文明之"己"也；宇宙苍穹、万象森然星空下之"己"也。故"自己讲，讲自己"，必在上述的这些约束中，战战兢兢，如履薄冰，领会中西先贤尽精微、致广大之生命义理，历经孤寂、遭受苦难，而又不失"登车揽辔，澄清天下之志"的志向，方能在这种种沉重而又神圣的约束中"自己讲，讲自己"，讲出大中大正自由的宇宙生命直觉。这个宇宙生命直觉既是"己"之直觉，更是吾人类生命的最锐利的类直觉。正是这个最锐利的吾人生命的类直觉，吾人类的仁义礼智、道德律令才获得了最直接的、源于宇宙生命最深处的丰富甘美的生命滋养。

一时代有一时代的问题，一时代有一时代的精神。一时代精神必有自己的核心话题，凝练这一核心话题的理论思维乃是吾国先贤对一个真正学者基本使命的定位。一时代之学者，若"故纸堆中乾坤大"，而无自己时代的核心话题的思议，乃一时代学术、学人甚至民族之悲哀。基

师道师说

张立文 卷

于此，我提出了"和合学"的思想。

我之所以提出"和合学"思想，是因为现代新儒学接着宋明理学讲，已经不能反映现时代的精神了。要反映现在的时代精神，核心话题一定是现代的，这个核心话题必须体现时代精神和时代发展。进入全球化的时代，各方面飞速发展，面临的问题、冲突、危机也异常复杂，按照宋明理学讲已无法化解。现在面对的问题不仅仅是一个人价值理想的问题，而是整个人类的问题，这就要求我们考虑问题、冲突、危机时，不能不带有人类的忧患意识、危机意识，我认为，现在人类面临着五大冲突和危机：即人与自然的冲突，反映了生态危机；人与社会的冲突，反映了人文危机，比如9·11事件、战争、贩毒、社会贫富不均等等社会问题都反映了这种危机；人与人之间的冲突，反映了道德危机；人的心灵冲突，反映了精神危机；文明的冲突，反映了价值的危机。如此看来，我们不仅仅要面对中国的问题，而且要面对整个人类的问题、冲突、危机，因为中国与世界是紧密联系，不可分的。怎样去化解，就必须寻找到能体现现在时代精神的核心话题，然后进行提炼、概括和升华，从而构建现代中国哲学的理论体系。这是中国哲学要"自己讲"的一个标志。

至于"自己讲，讲自己"是否真正能讲出这个时代的核心问题，有待历史检验。但作为一个学人，一个读圣贤书的学人，一个禀先贤生命义理的学人，沉潜在历史洪流的深处，活在当下，"自己讲，讲自己"，寻求这个时代的核心问题乃是其不能自已的历史使命，是一个有责任感、使命感的学人，为人为学的逻辑前提。失去了这个逻辑前提，学术不过是"玩物丧志"。

高予远教授，用他自己的话讲："地球七十亿人口中一微芥也，虽微芥，但不敢弃古今中西圣人之教诲。"一微芥生命，必有劫难，他的劫是他的劫，古人的劫、今人的劫、未来人的劫也是他的劫。正是这颗历经千亿劫的"和合"心，不敢弃天赋其内心万象森然的生生和美。这颗历经千亿劫的"和合"心，真正从生命的历史本源深处，从宇宙星空的万象森然的生生和美中，体会到了吾国先贤"民胞物与"心、

"天地万物本吾一体"心。这颗历经千亿劫之心，浮华剥尽，静寂庄敬，心通千载大悲悯，陆王"宇宙心"成为他生命的灵魂。这个以"宇宙心"为其灵魂的生命，秉大中大正的宇宙生命直觉，赋陆王"宇宙心"一全新的生命诠释。

高予远教授新著《仁者宇宙心》分"儒家之心""儒家之行"与"儒学开新"。"儒家之心"与"儒家之行"主要是对王阳明思想的研究，此部分虽侧重准确把握王阳明的思想，但也不乏作者个人生命证悟的诠解。"儒学开新"乃是以儒家思想为基点，对当代中国社会问题的思考及对儒学的新诠释，这些诠释多有新意。其间"仁者宇宙心"一文，既创新迭见而又有矛盾纠缠，不过一个新思想的创生正是在矛盾纠缠中获得动力，这是大多新思想创生时常见的现象。我相信《仁者宇宙心》一文的创新与矛盾纠缠将成为高予远教授新生命的开始，一个新思想的产生必是一个艰难的生命历程。"儒学开新"中《神圣他者与和合相生》《谁在反思》《朱子理欲新论》三篇文章，是构成《仁者宇宙心》一文的三篇基础性文章，其中《朱子理欲新论》，多有新意，值得关注。

儒学精神从本质上讲，是天下一家的儒学。高予远教授《仁者宇宙心》一文，秉"宇宙心"这种大中大正儒家固有的宇宙生命直觉，重新诠释全球意识觉醒后吾国先贤固有的"天下一家"意义上的儒学。

是为序。

于中国人民大学孔子研究院

2012 年 10 月 21 日

《学宫图说译注》序

　　"日就月将，学有缉熙于光明。"长期坚持不懈地学习，就能积渐广博而达光明境界。林晓明君立志于学，为研究朱舜水，他曾十渡日本，收集有关资料。若志不立，虽细微之事，犹无可成之理，况为之大事。一方面他以知命之年，刻苦学习日语，另方面实地考察以体认朱舜水的事迹和精神，故取得丰硕成果。

　　"身实学之，身实习之。"晓明君以其参加与主持松江地区古建筑的调查、保护、修复工作和丰富经验，以及其为古建筑高级工程师的广博知识，勇敢地担当起当代舜水学界一般不敢涉及的《学宫图说》诠释工作。他以其得天独厚的松江地区的工作环境，与朱舜水曾在松江府学习二十年的经历，加之明代末期，松江府学宫是中国东南一带最具有特色的学宫，朱舜水在学宫的建筑修理过程中，虚心向建筑师请教，积累了高深的建筑学宫的知识。古今两人虽相隔三百多年，但舜水与晓明工作学习的地方相同，又其对古建筑的浓厚兴趣相同，因此两人心有灵犀一点通。这是促使晓明君诠释朱舜水《学宫图说》的因缘。

　　《学宫图说》体现了朱舜水以儒学为主旨的建筑思想。学宫作为建筑物，是设计师主体的智能创造，通过建筑师和工匠的实践而对象化的物。主体的智能创造并非凭空虚拟，一方面是对传统建筑学宫原理、规矩、范式的传承；另方面是根据不同的客观环境的实际而予以创造；再方面是把中国学校与孔子庙建筑法式与日本建筑相结合，从而有《学宫图说》之作。

　　朱舜水熟谙宋代和明代的营造法式或《鲁班经》等。《学宫图说》中不仅有宋代和明代建筑专业词汇，而且建筑尺寸的表述方法与《鲁班经》同。然而《鲁班经》为一般营造方法、建筑风水学、室内家具的制作方法，《学宫图说》是阐述中国明代州府学宫建筑制度、营造方法的书，这是两者之异。

"贤者处实而效功，亦非徒陈空文而已。"《学宫图说》是学以致用的典范，亦是严遵礼仪制度的建筑学的著作。《左传·隐公十一年》记载："礼，经国家，定社稷，序民人，利后嗣者也。"礼能管理国家，稳定社稷，使人民遵守秩序，有利于后来子孙。它要求人按照不同的等级的规定，而各安其位，各行其事，各尽其责，而不得僭越。

礼不仅要求人的一切行为活动符合礼，而且国家制度、百姓日用也要符合礼的规定。如季氏作为大夫，却僭用天子八佾舞于庭之礼，孔子说"是可忍，孰不可忍也"。李觏说："饮食、衣服、宫室、器皿、夫妇、父子、长幼、君臣、上下、师友、宾客、死丧、祭祀，礼之本也。"（《礼论》，《李觏集》卷一）。朱舜水《学宫图说》规定："大门、中门平时不可通行，仅限于祭孔子的牲口引入时可通行，平时通行之事限于东角与西角门。"学宫的建筑物配置是按"左庙右学"制度，《周礼》尚左，明代中期以降，全国各地学宫左部配置大成殿。又重要建筑的丹墀尺寸规定亦按礼的规定："本堂丹墀深三尺，明伦堂丹墀二尺，启圣宫一尺五寸。"表示三者等级高低之别，体现了礼的根本。

终身不脱依赖模仿，便断然不能创新。朱舜水根据日本地震多发的实际，在《学宫图说》中发明了专用于防震的"平震枋"。这在宋代《营造法式》中无，日本语中亦无。其制作方法是"穿脐入违"，即"防震枋"在安装时，在建筑的柱子中间从左右两方穿入防震枋，以起防震作用，为保障生命财产的安全。

朱舜水的《学宫图说》在日本产生了一定影响。建设学宫虽为水户藩主德川光国的理想，但由于物力人力的限制而未实现，但德川光国要求朱舜水指导工匠制作大成殿、两庑、门的模型。模型完成后，德川光国向朱舜水请教祭礼，即释奠之礼。晓明君实地考察了八座日本古代学校（孔庙），其中栃木足利学校、冈山闲谷学校、长崎中岛圣堂建造年代较《学宫图说》出版年代要早，唯东京汤岛圣堂，德川家齐于宽政十一年（1799）建造，设计时参考了朱舜水为德川光国制作的大成殿、两庑、门的模型。另日新馆、弘道馆的大成殿是模仿《学宫图说》的，是符合礼的。

《学宫图说》译诠的完成，恢复了明代学宫建筑的法式，呈现了古代学宫建筑所蕴含的礼仪制度、审美情趣、学宫精神、舜水智慧，加深了对学宫在培养人的道德品质、精神修养、文化知识中的功能的体认，对现代学宫建筑有参照和启迪的价值。

是为序。

于中国人民大学孔子研究院
2014 年 5 月 28 日

《刘宗周〈人谱〉哲学思想研究》序

"饬治之术，莫良于学；学之广在于不倦，不倦在于固志。"修身养性最优良的方法在于学习，学识的广博在于坚持不懈地学，而坚持不懈地学，要有坚定不移的志向。张瑞涛博士在攻读博士期间，虽家有妻小需要照顾，但他心无旁骛，孜孜不倦，专心致志，以求精进；他虚心好学，疑则思问，切磋琢磨，探赜本真。

张瑞涛的硕士导师是方同义教授，他既是我担任第八十四届中国哲学史教师硕士课程进修班主任期间的学生，又是我的访问学者，其访学期间曾对刘宗周思想有所研究，故张瑞涛的硕士论文研究对象便是刘宗周。在此基础上，张瑞涛再经博士期间的日新致思，钩深致远，而获丰硕成果，撰写博士论文《刘蕺山＜人谱＞的哲学思想》。本书是他博士论文的修改稿。

刘宗周放眼宋明，高屋建瓴，深思熟虑，冀希创新。他综罗宋明以降道体学家（理体学家）、心体学家、气体学家、性体学家诸如"盈天地间一气而已"，"盈天地间皆物也"，"盈天地间一性也"，"盈天地间止有气质之性"，"盈天地间皆仁也"，"盈天地间只是此理，无我无物"，"盈天地间皆生也"，"盈天地间只是个生生之理，人得之以为心，则曰仁"，"盈天地间皆道也"，诸此等等，莫衷一是。他探索着、反思着、怀疑着、绍承着。刘宗周熟悟要建构自己的哲学，必须确立自己理论思维的价值观，以此为导向，抉择哲学形上学的价值标准。

这个抉择、思议的历程是炼狱般的、熬精血的、求真善的流程，从刘宗周对《人谱》"凡三易稿"中可以察知。《人谱》初撰于 1634 年，再订于 1637 年，定稿于弘光元年（1645 年）。其子刘汋说："是谱则乙酉五月之绝笔也。一字一句，皆经再三参订而成。"姚名达在《刘宗周年谱》中亦载："迄乙酉五月，绝食，犹加参订。"可见《人谱》是其所最终思议、抉择的成果，也是其自己对自己所思所想的定论。所以，其绝食临终时告诫其子刘汋说："做人之方，尽于《人谱》，汝做家训守之可也。"以为后世永赖之训诫或箴言。

《人谱》首句曰："无善而至善，心之体也。"此即刘宗周哲学形而上理论思维致思的核心课题。此句刘宗周自注："即周子所谓太极，'太极本无极也'。统三才而言，谓之极。分人极而言，谓之善。其意一也。""太极本无极"的"本"字若作本根、根本讲，则太极的本根是无极，无极是太极的根源性的范畴；若作本来讲，太极本来就是无极。就上一解而言，其意蕴则与《国史·濂溪传》"自无极而为太极"，"九江故家传本"作"无极而生太极"相会通。① 然而，刘宗周的"太极本无极也"，未知其据何书何本，尚待考证。不过，朱熹认为，"自无极而为太极"的"自""为"二字是修《国史》者妄增；"无极而生太极"，"误多一生字"。故此朱熹改周敦颐《太极图说》首句为"无极而太极"，并解为"所谓无此形状，而有此道理耳"，即无形而有理。

刘宗周仿照朱熹修改过的《太极图说》"无极而太极"的句式，作为其《人极图说》的首句"无善而至善"。太极统摄天、地、人三才之道，称谓为"极"，从分殊为人极而言，称谓为善。至善即至极的善，便是度越有形相的善的无形相的形而上本体之善，即心体。

所谓"统三才而言"，《周易·说卦传》载："昔者圣人之作《易》也，将以顺性命之理，是以立天之道曰阴与阳，立地之道曰柔与刚，立人之道曰仁与义。兼三才而两之，故《易》六画而成卦。""兼三才"与"统三才"其义一。"统三才"如何升华为形而上心体？刘宗周自述其体悟："余尝著《人极图说》，以明圣学之要，因而得易道焉。盈天地间，皆易也；盈天地间之易，皆人也。人外无易，故人外无极。……惟人心之妙，无所不至，而不可以图像求，故圣学之妙，亦无所不至，

---

① 参见张立文：《宋明理学研究》（修订本），人民出版社 2002 年版，第108—123 页。

而不可以思议入。学者苟能读《易》而见吾心焉，盈天地间，皆心也。"① 形上本体不可以求诸有形相的图像，而应求诸无所不至的无形相。有形相的图像困囿于时空的有限性，不能无所不至，唯有无形相的人心之妙，无所不至，而与圣学之妙和合，人心之妙即圣学之妙。如是"无善而至善，心之体也"，既是圣学之要，亦是易道，为"盈天地间皆心"的心体提供有力的理论支撑。

刘宗周《人谱》凡三易其稿，与其学三变密切相关。观此，可体认其思想求索的常勤精进，终能铁杵磨成针的艰辛。其子刘汋在《蕺山刘子年谱》载："先君子学圣人之诚者也，始致力于主敬，中操功于慎独，而晚归本于诚意。诚由敬入，诚之者人之道也。意也者，至善栖真之地，物在此，知亦在此。意诚则止于至善，物格而知至矣。意诚而后心定其心焉，而后人完其人焉。是故可从扶皇纲，植人纪，参天地而为三才也。"其为学三变，与其年齿的早、中、晚相契。

刘宗周 26 岁（1603 年）师事许孚远②，问学"为学之要"。程颐讲为学之方为"涵养须用敬，进学则在致知"。许以"敬身之孝"教宗周。敬，即是孔门千圣的"相传灵犀"，亦是为学要端庄检点、行事慎微的修养功夫。敬作为涵养的功夫，而未达本体与功夫、涵养主体与涵养对象的融合。

刘宗周从 36 岁（1613 年）到 48 岁（1625 年），操功慎独。他在《与陆以建年友一》中说："圣学要旨摄入在克己，即《大》《中》之旨摄入在慎独，更不说知说行。周子'圣学有要'段，亦最简截，与克己慎独之说相印证，此千古相传心法也。"慎独见于《中庸》首章："君子戒慎乎其所不睹，恐惧乎其所不闻。莫见乎隐，莫显乎微。故君子慎其独也。"君子在别人看不见、听不到的情况下，均非常谨慎、恐惧。尽管很隐蔽很细微，而没有表现和显露出来，但君子在独处时其所

---

① 《读易图说·自序》，《刘宗周全集》第 2 册，台湾"中央研究院"中国文哲研究所筹备处 1996 年版，第 143 页。

② 许孚远（1535—1596）师从湛若水（1466—1560）弟子唐枢（1497—1574），湛若水师从陈献章（1428—1500），许有心体学的渊源。

想所为，都要非常谨慎。特别是与刘宗周有"性命之交"的黄宗羲父亲黄尊素为阉党魏忠贤逮捕，刘宗周饯之萧寺，相谈国是，涕泣而别①，自觉"事心之功"的功夫不深，于是"专用慎独之功"。并以慎独解中和，中为未发的隐微，和为显见的已发，两者本一，而非为二；"中"显独的天命之性的体，"和"体现独的"天下达道"的功夫。刘宗周说："独之外，别无本体；慎独之外，别无功夫。"慎独将本体与功夫合而为一。

由慎独进而诚意，如果说刘宗周54岁（1631年）"专揭慎独之旨教学者"，那么其59岁（1636年）时，据《刘宗周年谱》载："是时先生工夫只在略绰提撕间。每爱举'天下何思何虑'，'诚无为，无欲故静，有所向便是欲'等语。……自此专举立诚之旨，即慎独姑置第二义矣。"诚为第一义，慎独退居第二义。第一义犹今曰第一性。其实，他在57岁（1634年）已著《证人小谱》，后改为《人谱》。在此，刘宗周已逐渐意识到慎独的修养功夫是由内在的"意根"的诚意来支撑的，这正是《中庸》与《大学》的差分，《中庸》是以不睹不闻说来，《大学》是从意根上说来。唯有诚意才能做到慎独，凸显诚意道德心的价值。人的视听言动，都是心意根的流出和发动。"意根最微，诚体本天。本天者，至善者也。"本天道而"止于至善"。此微犹"道心惟微"的微；"诚体本天"犹"诚者，天之道也"，诚体犹如天道的本根。"诚者，不勉而中，不思而得，从容中道，圣人也。"圣人是"自诚明"者，这是刘宗周所追求的境界。作为人道的"诚之者，择善而固执之者也"，诚意便可达至善归宿之地域。

诚意，即诚实其意，朱熹和王守仁以诚意的意为无自欺的意念活动或心理动机，刘宗周以为是心灵意识的智能存有或精神本体。义为心的主宰，或曰定盘针。"心之主宰曰意，故意为心本。"又说："意者，心之所以为心也。止言心，则心只是径寸虚体耳。著个意字，方见下了定

---

① 黄、刘两家有姻亲之约，刘宗周冢孙刘茂林（字子本，崇祯壬申生）为黄宗羲次女婿。

盘针。"心是一个方寸中的虚体,义是虚体中的一点精神,此精神犹如定盘针;此点精神便是心的意根灵魂所在。由此而言,"无善而至善,心之体也",可称谓为心意之体。故刘宗周说:"意者,至善之所止也。""心,一也,自其主宰而言,谓之意。"在刘宗周的理论思辨逻辑结构中心与意为一,而非为二。

刘宗周的为学三变,他从体现德性修养的主敬功夫入门;进而慎独,慎则敬,敬则慎;又进境于诚意,亦由"独体""诚体"到"无善而至善"的心体(意体)形而上境界。这是一个彻上彻下、即本体即工夫的境域。

张瑞涛博士三十余万字的《刘宗周〈人谱〉哲学思想研究》,其阐论的全面性、系统性、深刻性、创新性、超越性,就我所见,国内所公开出版的刘宗周哲学思想而言,是较为突出的优秀博士论文。该文从刘氏晚年易箦时仍在修改的《人谱》切入,而统摄刘氏整体哲学理论思维逻辑结构,梳理了《人谱》撰著的缘起和早、中、晚学思历程及三易其稿的情状,并关联对阳明学的始疑、中信、终而辩难卫道的状况,深入分析了《人谱》的心体论、工夫论及"即心即易"的易学哲学。该文在梳理以往各有关刘宗周论文、著作的基础上,给予其哲学以理性定位和定性,较能贴近历史事实。特别值得指出的是,张瑞涛博士广为搜索,勤于记录,而考证蕺山弟子(一传弟子,不包括再传弟子)一百七十余人,考其生卒年月及籍贯、生平事迹、学行著述、影响地位、后人评价等,这对于理解学派的传承、学统的弘扬具有重要意义。虽然此书出版时未收录《蕺山弟子考》,但终究而言,该书对于刘宗周哲学思想研究具有推进作用和价值。

清袁枚说:"作诗,不可以无我。"就刘宗周哲学思想而言,正如该书所言,是"接着宋明理学讲"的,而于"有我"有点欠缺。

是为序。

于中国人民大学孔子研究院

2014 年 8 月 1 日

在首届温州龙湾明代文化研讨会上的致辞

　　我有幸参加首届温州龙湾明代文化研讨会，从代表参加会议的学者角度说，我们感谢会议的邀请，为我们提供了交流学术、互相学习的平台；从龙湾是我的家乡角度说，她是生我、育我、成我的地方，她是我生命的资始点，也将是我生命的资终点。人的一生始终离不开家乡。这个具有特殊意义的会议在我的家乡召开，我为龙湾文化的深厚底蕴感到骄傲，也为龙湾各级领导的睿智卓识感到欣慰。

　　突破物理的时空，从学术价值的时空来看，首届温州龙湾明代文化研讨会可谓是一次"东风方来满眼春"的盛会，它为龙湾唤来学术的春天。龙湾是一个山清水秀、人杰地灵、人文鼎盛的礼仪名乡，是一个英才辈出、代有传人、大化流行、生生不息的地方。南宋状元赵建大，明代首辅张璁、侍讲王瓒，抗倭英雄王沛、王德，以及理学家王叔杲、项乔等等，都为当时的社会做出了丰功伟绩。或为社会改革而竭尽心力，或为抗击倭寇而英勇牺牲，或为民族事业而鞠躬尽瘁，或为革除弊端而不怕险阻。

　　今天，当我们缅怀前贤的时候，应传承他们优秀的传统。扬民族之精神，续中华之文脉，承优秀之道德，弘思想之精华。例如：

　　其一，不怕杀头，敢为天下先的创新精神。创新是对旧制度、旧传统、旧观念、旧价值的一种突破和否定，必然会遭到坚持旧制度、旧传统、旧观念、旧价值者的攻击、仇视，以至扑杀。正德年间，武宗荒淫无度，不理朝政，宦官刘瑾专政，藩王作乱，政治腐败，苛政如虎，民不聊生。王瓒（1462—1524）不畏强暴，暗讽刘瑾，而遭贬斥；武宗巡边犒军，劳民伤财，王氏知民疾苦，大胆进谏。

　　张璁（1475—1539）在"大礼议"之争中，依据《礼记·问丧》：

"孝子之志也，人情之实也，礼义之经也。非从天降也，非从地出也，人情而已矣。"圣人缘人情而制礼，人情是衡量亲疏、嫌疑、异同、是非的标准。张璁基于此，以大无畏的精神，无惧政治风云的险恶，对三朝元老杨廷和等要世宗朱厚熜尊孝宗为皇考，生父兴献王为皇叔兴国大王，首发"异议"，词严气壮，不悚不惧。杨廷和以其首辅权威，定"有异议者即奸邪，当斩"。这对于一个刚中进士不久，无权、无势、无实职的观政礼部的张璁来说，无疑是鸡蛋碰石头的命运。当时刑部尚书赵鉴列张璁罪状上报皇帝，并阴谋"上若云是者，即扑杀之"[①]。然而，张璁并不因有扑杀的危险而退缩，放弃自己的"异议"。"大礼议"之争，形式上是"继统"与"继嗣"的礼仪之争，体现在政治上是皇权与阁权之争，学术思想上是正统程朱理学与新兴阳明心学之争。张璁以阳明的心学反对程朱理学，这在政治上是一次大较量，凸显了一种敢于坚持原则，不怕扑杀，敢为天下先的创新精神。

其二，坚韧不拔，不达目的决不罢休的大丈夫精神。张璁 24 岁中举后，春风得意，次年（1499）便进京应礼部试，他满怀信心，跻身仕途，然而却名落孙山。温州地处山陬海隅，古来交通甚不方便，赴京应试，需经千山万水，路途艰苦，难以名状。自弘治十二年（1499）至正德十二（1517）年间，他七试七黜，七黜七试。在落第的巨大心理压力下，他毫不气馁，从不灰心丧气；他排除种种干扰和压力，立定志向，勇往直前；他以坚韧不拔的大丈夫精神，锐意进取，终于在正德十五年（1520）春二月礼部会试，榜上有名，这是张璁第八次参加会试了，实现了自己的理想。一个人只要立定了奋斗的目标，就要为实现人生价值目标而努力。在北京国子监的进士碑上，就有张璁的名字。

其三，保家卫国，不怕牺牲的爱国主义精神。嘉靖三十一年（1552）浙江沿海倭寇猖獗，杀人放火，抢劫财物，沿海人民陷于水深火热之中。日本在南北朝战争中，南朝失败后的武士大多流为海盗，大肆走私、抢劫，为害人民，江、浙、闽、鲁、粤沿海都受其侵扰，故称

---

① 《张翀传》，《明史》卷一九二，中华书局 1974 年版，第 5088 页。

为倭寇。龙湾永嘉场一带地处滨海，倭寇在此烧杀抢夺，张璁的外甥王沛（1485—1558）痛恨倭寇侵凌，他自动号召组织民众起来抗倭，后王沛的从侄王德（1517—1558）从广东按察使司金事辞官回乡。王沛、王德叔侄捐出家产，招募乡勇2000余人，共同抗倭，取得多次胜利，永强义兵名扬浙南。他们不拿政府分文，自动自觉保家卫国。嘉靖三十七年（1558），倭寇大股侵扰永嘉场、梅头一带。当时王沛已74岁高龄，仍然亲临前敌，英勇冲杀，终因寡不敌众，壮烈牺牲。王德赴援温州府城，途中遭倭寇伏击。他在殉难前仍射杀数寇，牺牲时年仅42岁。这都充分体现了他们为保家卫国，不怕牺牲的爱国主义精神，为龙湾人民树立了榜样。

其四，持身特廉，疾恶如仇的正义精神。张璁对贪官污吏剥削人民，甚为痛恨。他曾上疏，指出地方官为贿赂京官，搜刮民财，以至棰挞诛求，小民怨声载道，"宜严加禁约，犯者勿赦"。张璁认为，贪墨成风，与内阁有关。若内阁贪赃，部院和地方就肆无忌惮了。因此，张璁入阁后认为，严革贪风，必须从内阁做起。他约会内阁成员，告诫他们要各修本职，以收治平之功。他严以律己，持身特廉。为杜绝贪风，澄清吏治，制定内阁禁约：各衙门事务，"议于公朝，不得谋于私室"①，以断私下交易，收受贿赂；接待官员，"宜礼见公署"，以免请托私事、结党营私、假公济私；凡投私书、馈送财物，一律由缉事衙门访捕拿问等等。张璁以身作则，使得贿赂公行、贪赃枉法之风有所收敛。

其五，排除万难，厉行改革的革新精神。明自"土木之变"后，社会危机逐渐加剧。王守仁认为，社会已到了沉疴积痿的"病革临绝之时"。为挽将要倾覆的明王朝，必须厉行改革。当时社会最突出的危机是社会贫富不均，土地兼并至极，大批丧失土地的农民背井离乡，成为流民。武宗时全国流民达60万，占总人口1/100。张璁为抑制土地兼并进一步恶化，把农民固定于土地上，便坚决清理庄田。当时土地兼并最

---

① 《严禁约》，《张璁集》卷三，上海社会科学院出版社2003年版，第92页。

严重，数量最大的是皇宫、王府、勋戚所占有的庄田。因此，清理庄田就成为首务，查勘京畿勋戚庄田 528 处，共 57400 余顷，其中 26000 余顷分别归还农民。这虽损害了藩王、勋戚、宦官的既得利益，引起他们的仇恨，但有益于社会的安定。

明代宦官专权乱政，武宗不理朝政，宦官在全国各省和重要城镇派出镇守太监，掌握军政大权，形成全国统治网。他们结党营私，陷害忠良大臣，鱼肉人民；大肆搜刮，举国不宁。张璁入阁后一再上疏，请求坚决撤除镇守太监，使百年流毒一旦顿除，四海生民以此为乐，为国家做了一件大好事。

明代东厂、锦衣卫横行霸道，作威作福。厂、卫与法司职权不分，越权审捕。张璁上疏，请求严分厂、卫与法司职权，凡贪官冤狱，由刑部、都察院、大理事法司机构提问审明，不得擅权坏法。限制了厂、卫的无法无天、胡作非为。

此外，张璁还改革科举之弊，改正孔子称号和祀典，他认为谥封孔子不过公、王，与世俗公、王无别。"臣窃惟先师孔子，有功德于天下万世，天下祀之，万世祀之，其祀典尚未安者，不可不正。"[1] 孔子"圣人也"，臣而王之，名不正，言不顺，非礼尊之。称孔子为王，以为是尊孔，实乃是"诬孔子也"[2]。于是他又上疏："孔子祀典自唐、宋以来，溷乱至今，未有能正之者。今宜称先圣先师，而不称王，祀宇宜称庙，而不称殿。"这样便称孔子为"至圣先师"，嘉靖皇帝接受了张璁的建议。于是孔子"名益尊"，"道益重"，隆师之礼亦更重视。

张璁每一项改革，都遭到攻击，数次致仕离京，只有"衣囊一篋"。徐阶当国，"出京之日，大车几百辆，弥月不辍"。相比之下，从一个侧面说明张璁两袖清风，为官廉正，人格崇高。

其六，严家风、勤耕读的尊师重道精神。王激曾任国子祭酒兼经筵

---

① 《议孔子祀典第一》，《张璁集》卷七，上海社会科学院出版社 2003 年版，第 181 页。

② 《议孔子祀典第二》，《张璁集》卷七，上海社会科学院出版社 2003 年版，第 193 页。

讲官，张璁建"罗峰书院"，教育弟子。王叔杲致仕后修建学校，教育族子弟。王光经（1570—1627）以自己的俸银，修葺书院，明礼乐，课文艺。他们都表示了重教的精神。王绍志（1878—1960）历任温州初级完全师范学堂教员、校长，改革校务，为时所重。王晓梅（1896—1968）曾任永强崇实小学教师，协助叶氏三兄弟（希禹、希濂、希贤）创办三希小学，任校长十六年。其间对教材、教学法、管理制度进行一系列改革。

在龙湾各姓的族约、祖训中，均认为"国有政，家有训，众之纪也"。《英桥王氏族约》规定："凡子孙居官，务要廉勤、正直、尽忠、体国、恪守官箴。"治行卓越，惠泽百姓的，殁后族谱传之，如果是贪酷被黜者，那么，在族谱上便削其爵。《双河村何家桥陈姓祖训》共二十九则，如孝父母、友兄弟、和夫妇、交朋友、笃宗族、重本业、尚勤俭、遵国法等。《东坛郑氏祖训十则》第九为"重学"，认为"四民之道，重在读书"。第十为"重农"，认为"衣食所赖，惟农力田"等。族约、祖训使龙湾人民得以提升道德情操，滋养尊师重道的精神。

这些优秀的精神，是龙湾取之不竭，用之不尽的精神财富。"富有之谓大业"，精神的富有，才能真正成功大事业；"日新之谓盛德"，不断地创新才能获得最大的成功。

正由于龙湾有这样淳厚文化底蕴，才使龙湾有今天的大发展。龙湾的文化底蕴是龙湾事业发展的精神支撑和动力。文化是龙湾发展的根底。无文化根底的地方是很难持续发展的，也很难进入事业发展的高层次。龙湾文化精神潜移默化地影响着龙湾人的价值观念、道德情感、思维方法、行为方式，以及待人接物、礼让宽容、好学勤俭等实践行为。龙湾之所以成为改革开放的窗口，得益于龙湾精神；我自己也得益于龙湾精神的熏陶，才获得一些成就。我要感谢父老乡亲对我的培育大恩。

最后我要特别感谢会议主办单位领导的高瞻远瞩的眼光，卓越睿智的洞见，由一个区来召开一个高规格的首届温州龙湾明代文化研讨会，这在全国也是罕见的。从会议的前期筹备到今天会议周到的接待，精心安排，无一不凝结了主办单位每一位领导和工作人员的心血，我们再一次表示感谢。我们相信这次会议对龙湾文化的大繁荣、大发展定会产生深远影响，为温州文化大市的建设起到积极推动作用。祝大会圆满成功。谢谢大家。

（载《明人明史事》人民出版社，2012年）

答 问

和实力：我们中国自己的话语

20世纪90年代初，哈佛大学教授约瑟夫·奈首创软实力的概念，并启动了国际与国内软实力研究与应用的潮流。然而，国内也有一位知名学者，他毕生致力于中华文化的继承和传播，并于最近率先提出了"和实力"的概念，从而向世界阐释国家实力研究的"中国话语"。这位学者就是著名哲学家、中国人民大学国学研究院院长、孔子研究院院长、中国传统文化研究中心主任张立文教授。为此，本刊就"和实力"话题对其进行了独家专访。

■记者　黄金鲁克

跟着西方讲软实力，没有太大意义

记者：张教授，您一直致力于在国内和国际传播和普及"和合"文化，如今您又提出"和实力"这个概念。和实力的提出是基于一种什么样的考虑？

张立文：首先，这个概念的提出是基于我国一贯的处理国与国、民族与民族问题的和平共处五项原则和我国提出建立和谐社会、和谐世界的战略思维，以及我国在一切国际争端和冲突中主张通过对话、谈判解决问题的严正立场。

其次，我们试图用中华民族自己的话语来概括和阐释中国和平、发展、合作、共赢的理念。同时，和平与发展是时代的主题，和实力这个概念能够很好地体现国际的核心话题和当前的主流趋势。

再次，和实力是中华民族五千年来"礼之用，和为贵"，"君子和而不同"，"己所不欲，勿施于人"以及中国自汉代以来"和亲"政策的继承和发展。

最后，中华民族是智慧的民族，我们应该有自己的话语，和实力正是根据这一需求而提出来的。西方国家强调软实力的背后是其政治价值观，我们的政治价值观与他们不同，所以特别需要我们自己的话语。

记者：20 世纪 90 年代初，哈佛大学教授约瑟夫·奈首创软实力的概念，从此启动了软实力研究与应用的潮流。您提出的和实力与软实力有什么区别？

张立文：1939 年，英国著名学者卡尔（E. H. Carr）认为，国际权力格局分为三种——军事权的威慑力、经济权的收买力以及话语权的吸引力和舆论控制力。据此，约瑟夫·奈按照西方二元对立的思维将前两者称为硬实力，后一种称为软实力。后来，希拉里提出了"巧实力"，主张软硬兼用。其实，邓小平提出"物质文明与精神文明一起抓"更具中国气魄。

然而，尽管中国引进了软实力的概念，也努力地理解运用，最近约瑟夫·奈在美国《外交政策》网站上发表题为《中国和俄罗斯不了解软实力》的文章，等于否定了中国对软实力的理解。因此，这种情况下，我们跟着西方讲软实力，没有太大的意义。

和实力是对硬实力、软实力和巧实力的超越，是从整体高度看一个国家的实力，是一种综合国力。约瑟夫·奈认为，一个国家的软实力很大程度上取决于三种基本资源，分别为该国的文化、政治价值观和外交政策。

从文化上看，西方的文化，例如美国是以斗争为核心的价值文化。他们把真理和谬误、善与恶完全对立起来，所以从古希腊到黑格尔，都是追求事物背后的"一"。我们则不同，强调"仇必和而解"，主张一切问题、冲突都通过"和"来解决，主张"和实生物"，强调包容，而且，强调事物的多元化，各种不同甚至完全相反的事物和合起来而生万物。

从政治价值观上看，软实力蕴含的是西方的民主、自由价值观，并向世界推行它的价值观，但实际上造成的是水土不服。前不久，日本首相安倍晋三到东南亚一些国家宣扬"我的民主价值观跟你们是一样的",把世界分成"民主国家"和"非民主国家",并对"非民主国家"另眼相看。应该看到,约瑟夫·奈作为美国情报部门昔日的头目,其软实力背后的政治价值观非常明确。如果不了解这些就跟着讲软实力,显然是有问题的。

从外交政策上看,无论是和平共处五项原则,还是和谐世界,我们一直都在主张和平外交。然而,西方国家的外交政策是"民主国家"和"非民主国家"两个标准,并利用各种手段颠覆一些"非民主国家",而我们在国际上推广和谐世界理念。

和实力是军事、经济、文化和制度的和合,缺一不可

记者:您能否对"和实力"这个概念进行详细解读,其包括哪些方面?

张立文:和实力是指军事、经济、话语、制度等实力的融突和合,以及其在融合的实践交往活动中和合为一种新实力的总和。

很明显,和实力是军事、经济、文化和制度的和合,缺一不可。没有军事力量作为后盾,话语权就没有力量,腰杆子不硬。没有经济作为基础,话语权的底气就不足,话语没有分量,人家不理你,等于没有话语权。没有制度的保障,军事权、经济权、话语权也无法实践。从这个意义上讲,和实力强调军事权的后盾功能、经济权的基础作用、话语权的精神指导作用以及制度的保障作用。将四者和合起来,能够发挥其效能,促进综合国力提高。

和实力的"和"表示多元冲突的整合和包容,而不是二元对立的冷战思维。和实力有一种海纳百川,有容乃大的思维。软实力的目标是为了推行民主价值观,而西方二元对立的思维必然导致其独断专行,即对所谓的"非民主国家"采取制裁等方法。和实力的目标是和平发展,合作共赢,有利于人类的长远发展,是为人类谋福利的。而且,和实力的实践形式是建设和谐社会与和谐世界。

记者：那么，和实力能否替代软实力？

张立文：当今世界，人心所向的是和平发展、合作共赢，不希望战争、动乱和对抗，战争和动乱对普通老百姓来说都是遭殃的。和实力是从人类的长远利益考虑，也是从人类的永续发展考虑。因此，从长远看，和实力一定能代替软实力。当然，如果软实力转化为和实力的一个层面，还可能得到发展。

同时，和实力的终极目标是营造一个和谐世界。我们现在提出建设生态文明，实现"美丽中国"，就是朝着这个目标努力。软实力要推行其民主政治价值观，必然会引起所谓的"非民主国家"的反感，容易制造动乱。

记者：和实力哪些方面是我们当前最欠缺和最需要"补课"的？

张立文：从整体来看，我们在军事、经济、文化等方面是比较落后的。我们是发展中国家，虽然经济已经成为世界第二，但人均 GDP 仍然落后，军事力量有待加强，文化影响力虽然在增长，但远远赶不上西方。因此，我们首先应把自己发展好，才能更好地为人类做出贡献。

同时，我们要大力宣扬中华民族历史上"以和为贵"的思想，以及和平共处五项原则、当前的和平政策与和谐世界理念。历史上，我们并没有像西方发现新大陆一样掠夺资源、贩卖黑奴和实行殖民政策。现在，我国经济强大了，但并不会走资本主义发展的老路。因此，必须宣传我们一直坚持的和平外交思想，坚持"与邻为善，以邻为伴"，并努力使自身发展惠及周边国家。目前，一些周边国家，为了平衡与中国的发展，拉美国进来，而美国也正想重返亚太，所以挑起了很多争端。这种情况下，我们国家应有高度的智慧，并制定长远的战略措施。为此，可以借鉴先秦的纵横家、兵家、儒家、墨家的做法，在多元利益差异的复杂情况下游刃有余，化解冲突，并能坚持原则。

和实力属于中国话语，需要建构中国和实力学派

记者：结合中华民族的传统与现实，并从人类发展的高度来看，和

实力的影响力在哪里？

张立文：过去，由于中国的强大，在东亚形成汉字文化圈，或称儒家文化圈。中国古代在文化上的影响力深远，并表现为亲和力和凝聚力，甚至西方的思想家对我们也极为尊重，如伏尔泰等。但在鸦片战争之后，西方思想家对中国的印象一落千丈，中国的文化影响力降低了。然而，其影响仍在，例如被誉为日本"资本主义之父"的涩泽荣一，就是靠"《论语》+算盘"，获得了事业的成功。

约瑟夫·奈不得不承认，"中国古代文化对软实力就有很好的理解，虽然没有这个词"。他提出，中国传统文化一直以来就颇具吸引力，例如社会和谐、礼仪、孝道、同情原则等儒家价值影响力在东亚地区的影响。国际著名学者埃米·扎尔曼曾强调，"进入 21 世纪，由于信息技术、全球设备和媒介等因素，世界形势已与以往大不相同，单纯用硬实力、软实力的概念来处理国际事务已不合时宜"。因此，和实力的和平、发展、合作、共赢的原则，是符合现在世界的发展需要的，反映新世纪的新变化，易为世界人民所接受。

和合文化是中华民族的首要价值和思想精髓。在现代社会，借助于家庭、学校、社会、传媒、影视、网络、报刊等，可以在人与自然、社会、心灵、文明间传递和合文化的价值和思想，有助于建设和谐人际、家庭、校园、国家、社会和世界。

和实力是一种和合架构的最佳实力。由于全球化、网络化，世界各个国家已经是你中有我，我中有你，互相依存性和不可分性增强。特别是人与自然的冲突所产生的生态危机，人与社会的冲突所产生的贫富不均、战争、恐怖等，人与人的冲突所产生的道德危机，不同文明之间的价值危机，都需要通过和平、合作来解决。

记者：那么，和实力是否能够走出国门并在世界上成为一种"中国话语"，而这种"中国话语"能够让中国走出一条与西方不同的道路，并最终能够推动整个人类的进步？

张立文：是可以的。第一，和合作为中华民族几千年来的核心价值，曾经吸引东亚各国，并为东亚各国所效法，成为其国家的意识形态。例如，韩国现在还保存了中国在春秋时期的"乡校"制度。我到过韩国很多次，也曾经到过其乡校，看到有的在背诵《论语》，有的在背诵《孟子》。可见中国的和实力具有其独特的有效性和普适性。

第二，中国文字与西方不同，中国文字与物相连，是"仰观天文，俯察地理"所得的自然、社会知识的结晶，故中国是象形文字，通过形象认识事物，而西方是拼音文字。因此，中国与西方认识事物存在差距。"和"字，过去是"口"在左边，"禾"在右边，其意思是每个人都可以有饭吃。人有了饭吃，就不会出问题。"合"字，一人一口，每个人都有饭吃，这样天下就太平了。而且，中国的文化，从文字和思想上看，其影响力巨大。韩国的朴正熙把儒家的"忠"与经济建设结合起来，出现了经济腾飞的"汉江奇迹"和"儒家资本主义"。儒家思想中很重要的就是以和为贵，"忠"的思想实际上意蕴着心地中和及相互之间互动、平衡、尊重的关系。

第三，中国和实力能走出和平发展的道路。西方以霸权主义和"己所不欲，要施于人"的霸道形式来发展，而中国是以"己所不欲，勿施于人"的"王道"形式来发展。而且，中国的道路实际上是共同富裕的道路，西方道路实际上是自己富裕，并不想让别人富裕。例如，日本和美国本来是同类国家，但当日本成为经济第二大国的时候，美国就开始压制它，使得日本有二十多年的经济低迷。事实上，走共同富裕道路，是世界人所共同期待和接受的。由此可以看出，和实力这种中国话语的影响力，我们需要建构中国和实力学派。

中国梦的实现，就是和合、和平、合作和互利共赢。

记者：当前，和实力如何促进中国的和谐社会建设，特别是如何助推中国梦的实现？

张立文：和生的和实力是实现中国梦的基础。和实生物，"天地之大德曰生"。我们实现中国梦，是以人为本，尊重每个人的生命，这是基础。

和处的和实力是实现中国梦的条件。古人讲"天地与我同根，万物与我一体"。因此，我们主张"和而不同"，主张尽管国家与国家、民族与民族不同，但我们可以和平相处。现在又提出"求同化异"，求共同的利益，有不同的可以化解掉。因此，我们在维护和平、共同繁荣、共同发展和共同富裕的情况下，实现和谐世界的梦想。

和立的和实力是实现中国梦的保障。"夫仁者，己欲立而立人。"人与人之间、国家与国家之间、企业和企业之间，自己立起来了，也希望别人能够立起来，成功立业。为此，我们要立德、立功、立言。立德是提升自己的道德素质，做人要诚信；立功是每个人都可以建构自己的事业，可以从生活中点滴做起；立言是讲话也好，写文章也好，都要以人为本，对人类做出贡献。和立反对霸权主义、强权政治，特别是新干涉主义。

和达的和实力是实现中国梦的目标。"己欲达而达人。"在国际关系中，要互利共赢，平等互信，包容互鉴，尊重世界文明的多样性和发展道路的多样化，根据国家和民族的实际而选择发展道路。在国内，和达就是根据实际情况，不断调整，使经济能够持续发展。

和爱的和实力是实现中国梦的境界。实现中国梦的境界，当然是爱自然、爱社会、爱国家、爱人民。有了爱，才能够使国家之间、人与人之间、人与自然之间，都得到和谐发展；有了爱，才能让社会和谐，进而实现中国梦。

记者：要构建和实力的中国话语，我们应该做什么？

张立文：首先，改革开放，日新盛德。改革创新是和实力能够得到贯彻的一个关键，也是激活自身生命力的有效措施。日新而日日新，才能使我们的和实力话语得到不断发展。其次，公平正义，平衡协调。城乡贫富差距、资源分配不平等怎么样转化为公正公平，是当前我们面临的问题。衣食住行是生活的基本需要，现在房价奇高，很多人买不起，这些一定要公平公正地解决，这样才能利于和实力的构建。再其次，诚意正心，涵养用敬。要诚信，不自欺，也不欺人。当前市场上假冒伪劣产品都是不诚意、不"正心"的表现，特别是物欲横流、人心不正，成为影响和谐社会建设的一种阻碍力量。最后，"天人合序，与时偕行"，即与时俱进。"天人合序"，就是要自然生态、社会人文、人际道德、心灵精神、文明价值平衡和谐；与时俱进，就是要适应社会和整个世界的发展需要。这样，和实力才能得以发扬。

（载《中国教育报》2013 年 10 月 25 日）

"和合学"的实践与当代中国哲学的核心话题

——再访张立文教授

导语：中国哲学从其产生伊始就具有两个显著的特点，其一是"返本开新"，即要从哲学传统的逻辑出发开创新的哲学形态和研究路径；其二是"经世致用"，即要将一种理论推向社会实践，使之能够在社会中寻求到发挥其现实作用的空间。由张立文教授所开创的"和合学"可以说是中国哲学在当代学术体系中实现"自己讲"，构建自身学术独特性的重要代表。从"和合学"在目前的发展来看，它充分展示出了中国哲学的这两个特点。早在 2005 年，我刊就"和合学"的理论问题对张立文教授进行了专访，为了追踪这一学术体系的发展历程，在八年之后的 2013 年，我刊进一步就和合学的现实实践及其对中国哲学的影响，再次约访张立文教授，希望通过对这一思想的追踪可以为广大研究者提供有关中国哲学深化研究的一个有益路径。

采访者：路强（以下简称路）
被采访者：张立文教授（以下简称张）

一、"和合"是当今社会实践的一个模式

路：张立文教授您好，首先感谢您再次接受我刊的访谈。记得您在 2005 年就和合学对于中国哲学学理上的意义，及其在整个学术史中的价值进行了介绍。那么，数年过去以后，"和"这样一个理念已经获得中国自上而下的广泛认可，那么我想先请您谈谈，"和合"这样一个理念在当代的实践价值都有哪些体现。

张：和合学的实践是当代很多人感兴趣的问题。据我所知，现在很多地方、学校、企业成立和合或和文化研究机构，一些企业以"和合"作为企业的文化理念。比如：北京和合谷快餐店就是以"和合"作为企业的核心理念，讲诚信，保证质量和服务；江苏吴江市有和合食品厂，温州有和合拉链厂，江苏连云港外语学校以和合学的五大原理作为学校教学、管理理念。这些都从现实层面证明了和合学有其独特的实践方式。一个企业的灵魂是文化，灵魂的灵魂是企业文化的理念，体现了"和合"文化理念的价值。从这来看，和合学在当代不是虚空的框架，而是有现实价值的。我在20世纪80年代末提出和合学之后，2004年国家提出建设和谐社会的思想，并成为意识形态领域被普遍接受的一个思想。说明和合学在政治、经济、理论、思想层面、企业文化方面等都受到了关注。这些都印证了"和合学"在文化理念层面受到大家的普遍认同。2011年我去美国纽约唐人街时，就发现有和合饭店，并在该饭店吃了中餐，这就说明和合在国外也被认同，而且也已走向了国际。

在全球化时代，地区、国家之间政治、经济、文化的联系越来越密切，以至于你中有我，我中有你，冲突与融合并存，对抗与对话相兼，基于此，和平、发展、合作是最佳选择的模式，它也是"和合"理论思维的一种实践模式。在现当代，没有和平的国内、国际环境，就不能发展，战争、动乱只有破坏；没有合作也不可能实现和平发展。在全球化的背景下，各个国家都相互联系而不可分离，构成了利益融突，安危相关的命运共同体。

二、"和合"是解决人类共同问题的基础理念之一

路：那基于"和合"在实践中的广泛应用是不是就说明它目前已经成为整个人类社会共同追求的一个目标，其价值也扩展到整个世界了？

张：我认为是这样的：第一，我们现在讲和平、发展、合作、共赢，实际的意蕴就是"和合"。在全球化的背景下，欧债危机、美国次

贷危机不仅对其本国经济而且对我国的经济也有影响，同时贸易保护主义也不利于经济发展。因此，合作才能实现共赢。在政治领域，一国两制，实际上就是"和合"的思想的一个具体运用。和合学中所讲太极图，就是阴中有阳，阳中有阴。我们国家可以有不同的社会制度，当然比例有所区别，大陆是社会主义，香港、台湾、澳门可以是资本主义。一国两制的理念可以从和合学的太极图中找到理论依据，这是中华文化思想魅力的体现。这个不是从国外来的，国外讲二元对立，非此即彼，有资本主义就不能有社会主义。在文化领域，各民族、国家互相借鉴、吸收、包容、融合，"道并行而不相悖"，共同繁荣。在价值领域，和为贵，和而不同，"己所不欲，勿施于人"，成为世人的共识。由此而言，和合学在政治、经济、文化的实践上都有所体现，这也是和合学生命力的表现。

第二，和合学针对的是人类社会共同面临的五大冲突，以及由此产生的五大危机。包括人与自然的冲突，而造成生态危机，如气候变暖、环境恶化，这不是一时可以解决的，需要长时间的努力，比如要减少碳排放量就是一个长期过程。无论是我们国家，还是整个世界，都需要花大力气和长时间才能化解。从人类社会的冲突来看，无论是贫富不均、地区冲突，还是恐怖活动、宗教、教派矛盾，在多元世界、多元宗教共存的情况下，冲突是不可避免的。我曾在腾讯微讲堂讲国际关系的讲座中谈过我国与美国的冲突问题。一是美国战略转移到亚太，在亚太争领导地位，并唆使其盟国制造麻烦，挑起冲突，以收取渔人之利，这是另一种形式的霸权主义，美国在亚太地区要谋取霸权地位，会与我国产生不同程度的利益冲突。二是我国政治、经济、军事快速发展，美国采取贸易保护主义，打压中国，造成贸易冲突不断。三是面对我国太空技术的发展，美国认为会对其产生威胁、挑战。四是从计算机、网络上看，美国总在说中国威胁，其实，美国无孔不入地窃听中国政府、学校、个人的各种信息，并反咬一口，炒作中国"黑客"问题。现阶段虽然我国的航母还没有成形，还不能构成战斗体系，但在美国看来对其存在军事威胁。美国在发展过程中必然要寻找假想敌。在中美南海事件之后，美国对于中国，采取了一种具有针对性的制裁措施。但在9·11事件之后，美国将战略重点转到反恐。美国与我们有共同反恐要求，为我们争取到了发展机遇期，一个比较和平的发展环境。当前美国兵从伊拉克撤出，把战略重点转移到亚太，便会在亚太制造新一轮的麻烦和紧张气氛。

面对这样的现实，针对约瑟夫·奈的硬实力、软实力和希拉里的巧实力，我提出"和实力"的主张。一方面坚持和平、发展、合作，坚持和平共处五项原则，坚持以和为贵，坚持在政治、经济、军事上对话，不搞冲突、对抗；另一方面，对他们也要有软硬两手，就是传统文化中说的经与权。经的原则性问题要坚持，也要有权的灵活性。冲突矛盾通过谈判、对话来解决。谈判本身意味着互相妥协，能达成共识就是互相妥协的结果。有坚持原则的"经"，也要有权宜之计的"权"。

第三，现在是多重世界，利益多元，各民族国家都有差异。中华民族的公共外交智慧能不能运用好，就在于在多重化的情势下，能否游刃有余。从三国时代魏、蜀、吴三足鼎立的格局中获得启示，总是团结、牵制一方对付另一方，在多重世界中处理好各种错综复杂的关系。中国的外交智慧高屋建瓴，稳坐泰山，冷静观察、分析各方利益、差异、矛盾。比如欧盟与美国、韩日中三方的关系等，形成一种互相牵制、互相平衡，进入一种冲突、融合而和合的状态。这是"和合"的"和实力"理念在外交智慧上的实践。

第四，在处理各种冲突矛盾的时候，特别是公共外交场合，要有"满招损，谦受益"的意识和行为活动。态度谦虚友好，不等于不坚持原则。譬如夫人外交，这是软性外交、友好外交。凡是外交人员要有较高的文化素养和礼仪知识，要有大国的风度，君子儒雅的气质，将"和合"内化为自己的精神气质，在有些问题上可以给自己留后路，不要把问题一下子说死。邓小平曾讲韬晦之计，在一些国际问题上，有时候可以模糊一些，以便游刃有余。从现实来看，不在乎国家的进步和落后，主要看人心向背，人心向背是最大的原则，因为人心向背决定一个国家的稳定与动乱。上述这些是和合的"和实力"在公共外交层面的体现。

在处理当前人类面临的各种冲突中，"和合"思想能为我们找到有利的定位，有利于我们建构和谐社会、和谐世界。这就是和合学的价值所在。

三、"百家争鸣"是中国哲学创新的基础

路：您的"和合学"可以说是中国哲学"自己讲""讲自己"的一种创新典范。从我的观察来看，自从"和合学"创立之后，很多学者将中国哲学进行了新的建构，并提出了一些新的概念，如提出仁学、人学等。似乎已经从从六经注我，走向了我注六经，您对学界这种建构风气怎么看？

张：这是大好事，体现学术界的一种新风气，一个民族、国家理论的发展、创新要有各种思想的争鸣。先秦"百家争鸣"提出各种不同的主张、观点，建构不同的思想体系，体现学术繁荣发展。学术只有在互相碰撞、互相交流中才能得以发展。中国哲学的创新，我们要吸收各民族优秀文化思想，外为中用，但它必须是中国的，而不是外国的。中国哲学的发展，一定要在吃透中国思想发展的脉络基础上；中国哲学的创新，必须把握核心话题的变化。比如先秦是道与德问题，两汉是天与人问题，魏晋是有与无问题，隋唐是性情之原问题，宋明是理气性心问题。核心话题随时代人文语境的变化而变化，在先秦的百家争鸣中，是因为有很多诸侯国的利益纷争和富国强兵的需要；秦汉时期，中华民族实现了统一；到了魏晋时期又有了变化，当时曹氏集团和司马氏集团相互争斗，弄得人心不稳。因此，面对社会的变化就需要建构适应时代需要的理论。这就促使哲学核心话题的变化。当前全球化、信息化时代，与宋明理学时代已有天壤之别，甚至与冯友兰先生所处的民族危亡时代也有隔世之感。冯友兰先生"新理学"接着程朱理学讲，其主旨是提高、弘扬民族文化精神，以对抗当时日本军国主义军事、政治、文化的侵略。现在是信息革命时代，我在一次讲座中将人类发展的历史分为三个阶段：农业革命、工业革命、信息革命。信息革命改变人们固有的生

活、交往、通讯、购物、写作等等几乎所有的方式，改变了原有的价值观、时空观、军事观、语言观、科技观，在网络的虚拟世界，传统价值观受到了挑战，解释学的时空差距受到冲击。现在虽相距千山万水，但在电脑视频上可以见面，甚至拥抱。时空观的变化意味着哲学思想的新变化。网络创造的新语言变化太快，也太多了。语言观的变化，标志着新时代、新思想的诞生。这就激发了人的生命智慧，进行六经注我式的创新，和合学就是当代中国哲学的理论思维的一种新形态。

四、当代中国哲学的核心话题就是"和合"

路：您认为当代中国哲学的核心话题是哪个或哪些？

张：我认为应以"和合"为核心话题，和合不仅体现中国改革开放，以经济建设为中心的时代精神，而且是当今世界和平、发展、合作、共赢潮流的时代价值。不能体现时代精神与价值，就不能说是核心话题。所谓时代精神与价值，就是时代所面临的主要冲突和问题，提出化解时代所面临冲突和问题的理念、方法，而升华为核心话题。当代人类共同面临严峻的人与自然的冲突而有的生态危机；人与社会冲突造成的社会人文危机；人与人的冲突而有的道德危机；人的心灵冲突而有的精神信仰危机；文明之间冲突而有的价值危机。化解此五大冲突和危机的和合学理论思维，就是时代精神和价值的体现。

路：按您所说，和合学不是仅限于一个国家或者一个文化体系，应该是开放性。如果说，和合学的根基是中国儒家文化，那么，它还应该汲取哪些文化？如何汲取？

张：建构一个哲学体系，必须回到人类文化源头。正如雅斯贝斯所说："人类一直靠轴心时代所产生的思考和创造的一切而生存，每一次新的飞跃都回顾这一时期，并被它重燃火焰。"[1]（"轴心期"是指公元

---

[1]　［德］卡尔·雅斯贝斯：《历史的起源与目标》，华夏出版社1989年版，第14页。

前800年至公元前200年之间。）和合学的建构也要回到它的源头。其所依据的文本是《国语》，配合《管子》《墨子》等文本。自从《国语》提出"商契能和合五教，以保于百姓者也"[①] 以来，二千五百年以后才成为一种"学"，1989年末我提出和合学，以往人们没有自觉到将和合诠释为一种"学"，"学"的建立是该研究对象有了理论和方法的自觉，自觉把研究对象作为对象来研究，并使之成为一种普适性的理论思维体系和方法。中国哲学思想各个时期核心话题的转变，都有文本依据，先秦依傍"五经"，董仲舒依傍《公羊春秋》，玄学依傍"三玄"，即《周易》《老子》和《庄子》，佛教有佛经，宋明理学依傍"四书"，中国哲学的创新必须依据新的人文语境、核心话题和依傍文本，这是中国哲学创新的标志。

和合学可以说是儒家哲学思想的传承，也可以说是整体中国哲学思想的传承。首先，和合学从儒学人文精神中获得和生、和处、和立、和达、和爱五大原理，儒学提出"和实生物，同则不继"的和生；"和而不同"的和处，"己欲立而立人，己欲达而达人"的和立、和达；以及孔子讲"泛爱众"，墨子讲"兼相爱"等的和爱。和合学作为现代的哲学理论思维体系，吸收了中外古今各家思想各个方面的优秀成分，是以化解人类所共同面临的冲突和危机而建构，也是中、西、马文化的综合创新。和合学的关注在于如何面对现实。现实不是事物存在的现象层面，而是指存在论层面，即认识社会的本质，解决社会的本质问题。

时代精神能不能实现，能不能抓住，还要看实践的问题，也就是能不能被人们所接受，能不能在社会现实中产生效能。如果一种观念实行不通，无法在社会现实中产生效能、效应，那么它就不能体现时代精神。比如墨子的"兼相爱"，在等级社会里难以做到，不被社会所接受，到秦汉以后就消失了。当时社会承认等级制度，亲疏有别、贵贱有等与墨子主张的兼爱思想相悖。理论能不能产生效能，被社会承认，是理论能否体现时代精神的一个标志。从这个意义上看，和平、发展、合

---

① 《郑语》，《国语集解》卷十六，中华书局2002年版，第466页。

作被普遍认同，体现了当今世界潮流，这是它的现实意义。

五、要从一些文本中寻找到中国哲学的概念结构

路：我觉得"和合"是一个动态逻辑，通过不断调适、配合、碰撞。和合学方法论的意味特别强。以前很多时候是就哲学文本找哲学文本，而您是从《国语》来研究和合学，在研究方法上是很大的突破。我们是不是也可以在历史文本中寻求突破哲学思想的理念？

张：汉代有今文经学与古文经学之辩。古文经学主要是以考据为主。《春秋左传》被目为古文，主要从历史的事实、制度出发来进行论述。《春秋公羊传》为今文，注重发挥经典中的微言大义，借助于经典对象讲自己的思想。今文经学，即类似于"六经注我"，而不是"我注六经"的思路和方法。至于说《史记》《资治通鉴》这样的历史文本，则要着重吸收其中的智慧，历史文本注重讲历史事实，我们不能违背历史事实。今文经学是探讨对象文本中所蕴含的意蕴，由于各解释者的观点、方法的差异，其诠释也大异其趣。今文经学所依傍的解释文本，如《周易》《老子》《庄子》等，其解释空间就很大。每次中国哲学思潮的转生，都在历史经典文本中寻求突破哲学思想的理念。

路：我觉得您在这里其实揭示了中国哲学方法论的问题。记得您在《齐鲁学刊》发表的《陈淳的〈北溪字义〉》，而且，我曾经追踪过《中国哲学史》这本杂志，也发现很多文章是开始关注诸如《北溪字义》等一些解释空间大的小文本，这是否是现在新的研究思潮？

张：这是一种研究的现象，比如说《周易》，中国古代的哲学家、思想家，几乎没有不研究《周易》的，不研究《周易》，就不懂中国哲学的源头活水和思维方式。宋明理学家没有一个不研究《周易》的，并有其著作。王阳明在贵州龙场驿也有"玩易窝"。《周易》不能说是小文本。《北溪字义》《孟子字义疏证》与《周易》比起来，可算是小文本，其小也不小。我在写《中国哲学范畴发展史（天道篇、人道篇）》的时候就提到，西方讲中国没有哲学概念，因此说中国没有哲

学，只有思想。实际上，《北溪字义》《孟子字义疏证》就是对中国哲学概念的解释。因此，我在《中国哲学范畴发展史》的《绪论》中讲中国是有哲学概念的，只是西方不了解中国哲学的概念，所以说中国没有哲学概念。中国不仅有自己与西方不同的独特的哲学概念，而且在哲学概念之间有其逻辑联系，我在《中国哲学逻辑结构论》中就是讲中国哲学概念间特有联系，概念范畴的内涵分析，以及众多概念间如何构成逻辑结构。每个哲学家都是通过其哲学概念的逻辑结构呈现他的哲学思想，而不讲唯心唯物，但是中国哲学史如何讲，需要有方法的指导，我在 1984 年于香港中文大学新亚书院哲学系讲《中国哲学逻辑结构论》，就是用逻辑结构方法来梳理中国哲学。如我的《朱熹思想研究》（中国社会科学出版社 1981 年），《宋明理学研究》（中国人民大学出版社 1985 年），就是运用逻辑结构的方法，来代替讲唯心唯物的二分法，这是哲学研究方法的一次变革。现在基本上普遍使用逻辑结构这种方法了，这也是对《北溪字义》《孟子字义疏证》方法的传承和创新，证明中国不是没有逻辑思维，从而也是对国外误解的一种反驳。西方从黑格尔以来总说中国没有哲学，只有思想，至 2001 年德里达也这样认为，这种思想影响还很大。1988 年我在东京大学文学部中国哲学研究室讲学时，是有中国哲学研究室的，后改名为中国思想文化研究室，但不承认中国哲学的独立学科地位。

路：那么现在有了这些文本和概念的研究，也就给予了中国哲学独特性的充分证明，因为我们的哲学从结构上就完善了。

张：对，让中国哲学既有传承性，又有现代性，这样就可以与西方哲学对应。我的《中国哲学范畴发展史》中的《天道篇》《人道篇》都提到中国哲学的这种特质。

既然中国的哲学与西方的哲学有差异，那么就不能用西方哲学的哲学定义来定义中国哲学。历来什么是哲学，每个哲学家都有自己的哲学定义，比如冯友兰、胡适都有自己的哲学定义。西方也一样，文德尔班、罗素也都有自己的定义。应依据中国哲学的实际来定义中国哲学，这是中国哲学"自己讲，讲自己"的哲学自觉和自信，因此，我把中国哲学定义为：人对宇宙、社会、人生之道的道的体贴和名字体系。名是指概念，字是字义，即是对概念意义的诠释。中国哲学只有自己定义自己，才能从西方哲学的注脚和婢女地位解放出来，才能在世界哲学之林中发挥自己独立的、应有的地位、价值和话语权。

六、要找到中国不同哲学之间内在的一致性

路：随着考古的发现，新发现了对原来认识带有颠覆性的文本，比如儒家与道家原来差别很大，但是从新发现的文本中看到儒道差别没有那么大，新的发现推翻了以前的研究结果，您怎么看待这种现实？

张：《老子》中通行本有"绝圣弃智""绝仁弃义"这样的词，与儒家讲仁、义、礼、智相对立，但是《郭店楚墓竹简·老子》中没有这样讲。以前认为，先秦儒道两家思想最大的冲突就是对于仁义的不同看法和态度。但在《郭店楚墓竹简·老子甲本》中"绝仁弃义"作"绝伪弃诈"，与"绝仁弃义"异，如此，儒道两家思想相通互补。以前我们比较注意先秦"百家争鸣"之间思想的冲突，不太注重探索其间相同的方面，即只看到殊途，没注意一致。《周易》中讲："天下同归而殊途，一致而百虑。"说明先秦的诸多思想有其同归、一致的东西。过去我们更多地强调"异"，而没有注重其中的"同"。其实先秦哲学思潮的核心话题是道德的问题，儒、道、墨、法、兵等各家都讲道与德，道家有《道德经》，儒家孔子讲"朝闻道，夕死可矣"。从这个意义上看，他们思想有一致的地方。《郭店楚墓竹简》的发现有其历史价值。

路：所以这就提醒我们，研究不能恪守一种思路，要换另一思路看待哲学问题，这样对于个人或者学术研究有很大的启示意义。

张：我们研究一个阶段的思潮或某一哲学家，既要看百虑、殊途的差异性，也应注重其一致、同归的相同性，这样才能更本真地理解一个时期哲学思想。哲学是一个开放、包容、和合的哲学，应该从多视觉、多角度、多方法来研究哲学问题。在当今要有全人类的情怀、全球的意

识、世界的视野、广博的思路，才能使中国哲学堂堂正正地登上世界哲学舞台，演出光辉璀璨的中国哲学新场面。

七、晋学的根本在于寻找到独特整体精神

路：您说的非常有道理，这提醒我们要回到当时的历史语境，看待曾经的历史事件。通过新发现的文本研究得到新的启示。沿着您这一个思路，我想请教您一个更为具体的问题。因为我来自山西，现在晋学的研究在山西省越来越受到重视，但是在研究过程中却显得较为零散，您能否从您的研究思路中给我们提一些研究建议？

张：我有几点建议不成熟，不一定对，仅供参考。第一，要举行关于晋学的小型的、专题的座谈或会议，晋学究竟是什么？其性质、内涵、历史作用、社会价值是什么？要进行深入仔细研究，以便对晋学进行定位，晋学不仅仅有思想，晋商所体现的文化精神。晋学的范围不仅包括哲学思想，而且要把历史、文学、商业扭在一条主线上展开。第二，要抓住晋学的时代精神，在傅山学术讨论会上我曾写过一篇《论傅山的人文精神》，在会议致辞中我提出"傅山学"的概念，傅山精神是晋学中的重要环节。第三，必须有统摄晋学的核心话题和思想，把历代学者的思想、相关的艺术、书画、戏曲、文物等文化成果，以及晋商的实践的道德、商业经营方式、商规、家规等整合起来，结合历史现实进行研究，这样晋学的文化底蕴就深厚了。我们不要担心问题复杂化，就像人一样，人是一个整体，他可以是政治的、经济的、文化的、艺术的，但都是人的整体精神的体现。晋学也是中华民族整体精神的体现。

路：晋学最困惑的可能就是这样的定位。我们是不是不要局限于行政区域划分，而是致力于寻找内在精神的一致性？

张：对，体现中华民族精神和时代价值是晋学整体的精神的核心内涵。在晋学整体精神的视域中，不以行政区域来划分，无论是晋西、晋北、晋南，还是诸如乔家大院这样的历史遗产，都只是表面的现象，已成的生成物，我们要挖掘的是这些生成物背后所体现的精神，这是晋学

所统摄的那个整体精神。

　　具体来说，比如日升昌票号的精神是什么？同样，山西有那么多票号，我们可以把它们整合起来，提炼出一种精神。这对晋学的研究就有意义。晋商历史上那么有名，曾经在上海金融界占有重要的地位，当年上海金融界主要就是山西人和宁波人。傅山的精神以及他的思想，都应该深挖，而加以发扬。山西文化底蕴很深，既要传承，更要创新，不要去重复别人的东西，没有创新，就不能有发展。

八、学者的研究应该立足于相应的地域文化

　　路：现在从山西省内部的情况来看，中国哲学受到很多人的追捧，很多人意识到文化的根基和底蕴才是安身立命所在，这也对我们年轻人有很大的鼓励作用。在此，您觉得我们这些年轻的学者应该怎么做才能更有益于自身学术水平的提高？

　　张：社会的发展一日千里，科学技术的进步日新月异，做学问是苦差事，它需要长期坐冷板凳，心要定、静、安，才能有所得。学者的学术创新要有怀疑精神，陆九渊说："小疑有小进，大疑有大进。"疑才能独立思考，才能有所创新。

　　作为山西学者应关注山西文化思想艺术的研究。学术界对于很多的学术大家没有深入研究，对于诸如乔家大院这样的文化遗址的祖训、家训思想没有系统研究。可以在调查基础上，对学术做出独特的贡献。可以找个解释空间大的课题作为研究方向，然后深入下去发掘出新的东西，才能做出突出的成绩。研究要有新观点、新材料、新方法，才有创新。王国维认为，没有新材料的发现，只重复别人的解释，学术就不能有所发展。

　　路：非常感谢您接受我们的访谈。通过与张先生的对话，我们获益颇丰，明白了今后学术研究的方向和思路，对我们青年科研究人物开展课题研究，兴旺晋学，发扬传统晋商找到方向。也希望您一直关注和支持我们学刊的未来发展，再一次谢谢张先生。

（载《晋阳学刊》2014 年第 5 期）

附　录

学术的生命与生命的学术

——恩师张立文先生学术创新"十论"

中国石油大学（华东）马克思主义学院哲学系张瑞涛

恩师张立文先生，男，汉族，1935 年 4 月 28 日生，浙江省温州市人，一级教授。现任中国人民大学哲学院博士生导师，中国人民大学国学研究院院长，孔子研究院院长，《国际儒藏》总编。1956 年考入中国人民大学历史系中国革命史专业，1960 年毕业留校，分配在哲学系中国哲学史教研室任教，曾任教研室主任。迄今为止，已出版学术专著二十余部，主编、合编著作近四十部，发表论文五百余篇。张先生从事学术研究五十年，梳爬经典，笃思明辨，勤于创作，勇于创新，始从宋明理学研究入手，坚持问题意识和人文关怀，实现中国哲学史研究和哲学体系建构的重大突破，既是名副其实的哲学史家，又是当代中国著名的哲学家。愚徒不才，总结、概括张先生学术成就十个方面，以飨同门学人。

一、《周易》入手奠根基：出版了"文化大革命"后第一部《周易》研究专著

人的生命是有限的，但是人的生命过程却是跌宕起伏、坎坎坷坷的。在这个生命的起伏之中，想从事一些事情，并不总是随心所欲，在很大程度上会受到诸多因素的制约，空有了一番心志。然而，"乾道变化，各正性命"，生命过程的云波诡谲并不妨碍生命主体的自觉主动性和能动创造性的发挥。在生命的延续中，在生命的现实存在和理想追求的夹缝中，有心人总会自觉地、小心翼翼地去做一些力所能及的事情，

生命主体总会尽力实现求生欲望与理想信念的通和。生命的光阴无时无刻不在消耗，而完善生命的信念也无时无刻不在增强。这样的生命智慧在恩师张立文先生身上得以深切体现。

张先生从初中毕业参加工作以来，经历了建国后的历次运动。每一次运动都是对人自然生命和精神生命之极限的挑战。难能可贵的是，张先生能够在每一次的运动中修养自己、提高自己、完善自己。运动磨炼了生存意志，体悟了生命真谛，反思了学术精神。"祸福相依"的理论一直鼓舞着张先生求生、求学，"君子诚之为贵"的原则一直激励着张先生做人、做事。"文化大革命"前的张先生在"炼狱般的煎熬、挤压状的批斗"中坚持哲学研究，反思学术，体现了"学术的生命"精神。所谓"学术的生命"，就是以生命投入学术，以求生为宗旨，在求生中求学。[1] 求生是生命存在的自然欲望和本能，求学是生命存在的理想和信念。在特殊的背景下，求生的欲望大于求学的理想，甚至求生成为唯一。张先生不仅仅实现了求生，还达到了求学，以学术研究完善了自然生命的困顿。只是，这样的求学充满风险，必须一路战战兢兢，小心翼翼。在"只用一个脑袋思考"的时代，任何异见都无须有，亦不敢有，新思想、新观念只能隐于内心。不过，张先生在思想禁锢中默默地思考着学术，在"学习'最高指示'之暇，批判会议之余，劳动改造之隙，读书写字，以寄托精神，消除苦恼，于是便有了《周易思想研究》和《朱熹思想研究》之思之作"[2]。

《周易》研究开张先生学术创新之端绪。张先生 1960 年 6 月提前毕业后即从事宋明理学研究。宋明理学是中国思想史上的一个顶峰，是中国哲学发展的新阶段，是儒、释、道三家理论思维融合的表现。它的本旨是对汉唐以来章句注疏之学和笃守师说的逆向运动，是"疑经改经"形式下的新儒学复兴与运动。近、现代的中国哲学家都是从宋明理学研究起步攀登的。因此，"总结中国古代哲学思想，展望未来中国哲学思

---

① 张立文：《学术生命与生命学术·自序》，《张立文文集》，韩国学术信息出版社 2009 年版，第 36 辑。

② 张立文：《张立文文集·总序》。

想的发展，宋明理学是一把钥匙"①。但是，宋明理学家无人不研究《周易》，《周易》成了研究宋明理学的关键。这样，张先生边熟读宋明理学家文献资料，边研究《周易》，并在"文化大革命"前就注释完成《周易》。在1962至1963年间，张先生从哲学的角度对《周易》的思想进行了研究，撰著了《周易思想研究》，完成三个目的：其一，按照历史的本来面目研究古代思想，恢复《易经》的原貌；其二，明晰《易传》与《易经》是两个不同历史时期与思想体系的著作，把它们放在各自的历史范围内，联系当时的社会政治、经济关系，进行阶级的、理论的分析，做出符合历史实际的研究结论；其三，通过《易经》思想的研究，弄清了我国科学思维萌芽的开端，以及科学思想的萌芽是怎样同宗教相联系的。②《周易思想研究》是国内"文化大革命"后第一本专著，有学者发表书评指出："这部书的问世，对学术研究的影响和意义值得重视"，"是近年来中国哲学史领域取得的可喜成果"③，是"文化大革命"后第一部系统研究《周易》义理思想的专著④。而且，是著亦对张先生的和合哲学体系创构有直接影响，和合学提出的很多概念，如天、地、人三界就是从《周易》里面来的：地就是生存世界，人就是意义世界，天就是可能世界。

《周易》是中华礼乐文明的源头，是民族生命智慧的活水。张先生在完成《周易思想研究》之后，又据发表于1984年《文物》第三期的《马王堆帛书六十四卦释文》，参考原先对《周易》的注译，而成《帛书周易注译》，先后出版《周易帛书今注今译》《帛书周易注译》《白话

---

① 张立文：《宋明理学逻辑结构的演化》，万卷楼图书有限公司1993年版，第1页。

② 张立文：《周易思想研究》，湖北人民出版社1980年版。

③ 金隆德：《喜读〈周易思想研究〉》，《中国哲学史研究》1981年第3期。

④ 周山：《倚筇随处弄潺湲——近十几年中国大陆〈周易〉研究述评》，《上海社会科学院学术季刊》1993年第1期。

帛书周易》①。《帛书周易注译》首从文字、音韵、训诂方面对帛书文字做了考证，对六十四卦三百八十四爻的卦辞和爻辞均首先校勘原文以辨别正误，次对每一字词细加串通句意，终加总释以疏通卦旨。是著摆脱各家各派以自己的偏见而进行说教的色彩，以及许多恣意附会、虚妄不实之辞，着力于字词本义的考证，还卦辞与爻辞以本来面目，朴实而具有概括力，是易学史上的里程碑，在目前仍是首著。

二、朱熹研究立中哲：出版了"文化大革命"后第一部朱熹研究专著

紧随《周易》研究之后的是朱熹研究。朱熹研究成为张先生中国哲学史研究和哲学理论创新的直接切入点。

朱熹是宋明理学中的重要人物，宋明理学诸家处处会涉及朱熹的问题，朱熹搞不清楚，宋明理学其他人物也搞不清楚。张先生据此指出："在宋明理学当中，朱熹是一个关键人物。如果我把朱熹思想搞清楚了，顺下来我就可以搞王阳明这一派。横向的我就可以通陆九渊、张栻和吕祖谦。所以我就抓了朱熹，朱熹一抓，宋明理学上下左右基本上就通了。"② 在"文化大革命"当中，中国人民大学解散，中国哲学史教研室转到北师大，张先生在师大图书馆熟读朱熹的书和相关研究论著，系统地掌握了朱熹的思想。完成于"文化大革命"，出版于 1981 年的《朱熹思想研究》③ 以求道为目标，以"哲学逻辑结构论"为具体方法，坚持实事求是的原则，从朱熹的思想实际出发，具体问题具体分析，客

---

① 张立文：《周易帛书今注今译》，学生书局 1991 年版；《帛书周易注译》，中州古籍出版社 1992 年版；《白话帛书周易》，中州古籍出版社 1994 年版；《帛书周易注译》（修订本），中州古籍出版社 2008 年版。

② 康香阁：《著名哲学家张立文先生访谈录》，《邯郸学院学报》2009 年第 2 期。

③ 张立文：《朱熹思想研究》，中国社会科学出版社 1981 年版，1994 年修订版；谷风出版社 1986 年版；中国社会科学出版社 2001 年版，收入《社科学术文库》。

观地研究了朱熹的哲学、经学、史学、文学、乐律、佛学、道学以至自然科学。

《朱熹思想研究》出版后，在国内外引起很大反响，《人民日报》《光明日报》和《中国社会科学》都发表了评论。香港《镜报》月刊1983年第七期刊载非闻文章《中年学者在大陆崛起——访＜朱熹思想研究＞作者张立文》，指出："三十多年来，大陆不仅没有出版过一本有关朱子研究的专著，就连一本普通论述朱子的小册子亦难于找到。特别是'文化大革命'期间，大批儒孔，由孔子而株连及朱子，加上一顶'大儒'的帽子，'扔进历史垃圾堆'，不值一顾了。难怪海外学者咸认为大陆无人研究朱子。张立文长达五十余万言的专著《朱熹思想研究》的问世，说明大陆对朱子的研究并未中辍。"又说："在大陆学术空气遭十年浩劫的污染以后，张立文对朱子这个'大儒'所做的这样的分析研究，特别使人感到清新。……它企图使哲学基本概念的研究，不仅仅停留在对主要范畴的论证上，而着重于范畴之间的联结以及结合方式的不同的研究，说明由此构成各不相同的哲学逻辑结构或哲学体系。这样的研究方法，是能还各个哲学体系以本来面目的。因而《朱熹思想研究》是散发着浓郁的中国芬芳的著作，在中国哲学史、思想史重点人物的研究中，开拓了新的蹊径。"外国学者亦给以很高评价。美国著名学者陈荣捷教授说："此书学术水准很高，肯下死功夫做学问"，其"治学之严，所用材料皆第一手，且每有新见，令人起敬"。日本《朝日新闻》1982年6月13日的学术栏发表专文，介绍是著的内容及其评价；《国家学会杂志》第96卷第11、12号，发表渡边浩教授文章，给予很好的评价。① 因《朱熹思想研究》具有重大学术价值和意义，张先生与冯友兰教授、任继愈教授、邱汉生教授、邓艾民教授等被邀请参加1982年在美国夏威夷东西方研究中心召开的"朱熹学术国际研讨会"，并在大会上发表《朱熹易学思想辨析》，日本著名学者岛田虔次

---

① 张立文：《朱熹思想研究》，中国社会科学出版2001年版，修订版《后记》。

教授评论说："朱熹易学是魔鬼也搞不清的，张立文梳理清楚了。"邱汉生教授作诗云："张邓文章动异邦，一席高谭惊四座，掌声如雨击寒江。"① 可以想见，政治意识、极左思想对人创新意识的禁锢是何等严重。张先生因朱熹研究而奠定宋明理学研究大家的地位，亦因此受到不公正批评。值得赞叹的是，张先生"十年磨一剑"而成的《朱熹思想研究》经受了各方面的考验，至今还是朱子学研究领域的经典之作。

三、宋明理学分主次：提出宋明理学的主流与非主流说，以及主流中的"三系说"

付出就有收获，坚持就有成效，信心必会带来美乐。人的生命历程是短暂的，人生的机遇是转瞬即逝的，幸福的人生是在充满生机和坎坷的生命历程里，抓住了值得生命主体自豪和骄傲的机遇。一个个机遇的获得和把握，造就出非凡的人生。张先生在"文化大革命"之前的学术研究和心思付出，成为"文化大革命"结束以来的学术研究的基础和契机。如果说"文化大革命"前的学术研究是在求生存中求学术而可称谓"学术的生命"历程的话，那么，"文化大革命"后的学术研究就是以学术充实生命，转生命为智慧的"生命的学术"历程。"学术的生命"最大的特点是以求生为目标，以求学为理想，表现为思想和研究的不自由。而"生命的学术"最大的特点是以求学为生命的价值和意义，是自由的思考与创造，是生命体悟之后的哲学思辨，是生命与学术的圆融混合。张先生说："有生命的存在与开拓，才有学术的追求与发展。生命是学术的体能和智慧的支撑，学术是生命的意义和价值。但在'文化大革命'结束前的时代和环境，只能有学术生命，而不可能有生命学术，假如有，也只能处于'潜龙勿用'状态，以保生命的生存，而罔顾学术。学术和生命相兼并得，是'文化大革命'后所开出的局

---

① 邱汉生：《邱汉生诗集——九十诞辰纪念》，第 16 页。

面。"① 知识分子最大的一次机遇随着"文化大革命"的结束而到来。在大家开始学术研究时，张先生已经遥遥跑在前面。从思想压迫和政治禁锢中解放出来的张先生以朱熹研究为契机，又陆续出版了《宋明理学研究》②、《戴震》③、《走向心学之路——陆象山思想的足迹》④、《宋明理学逻辑结构的演化》⑤、《船山哲学》⑥ 等专著，巩固了宋明理学研究大家的学术地位。

宋明理学的分系问题由来已久，是中国哲学史研究中的一大课题。在宋明理学发展史上，由于理学家们建构理论的自觉意识的不同，他们不断对宋明理学的内在结构、理论模型、学术特点和思维风格努力探索。⑦ 进入 20 世纪后，从事中国哲学研究的学者据自身对宋明理学的理解提出不同的分系理论。其中，张先生的主流与非主流说具有一席之地。

张先生于 1982 年出版的《宋明理学研究》⑧ 中首先界定了宋明理学的内涵。在张先生看来，"理学"与"道学"是上下关系，"宋明理学"内含了"程朱道学"。原因就在于，"道学"概念不包括心学。道学虽在北宋出现，最早指称"与政术相对称的学术"⑨，而整个两宋时期，都不包括陆九渊心学在内。在当时，道学概念的使用都是指程朱一

---

① 张立文：《学术生命与生命学术》，《张立文文集》第 36 辑，《自序》。

② 张立文：《宋明理学研究》，中国人民大学出版社 1985 年版；人民出版社 2002 年修订版，收入《哲学史家文库》。

③ 张立文：《戴震》，东大图书有限公司 1991 年版。

④ 张立文：《走向心学之路——陆象山思想的足迹》，中华书局 1992 年版；《心学之路——陆九渊思想研究》，人民出版社 2008 年版，收入《当代中国学术精品·哲学》。

⑤ 张立文：《宋明理学逻辑结构的演化》，万卷楼图书有限公司 1993 年版。

⑥ 张立文：《船山哲学》，七略出版社 2000 年版；《正学与开新——王船山哲学思想》，人民出版社 2001 年版，收入《哲学史家文库》。

⑦ 向世陵：《理气性心之间——宋明理学的分系与四系》，湖南大学出版社 2006 年版，第 174 页。

⑧ 张先生在《宋明理学研究》第一版的《序言》中指出，是著写作于 1982 年，但由于《朱熹思想研究》出版后而受到不公正批判，使得是著于 1985 年才出版。

⑨ 张立文：《宋明理学研究》，人民出版社 2002 年版，第 6 页。

系，元丞相脱脱修《宋史》，特立《道学传》而置于《儒林传》之前，仅列周、程、张、邵、朱及其门人，陆九渊、吕祖谦、陈亮等人入《儒林传》。这说明，在元人心目中，道学与心学、婺学、永康之学不类：一属示隆，一属非示隆之列。故，"程、朱理学，须加正名，称谓为程朱道学更贴切"①。但是，"理学"包括道学和心学。据张先生考证，理学之名在南宋已有，朱熹说"理学"，不仅仅指伊洛二程门人，亦指蜀学二苏；陆九渊则以"理学"为圣贤之学，指整个儒家道统，而不是指宋时哪一学派的特称。另外，南宋亦有"心学"称谓，乃指称象山"发明本心之学"。元、明时期，程朱"道学"成为主导意识形态，陆学式微。阳明学出，发扬心学，并以陆学为孔孟道统的真正继承者。元末张九韶辑集周、邵、张、程、朱之言，辅以荀子以下数十人之说，成《理学类编》，但不辑陆九渊之言。明永乐年间，朱棣敕胡广纂修《五经大全》《四书大全》《性理大全》，以性理为中心，把程朱道学和陆九渊心学编纂在一起，融合道学与心学。至阳明，道学与心学皆纳入理学范围。自明以后，理学称谓盛行，黄宗羲的《明儒学案》、孙奇逢的《理学宗传》皆明确将程朱与陆王称之为"理学"。因此，在张先生看来，理学作为总称优于"道学"。原因就在于：其一，明清以来"理学"包括了程朱道学和陆王心学，不会发生概念上的混乱；其二，道学既容易与后来的"假道学"相混，也容易与道教之学、道家之学相混；其三，"道学"并不能十分确切地反映这个时代哲学的本质特征和最高范畴，反而会给人以重道德伦理轻宇宙本体的研究之嫌。②

张先生以主流和非主流划分宋明理学。在张先生看来，宋明理学作为社会思潮，有主流与非主流之分，其区别就在于其作用和影响不同，社会效果不同。所谓主流与非主流，简言之，是指一种社会思潮是否起主导作用或居于重要地位，还是起非主导作用和居于次要地位。③ 宋明理学的主流派包括：濂（周敦颐）、洛（程颐、程颢）、关（张载）、闽

---

① 张立文：《宋明理学研究》，第 9 页。
② 同上，第 11—12 页。
③ 同上，第 680 页。

（朱熹），以及邵雍、司马光、张栻、陆九渊和王守仁等，周敦颐、二程、张载、朱熹及其门人为正统派；非主流派包括：王安石、苏轼、苏辙、吕祖谦等。周敦颐是宋明理学的开创者，只缘他"暗破心性义理之学"。濂、洛、关、闽一脉相承，是"理学"中的正统派。历代统治者皆奉程朱为正统，程朱成为后期社会发展中居统治地位的官方哲学，强烈影响了上层建筑的各个领域。朱熹是"道学"的集大成者，继承和发挥濂、洛、关学的思想，亦汲取欧阳修的疑经观、王安石的"道器论"、二苏的"道"的思想，糅合诸家，综罗百代。以吕祖谦为代表的婺学力图调和朱陆，并吸收永嘉、永康学派的经世致用之学，但从整体上看，倾向于"心学"。永嘉、永康之学上承张载实事事功思想，反对空谈"心性"，与朱、陆鼎足三立。明代陈献章由宗朱而转为宗陆，王守仁承"心学"而为心学之集大成者，并成为理学的主流派。刘宗周为明末大师，其学推本周、程，得源于王守仁，以"慎独为宗"，针砭王学各派的王畿、罗汝芳、王艮等，承朱熹之道德伦理，舍空谈而趋道德之实践，但终究与朱、王皆异。总之，理学各派与其他学派相互交错，既互相否定，又相互吸收，形成了螺旋式的前进运动，而绝不是并行不悖、笔直发展的。①

与主流、非主流相对应的是"三系说"。张先生指出，宋明理学的主流可分为"三系"，即程朱道学（或可说程朱理学）、陆王心学和张王气学。张先生在《宋明理学研究》的第一版中就已在《宋明理学的性质》和《宋明理学主要范畴的演变》部分②中详细地论说了理学、心学和气学的历史演变。之后，张先生在《善恶之上·序》中进一步指出："宋明理学中从张载到王夫之为一系，与程朱、陆王并称为三系，笔者认为是可以成立的。"③实际上，张先生在撰写《王船山哲学思想》

---

① 张立文：《宋明理学研究》，中国人民大学出版社 1985 年版，第 681—683页。

② 同上，第 15—79 页。

③ 向世陵：《善恶之上——胡宏·性学·理学》，中国广播电视出版社 2000年版，《序》第 2 页。

一书中就指出："笔者曾据此而把船山接续张载一脉，而从程朱一系中分离出来成为独立的一系，即与程朱道学（或理学）的绝对理学派、陆王心学的主体理学派、鼎足而立的张王气学的客体理学派。然宋明理学中分此三系，非拙著《宋明理学研究》所独撰，清人已有以张载、王夫之为一系者，或谓船山继张载之学脉。"① 从康熙、雍正时的李周望到乾隆、嘉庆、道光时的邓显鹤，从晚期时的孔祥麟到现代的熊十力，都把张载和船山看作一系。接受宋明理学的古代朝鲜主理派、主气派的发展史，亦可旁证宋明理学中气学一系的成立。② 总之，船山发宋明理学中张载气学一脉，而成为气学的集大成者，从学术意义上可与宋明理学中朱熹集道学大成、王阳明集心学大成相当。

四、退溪研究拓视界：国内首位研究李退溪思想的学者

李退溪③研究是张先生朱熹研究的偶然拓展。但是，偶然的机缘造就了非凡功绩。1981 年 10 月，张先生携《朱熹思想研究》专著出席在杭州召开的宋明理学国际会议，美国的陈荣捷、狄百瑞，日本的山井涌，加拿大的秦嘉懿，西德的余倍荷和香港的刘述先都参加了会议。陈荣捷教授在看了《周易思想研究》和《朱熹思想研究》后，建议张先生撰写《朱熹易学思想辨析》以参加 1982 年在美国举办的朱子学国际研讨会。张先生在朱子学会议上做了演讲，得到学术界的认同和高度赞扬。1982 年的国际会议不仅仅使张先生认识了各国学者，还开拓了眼

① 张立文：《正学与开新——王船山哲学思想》，人民出版社 2001 年版，第402—403 页。

② 张先生这样的论说在《善恶之上·序》和《王船山哲学思想》中都说过，若论时间早晚，当以《王船山哲学思想》为早。张先生在《善恶之上·序》中曾说："近年来笔者撰写《王船山哲学思想》一书"，可见，稍早出版的《善恶之上》一书中张先生的观点是渊源于稍晚出版的《王船山哲学思想》的，学者须注意。

③ 李滉，号退溪，生于李氏朝鲜第十代燕山君七年（1501 年，中国明代孝宗朱祐樘弘治十四年），卒于宣祖三年（1570 年，中国明代穆宗朱载垕隆庆四年）。李退溪乃"朝鲜之朱子""东方百世之师"，是朝鲜一代哲人。

界，知道了朱子学对日本、朝鲜和越南的影响，开始关注朱子学在各国的发展与结合等问题。1983年，张先生受邀参加在美国哈佛大学召开的第六届退溪学国际学术会议，虽未成行，但撰写了《朱子与退溪的易学思想比较研究》，是《朱熹易学思想辨析》的续篇。之后，张先生参加历届退溪学国际会议。张先生从各个层面、角度研究李退溪，将论文发表于退溪学研究院主办的《退溪学报》及其他杂志上。1985年，张先生发表于《哲学研究》上的退溪学研究论文①，是国内首次发表研究朝鲜最著名哲学家思想的文章。因张先生在退溪学研究的成就，1987年被国际退溪学会授予"国际退溪学学术奖"，1988年被邀请参加汉城奥林匹克运动会组委会召开的世界学术会议和第十届退溪学国际会议，并被邀出席奥林匹克运动会开幕式，亦是时任卢泰愚总统接见的世界八位学者之一，并促成1989年10月中韩建交前，在中国人民大学召开第十一届退溪学国际学术会议。张先生先后出版《退溪哲学入门》②、《朱熹与李退溪思想比较研究》③、《李退溪思想研究》④，主编《退溪书节要》⑤，在退溪学研究领域具有重要地位。

退溪研究深化了张先生的朱子学研究。朱子学在东亚各国传播和发展，在与东亚诸国的传统思想冲突与融合中适应了各国社会发展的需要。朱子学已经不仅仅是中国的朱子学，还包括了日本的朱子学、朝鲜的朱子学、越南的朱子学，我们不可以执着于中国的朱子学而评价其他各国的朱子学，而应把朱子学看作是动态的、灵活的、发展的生命智慧，以此观东亚诸国甚至是属东南亚的越南的朱子学，才会赋予朱子学以新的生命力。李退溪的贡献就在于把中国的朱子学与朝鲜传统思想融合起来，并与其他学者创造和发展了朝鲜的性理学，此举适应了朝鲜社会的需要，丰富了朱子学的内涵。退溪学研究拓宽了朱熹研究的视域，

---

① 张立文：《李退溪哲学逻辑结构探析》，《哲学研究》1985年第3期。
② 张立文：《退溪哲学入门》（朝鲜文），骊江出版社1990年版。
③ 张立文：《朱熹与李退溪思想比较研究》，文津出版社1995年版。
④ 张立文：《李退溪思想研究》，东方出版社1997年版。
⑤ 张立文：《退溪书节要》，中国人民大学出版社1989年版。

是中国学者以世界眼光看哲学发展史的良好开端。

张先生在退溪学研究中推导出了东亚意识。不仅仅中国的朱子学影响了东亚，整个中国儒学也在不断影响东亚社会与意识形态。儒学既是中国的又是东亚的。儒学在公元前 3 世纪便传播到东亚的朝鲜、日本，东南亚的越南等国，形成了儒家文化圈，体现出"东亚意识"。所谓东亚意识，"是中国、日本、韩国等东亚地区的，以儒学为核心的文化意识"①。这个儒学是指孔、孟、荀的原典儒学、汉唐经学儒学和宋明新儒学。就东亚言，包括朝鲜的性理学（主理派、主气派、折中派、实学派），日本的朱子学、阳明学和古学学派。儒学对东亚地区的社会结构、典章制度、伦理道德、风俗习惯、心理结构、行为模式以及价值观念都有极为重要的影响，从而形成以东亚为主的要求改变世界不均衡、不公正、不平等状况的意识。正是基于这样的思考，张先生主持国家社科基金重点项目《东亚哲学与 21 世纪》，主编《东亚哲学与 21 世纪丛书》②，并编纂《国际儒藏》。世界眼光、东亚意识、《国际儒学》，是张先生宋明理学研究的深刻性、全球性与开创性的体现。

五、方法创新为前提：中国哲学逻辑结构论的开现

"学术的生命"体现为"身"的求生活动、"心"的求学活动，社会政治、经济、文化的求知活动和审美经验的求情活动，是探寻学术生命的"是什么"；而"生命的学术"是以学术研究求得生命的充实与完美，是对学术"为什么"的求索，是对生命"所以然"道体的觉悟，是出于生命真知与体悟的思想创造，是生命情趣的释放，更是生命主体性、能动性的自觉，其最大的特点就是"建构独具个性化的、生命智慧

---

① 张立文：《李退溪思想研究》，东方出版社 1997 年版。

② 《东亚哲学与 21 世纪丛书》，华东师范大学出版社 2001 年版。包括：《和合与东亚意识》（张立文著）、《东亚的转生》（陆玉林著）、《和合之境》（李振纲、方国根著）、《和魂新思》（李甦平等著）、《君子国的智慧》（姜日天、彭永捷著）。

的、智慧创新的理论思维体系"①。在张先生那里，这个"理论思维体系"是通由"四论"——《中国哲学逻辑结构论》《传统学引论》《新人学导论》和《和合学概论》而得以深刻反映的。

研究方法的创新是哲学研究创新的先导。中国哲学研究产生于西方强势文化迅猛传入中国的特殊时代，从产生起就存在着依傍西方哲学、照着西方哲学讲的尴尬，最典型表现就是以唯心唯物来分析中国的哲学思想家。新中国成立后，我们就是以此为指导撰写中国哲学史，编写教科书。随着中国哲学学科的发展，如何从中国文化自身的立场探寻中国哲学的发展规律，研究中国哲学的固有内容，便成为中国哲学学科发展的一大任务。对此问题的思索，张先生提出了中国哲学逻辑结构论，探寻中国哲学内在逻辑结构，发现中国哲学固有的发展规律。

中国哲学逻辑结构论实现了中国哲学研究方法的创新。早在1964年研究谭嗣同哲学思想时，张先生便对谭嗣同哲学思想的逻辑结构进行了深入探讨，力图实现中国哲学的方法论创新。在《朱熹思想研究》一书中明确提出了这一理论："哲学家哲学体系的各个方面及其基本范畴之间，是紧密联系的，从而构成了一个整体。'分门别类'的研究，往往于整个哲学体系内在的逻辑联系注意不够，而只有深入揭示某一哲学范畴体系的内在的哲学逻辑结构，才能如实地反映该哲学体系的本来面目。"② 张先生专门撰写了《朱熹哲学的逻辑结构》一章，详细讲解了朱熹哲学诸范畴之间的逻辑关系。什么是中国哲学逻辑结构论？张先生有《中国哲学逻辑结构论》③ 专著专门研究这一问题。从根本上讲，"所谓中国哲学逻辑结构，是指研究中国哲学范畴的逻辑发展及诸范畴间的内在联系，是中国哲学范畴在一定社会经济、政治、思维结构背景

---

① 张立文：《学术生命与生命学术》，《张立文文集》第36辑，《自序》。

② 张立文：《朱熹思想研究》，中国社会科学出版社2001年版。

③ 张立文：《中国哲学逻辑结构论》，中国社会科学出版社1989年版；中国社会科学出版社2002年版，收入《社科学术文库》。

下所构筑的相对稳定的逻辑理论形态"①。这包含三层含义：一是就中国哲学的同一范畴而言，《中国哲学逻辑结构论》强调要厘清该范畴在不同的历史时期、不同思想体系中的具体含义和发展脉络；二是就不同的范畴而言，中国哲学逻辑结构论强调要明晰哲学体系中不同范畴之间的思想差分和内在逻辑关系；三是就中国哲学逻辑结构与社会的经济、政治、思维结构之间的关系而言，它强调中国哲学逻辑结构总是植根于一定的社会经济、政治、思维结构而构建的逻辑体系和理论形态。

以中国哲学逻辑结构研究法研究中国哲学，可从三方面入手：一是纵向的哲学范畴、逻辑结构的研究，它可以揭示整个历史长河中本质相同或不同范畴之间的继承关系及其演变发展规律；二是横向的哲学范畴、逻辑结构的研究，它可以揭示各个哲学范畴在同一个历史发展阶段中的相互关系，进而把握一个时代的哲学思潮，反映一个时代的思维水平；三是纵横结合的哲学范畴、逻辑结构的研究，它可以揭示范畴在各个历史阶段之间和各个时代哲学思潮之间的中间环节，明确它们之间相互渗透、相互过渡的关系。通过这三个方面的研究，便可以对中国哲学的总体发展历程、各个时代的哲学思潮、各个哲学流派或哲学家思想的演化路径、发展规律及其内在特点进行全面深入的多维了解。

《中国哲学逻辑结构论》创造性地建构中国哲学研究的"范畴解释学"。张先生说："要正确把握中国哲学逻辑结构中的范畴，需要有具体、义理、真实三层次的句法、语义、网状、时代、历史、统一等六层面的诠释，以揭示哲学范畴的本义、义理蕴含和整体本质。"② 所谓表层结构的具体诠释，就是客观地再现思想逻辑结构中概念、范畴的本义，是对哲学家的言论、著作的句法层面结构和语义层面结构的诠释。所谓深层结构的义理诠释，就是从整体思想的逻辑结构，即范畴之网和时代思潮之网中，再现哲学家思想逻辑结构中范畴的义理蕴含，从宏观的整体来透视微观的局部范畴的义理。所谓整体结构的真实诠释，是指

---

① 张立文：《中国哲学逻辑结构论》，中国社会科学出版社 2002 年版，第 5 页。

② 同上，第 74 页。

从历史的发展演变的联结中，掌握范畴演变的必然趋势，以验证概念范畴的本质意蕴。经过对中国哲学范畴的三层次的诠释，便可以多角度、多层面地把握中国哲学范畴的详细含义。

张先生将逻辑结构论的思想广泛运用于中国哲学史各领域的研究中，撰写了《中国哲学范畴发展史》（天道篇、人道篇）①，并主编了《道》《气》《理》《心》《性》《天》《变》等《中国哲学范畴精粹丛书》②。经过长期教学研究的涵泳砥砺，他的中国哲学逻辑结构论的思想也日益丰富和完善，成为目前中国哲学研究的重要方法论。

六、传统学说创体系：将传统学从文化学中独立出来

《中国哲学逻辑结构论》研究的自然结果是传统学的创构。中国哲学逻辑结构是讲概念范畴发展的历史，研究的对象是古代的东西，是传统性的东西。20 世纪 80 年代开始的传统文化和现代化的争论，启发了张先生思考如何对待传统文化问题。在传统和现代化讨论过程中，学术界提出了很多关于把传统文化变成现代化的方法。如张岱年先生提出"综合创新论"，林毓生提出"创造性转化"，李泽厚提出"西体中用论"，还有过去张之洞的"中体西用"，冯友兰的"抽象继承论"等等。这些方法背后都各自受价值观的支配，存在价值选择与判断的问题。而在张先生，这个方法及其价值观就是"传统学"。1986 年，张先生在《光

---

① 张立文：《中国哲学范畴发展史（天道篇）》，中国人民大学出版社 1988 年版；五南图书出版公司 1996 年版；《中国哲学范畴发展史（人道篇）》，中国人民大学出版社 1995 年版；五南图书出版公司 1997 年版。

② 《道》，中国人民大学出版社 1989 年版；汉兴书局有限公司 1994 年版；东文选出版社 1995 年越南文版。《气》（主编、合著），中国人民大学出版社 1990 年版；汉兴书局有限公司 1994 年版；东文选出版社 1993 年朝文版、越南文版。《理》（主编、合著），中国人民大学出版社 1991 年版；汉兴书局有限公司 1994 年朝文版、越南文版。《心》，中国人民大学出版社 1993 年版。《性》，中国人民大学出版社 1996 年版。《天》，七略出版社 1996 年版。《变》，七略出版社 2000 年版。

明日报》发表文章，首次提出"传统学"概念；① 1989 年，出版《传统学引论》②，就作为独立学科的"传统学"的理论框架进行详细阐释。

"传统学"是张先生首创。《传统学引论》出版时，希尔斯的《论传统》一书还未在中国出版译本，直到 1991 年 3 月才由上海人民出版社出版。在国内学术界，张先生是第一位从哲学视角研究"传统"的学者；在国际学术界，将"传统"上升为"传统学"，并将"传统学"从文化学中独立出来且进行系统阐释的，张先生是第一人。尽管希尔斯研究"传统"的时间比较早，始于 1956 年在芝加哥大学研究班课程的主题研究，但他撰著《论传统》的宗旨是"探讨传统的共同基础和共同要素，分析传统在人类生活中所造成的差异"③。此外，希尔斯不仅没有将传统学从文化学中独立出来，而且根本没有提出"传统学"理念，更不要说架构"传统学"体系了。而张先生撰著《传统学引论》是"为了文化探索的扩展和深入，为了中国早日步入世界现代化国家的行列"，"今天的中国是传统的中国的延续，现代的中国人是传统的中国人的沿传。我们评判传统中国的丑陋，是为了建立一个富强、文明、友爱的现代化中国"。为此，张先生把"传统学从文化学中分离出来，把传统作为一门独立的学科来建构"④。修订版《自序》则明确指出："传统学的宗旨是体认传统，继承传统，度越传统，创造传统。使传统重新焕发生命智慧，以适应现代化的合理性需要，化解传统与现代的冲突。"⑤

张先生将传统学从文化学中独立出来。张先生所建构的"传统学"是关于研究传统发生、成长、发展的规则、原理与其要素之间相互关系的学问，是传统的变异性与稳定性、内在性与外在性、殊相性与共相性

---

① 张立文：《论传统和传统学》，《光明日报》1986 年 11 月 3 日（哲学专刊）。
② 张立文：《传统学引论——中国传统文化的多维反思》，中国人民大学出版社 1989 年版；《传统学七讲》（修订本），长春出版社 2008 年版。
③ ［美］希尔斯：《论传统》，傅铿、吕乐译，上海人民出版社 1991 年版，第 1 页。
④ 张立文：《传统学引论——中国传统文化的多维反思》，中国人民大学出版社 1989 年版，《前言》第 2 页。
⑤ 张立文：《传统学七讲》，长春出版社 2008 年版。

的融突和合的学说。① 与文化学相比较，"传统学"有三方面特征：一、传统学是研究客体化的对象物是如何及怎样体现主体精神、风格、神韵、意境和心理机构的，而文化学是研究主体人如何及怎样外化或对象化、主体与客体的关系；二、传统学是研究各种文化现象如何凝聚、固化成传统，文化学研究各种文化现象之间的冲突与融合及由此而和合成文化有机整体系统；三、传统学研究传统在各个历史时期的变异和契合及如何重新筛选、凝聚、固化、延续等，文化学研究各个历史时期文化现象的发生、发展和瓦解、衰微的过程及规则。总之，传统学是关于传统主体——人的需要、欲望、追求被转换固化为实存的研究；文化学是关于文化主体——人的需要、欲望、追求等主观性的综合研究。

"传统学"作为独立学科系统，包括横式结构和纵式结构。横式结构包含传统的价值系统、心气系统、知识系统和语言符号系统；纵式结构是指传统无意识。② 传统的价值观念系统是由和合生存世界的物的价值和社会价值、和合意义世界的人的价值、和合可能世界的艺术理想价值等构成的多层次复杂结构：传统的物的价值是指物以及物和物的关系所能满足人的需要而体现的价值；传统的社会价值是就人与社会之关系而言的，中国的传统是重群体价值，轻个人价值，整体利益重于个体利益；传统的人的价值是指人的生命智慧在实践交往活动中对自身需求的体现，表现为人的自我价值和社会价值。传统的心气是指主体所具有的传统的情感、心理、性格以及心理活动的稳定性、灵活性、指向性，是传统的内在活力体现，具有生生不息之功能。参与传统活动的精神要素、思维模式以及再造传统的工具系统构成传统的知识系统。它既是传统再造的手段，又是传统活动的积累结果。传统的语言符号系统是传统的价值系统和心气系统的外部表现，是传统得以传播、交流、延续的中介。

张先生还提出了传统学的研究方法，即纵横互补律、整体贯通律和混沌对应律。纵横互补律是指在全时空境域里把握传统诸要素、因子间

---

① 张立文：《传统学七讲》，第 10 页。
② 张立文：《张立文先生与"传统学"创构》，《邯郸学院学报》2009 年第 2 期。

的纵向联系、横向联系、斜向联系以及纵、横、斜交织互补梳理出传统"古今"运动的接合点和突变点，寻找文化"中外"交流的和谐处与交融处，将民族文化视为血气氤氲、脉络清晰和生意盎然的有机整体。整体贯通律是指在民族文化传统有机体内，透视同质要素、因子，异质要素、因子及同异交质要素、因子之间相互胶粘、贯洽，由相互渗透而发展到极点并引起相互转化的过程。传统文化精神体系属于形而上学范畴，具有本质上的混沌性和模糊性，应通由系统化与非系统化、整体化与非整体化、逻辑化与非逻辑化、有序化与非有序化等无穷度越的对应方法来去蔽和疏明，故称之为混沌对应律。透过传统学研究的三理论思维和三分法定律，可以从传统文化中发掘民族精神的真正脉络，可以探讨华夏文明的和合精神意蕴。

七、人学新论新规定：人是能够自我创造的和合存在

传统学的发展结果是新人学。传统学根本上是"人"的问题，因为传统是人创造的。传统亦是通过人的智慧，赋予一种文本，或赋予一种实物以"传统"这种精神。传统文化实际上是人化。人是传统的前提和基础，又是哲学的前提和基础。所以，"传统学"归根到底是人学。张先生曾指出："世界上只有一个最大的字，这就是'人'字。"①人是一个谜，过去是个谜，现在是个谜，未来还是个谜。对人的探讨，是哲学永恒的主题。故而，"不把人搞清楚，那么其他就都是空的，你建构一个学术，就等于是建在了一个空中楼阁上了，你的基础就不扎实了，所以我必须对人有一个重新的思考"②。当张先生完成传统学研究之后，便自然进入了"人"的研究。

张先生从"人"的两次自我发现出发，论证了"人的第三次发

---

① 张立文：《新人学导论——中国传统人学的省察》，职工教育出版社 1989年版。

② 康香阁：《著名哲学家张立文先生访谈录》，《邯郸学院学报》2009 年第 2期。

现"。前两次人的自我发现，第一次是从自然中发现了人，把人从自然的奴役下解放出来；第二次是从宗教神学中发现了人，把人从宗教神学的奴役下解放出来。但是，人类科学技术的发展扩展和膨胀了人与自然、社会的关系，人的个体自由与技术进步处在"二律背反"之中，人在创造丰硕的文明成果的同时亦造就了自身的灾难。为此，张先生提出人类目前面临着"第三次发现或第三次解放，这就是从大工业工具系统和现代科学技术中发现人，把人从现代机器的控制下和生态危机的灾难中解放出来"①。而这次发现，根本上依据人类的自我创造而使人得以"解放"。1984 年，张先生在德国哥廷根大学曾与德国卡西尔协会的一个会员讨论卡西尔提出的"人是符号的动物"问题。在张先生看来，如果说人是符号的动物的话，那么，阿猫阿狗也是一个符号。狗有各种各样的狗，马也有各种各样的马，但是它们没有人性，没有创造性，没有主观能动性。如果说人是一个符号的话，那同其他东西没有区别，是把人退化到一般事物的层次。卡西尔的论断消解了人所特有的智慧与创造性。当时，张先生就给人做了这样一个新规定："人是会自我创造的动物。"人只有自我创造，才能够创造世界，才能够改造世界，才能够设计自己的未来，也才能够掌握自己的未来。在 1989 年出版的《新人学导论》中，张先生明确地将"人"规定为"会自我创造的动物"②。但是，以动物来规定人，同过去讲动物的话没多大区别，尽管这个规定从根本上否定了卡西尔"人是符号的动物"一说。因为人有两重性，自然性（动物性）和社会性（道德性），若人的动物性得以张扬，那么，人比动物还可怕。希特勒屠杀 600 万犹太人，日本人发动南京大屠杀，根本就是动物性的张扬。故而，张先生在反复思考之后，将"人"的规定改成"人是会自我创造的和合存在"③，以与和合学相契合。这

---

① 张立文：《新人学导论——中国传统人学的省察》，职工教育出版社 1989 年版，第 23 页。

② 同上，第 18 页。

③ 张立文：《和合历史哲学论》，《首都师范大学学报》（社科版）2003 年第 1 期。

样的人，是会调节人与社会、人与人、人与自然、人的心灵中的冲突，是真正走进和合之境的人。

张先生的"人学"构筑了人之"自我和合"的价值目标。这个自我和合是"和合型"的人与"优美型"的人的统一。"和合型"的人内含了和合型人格与和合型人际关系。和合型人格是指各层次、各类型人格的冲突融合而和合并存；和合型人际关系是指在某一国家、社会、群体、集团内，把每个各具特质的人的相互冲突、融合的交往关系，通过反复冲突、融合而取得一定程度、水平上的共识，达成和合，呈现稳定的有序的状态。"优美型"的人内含了人与自然和谐关系的"天人合一"之真、道德知识和道德实践融合的"知行合一"之善以及作为情感再现天地造化之工的"情景合一"之美。"和合型"的人能够依据各具特质的人格和社会关系来处理好人际关系的冲突与融合，"优美型"的人可以通过社会实践活动，提高人的思想文化素质、科学文化素质、礼仪道德素质和艺术文化素质，使人进入高素质的精神境界，实现真、善、美的合一，以此弥补人格的种种分裂，达到人格和合的优美境界。自我和合的完成，真、善、美融合的和合优美境界，便是人生"自由境界"。张先生通过对冯友兰的四大境界说、唐君毅的九境界说及傅伟勋的十层面说的评论，而以自由为基础和出发点，依据现代社会状况和需要提出人生五大境界说，即生命超越境、知行合一境、情景互渗境、圣王一体境、道体自由境，以此作为现代化新人的价值导向。

哲学的本质就是人学，就是对社会人生的探讨。新人学的创构体现了张先生哲学的人本情怀。

八、哲学创新新标志：发现了中国哲学理论思维形态创新的游戏规则

哲学是时代精神的精华，是民族精神及其生命智慧的结晶和凝聚，是思想家主体精神的超越和流行。每一次哲学创新，都是哲学家针对特定的社会问题，依据特定的文献资料而创新出新的问题解决之道。张先

生在几十年的中国哲学史研究中，发现了这些游戏规则，即核心话题的转向、人文语境的转移和诠释文本的转换。

张先生最早以"周期性"来说明中国哲学创新的规律性。张先生指出，"中国文化思想的发展，凡每一次具有开创性、重大性的传统结构的爆炸和传统机制的转换，到形而上学体系和价值理想的重构，若从孔子算起，大体上是三百年到五百年之间，这是一个带有规律性现象"①。譬如从孔子创建儒家学说及百家争鸣，到汉武帝、董仲舒建构天人感应新儒学及两汉经学，经四百来年；从董仲舒到魏晋玄学的建构，经三百多年；从魏晋玄学到唐代儒、释、道三家之学，近四百年；从贞观年间的玄奘、窥基、法藏、慧能等到宋明理学奠基的北宋周敦颐、张载、程颢、程颐，亦近四百来年。当然，从宋明理学周、张、程直到现在将近千年，中国文化受元代、清代思想的禁锢和近代西学的严重影响，中国文化和哲学的创新几乎停滞。张先生亦在《和合学概论》中讲到了这个"中国文化人文精神转生的阶段性和周期性"②。

中国文化的"周期性"表明中国文化"转生"③的过程性。"转生"总会体现出特征。张先生对"转生"特征的把握经历了从"两个标志"说到"三个标志"说的转变。1996年，张先生在文章中指出："大凡每一新时期新理论形态出现之前，都进行了两方面的努力"，一

---

① 张立文：《新形上学体系和价值理想的重建》，《中华文化论坛》1994年第3期。

② 张立文：《和合学概论——21世纪文化战略的构想》，首都师范大学出版社1996年版，第56—62页。

③ 张先生所说的中国理论思维形态的阶段性和周期性，意蕴着文化的死与生。死亡与转生是相续相继的，而不是决然割断、非此即彼的。张先生曾给"转生"作注："轮回转生本是古印度婆罗门教的主要教义之一，佛教沿袭并加以发展。婆罗门教认为四大种姓以及贱民在轮回中永世不变，佛教主张在业报面前四姓众生平等。下等种姓今生积善德，下世生为上等种姓，甚至到天界；上等种姓今生有恶行，下世亦可生为下等种姓，以至下地狱。藏传佛教寺院为解决其首领的继承问题而有转世之说，其义与转生相近。"（张立文：《和合是中国人文精神的精髓》，载香港浸会大学《人文中国》创刊号，1995年4月）"转生"说明了中国文化和中国理论思维形态演变发展的相对相关、相分相继的过程。

是对先在理论形态进行批判，二是建构新理论形态所依据的经典文本的重新选择和解释。① 2000 年，张先生在文章中指出："中国新的哲学理论思维形态的化生，需要把握两个尺度，换言之，新之所以为新有两个标志"，一是其建构哲学理论思维形态的核心范畴与以往哲学理论体系的核心范畴异，以及由此核心范畴而展开的逻辑结构异趣；二是作为各个时代精神的精华所体现的新的哲学理论思维形态，其所依傍的经典文本的选择异。② "两个标志"说注意到哲学创新的"内因"，"外缘"因素并未被纳入其中。到 2003 年，张先生在论文中明确提出中国哲学不断创新的"三个分析维度"，即核心话题的转向、人文语境的转移和诠释文本的转换。③ 文化"转生"是内外因素和合构成。

核心话题体现特定时代的意义追寻和价值创造。核心话题的转向是中国哲学创新的话语标志。从先秦到近代，核心话题经历了五次大的转向，哲学理论实现了五次创新。先秦是中国哲学的原创期，其核心话题是"道德之意"；两汉是中国哲学的感通期，学术探究的核心话题是"天人相应"；魏晋是中国哲学的玄冥期，核心话题是"有无之辨"；隋唐是中国哲学的融摄期，"性情之原"是其核心话题；宋明是中国哲学的造极期，理学的核心话题是"理气性心"。

人文语境是中华民族精神及其生命智慧历史变迁的集中体现。先秦诸子百家都是从"学在官府"的西周礼乐文化中衍生出来的，是对"古之道术"的创新与发明，中国哲学生命智慧的觉解，通过散文来叙述；两汉哲学中，文人学者以堆砌辞藻、繁衍象数的辞赋渲染"天人相应"，民族精神与哲学智慧显露出繁杂和神秘的感应气象；魏晋"有无之辨"解脱了名教束缚，文学创作与哲理运思的巧妙结合，构成魏晋人

---

① 张立文：《中国文化的精髓——和合学源流的考察》，《中国哲学史》1996年第 1—2 期。

② 张立文：《中国哲学：从"照着讲""接着讲"到"自己讲"》，《中国人民大学学报》2000 年第 2 期。

③ 张立文：《中国哲学的创新与和合学的使命》，《中国人民大学学报》2003年第 1 期。

文语境中最引人注目的地方；隋唐佛学高涨，在三教融摄中穷究推本"性情之原"，以诗意韵律为语境，智慧觉解出隋唐哲学包容大度、冲和气象的主题特征；两宋"以文德致治"，民族精神及其生命智慧在既豪放又婉约的人文语境中，结出堪与唐诗媲美的宋词，激发出"为天地立心，为生民立命，为往圣继绝学，为万世开太平"的豪迈气概，引诱出抑制个性、熄灭情欲、攻击异端的内敛心术；明清之际，人文语境进一步内向收敛，专心训诂考据的"汉学"取代了讲究性命义理的"宋学"，《四书大全》和《性理大全》的话语专制和文字监禁宣告了善思传统的中断和创新精神的枯萎。

诠释文本是学术思想的符号踪迹，是智慧觉解的文字报告。诠释文本的转换，是中国哲学创新的承继特征。先秦是原典文本的书写与集结过程，总体上以五经为诠释文本，两汉哲学则以《公羊春秋》为诠释文本，《庄子》《老子》和《周易》之"三玄"则成为魏晋玄学的诠释文本。佛教东传，中国化宗教创生，天台宗以《妙法莲华经》为诠释文本，华严宗以《大方广佛华严经》为立论依据，禅宗先以《楞伽阿跋多罗宝经》印心，后以《金刚般若波罗蜜经》传法，慧能南宗独创《坛经》明心见性。宋明理学是儒、释、道三教思想长期融突的智慧结晶，以四书为诠释文本。

明晰中国哲学理论思维创新的标志，可为哲学体系创新提供具体操作依据。张先生和合哲学的创构正是对此三方面的把握和应用。

九、和合哲学终究大：建构当代中国哲学的创新体系

张先生出"史"入"论"，基于《中国哲学逻辑结构论》《传统学引论》和《新人学导论》，又建构了当代中国哲学的创新体系——"和合学"。和合学的核心范畴是和合，而与先秦的"道德之意"、两汉的"天人相应"、魏晋的"有无之辨"、隋唐"性情之原"、宋明"理气心性"等核心范畴异；"和合"语出《国语》，其依傍的解释文本亦与先前之学有异；和合学是对于人类所共同面临的五大冲突和五大危机，以

及中西文化冲突和中国现代化遭遇的挑战的回应和化解之道，是适应世界格局由斗争主题向和平、发展、合作主题转变的新思维、新理论体系。这个新思维体系与先秦百家之学、秦汉天人之学、魏晋玄学、隋唐佛学、宋明理学以及现代新儒学所面临的挑战有别，因此其回应化解之道亦异。和合学的提出，在究竟的意义上标志着中西体用、古今因革、义利理欲等等思辨的逻辑终结，标志着哲学理论思维已经完成了从迷途忘返的支离化疏远、你死我活的变异化对抗，到健顺和乐的融突化创造的历史性转换。①

在和合学体系中，"和"是指和谐、和平、和睦、和乐、祥和；"合"是结合、联合、融合、合作。和合是指自然、社会、人际、心灵、文明中诸多形相和无形相相互冲突、融合，与在冲突、融合的动态过程中各形相和无形相和合为新结构方式、新事物、新生命的总和。和合不是自然法则，也不是客观规律，而是人文精神，是哲学智慧，是人世间的普遍现象。建立在和合文化基础上的和合学，指研究在自然、社会、人际、人自身心灵及不同文明中存在的和合现象，并以和合的义理为依归，是既涵摄又超越冲突、融合的学问。② "和合学"既是民族精神生命智慧转生的转生者，又是中国文化整体性、结构性、有机性转生的载体。这正是"和合学"的本质所在。

"和合学"承接"新人学"之"人是会自我创造的和合存在"而建构了和合三界，即生存世界、意义世界、可能世界，对此三界的研究构成了生存和合学、意义和合学、可能和合学。生存和合学的理论模型为宇宙模型，即人与自然的和合性问题，包括认知关系和践行关系，知行和合转换境与理，为生存和合学的真实性原理；意义和合学的社会模型即人与社会和合性问题，包括修治关系和涵养关系，修养和合转换性与命，为意义和合学的完善性原理；可能和合学的思维模型即人与思维的和合性问题，包括刚健关系和柔顺关系，健顺和合转换道与和，为可能

<hr>

① 张立文：《东亚意识与和合精神》，《学术月刊》1998年第1期。
② 张立文：《和合学》，中国人民大学出版社2006年版，第71页。

和合学的优美性原理。和合学"三界"分层展开为：和合生存世界的"境"（生存活动环境）与"理"（生存行为原理）；和合意义世界的"性"（价值活动本性）与"命"（价值行为命运）；和合可能世界的"道"（逻辑活动的思维道理）与"和"（逻辑活动的义理和谐）。人为了改变自然形态创造人化自然；必须对所要改变的对象（境）的特性、本质（理）有所认知和把握，这便是"知理明境"，"境"明反过来可促进知"理"。"知理明境"是为了"行理易境"，"知理"为了"行理"，"明境"为了"易境"。人为了实现自我人生的意义，必须对所要改变、涵泳的主体人的人生必然命运有所体认和修治，对于人自身的属性、本质也要涵养，以培养道德情操，这便是"养性明命"，"命"明可促进"养性"。"养性明命"是为了"修命易性"，以塑造新人。人类思维建构价值理想的未来模型，这本身就是创造性生命活动的体现，这便是"顺道求和"，即求"和"的可能世界，促使"顺道"。"顺道求和"是为了"健道达和"，以达天人和乐的可能世界。①

"和合学"为中国文化发展路径的具体落实提供理论支持和方法资源②。首先，"和合学"认为和合是实现文化发展的途径：第一，和合是诸多异质因素、要素的对待统一；第二，和合是诸多形相和无形相因素、要素的融合；第三，和合是有机的、有序的；第四，和合是动态分析的理论结构。这就意味着中国未来文化发展必然是多元文化体系既交流又碰撞，既有引进又有输出，终究是要构建基于中国自身民族文化的多文化要素融贯和合体。其次，"和合学"在对中西思维方法的比较和分析中创造性地提出"和合方法论"作为实现文化发展的基本方法：第一，"和合生生法"，即新生命、新事物不断化生；其二，"和合创新法"，和合不是一方消灭一方、一方打倒一方的单一法、唯一法，而是《中庸》所讲"万物并育而不相害，道并行而不相悖"的互补法、双赢法；其三，"和合意境法"，和合是人文观念创造之物，而非自然实在

① 张立文：《中国的改革开放与哲学创新》，《学术月刊》2003 年第 3 期。

② 张瑞涛：《"和合学"与哲学创新——回应杜运辉和陆信礼对张立文先生"和合学"的质疑与批评》，《探索与争鸣》2009 年第 3 期。

之物。再次，"和合学"构想了中国文化和合载体的内容。《和合学概论》① 从文化战略层面创造性地提出了化解人类当代冲突和危机的五大原理，即和生、和处、和立、和达、和爱，并构想了中国文化和合载体的八个方面，即形上和合与和合自然哲学、道德和合与和合伦理学、人文和合与和合人类学、工具和合与和合技术科学、形下和合与和合经济学、艺术和合与和合美学、社会和合与和合管理学、目标和合与和合决策学。《和合哲学论》② 则从哲学理论思维道体维度诠释构成和合精神家园的和合生存世界、和合意义世界和合可能世界以及和合历史哲学、和合语言哲学、和合价值哲学和和合艺术哲学。"和合学"八维四偶生生原理和三界六层立体结构是我们文化建设的目标模式。

从和合思想的最早提出③，到"和合学"哲学体系的创构④，和合学产生了重要影响，引起国内外学术界、哲学界、政界的广泛关注。张先生1991年在日本京都大学、东京大学，新加坡国立大学，1994年在日本九州大学、东京大学，韩国高丽大学，1995年在美国波士顿大学讲授"和合学"，2002年在日本新泻大学开课讲授"和合学"。李铁映、钱其琛、李瑞环等政界领袖亦都发表了肯定"和合学"的谈话。如李瑞环2000年会见香港各界知名人士时特别指出："当今中国要发展、要振兴，必须继续弘扬中华民族的优良传统，特别要提倡和合，强调团结"；2005年12月，张先生随政府代表团访问葡萄牙，参加"中葡文化交流活动"，并发表"和合学"的主题演讲，引起西方学者和政界领袖的极大兴趣。

---

① 《和合学概论》，首都师范大学出版社1996年版；《和合学》，中国人民大学出版社2006年版。

② 《和合哲学论》，人民出版社2004年版。

③ 张先生在《新人学导论》第五章第二节《和合型与完美型——合一的氛围》中对"和合"做了论述。参见《新人学导论——中国传统人学的省察》，职工教育出版社1989年版，第211—219页。

④ 为构建和合哲学体系，张先生前后发表二十多篇论文，出版《和合学概论》《和合与东亚意识》《和合哲学论》和《中国和合文化导论》，既梳理了中国和合思想发展史，又架构了哲学体系。

十、自己讲要讲自己：创新中国哲学研究范式

如果说中国哲学逻辑结构、传统学和新人学是度越中国传统哲学理论思维形态的探索的话，和合学则是在重建伦理价值、安顿价值理想、营造精神家园、落实终极关切的根基上，进入和合生生道体的天人和乐的美的境界。前三论是从"学术的生命"向"生命的学术"的过渡，是张先生树立独具特色哲学新思维理论体系的基础；和合学则实现了"生命的学术"的真谛，使学术生命走进生活、走进社会、走进现实，以自我的生命体贴构设人类危机与冲突的化解之道，从而转生命为智慧创造和思维创新。"转"体现出张先生对中国哲学研究范式①的新思考和新思维——"自己讲""讲自己"。

关于中国哲学研究范式，前有"学着讲""照着讲"，后有"接着讲"，近有"自己讲""讲自己"。② "自己讲""讲自己"是张先生于2000年明确提出："中国哲学的未来走向必须像王阳明那样'自己讲'。这虽然很难，要从'百死千难'的体悟中得来，但百年中国哲学经炼狱般的煎熬和中国学人深受其难的体悟，具备了'自己讲'的内外因缘。自己讲自己的哲学，走自己的中国哲学之路，建构中国自己的哲学理论体系，才能在世界多元哲学中有自己的价值和地位，照搬照抄西方哲学只能是西方哲学的附庸或'小伙计'。"③ 于此，张先生明确表达了

---

① "范式"是库恩所提出的，"一方面，它代表着一个特定共同体的成员所共有的信念、价值、技术等等构成的整体。另一方面，它指谓着那个整体的一种元素，即具体的谜题解答；把它们当作模型和范例，可以取代明确的规则以作为常规科学中其他谜题解答的基础"（［美］托马斯·库恩：《科学革命的结构》，金吾伦、胡新和译，北京大学出版社2003年版，第157页）。范式尽管是分界科学与非科学的标准，但把它放在中国哲学研究上，"中国哲学研究范式"是指中国哲学研究者在一定的时代背景、学术氛围中所建立的符合中国哲学实际和特征的共同遵循的研究方法。

② 郭庆堂：《20世纪中国哲学的历史分期：学着讲、照着讲、接着讲》，《哲学动态》2001年第8期。

③ 张立文：《中国哲学：从"照着讲""接着讲"到"自己讲"》，《中国人民大学学报》2000年第2期。

融突而和合的"中国哲学研究范式"的宗旨:"自己讲自己的哲学,走自己的中国哲学之路,建构中国自己的哲学理论体系。"即,中国哲学研究"从中国哲学之是不是、有没有中超越出来,从全球哲学(世界哲学)与民族哲学的冲突、融合而和合的视域来观照中国哲学,不管他人说三道四,'自作主宰',走自己的路"①。自己讲""讲自己"正是沿着这样的道路前进的。

所谓"讲自己",就是通过中国哲学自身的发展逻辑来讲述中国哲学的"话题本身"。中国哲学"讲自己"并不是"闭关自守",而是在中西哲学比较中,在知己知彼的互动中讲述中国哲学"话题本身"。当然,讲中国哲学"自己"而了解、研究西方的哲学,必须改变过去"我注六经"的方式,确立"六经注我"的方式②,即以西方哲学注中国哲学,发展中国哲学。中国哲学"讲自己"要实现"自我定义""自立标准"。③ 张先生从中西"哲学"的特征出发,给出的中国哲学定义是:"哲学是指人对宇宙、社会、人生之道的道的体贴和名字体系。"所谓"道的道",它包括:一、人对宇宙、社会、人生的体贴、体认导向某一方向的道路;二、宇宙、社会、人生的根本道理;三、不可言说的、无名无为的、万物之奥的形而上之道,即万物的根据;四、宇宙、社会、人生的必然性和趋势;五、大化流行、唯变所适的过程;六、知与行及其关系的方法;七、格致诚正修齐治平的道理、规范及价值理想。简言之,道的道是指一种道理、原理的所当然的所以然之故。④ 从张先生的哲学定义可以看出,中国哲学既重社会、人生之道的道的探索,又重宇宙之道的道的探索。这一定义既有对哲学研究问题普遍性的

---

① 张立文:《"自己讲""讲自己"——中国哲学的重建与传统现代的度越》,北京师范大学出版社 2007 年版,第 8 页。

② 同上,第 9 页。

③ 张立文:《中国哲学的"自己讲""讲自己"——论走出中国哲学的危机和超越合法性问题》,《中国人民大学学报》2003 年第 2 期。

④ 张立文:《"自己讲""讲自己"——中国哲学的重建与传统现代的度越》,北京师范大学出版社 2007 年版,第 36 页。

把握，又体现中国哲学的主体意识。

"讲自己"是讲中国哲学的"话题本身"，那么，"自己讲"则是实现"讲自己"的方法。要实现"自己讲"，归根到底应坚持"六经注我""以中解中"的方法。所谓"以中解中"就是"以中国哲学的核心灵魂解释中国哲学。只有这样的解释，中国哲学才不会走样，才能真正讲述中国哲学'话题本身'"①。中国哲学的核心灵魂是指中国哲学逻辑结构，即从整体上分析、确定中国哲学诸概念、范畴在一个时代思想或某哲学家哲学体系中的地位、功能、性质与作用。

归根结底，中国哲学"自己讲"就是以中国哲学的核心灵魂——中国哲学概念、范畴间的"哲学逻辑结构"——分析、梳理、诠释中国哲学，实现了当下"中国哲学研究范式"的创新。其一，"自己讲""讲自己"度越了中国哲学"照着讲"和"接着讲"范式。"自己讲""讲自己"不再是"照着"和"接着"西方哲学讲中国哲学，不再是围绕西方文明中心论（包括西方哲学中心论）的指挥棒转，而是在突出中国哲学研究的主体性和自觉性基础上讲述中国哲学自己对"话题本身"的重新发现，讲述中国哲学自己对时代冲突的艺术化解，讲述中国哲学自己对时代危机的义理解决，讲述中国哲学自己对形而上者之谓道的赤诚追求等等。它既坚持了中国哲学的主体性，又尊重中国哲学对哲学普遍问题的关注和分析；既坚持中国哲学固有的哲学逻辑，又阐释了中国哲学核心话题、诠释文本和人文语境的转向、转换和转移的必然性、必要性。其二，"自己讲""讲自己"从根本上遵循了哲学史上的"问题"与"个性"相统一的原则。哲学发展史是对哲学史上各种"问题""话题"反思和化解的历史。在哲学发展史上，每一时代、每一民族、每一哲学家都会在自己对社会、人生、宇宙的思考中去发现"问题"、解决"问题"，结果却是"问题"越来越多，而想去解决"问题"的哲学家也越来越多。"问题""话题"是哲学发展的动力，是哲

---

① 张立文：《"自己讲""讲自己"——中国哲学的重建与传统现代的度越》，北京师范大学出版社 2007 年版，第 12 页。

学创新的助推剂。研究中国哲学，实际上是研究中国哲学发展史上的
"问题"和"话题"，并且借鉴古人对"问题"和"话题"的思维方法
来解决当下的"问题"和"话题"。只是，对"问题"和"话题"的
体认与分析，不同的哲学系统、不同的哲学家又体现出差异性，即提出
者、研究者间的"个性"差别。"自己讲""讲自己"的哲学研究方法
正是对这一问题的深化，"和合学"的创构体现了张先生的"个性"哲
学精神。"自己讲""讲自己"在以自己本有之"哲学逻辑结构"讲述
中国哲学"话题"的过程中，在坚持中国哲学主体性的前提下，主张
中、西、马间的交流、互动、融通，既坚持世界哲学、哲学系统的"问
题"和"话题"的普遍性，又兼顾民族哲学、哲学体系的"问题"意
识和"话题"诠释的"个性"，创新中国哲学体系。

　　张先生"自己讲""讲自己"哲学范式的理论效果正是"和合学"。
"和合学"本身是对中国传统哲学中的"和合"思想的继承与发展，是
面对新的"人文语境"（和平与发展），在古已有之的"诠释文本"
（《国语》）之上以"和合"作为"核心话题"而展开的哲学创新。可
能有学者会问：张先生是先明确地提出"和合学"，之后才有"自己
讲""讲自己"的哲学研究法的系统阐释。方法是为哲学体系的创构服
务的，张先生的哲学理论体系在前，哲学研究方法在后，如何解释？实
际上，"和合学"正是在遵守"自己讲""讲自己"哲学研究法的基础
上确立起来的。张先生说："《和合学概论》是 1995 年完成的，写完这
本书我是六十岁，正好是一个甲子轮回，当时我在下卷《后记》中写
到，到了六十岁，这个时候就是应该写自己的东西了。这就是我说的
'自己讲'。"①《和合学概论·后记》这样讲："你看那婴儿，哭就哭，
叫就叫，笑就笑，不是做给人看，也不是为讨好别人，却有了一份淳朴
和天真。这淳朴和天真，就是做自己想做的，做自己喜欢做的，写自己
冀望写的。既不是为讨人喜欢，又不是为应世媚俗。"② 和合学是张先

---

　　① 刘景钊、韩进军：《和合之路：中国哲学"自己讲"的努力与贡献》，《晋
阳学刊》2006 年第 3 期。

　　② 张立文：《和合学概论》，首都师范大学出版社 1996 年版，第 1162 页。

生以其生命体悟和哲学智慧而创生的哲学新体系、新思维，是中国哲学"自己讲""讲自己"的具体实践。

总之，张先生学术创新的十个方面整体贯通、相互联系，是个系统的逻辑结构体系（图示如下）。

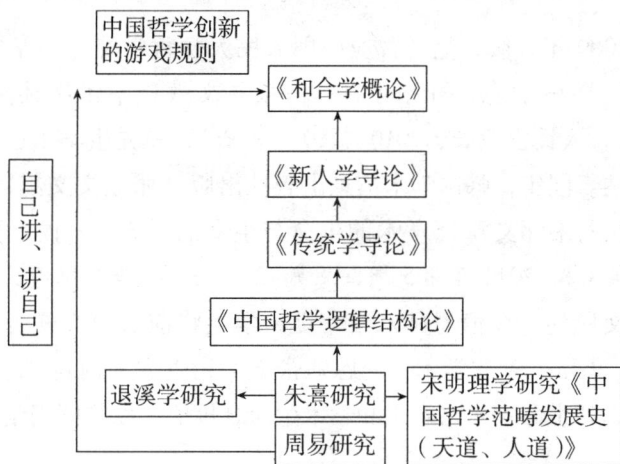

张先生为研究宋明理学，选择从《周易》研究入手，奠定了学术创新的基础。一通百通，《周易》通则宋明理学诸家、诸派思想皆通。从文本上讲，《周易》是宋明理学基础；从人物上讲，朱熹是宋明理学最重要代表。朱熹既是宋代理学的集大成者，又是宋代以后理学创新的起点，是宋明理学研究的重心和中心。故而，不懂朱熹，前不能评论周、程、张，后不能论说陆、王、刘。《周易》研究和朱熹研究是张先生哲学史研究的奠基之作，亦是发现问题和解决问题的出发点。正因为朱熹研究的卓越贡献和开创意义，张先生在偶然之中走进朝鲜李退溪研究，成为宋明理学研究的必然步骤。亦是因为朱熹研究，张先生的宋明理学诸家、诸派思想研究和宋明理学发展史的研究占据学术界"领军"的地位。更由于朱熹研究，张先生构设了中国哲学研究的基本方法——中国哲学逻辑结构论，从此而展开传统学研究和新人学研究。中国哲学逻辑结构论守住了中国哲学的合法性，传统学研究捍卫了中国文化的可欲性，新人学研究坚持了哲学文化的人本性。张先生入手哲学史研究，钩玄提要，沉思体悟，发现了中国哲学创新的标志，加之前三论的铺垫，独具匠心，创造了当代中国哲学的创新体系——和合哲学。和合学既是对纵向的中国哲学发展历程的回应，又是横向的"自己讲""讲自己"哲学研究范式的真切把握。

　　注：2009 年暑假，笔者曾应中国人民大学哲学院《哲学家》杂志之邀撰写《探赜索隐，开拓创新——张立文教授学术综述》（《哲学家·2009》，人民出版社，2010 年 10 月出版），就先生学术创新做整体总结和归纳。同年，韩国学术信息出版社出版《张立文文集》，学生不才，斗胆撰写书评文章《学术的生命与生命的学术——读〈张立文文集〉》（《鹅湖》，2011 年第 5 期，总第 431 期），以推介师说，然主要观点不出前文所述。今值恩师八十华诞，学生将前后两文融合整理，以《学术的生命和生命的学术——恩师张立文先生学术创新"十论"》为题，探赜恩师生命学术之意义和学术生命之价值，以飨同门学人，以传师道。

（载《和合之思》，河北大学出版社，2014 年）

附记：在 1991 年由台湾东大图书公司出版的《新儒家哲学与新儒家的超越》一文中曾说："照着讲、接着讲在每个人学术道路上都会经历，如能进而自己讲，便能达到更高境界。尽管接着讲也有自己讲的东西，它是从照着讲到自己讲的中介。自己讲就是自己心里怎样想，就怎样讲，是哲学的创造活动，它是对于照着讲和接着讲的超越。"（载《中国近代新学的展开》第 288 页）

总后记

时间过得真是很快，《九秩导师文集》好像就是昨天的事情，转眼间，今天就要忙《八秩导师文集》的编选出版了。

三十年间，我们一些导师进入了历史，尤其可痛的是，在2014年的9月9日晚9时，我们的创始院长汤一介先生，在教师节前夜，在院庆前夕，永远地告别了我们……

为了筹备中国文化书院院庆三十周年的节日，我们翻阅着一张又一张泛黄的照片，查阅着一条又一条昨天的消息，看着先生们熟悉的笑脸，回忆着如梦如烟的往事，我们的情感沉浸在历史的记忆里，我们如同要回家的孩子，寻找着我们的"大先生"，那个"可以领我们回家的人"。

孔子云：三十而立。

面临而立之年的"中国文化书院"，依然"脚踏大地，仰望星空"，三十年来，我们为"理想、梦想、现实与历史责任"而努力着，追求着，坚持着，我们不曾放弃过自己，力争做好中国文化传统的守望者努力推动中西文化的对话。

这套《八秩导师文集》，比起《九秩导师文集》而言，似乎更容易执行，那些按九十岁为标准，如果今日健在都已百岁的老人，很多先生都已经成为历史的过往，其子女后人，其学生弟子的寻找，也真的不是一件容易的事，而书院同仁坚持努力，有三年余，方有十五卷《文集》的问世。

《八秩导师文集》，如同另起炉灶，过程艰辛，不必细言。自定议之日，依然延续《九秩导师文集》之定位，献礼"中国文化书院建院三十周年"，同期出版的还有《中国文化经纬丛书》20卷、《中国文化书院大事记》等，不揣浅陋，以"家底"示人，与海内外学术界文化界同仁分享，其高义并非能简单地说，我们希图助力"中华民族文化的伟大复兴"……

三十年的生命历程，三十年的尘烟往事，我们仅以神圣的虔诚的名义，用我们的心、汗水、泪水，献给母院——永远的"中国文化书院"三十岁的生日，并以孩子们的名义，向先贤致敬，向先生致敬，向未来致敬！

《八秩导师文集》能够刊行，特别要感谢东方出版社的鼎力支持。也要感谢江力同志，这套文集的编辑历经两年，他从约稿、审定、编辑，做的工作最为辛苦。

谢谢为这套丛书著者付出辛劳、作出贡献的家属、亲友及学生们！

王守常

2014 年 12 月 12 日